商务公关实用教程

张岩松 主 编 张 铭 韩 金 副主编

清华大学出版社

北京

内 容 简 介

本书以公关员国家职业标准为依据，以公关能力培养为主线，以"实用、适用、够用"为原则，从职业岗位入手，根据商务公共关系工作要求确定教材的具体内容，构建了独特的内容体系。全书有商务公共关系要素、商务公共关系职能、商务公共关系工作程序、传播型商务公共关系、专题型商务公共关系和交际型商务公共关系六大项目，每个项目下设若干项任务，共 23 项任务。每项任务由学习目标、案例导入、任务设计、基本知识、课后练习和评价考核构成，便于教师在教学中以实际任务为载体，突出能力的培养，让学生学做结合，切实提高商务公共关系实务运作能力。本书还对互联网、手机等新媒体环境下的商务公共关系进行了探讨，旨在推进商务组织公关工作的创新。

本书可作为高职高专商科各专业公共关系课程的教材以及高职高专各专业公共关系基础课教材，还可作为商务人员提高公关能力的自我训练手册，也是各类企业进行相关岗位培训的创新型教材。

图书在版编目（CIP）数据

商务公关实用教程/张岩松主编. —北京：清华大学出版社，2016
ISBN 978-7-302-44132-8

Ⅰ．①商…　Ⅱ．①张…　Ⅲ．①商务－公共关系学－高等学校－教材　Ⅳ．①F715

中国版本图书馆 CIP 数据核字(2016)第 139141 号

责任编辑：张龙卿
封面设计：徐日强
责任校对：李　梅
责任印制：沈　露

出版发行：清华大学出版社
　　　　　网　　　址：http://www.tup.com.cn，http://www.wqbook.com
　　　　　地　　　址：北京清华大学学研大厦 A 座　　　　邮　　编：100084
　　　　　社 总 机：010-62770175　　　　　　　　　　　邮　　购：010-62786544
　　　　　投稿与读者服务：010-62776969，c-service@tup.tsinghua.edu.cn
　　　　　质量反馈：010-62772015，zhiliang@tup.tsinghua.edu.cn
　　　　　课件下载：http://www.tup.com.cn,010-62770175-4278
印　刷　者：北京富博印刷有限公司
装　订　者：北京市密云县京文制本装订厂
经　　销：全国新华书店
开　　本：185mm×260mm　　印　张：22.75　　字　　数：523 千字
版　　次：2016 年 11 月第 1 版　　　　　　印　　次：2016 年 11 月第 1 次印刷
印　　数：1～2000
定　　价：43.00 元

产品编号：067642-01

前　言
FOREWORD

商务公共关系活动的频繁和活跃是我们所处时代的重要特征之一，各类商务组织只有树立先进的公共关系理念，塑造卓越的企业形象，不断提高商务公共关系整体工作能力，才能在激烈的市场竞争中立于不败之地，获得更大的发展。特别是近年来随着互联网、手机等新媒体的快速成长，微博、微信等社交软件的普遍应用，传播工具的力量日趋壮大，纵深向社会渗透的同时也使公共关系传播策略有着全新的变化及表现，商务公共关系也处在急剧的转型和变革之中，商务公共关系工作创新时不我待。

鉴于此，我们编写了《商务公关实用教程》。本书以公关员国家职业标准为依据，以公关能力培养为主线，以"实用、适用、够用"为原则，从职业岗位入手，根据商务公共关系工作要求确定教材的具体内容，构建了独特的内容体系。全书有商务公共关系要素、商务公共关系职能、商务公共关系工作程序、传播型商务公共关系、专题型商务公共关系和交际型商务公共关系六大项目，每个项目下设若干项任务，共 23 项任务。每项任务由学习目标、案例导入、任务设计、基本知识、课后练习和评价考核构成，便于教师在教学中以实际任务为载体，突出能力培养，让学生学做结合，切实提高商务公共关系实务运作能力。本书还对互联网、手机等新媒体环境下的商务公共关系进行了探讨，旨在为商务组织的公关工作创新奠定基础。

本书由大连职业技术学院张岩松担任主编，张铭、韩金担任副主编。张铭编写项目 1 和项目 2，韩金编写项目 3 和项目 4，张岩松编写项目 5 和项目 6。蔡颖颖、许峰、付强、马蕾、于丽娟、王艳洁、王允、高琳、陈百君、刘晓燕、潘丽、凌云、白冰、杨帆、穆秀英、刘桂华、刘志敏编写绪论。全书由张铭统稿。

本书体系新颖凝练、内容重点突出、案例鲜活实用、训练题可操作性强，是大连职业技术学院课程建设的重要成果之一。

在本书的编写过程中，参考了大量报刊文献以及相关网站的内容，吸收了国内学者最新的研究成果，在此向各位专家、学者表示衷心的感谢。

作为尝试之作，加之作者学识有限，书中可能有疏漏之处，敬请广大读者提出宝贵的意见和建议，以便今后修订完善。

编　者
2016 年 8 月

目 录
CONTENTS

绪论 ……………………………………………………………………………… 1

  一、公共关系的含义 …………………………………………………………… 1

  二、商务公共关系的表现形式 ………………………………………………… 5

  三、商务公共关系的内在含义 ………………………………………………… 7

  四、商务公关的基本观念和工作原则 ………………………………………… 9

项目 1　天下三分明月夜——商务公共关系要素

任务 1　商务公关主体 ……………………………………………………… 17

  学习目标 ……………………………………………………………………… 17

  案例导入 ……………………………………………………………………… 17

  任务设计 ……………………………………………………………………… 19

    一、商务组织 ……………………………………………………………… 19

    二、公共关系机构 ………………………………………………………… 21

    三、公共关系人员 ………………………………………………………… 29

  课后练习 ……………………………………………………………………… 41

  评价考核 ……………………………………………………………………… 47

任务 2　商务公关客体 ……………………………………………………… 48

  学习目标 ……………………………………………………………………… 48

  案例导入 ……………………………………………………………………… 48

  任务设计 ……………………………………………………………………… 49

    一、公众及其性质 ………………………………………………………… 50

    二、公众的分类方法 ……………………………………………………… 52

    三、公众心理分析 ………………………………………………………… 56

  课后练习 ……………………………………………………………………… 60

  评价考核 ……………………………………………………………………… 61

任务 3　商务公关中介 ··· 62

学习目标 ·· 62

案例导入 ·· 62

任务设计 ·· 63

　一、公共关系传播的含义、特点与要素 ······································ 64

　二、公共关系传播媒介 ··· 65

　三、影响公关传播效果的因素 ··· 71

课后练习 ·· 73

评价考核 ·· 75

项目 2　百般红紫斗芳菲——商务公共关系职能

任务 4　采集信息 ··· 79

学习目标 ·· 79

案例导入 ·· 79

任务设计 ·· 80

　一、采集信息的内容 ··· 80

　二、采集信息的方法 ··· 81

　三、处理信息 ·· 83

课后练习 ·· 83

评价考核 ·· 84

任务 5　塑造形象 ··· 85

学习目标 ·· 85

案例导入 ·· 85

任务设计 ·· 86

　一、企业形象及其特征 ··· 86

　二、企业形象的构成 ··· 88

　三、CIS：企业形象塑造的利器 ··· 94

课后练习 ·· 99

评价考核 ·· 102

任务 6　协调沟通 ··· 104

学习目标 ·· 104

案例导入 ·· 104

任务设计 ·· 105

　一、协调沟通的内容 ··· 105

　　　　二、协调沟通的方式 ·· 106

　　　　三、公众关系的协调 ·· 107

　　课后练习 ·· 118

　　评价考核 ·· 120

任务 7　危机处理 ·· 121

　　学习目标 ·· 121

　　案例导入 ·· 121

　　任务设计 ·· 122

　　　　一、企业危机处理的一般程序 ·· 123

　　　　二、危机处理中的传播沟通策略 ·· 125

　　　　三、危机处理中的内部沟通 ·· 128

　　　　四、危机处理中的信息发布 ·· 129

　　　　五、网络危机应对 ·· 132

　　课后练习 ·· 137

　　评价考核 ·· 142

项目 3　绝知此事要躬行——商务公共关系工作程序

任务 8　商务公关调查 ··· 147

　　学习目标 ·· 147

　　案例导入 ·· 147

　　任务设计 ·· 148

　　　　一、公共关系调查内容 ··· 149

　　　　二、公共关系调查的程序 ·· 152

　　　　三、公共关系调查的方法 ·· 155

　　　　四、调查报告的撰写 ·· 162

　　课后练习 ·· 166

　　评价考核 ·· 166

任务 9　商务公关策划 ··· 168

　　学习目标 ·· 168

　　案例导入 ·· 168

　　任务设计 ·· 170

　　　　一、公关策划的概念与原则 ··· 170

　　　　二、公共关系策划中的创造性思维 ·· 173

　　　　三、公共关系策划的基本要素 ·· 175

　　　　四、公共关系策划方案的撰写 ·· 182

课后练习 ··· 188

评价考核 ··· 192

任务 10　商务公关实施 ·· **193**

学习目标 ··· 193

案例导入 ··· 193

任务设计 ··· 195

一、公共关系实施的特点 ·· 195

二、公共关系实施的原则 ·· 196

三、公共关系实施的方案设计 ·· 198

四、公共关系实施的障碍分析 ·· 201

课后练习 ··· 203

评价考核 ··· 207

任务 11　商务公关评估 ·· **208**

学习目标 ··· 208

案例导入 ··· 208

任务设计 ··· 209

一、公共关系评估的程序 ·· 210

二、公共关系评估的方法 ·· 212

三、网络公关传播效果评估 ··· 214

四、撰写公共关系评估报告 ··· 216

课后练习 ··· 220

评价考核 ··· 222

项目 4　一举成名天下知——传播型商务公共关系

任务 12　组织新闻发布会 ·· **225**

学习目标 ··· 225

案例导入 ··· 225

任务设计 ··· 226

一、新闻发布会会前的筹备 ··· 226

二、新闻发布会会中和会后工作 ··· 228

三、新闻发布会应注意的问题 ·· 230

课后练习 ··· 230

评价考核 ··· 231

任务 13　制造新闻事件 ·· 232

　学习目标 ··· 232
　案例导入 ··· 232
　任务设计 ··· 233
　　一、制造新闻的特点 ····································· 234
　　二、制造新闻的基础——发掘新闻 ····················· 234
　　三、制造新闻的策划步骤 ····························· 237
　　四、制造新闻的一般技巧 ····························· 238
　课后练习 ··· 240
　评价考核 ··· 241

任务 14　公共关系广告 ·· 242

　学习目标 ··· 242
　案例导入 ··· 242
　任务设计 ··· 243
　　一、公共关系广告的概念及特性 ····················· 243
　　二、公共关系广告的类型 ····························· 244
　　三、公共关系广告的原则 ····························· 247
　　四、公关广告的制作程序 ····························· 248
　课后练习 ··· 249
　评价考核 ··· 251

任务 15　网络公共关系 ·· 252

　学习目标 ··· 252
　案例导入 ··· 252
　任务设计 ··· 253
　　一、网络公共关系的特点 ····························· 253
　　二、网络公共关系运作的原则 ························· 254
　　三、网络公共关系的方式 ····························· 255
　　四、博客公共关系 ··································· 257
　　五、微博公共关系 ··································· 262
　　六、微信公共关系 ··································· 263
　课后练习 ··· 267
　评价考核 ··· 271

项目 5　留连戏蝶时时舞——专题型商务公共关系

任务 16　组织专题会议 ································· **275**

学习目标 ······································· 275
案例导入 ······································· 275
任务设计 ······································· 275
　　一、会议活动的筹备 ························· 276
　　二、会议活动的安排 ························· 278
　　三、会议活动中的服务 ······················ 281
课后练习 ······································· 282
评价考核 ······································· 283

任务 17　组织庆典活动 ································· **284**

学习目标 ······································· 284
案例导入 ······································· 284
任务设计 ······································· 285
　　一、庆典活动的策划 ························· 286
　　二、庆典活动的准备工作 ····················· 287
　　三、庆典活动的实施 ························· 288
　　四、庆典活动注意事项 ······················ 289
课后练习 ······································· 289
评价考核 ······································· 291

任务 18　组织展览活动 ································· **292**

学习目标 ······································· 292
案例导入 ······································· 292
任务设计 ······································· 293
　　一、展览会的策划 ·························· 293
　　二、展览会的组织 ·························· 295
　　三、展览会的效果检测 ······················ 297
　　四、展览会应注意的问题 ····················· 297
课后练习 ······································· 298
评价考核 ······································· 300

任务 19　组织赞助活动 ································· **301**

学习目标 ······································· 301
案例导入 ······································· 301

任务设计 ……………………………………………………………………… 302
　　一、赞助类型 …………………………………………………………… 302
　　二、赞助活动策划 ……………………………………………………… 303
　　三、赞助活动的步骤 …………………………………………………… 304
　　四、赞助活动应注意的事项 …………………………………………… 306
课后练习 ……………………………………………………………………… 307
评价考核 ……………………………………………………………………… 308

任务 20　组织参观活动 …………………………………………………… 309

学习目标 ……………………………………………………………………… 309
案例导入 ……………………………………………………………………… 309
任务设计 ……………………………………………………………………… 310
　　一、开放参观的类型 …………………………………………………… 311
　　二、开放参观活动的组织实施 ………………………………………… 311
　　三、开放参观的注意事项 ……………………………………………… 313
课后练习 ……………………………………………………………………… 314
评价考核 ……………………………………………………………………… 315

项目 6　此生何处不相逢——交际型商务公共关系

任务 21　商务接待 ………………………………………………………… 319

学习目标 ……………………………………………………………………… 319
案例导入 ……………………………………………………………………… 319
任务设计 ……………………………………………………………………… 319
　　一、做好商务接待的准备 ……………………………………………… 320
　　二、商务接待的具体礼仪 ……………………………………………… 321
　　三、商务接待时的注意事项 …………………………………………… 326
课后练习 ……………………………………………………………………… 327
评价考核 ……………………………………………………………………… 328

任务 22　商务拜访 ………………………………………………………… 329

学习目标 ……………………………………………………………………… 329
案例导入 ……………………………………………………………………… 329
任务设计 ……………………………………………………………………… 330
　　一、商务拜访前的准备 ………………………………………………… 330
　　二、商务拜访的预约 …………………………………………………… 332
　　三、拜访过程中的礼仪 ………………………………………………… 334
课后练习 ……………………………………………………………………… 336

评价考核……………………………………………………………………………337

任务 23　商务宴请………………………………………………………………338

学习目标………………………………………………………………………………338

案例导入………………………………………………………………………………338

任务设计………………………………………………………………………………338

　一、宴会的种类……………………………………………………………………339

　二、商务宴会的组织………………………………………………………………340

　三、赴宴的礼仪……………………………………………………………………344

　四、吃西餐的礼仪…………………………………………………………………345

　五、冷餐会与鸡尾酒会礼仪………………………………………………………347

课后练习………………………………………………………………………………348

评价考核………………………………………………………………………………349

参考文献……………………………………………………………………………350

后记…………………………………………………………………………………352

绪　　论

　　公共关系是一种科学的现代管理方法,是协调、处理现代社会组织与公众之间的各种关系,保证事业成功的一门不可缺少的学问。

　　国外学者将以计算机为代表的科学技术水平,以旅游业为代表的富裕生活程度,以公共关系为代表的经营管理效能并列为衡量一个国家发达程度的三大标志。公共关系作为一种管理职能、经营策略、传播行为和现代交往方式,被广泛地应用于整个社会的各个领域,在商务活动中更是得到了普遍的应用。

　　商务公共关系是公共关系的一种具体的、特殊的形式。所以,要了解商务公共关系,必须首先了解公共关系。

一、公共关系的含义

1. "公共关系"一词的来源

　　"公共关系"一词来自英语 Public Relations,简称为"P. R."。由于它是由两个英文词汇组成的,所以它包括两层含义:一层是 Public;另一层是 Relations。Public 以两种词性表现出来:一种是形容词,意为公众的、公共的、公众事务的,与 Private(私人)相对应,表明它是非私人的,非秘密性的;另一种是名词,意为公众、大众,表明它不是个体,而是集团、群体。Relations 为名词,意为关系、交往等。一般说来,简单的关系是以个体与个体的形式联系在一起并进行交往的,是一种简单的、直接的交往,这种关系我们称为"人际关系"。由于 Relations 以特定的形式出现,其内涵更丰富,意义更深远。

　　首先,这种关系被复数所限定,表明它只能是在复杂的交往中体现出的多种关系。这种关系可能是直接关系,也可能是间接关系;可能是单向关系,也可能是双向乃至多向关系。

　　其次,这种关系被英语 Public 所限定,表明它只能是社会组织在复杂的社会交往中与各类公众及公众群体之间所建立起来的非个体、非秘密、非私人的关系,这种关系具有公众性、公开性、群体性、社会性等特点。

综合两个英语词汇的内涵和特点进行分析,将 Public Relations 译为"公众关系"更为确切,因为它是站在一个固定的角度——社会组织来分析其所面临的各种关系。不同的社会组织,由于其业务特点、工作对象不同,会面对不同的公众对象,从而形成不同的公众关系。同一个社会组织,由于不同时期工作的重点不同,也会面对不同的公众,形成不同的公众关系。这说明"公众关系"并不具有"公共"性,它不可能像"公共电话""公共汽车""公共图书馆""公共浴室""公共厕所"那样具有普遍意义,但是因"公众关系"已经约定俗成并广为流传,这里也将其叫作"公共关系",以便容易被更多的读者所接受。

2. 公共关系的定义

尽管公共关系在实践上早已被各种社会组织所应用,但从理论上给它下一个科学的定义并非易事,迄今为止仍是众说纷纭、莫衷一是。

公共关系作为一门新兴学科以其综合性、应用性、边缘性等学科特征,使得国内外不同的公共关系专家从不同的角度对其进行阐述,概括起来,大致有以下定义:

被称为"公共关系之父"的美国公共关系职业创始人艾维·李(Ivy Lee)认为,公共关系是一种公开的宣传活动。

被认为是公关理论创始人的爱德华·伯耐斯(Edwaa L. Bernays),将公共关系视为社会科学的一部分,他认为公共关系就是社会组织引导公众对组织行为予以了解和产生亲善的行为。

20世纪50年代以撰写被誉之为"公关圣经"的《公共关系教程》一书而闻名公关界的斯各特·卡特里普(Scott M. Cutlip)与艾伦·森特(Allen H. Cent)提出的公关定义是:公共关系是这样一种管理功能,它建立并维护一个组织和决定其成败的各类公众之间的互利互惠关系。[①]

英国著名的公共关系学者弗兰克·杰夫金斯认为:公共关系就是一个组织为了达到与它的公众之间相互了解的明确目标,而有计划地采用一切向内和向外的传播沟通方式的总和。[②]

美国学者莱克斯·哈罗博士收集了此前人们给公共关系做的 472 种定义后给出了一个更详细的定义,即"公共关系是一种独特的管理功能。它能帮助建立和维护一个组织与其各类公众之间传播、理解、接受和合作的相互联系;参与问题和事件的管理;帮助管理层及时了解舆论并且做出反应;界定和强调管理层服务于公共利益的责任;帮助管理层及时了解和有效地利用变化,以便作为一个早期警报系统帮助预料发展趋势;并且研究和利用健全的、符合职业道德的传播作为其主要手段"。[③]

当代美国公关界的权威代表詹姆斯·格鲁尼格(James E. Grunig)从其研究成果"卓越公关"的角度,提出"公共关系是一个组织与其公众之间的传播管理,其目的是建立一种

① [美]斯各特·卡特里普,等.公共关系教程[M].明安香,译.北京:华夏出版社,2002.
② [英]弗兰克·杰夫金斯.公共关系理论与实践[M].上海:上海复旦大学出版社,1989.
③ [美]艾伦·森特,斯各特·卡特里普.有效的公共关系[M].北京:华夏出版社,2002.

与这些公众相互信任的关系"。①

国际公共关系协会(IPRA)在 1978 年对公共关系所下的定义是："为组织领导人承担咨询任务并贯彻实施计划的执行。"②

美国著名公关学家伦纳德·萨菲尔(Leonard Saffir)在《强势公关》中提出："公共关系已经成为一门有影响力而且系统完备的成熟学科,能够通过强大而温和的手段影响人们的观念。""如果使用得当,公关能发挥双向作用,既提供反馈信息,预测公关舆论,同时又制订计划,影响和引导舆论。"③

写作畅销书《公关第一、广告第二》的美国当代营销大师阿尔·里斯(Al Ries)等认为："就公共关系而言,核心是品牌塑造。"④

从上述国际著名的公关学者及机构对公关概念的界定可以看出,对公共关系概念的理解与社会经济发展水平同步演进、逐渐完善,这些表述既体现了公关概念的实用特性,又反映了公关理论的不断成熟性。

国内公关界根据自己的理解和实践,也提出了不少公共关系的定义。现介绍几种代表性的定义。

余明阳提出："公共关系是社会组织为了塑造组织形象,通过传播、沟通手段来影响公众的科学与艺术。"⑤

居延安认为："公共关系是一个社会组织在运行中,为使自己与公众相互了解、相互合作而进行的传播活动和采取的行为规范。"⑥

喻野平认为："公共关系是一种劝服形式的协调活动。"⑦这个定义主要是针对"公共关系是一种协调活动"而言,因为"协调"是一个抽象概念,它没有指明采用什么样的具体行为来协调关系,而一些强制性的行为、非法的行为和不情愿的行为也会起到协调关系的作用。但公关的行为性质必须是非强制性的、合法的、自愿接受的。

除此以外,还有一些定义非常具体直观:

——公共关系是 90%靠自己做得对,10%靠宣传;

——公共关系即通过良好的人际关系来辅助事业成功;

——公共关系就是促进善意;

——公共关系不是一台打字机可以买到,也不是一张订货单可以延期,它是一种生活方式,时时刻刻表露在各种态度与行动中,对工作人员、顾客以及整个社会都有影响;

——公共关系就是争取对你有用的朋友;

——公共关系是说服和左右社会大众的技术;

——公共关系是创造风气的技术;

---

①　http://www.chinapr.com.cn.
②　[美]斯各特·卡特里普,等.公共关系教程[M].明安香,译.北京:华夏出版社,2002.
③　[美]伦纳德·萨菲尔.强势公关[M].梁浃洁,段燕,译.北京:机械工业出版社,2002.
④　[美]阿尔·里斯,劳拉·里斯.公关第一、广告第二[M].罗汉,虞琦,译.上海:上海人民出版社,2004.
⑤　熊源伟.公共关系学[M].合肥:安徽人民出版社,2001.
⑥　居延安.公共关系学[M].上海:复旦大学出版社,2001.
⑦　喻野平."劝服说"能统一公关理论吗[J].贵州民族学院学报,2000(4).

——广告是要大家买我,公共关系是要大家爱我;

——公共关系就是讨公众喜欢;

——公共关系是生产力。①

以上各种观点由于各自考察的角度不同,分别揭示了公共关系不同的侧面特征。这些定义对于理解公共关系的作用是非常有用的,它们生动形象,直观明了。但它们只揭示了公共关系的部分含义,不够全面、准确。

我们认为,给公共关系下定义既要抓住本质,又要严密全面。这里我们赞同美国公共关系权威詹姆斯·格鲁尼格提出的定义——公共关系是一个组织与其公众之间的传播管理,其目的是建立一种与这些公众相互信任的关系。这个定义认为公共关系的主体是组织,客体是公众,手段是传播与沟通,同时强调公共关系是一种管理职能、管理行为。它不同于生产管理、技术管理、人力资源管理、财务管理、营销管理,它是对一个组织传播行为、传播资源、传播过程和传播媒体的管理。它的管理目标最终是调整组织与公众之间的关系,从而优化组织的所处环境,使组织的整体价值得到提升。②

3. 商务与商务公共关系

(1) 商务的含义和类型。商务也叫商事。它是指经法律认可,以社会分工为基础,以提供商品、技术、设备或劳务为内容的一切有形与无形资产的交换买卖的营利性的经济活动。

按照国际习惯的划分,商务行为可分为四种:

第一,直接媒介商品的交易活动,如批发、零售商业直接从事商品的收购与销售活动,称为"买卖商";

第二,为"买卖商"直接服务的商业活动,如运输、仓储、居间行为、加工整理等,称为"辅助商";

第三,间接为商业活动服务的,如金融、保险、售托、租赁等,称为"第三商";

第四,具有劳务性质的活动,如旅店、饭店、理发、浴池、影剧院以及商品信息、咨询、广告等劳务,称为"第四商"。

(2) 商务公共关系的定义。通过以上介绍的公共关系的若干种定义,并对其加以分析和联系现实进行综合,也根据对商务一词的解释,我们给商务公共关系的定义是:商务公共关系是商务组织一种独特的管理活动。它是指商务组织有计划地、有目的地运用信息传播手段与公众进行双向沟通和协调,从而树立良好的组织形象,赢得内外公众的信任和支持,为自身的发展创造最佳的社会环境。这个定义概括了商务公共关系的手段、对象、职能与目标,可以说是一个比较完整的、科学的定义。

公共关系的产生,最先就是以经济实体为主体而开展的一种独特的管理活动。而从其发展来看,也一直是经济实体进行公共关系活动占主流,后来其他非营利组织也越来越重视公共关系,其中包括政府组织、教育组织,医疗组织等。现在,为了区别于其他非营利

① 杨为民.公共关系也是生产力[J].中国工商,2003(12).
② 杜创国.公共关系实用教程[M].北京:清华大学出版社,2007.

组织的公共关系,便需要特别界定性地提出"商务公共关系""企业公共关系"等概念。

在我国,随着社会进步和市场经济的发展,商务组织的公共关系显得越来越重要。首先,现代社会中,特别是中国加入世界贸易组织以后,商品交换关系的畅通与稳定对商务组织是生死攸关的。因此需要通过建立或强化交换关系外的另一种良好关系——公共关系,来保持和促进交换关系。其次,良好的公共关系有利于争取包括消费者在内的社会公众的支持和理解,有效地占领和拓宽市场。最后,商务组织和消费者的双方,需要通过良好的公共关系,实现商品的经营者和消费者的双向沟通,以便商务组织及时了解消费者需求的变化趋势,适应消费者以满足基本需求为主转向满足选择需求为主的情况,在激烈的市场竞争中得以生存和发展。总之,在我国开展和推进商务公共关系,无论从上述哪一方面来看,都是十分必要的。[①]

二、商务公共关系的表现形式

对"商务公共关系"概念的理解,还可以从不同的角度去分析,这使其表现出不同的形式。

1. 商务公共关系状态

从静态的角度来看,公共关系首先是一种状态。公共关系状态是指客观上存在的公共关系现象,更确切地说是公共关系的主体(商务组织)在公共关系的客体(公众)心目中占有的位置,是公众对组织的一种总体印象和评价。因此,对于一个商务组织来说,只有充分了解和掌握组织目前的公共关系状态,也就是组织实际的形象,并与组织的自我期望形象进行对比,从中找出差距以及形成差距的原因,才有可能确定下一步公共关系工作的方向和重点,也才能有效地开展有计划、有针对性的公共关系活动。譬如企业的经营方针、经营理念能否为公众所接受,企业的产品、服务质量能否为公众所认可,企业的知名度究竟有多大,组织内部员工的积极性有多高等,这些都应是商务组织公共关系状态应该反映的内容。[②]

就任何商务组织而言,都不存在有无公共关系状态的问题,而只有良好的或不良的、自觉的或自然的商务公共关系状态的区别。这种客观存在着的商务公共关系状态,形成商务组织有利的或不利的内外环境,对商务组织的生存和发展起着积极或消极的作用。

2. 商务公共关系活动

从动态的角度来看,公共关系又是一种活动或工作。当一个商务组织通过自己的努力来改善自身的商务公共关系状态时,就是在从事商务公共关系活动和开展商务公共关系工作,这是主观见诸客观的一种实践过程。其实,任何一个组织,为了生存和发展,为了实现自己的目标和责任,总要处理方方面面的关系,这实际上就是进行公共关系活动和开

① 任焕琴.商务公共关系学[M].北京:清华大学出版社 2007:13-14.
② 王盘根.商务公关[M].北京:高等教育出版社,2002:3.

展公共关系工作。在这方面同样不存在有无的差别,而只是可以区分为自觉的或自发的、出色的或不力的、有效的或无效的、专门的或兼及的罢了。当然,只有自觉地、有计划地、创造性地开展有效的商务公共关系活动,才能积极构建组织良好的商务公共关系状态。一个商务组织也只有自觉地、有计划地进行商务公共关系活动,才能出手不凡、有所创造、事半功倍。因此,商务公共关系活动又被称为"商务公共关系艺术"。另外,随着商务公共关系活动专业化的需要,商务公共关系成为一项职业,有其专门的组织、机构及人员。

3. 商务公共关系意识

商务公共关系也是一种意识、观念,它是现代商务组织及其人员对商务公共关系客观状态的自觉认识和理解,是对商务公共关系活动经验的能动反映和概括。例如,塑造形象意识、服务公众意识、传播沟通意识、诚信互惠意识、广结良缘意识、立足长远意识、创新审美意识、危机忧患意识等。商务公共关系意识来源于商务公共关系实践活动,因而对后者有明显的依赖性。商务公共关系意识一经形成,就具有相对的独立性和能动性,从而对商务公共关系实践活动具有指导意义。对任何商务组织来说,构建良好的商务公共关系状态,必须开展有效的商务公共关系活动,而这些活动又必然是在一定的商务公共关系意识指导下进行的。反之,没有正确的商务公共关系意识,就不可能自觉地进行商务公共关系活动,因而也不会形成良好的商务公共关系状态。可以说,商务公共关系意识是自觉构建良好的商务公共关系状态的思想基础和开展有效的商务公共关系活动的行动指南,是现代商务组织及其人员的必备素质。不同的商务组织及人员有无自觉的和正确的商务公共关系意识,确有天壤之别,而且其结果也大不一样。人们谈论商务公共关系,往往津津乐道那些匠心独具的各种手段和技巧,而忽视其中包含的商务公共关系意识和思想,这是商务公共关系不能上层次、上水平的关键所在。其实,商务公共关系本质上是一种思想、文化以及战略,只有在正确的思想和战略的基础之上,商务公共关系才能有精彩的运作和闪光的创造。

4. 商务公共关系学

公共关系学是在大量的公共关系活动与实务的基础上总结与提炼出来的理论体系;反之,公共关系的理论不断完善与发展的过程又指导和促进了公共关系与实务的开展。

商务公共关系学简称商务公关,它是一门建立在社会学、心理学、传播学、企业管理学以及市场营销学等学科的基础之上的,着重研究商务组织与它的各类公众之间应保持一种什么样的良好关系和如何开展有效的商务公关活动为主要内容的交叉性、边缘学科。概括成一句话,商务公关就是指企业或者具有企业行为的实体,在对内、对外等方面与相关的实体或个人之间进行的商业性的公共关系行为。

学习和普及商务公共关系学,增加商务组织及其人员的公共关系意识,并且研究和运用商务公共关系学的基本理论指导商务组织的公共关系工作,对商务组织经营管理水平的全面提高具有重要的意义。

上述商务公共关系的不同表现形式是互相区别又互相联系的,在认识和说明商务公共关系概念时是应当弄清楚的。

三、商务公共关系的内在含义

商务公共关系是商务组织的一种独特管理职能,反映的是商务组织与公众之间的相互联系、相互作用的机制和状态。商务公共关系的基本含义应从以下几个方面加以把握。

1. 商务公共关系——塑造形象的艺术

形象就是某一事物或人在公众心目中的印象,或者说是公众对某一事物或人的总体评价。"形象"一词的内涵和外延都很大。从构成社会的主体来说,有国家形象、城市形象、地区形象、组织形象、个人形象;就一个具体的商务组织来说,有企业形象、产品形象、商标形象、环境形象、领导形象、员工形象等。形象有好坏优劣之分。影响形象的因素纷繁复杂,一个不利的因素就可能导致形象不佳,而最佳形象的获得容不得任何不利的因素。因此,商务公共关系特别强调:商务组织必须时刻注意建立和维护良好的形象,否则将会直接影响到目标的实现。

2. 商务公共关系——建立和谐友善的关系

关系是人和人之间或事物之间通过人的相互作用、相互影响而形成的具有某种联系的状态。商务公共关系的定义强调商务公共关系是商务组织与其相关公众相互适应的状态,这种相互适应的状态就是指要形成一种和谐友善的关系状态。

人类自诞生开始就与自然界产生了一定的联系,人与人进行交往就产生了关系。随着人类的增多,关系愈加复杂。人们由于共同目标的需要聚集在一起,形成一定的群体或组织时,因人的作用和影响,这个群体或组织之间也产生了关系,进而形成了邻里关系、组织与组织关系、社会关系、城乡关系、国际关系等。关系也具有双重特性:一方面,关系具有客观性;另一方面,关系又具有动态性。正是基于关系的双重特性,商务公共关系强调要利用传播沟通、相互协调、真诚合作、互惠互利等改善商务组织与公众之间的关系。公共关系界有一句俗话:"公共关系不能树立敌人。"商务公共关系要广结善缘、广交朋友,只有与广大公众形成一种和谐友善的关系,商务组织才能与公众相互适应、协调发展。

3. 商务公共关系——强调真情的沟通

所谓"沟通"是指商务组织、公众运用信息符号进行的思想、观念、情感或信息交流的过程。一个商务组织要想在公众中树立良好的形象,首先必须把商务组织的有关信息告诉公众,让公众了解商务组织,同时商务组织还必须了解公众的想法、意见、建议等。要做到这一点,商务组织必须进行沟通,否则就会出现信息阻塞,造成误解、偏见,出现矛盾,从而影响到商务组织与公众之间建立良好的关系。

以生产炸药起家的杜邦公司曾经有过一次沟通上的障碍。在生产炸药之初,由于公司管理不善,偶尔发生爆炸事故。当时的公众对炸药比较陌生,不知其生产流程、用途如何,进而想探究一下爆炸原因和实况。但是,杜邦采取了封锁信息的做法,不允许新闻记者采访。其结果是爆炸消息仍不胫而走,人们在猜测中无形夸大了爆炸的事实,谣言四起,乃至把杜邦跟"杀人"联系在一起。

　　只有真情的沟通才能获得公众的理解、信任、支持与合作。在现实社会中解决矛盾和冲突的方法只有两个,要么战争,要么和平。当人们选择和平时,唯一的解决方法就是真情的沟通。商务公共关系强调运用真情的沟通改善组织的对内、对外关系,为商务组织创造一个友善和谐的生存与发展的环境。

4. 商务公共关系——利用传播媒介开展有效的传播

　　西方学者强调公共关系是 90% 靠自己做得好,10% 靠宣传。商务公共关系不仅要求商务组织自身要努力工作,还要善于宣传自己已有的成果,善于推销自己,利用传播媒介,探究传播技巧,进行有效的传播,这样才能在市场竞争中赢得主动。著名的日本精工表之所以誉满全球,与他们利用 1964 年东京奥运会成功地开展商务公关传播是分不开的。

　　1964 年东京奥运会结束后不久,曾有日本人访问罗马。在一家餐厅里,当侍者看到这位日本人手腕上戴的是瑞士产品时,竟疑惑地问:"您真的是日本人吗?"侍者诧异日本人竟然没带在东京奥运会上叱咤风云的国粹——精工表。侍者的态度不仅反映了公众对精工表的评价,实际上这也正说明精工计时公司借助奥运会开展的公共关系活动的成功。精工计时公司的商务公共关系传播是如何开展的呢?

　　首先,他们精心策划,运筹帷幄。精工表饮誉东京奥运会,其公共关系战略却要追溯到 4 年前,当奥运会一经宣布将在东京举行,日本主办单位决定的第一件事项,就是一改大会的计时装置几乎全部使用瑞士产品的状况,而使用日本国产的精工表。当东京奥运会决定首次使用日本国产表后,奥委会的有些人士曾深感不安,唯恐发生了故障使大会难堪。日本精工计时公司决心消除人们的种种顾虑,制定了"让全世界的人都了解精工的计时是世界一流的技术与产品"的公共关系计划,确立"荣获全世界的信赖"为公共关系目标,"世界的计时——精工表"作为公共关系活动的主题。为此,精工计时公司着手制订并实施了一项长达 4 年之久的整体计划,开始了一场史无前例的公共关系活动。

　　其次,他们巧妙实施,逐层推进。精工计时公司派遣本企业的公共关系人员到罗马奥运会现场,进行"欧米茄"计时装置的现状及设施使用情况的调查。根据调查结果,决定产品开发的程序,拟订全盘公共关系计划。同时,各公司也开始进行多种多样的计时装置技术开发工作。随着计时装置开发工作的顺利进行,精工计时公司的公共关系计划也已策划成熟。调查研究工作结束之后,整个公共关系计划便分为三个阶段实施。第一阶段,主要是全力以赴地开发计时装置技术并同时说服主办单位使用该企业的产品。会场的布置也需要征得日本国立竞技场和东京都政府的认可。精工计时公司积极从事游说工作,将新开发的计时装置提供给日本国内举办的各种运动会作为实验之用,其目的是为了向各委员会证明精工技术的可信度。真诚努力终结硕果,奥委会于 1963 年 5 月正式决定东京奥运会全部使用精工计时装置。第二阶段,在改进技术的同时,展开了以"精工的竞技计时表将被用于东京奥运会"为主题的公共关系活动。为了在世界范围内大造舆论,精工准备了奥运会预备会上所需的宣传手册,广告宣传也紧锣密鼓地开展。第三阶段,进入奥运会前公共关系的各种计划先后付诸实施,报纸、广播、电视等在报道与奥运会有关的消息时,都或多或少地涉及精工表,从而造成了"东京奥运会必须使用精工计时装置"的舆论。

由于精工与奥运会完美结合,公共关系活动收到了奇效。当东京体育馆室内比赛大厅的竞技计时装置完成后举行盛大的落成典礼时,精工的技术被夸耀为日本科学的精华,无与伦比的结晶,终于实现了"精工——世界的计时表"这一目标。精工计时公司为这次长达 4 年的公共关系战役投下的资本是:85 名技术员与 890 名作业员以及数百亿日元的财富。然而,公共关系成就的最好例证便是开篇的故事,在罗马人眼里,精工表可以跟瑞士表媲美。这足以说明精工计时公司此项公共关系活动的传播效果。

由此可见,积极主动地开展有效的传播是提升商务组织形象和产品形象的重要手段。

5. 商务公共关系——建立一流的信誉

信誉,通常指信用、名声。商务公共关系强调建立一流信誉,就是要为商务组织争取到公众的信任、赞美和支持,提高商务组织的美誉度。商务组织良好信誉的建立,一方面需要组织所有员工在日常性公共关系活动中遵章守纪,讲究社会公德,说到做到,善待公众;另一方面需要商务组织在开展专门性商务公共关系活动中有意识地为商务组织树立一个可信任的形象,在出现突发事件、意外事故的情况下更要坚持商务组织的基本宗旨,这是对商务组织信誉的考验。

例如,英国航空公司对一次意外事件的做法颇值借鉴。英国航空公司所属波音 747 客机 008 号班机飞行航线是伦敦——东京,因故障推迟起飞 20 小时,英国航空公司及时帮助在东京等候此班机的 190 名乘客换乘其他飞机飞往伦敦。但是,有一位名叫大竹秀子的日本女子几经劝说,就是不肯换乘其他飞机,非要乘坐 008 号班机不可。英国航空公司紧急磋商,决定让 008 号班机只载 1 人飞回伦敦。这样,在长达 7300 公里的航线上,008 号班机只载 1 名乘客,大竹秀子 1 人独享 353 个座位以及 6 位机组人员和 15 位服务人员的热情周到的服务。有人估计,这次飞行英国航空公司至少损失 10 万美元。此事被许多新闻媒介竞相报道,广为传播。英国航空公司坚持"信誉第一,顾客至上",其做法赢得了社会的普遍赞誉,受到了顾客的拥护和信任。英国航空公司损失的仅仅是 10 万美元,换来的却是用金钱买不到的信誉。信誉就是财富,信誉就是资源,建立一流信誉就是商务公共关系追求的目标和努力的方向。

四、商务公关的基本观念和工作原则

商务公共关系的基本观念是指在商务公共关系实践中逐渐丰富、不断完善所形成的,对商务组织如何处理与其公众的关系的基本认识,是如何开展商务公关工作的基本指导思想。商务公共关系工作的基本原则,则是在这种基本思想观念指导下,根据商务公关活动客观规律和要求而提出的基本的工作方法和准则。商务公共关系的基本工作原则是商务公共关系基本观念在商务公关实践中的具体化。纪华强教授在其所著的《公共关系的基本原理与实务》(高等教育出版社,2007 年)一书中对公关的基本观念和工作原则做出了专门阐述,现编录于此,供参考。

1. 体现公开性,坚持提高透明度原则

从现代组织管理和公共关系工作的角度看,公开性观念的基本内容要求商务组织让公众对商务组织机构的状况及其运作程序,特别是对涉及公众切身利益问题的决策及决策过程有知晓、了解、参与、评价的权利。树立公开性的管理观念对提高职工的主人翁精神,提高工作效率;对增强公众对商务组织的亲善感、向心力和忠诚态度;对引导公众参与商务组织管理,开发利用公众智慧,提高商务组织的竞争能力;对于保证商务组织决策的民主化、科学性,提高公众对商务组织决策的接受程度,减少各种矛盾摩擦和冲突,保证商务组织各项方针、政策的实施都有很大的作用。

树立公开性的观念,其具体落实在商务公关工作中,就是要坚持增加透明度的工作原则。要真正做到这一点,必须做好以下几个方面的工作。

(1) 转变经营管理方式。要改变过去把自己关在"象牙塔"内搞封闭管理的方式,代之以"玻璃屋"的经营管理方式。把管理者与公众隔开的重重障碍、关卡尽可能减少,敞开办公室的大门,拿下"非请勿进"的牌子,把商务组织办成开放型的、高透明度的组织。随时准备热情地接待一切公众的来访,随时准备给来访者的咨询以满意的回复,树立起为公众所乐意接受的亲近形象。

(2) 让公众参与决策。商务组织决策过程要争取公众的参与。把决策的程序,做某项决策的原因、依据等信息公开,都让公众知道。在决策中随时听取公众对决策的意见,自觉地把自己置于公众的监督之下,这样不但有利于商务组织本身的完善,减少失误,而且可大大增加公众对决策的接受程度,大大改善决策层与公众的关系。

(3) 正确处理"保密"问题。商务组织仍需要对某些技术或情报进行保密。但是,作为一般经营活动、商务组织的基本情况,没有必要进行保密。在现代社会里,能够严格保密的技术、工艺、经济情报已越来越少,大量的信息很难保密。商务组织的缺点和弊端常被列为组织严格保密的范围,但俗话说"好事不出门,坏事传千里",有些弊端很难保密。另外,也可能由于保密而引起的怀疑或猜测会造成更大、更坏的影响,而且一旦泄露出去,将会失去公众的信任。最好的方法是有问题不要故意遮掩,公布存在的问题后,再表明改善的决心来争取公众的谅解,赢得信任和好感,才能变被动为主动,变消极为积极。正如德国的俾斯麦说过的那样:"把石板揭开,让底下黑暗的泥泞暴露在阳光之下,那些细菌虫蚋自然会消灭了。"

2. 珍视信誉,坚持真实传播原则

商务公共关系中的信誉观念是市场经济的产物。早在商品交换之时便已产生,并逐渐发展成为经营管理中的一个重要的观念。在市场经济高度发达中产生的商务公共关系继承,吸取了这种思想观念的精华,并把它在经营管理中的作用提高到一个前所未有的高度。珍视信誉的商务公关观念要求在具体的商务公关工作中必须坚持真实性的原则。所谓真实性原则,其内容包括以下三个方面。

(1) 传播的信息要完全真实。这正如马克思所说的"要根据事实来描写事实",即做到所传播的每条信息的具体事实要完全无误。如,信息中的时间、人物、事件、原因、过程、结果、思想、言语、行为、所引用的材料以及各细节的描写等全部要符合客观实际。决不可为了传播的公告性、趣味性或文艺性而伤害对事实真相的传播。也不可有合理想象，或根据希望来描写、虚构，更不可靠行政的力量，或利诱、贿赂收买等不正当的手段搞虚假宣传。传播中对具体事实的概括也要完全真实、完全准确、客观地反映事实的全貌，决不可以点带面、以偏概全。

（2）传播的信息与所反映事物一致。商务公共关系传播的每条具体信息要和所反映的事物总体一致，商务公关传播应注意从事实的全部中去把握事实，决不可为某种商务组织自身的目的，有意忽视或隐瞒某些事实或有意突出大肆宣扬某些事实，把树木讲成森林，滴水写成大海，混淆视听，欺骗公众，把商务公关传播变成粉饰组织门面的工具。这种行径不但与歪曲某些具体事实没有两样，而且手段更为恶劣，其欺骗性和危害性更大。一旦被识破，就会造成公众的信任危机。因此，商务公关传播应从事实总体出发，实事求是，让公众全面地了解本组织的长处和短处、优点和缺点，这才是取得公众最大的支持和信任的正道。

（3）传播的事实应符合本质上的真实。这是对商务公关传播真实的原则的更高要求。所谓的本质真实，要求我们传播的事实不仅是具体事实的完全真实，与事实总体一致，而且传播的事实要与我们所反映的事物的本质，我们之所为塑造的商务组织形象的本质相一致，要真正能反映我们所要报道的商务组织的本质特征。检验这一标准是人们对商务组织的总体的、相对稳定的、公认的本质认识。

3. 树立制度化观念，坚持不懈努力原则

树立商务公共关系制度化的观念，在具体的商务公关工作中，要立足于平时，坚持长期努力的工作原则。平时长期的努力是形成良好商务公共关系的基础。一般常识可知，一个商务组织与公众的良好关系是无法在几天或几周里建立起来的，有时甚至一两年也很难根本改进彼此间的关系。善意和信任需要时间的培植，组织的形象、声誉也非翻手可得的东西。"一滴水，一粒沙，汇成洋，聚成塔"，靠的是一点一滴积累而成的。没有长期的努力，商务公关形象即使形成也难以维护，特别的商务公关活动也不易取得成功。平时长期不懈的努力能起到未雨绸缪的作用，是防患未然的最好方法；平时长期的不懈努力是对付、解决突发事件的重要因素。如果平时我行我素，不与他人联系，一旦不测风云才临时抱佛脚、竭力拉拢、请求别人协助，就会事倍功半，甚至徒劳无益。反之，平时关系好，此时四方伸援手，容易化凶为吉。鉴于此，应注意以下几个方面。

（1）普遍和平衡。对于各类公众对象，平时一般的联系沟通工作应注意普遍和平衡。一般来讲，对所有对象不许偏重、分等级对待，不要只对有利益关系的公众特别火热，而对他人采取视而不见或冷淡轻侮的态度。因为，这次轻视的人将来也可能正是我们有所求的对象。今日的忽视轻侮会增添将来商务公关工作的困难。

（2）自然而不露痕迹。平时一般的联系沟通工作要注意自然而不露痕迹。在建立这种联系时，不要让对方感到我们是有所求他而来，最好应自然地与公众对象长期保持一份君子之交的情谊。这样，如遇有不测就会产生一种道义上的必予援助的感情，而不是一项利益的交易。

（3）放出交情。平时一般的联系沟通要注意放出交情。当别人有求于我时，要热情，并尽可能予以协助支持。平时多行善，多做好事，这是建立牢固的商务公共关系最容易的办法。如果我们平时是这样做的，一旦自身有事需要他人的帮助，别人自然会给予回报。

（4）手法翻新。平时一般的联系沟通要注意手法翻新。长期交往要有良好的效果，就应注意喜新厌旧的心理特点，长年累月老一套的联系方法会使公众产生厌烦，逐渐失去交往的兴趣。如招待客户老是用吃饭的方式，久而久之，客户也就会感到乏味了。又如洽谈室、接待室、展览部、俱乐部等场所要不断更新布置，常给人耳目一新之感。交往的话题内容、交流的信息也要不断有新东西，才能起到良好的长期交往的效果。

4. 平等沟通、坚持双向交流原则

要树立平等沟通的商务公关观念，最重要的问题是必须抛弃以自我为中心的旧的传播观念。例如，有的领导对下属或公众发表言行或讲话时常有着君临一切的气概，使得领导和被领导者间的交流形成不平等的地位，甚至产生抵触对立情绪。又如，不少管理机构或企业常常各自称雄，互下命令，互不协作。有些独家经营的商务组织，更是我行我素，自吹自擂，不愿听取公众的意见。这种做法只会使社会摩擦、冲突加剧，对发展良好的商务公共关系是非常不利的。

树立平等沟通的商务公关观念，要求我们在具体的商务公关实践中要坚持双向传播的工作原则。坚持商务公共关系的双向传播工作原则，至少应做好以下几个方面的工作。

（1）建立双向平等的传播关系。双向平等的传播关系是全新的商务公关传播关系，它是指要在思想上充分认识传播中的了解和影响都是相互的。要充分尊重公众的权利，组织的意见要传达给公众，公众的意见也应传达给组织，组织要公众听从自己的意见，它首先就要倾听公众的呼声，组织要影响别人，它也要接受别人的影响。那种"以上对下""以我为中心"来看待、指导商务公关传播的方式，都不可能真正实现双向传播。

（2）让公众的意见能够表达出来。在做自我传播的同时，也应广开渠道提供足够的机会、良好的环境让公众的声音得以充分表达和传播。公众意见的表达常常要受各种客观条件的限制。因此，主动提供各种渠道和条件，以防止出现倾斜，应是商务公关工作的责任。同时，要相信公众的大多数是出于友好的诚意，不论公众的意见是否正确，对公众的意见都要有耐心，要给予同情和理解，努力为公众创造良好的表达意见的环境。

（3）让公众的声音传到决策层。疏通组织信息收集、信息反馈的渠道，保证公众表达的意见能传到组织决策的最高层，保证公众意见能对组织的决策、组织的行为产生影响。

组织真正的双向传播关系的建立，一方面要能及时从公众中了解到他们的利益、意愿和要求，了解他们对商务组织政策、行为的意见、态度和好恶，并使之成为商务组织决策的依据。另一方面又能及时把商务组织所采取的政策、行动及时地传达给公众，让他们也能及时了解商务组织的情况，以减少双方的误解，保证商务组织的政策、行动得到公众的支持和理解，进而建立起良好的关系。就实际的情况看，前一方面的工作更值得我们商务公关人员注意，需要我们更有意识地去把它做好。

5．注重行为，坚持自我完善原则

注重行为的观念，其核心的内容就是要求把商务公关工作建筑在健全的组织行为之上，要求商务公关工作应更注意调整商务组织的行为以适应自己的环境。对这一观念的强调，其实也是对商务公关影响决策、真正行使起管理职能的注重。这一观念对现代公关活动的特点产生了十分重要的影响。这一观念后来成为 1978 年国际公关协会通过的公关定义的核心内容。该定义着重指出公关要"给组织领导人提供咨询和实施有计划的行动方案"。

树立商务公共关系注重行为的观念，要求我们在商务公关工作中要坚持自我完善的工作原则。具体应注意以下几点：一是在研究、制订商务公关工作计划时，首先要检查商务组织自身的政策、行为，要把最主要的精力放在如何改进商务组织行为上。二是在解决已出现的商务公关问题时，要首先考虑是否应对商务组织的政策、行为进行自我纠正或改进。三是坚持一切商务公关工作要首先从商务组织内部做起，只有健全的内部商务公关才有可能进一步图谋外部的发展。内部商务公关是外部商务公关的基础，内部商务公关的好坏直接影响到商务组织自我完善的程度。四是要注意商务公关活动本身的行为，商务公关人员要注重自身的形象，要切实体现高度的伦理道德准则、高度的社会责任感。

6．公众利益至上，坚持互惠原则

商务公共关系中公众利益观念的基本内容是要求商务组织时时处处考虑自己的行为对公众利益的影响，自觉地保持商务组织利益与公众利益一致的发展。如果离开这一前提，商务组织形象的建立、良好社会环境的形成、商务公关所有的努力就会成为一句空话。

商务公共关系强调公众利益的观念落实在具体的商务公关工作中就是要坚持互惠的工作原则。公关工作的互惠绝不只是表面的金钱或物质利益上的礼尚往来。它的最基本的、最主要的衡量标准是社会的整体效益。这是由于在现实的生活中，各类公众都生活在各自特定的社会环境中，都有着各自特定的利益要求。不同类型的公众团体在这些表面的利益上又常常相互矛盾、相互冲突。如价格低廉对消费者有利，但对生产者的收入、股东的红利、企业的利润都可能产生不利影响。单纯用马上可见的金钱、物质来衡量常常会顾此失彼。商务公共关系不能以满足一部分人的利益而牺牲另一部分人的利益来维系，更不能以组织一己私利来画线，它需要有一种能符合各类公众根本利益的衡量标准，而社会整体效益的标准最能满足这一需要。这是因为，任何团体、公众都需要生存和发展，他们利益的获得都离不开特定的社会环境，社会的发展、环境的改善才是大家根本利益之所在。作为商务组织只有用这一标准来认识和衡量互惠原则，才能使我们的决策、行为符合公众的根本利益。

坚持互惠的工作原则要求商务组织的决策、计划，以至所有经营管理行为，所有提供的产品、服务等都要以公众的需求、公众的利益为出发点，都要以社会整体效益的尺度来衡量。

坚持互惠原则要求商务组织在做任何决策时都要有很强的社会责任感，要考虑到对别人、对社会环境以及对后代可能造成的影响。

　　坚持互惠原则要求商务组织要有政治家的眼光,要看到社会整体发展、良好的社会环境对商务组织发展的重要性。对此,一方面要多行善事,尽自己所能关心社会的公共事业,参与社会服务。如积极为地方创造就业机会,关心市政设施建设,关心公共卫生事业和环境保护,赞助各种社会福利、文化、慈善事业等。另一方面当局部利益与全局利益、长远利益与短期利益发生冲突时,要敢于从社会整体利益出发,从事一些公众暂时不太理解或不太习惯的、不太喜欢的公关计划。例如,维护城市建设规划、交通整治、物价控制,更多地承担企业对国家的义务等。对这些工作,一旦认为对社会整体有利,就要大胆推行。并运用各种传播手段对不理解的公众进行耐心的说服工作,以取得他们的支持与合作。

项目 1

天下三分明月夜
——商务公共关系要素

公共关系是这样一种管理职能,它能建立和维持组织与公众之间互惠互利的关系,而一个组织的成功或失败取决于公众。

——[美]斯各特·卡特里普

公共关系是一种运用科学的艺术——社会科学,其中首先要考虑的是公众利益,而不是金钱方面的东西。

——[美]爱德华·伯内斯

商务公关有3个构成要素:商务组织、公众、传播。商务组织是商务公共关系的主体要素,是商务公共关系工作的策动者、承担者、发起者;公众是商务公共关系的客体要素,是商务公共关系的对象和接受者;传播是商务公共关系的中介要素,是联结主体和客体的桥梁,也是开展商务公共关系工作的重要手段。

任务 1

商务公关主体

学习目标

- 掌握商务组织相关基本问题；
- 明确公共关系组织机构的基本类型；
- 能够组建组织公共关系部；
- 树立公共关系意识；
- 明确公共关系人员的素质要求。

案例导入

成就锦江饭店的"软件"在哪里？

锦江饭店地处上海市中心繁华商业街茂名路上，是一家新中国成立前开业的酒店，可谓历史悠久。饭店的建筑、布局颇有特色，三幢欧式建筑在两座花园的衬托下尽现高贵典雅之气。餐饮、会议、休闲和服务设施齐全高档，客房宽敞舒适，其中有总统套房和豪华套房。饭店将现代设施与传统典雅地融为一体。周到完善的服务赢得了中外宾客的一致赞誉。酒店开业至今已接待了一百多个国家的近三百位国家元首和政府首脑，以及众多商贾巨富。川菜、粤菜名厨多次应邀去美国、新加坡、中国香港等地进行烹饪和宴会服务表演。毫无疑问，锦江饭店已成为上海的豪华级宾馆，其"硬件"掷地有声。

然而，有了过硬的"硬件"就等于锦江饭店的成功吗？作为对外提供服务的企业，锦江饭店自创业伊始就是从与环境的协调和竞争中打拼过来的，尽管其"硬件"并非自始至终都是最硬的。随着市场经济的发展、经济全球化的加剧、国际交往的增多和旅游业的兴盛，锦江饭店越来越成为社会交际、信息集散、贸易洽谈、学术交流乃至高级外交活动的场所，面对的内外关系越来越多、越来越复杂。社会的需要、公众的关注和企业自身的进一步发展给饭店的高级领导曾带来了一系列仅靠个人能力无法完美有效地解决的大问题：如何塑造企业形象？如何提高饭店声誉？如何有效协调内外关系等？这些问题虽然与已有的各个职能部门都有关系,但是它们之间不论如何协调都不能圆满地解决。于是,一个新的专门的职能部门应运而生,那就是锦江饭店的公共关系部,专门为高级领导层提供信息情报和决策建议,以及为企业实施有效的外交和宣传活动。

锦江饭店是中国较早设立公共关系部的企业之一。公共关系部的从业人员是经过精心选拔的,其中不乏高薪聘用的公共关系专家。刚开始,由于对公共关系工作认识不够清晰深刻和从业人员的素质有限,公共关系部的职能仅限于维护饭店信誉,负责手里旅客的投诉等与服务质量有关的工作。尽管这些工作是必要的,对饭店的信誉起到了一定的补救作用,但是消极防守的味道太浓。随着公共关系实践的深入开展、理论认识的进步和从业人员专业水平的提高,公共关系部认识到公共关系工作必须变消极为积极、变被动为主动。为此,公共关系部在调查研究的基础上,确定了"全方位公共关系"的工作方针,努力提升从业人员的公共关系意识,增强服务的主动性,注重争取公众、争取舆论和争取业务。多年来,公共关系部在各个方面做了大量卓有成效的工作,使锦江饭店不断攀上新的成功高峰。

在打造企业形象方面,公共关系部坚信"形象是企业立足之本"的理念,让公众了解锦江,也让锦江熟识公众,努力树立"锦江是属于公众的"这一形象,并且大做广告,使这一信息广为传播。昔日令普通市民望而却步的地方,如今成了门庭兴旺的场所。

在树立企业声誉方面,公共关系部坚信"声誉是企业兴衰标志"的理念,在每次重大接待之前都进行周密的部署,采集和提供各国风俗人情资料以及来宾的个人生活特点,设计室内装饰布置,制定饮食起居服务规程。即使对新闻记者的接待也是一丝不苟。如加拿大残疾人哈姆森坐轮椅周游世界,他到上海时,锦江饭店早有准备,在底层铺上了地毯,并安排了经验丰富的服务员,准备了营养好又易消化的菜肴使其感受到了锦江的温暖。随行记者团对此作了采访报道,使锦江的美名远扬海外。

在深入挖潜创新和大力广告宣传方面,公共关系部坚信"创新是企业活力的象征"的理念,要求公共关系人员树立创新意识,广泛地介入社会活动,不断开发潜在的设施资源和环境资源,充分利用楼堂馆所,承办了各类酒会、招待会、新闻发布会、学术研究研讨会和各种联谊活动,将其变成进行公共关系活动的媒介和枢纽;发挥锦江外宾集中的优势,促进中外文化艺术团体的相互交流,如主办民族音乐会和京昆精华献演,受到了大量外宾的交口称赞;积极主动地与国内外企业和媒体取得联系,用赞助和协作的形式印制了大量公共关系宣传品,如《店庆35周年》《锦江指南》《锦江菜谱》等,所需巨额费用均由外资解决,使广告由消费变为盈利。

原来,在过硬的"硬件"的背后,让锦江饭店走向成功的功能强大的"软件"就在公共关系部,那是锦江饭店的灵魂。

（资料来源:http://wenku.baidu.com/link? url = L971Umqk4L8aQXyzi7FXER6LMJ _ lYFzsJU2KaEDsup7Ax1ndUXIka5Odnfqcvuy14RclJjg9At3XTk_PeYDO7ef8skj8WpuFD1_m4LiPh-i.）

问题:没有公共关系部扎实有效和富有创造性的公共关系工作,会有锦江饭店的辉煌吗?

任务设计

商务公共关系的作用是通过商务公共关系主体而发挥出来的。商务公共关系的主体广义上是指商务组织,狭义上是指商务组织中的公关机构和公关人员。

当前,我国已经成为最具发展潜力的国家,中国已经有超过2000家的公共关系企业,服务于这一领域的实务员工超30000人,其中15000多名专业人士,我国的公关业年收入超过4亿美元。随着我国现代化建设在21世纪的进一步加快,对我国本土企业来说,所面临的最重要的挑战是各行业的全球性竞争不断加剧,各个企业将求助于公共关系,以期让自己在竞争中脱颖而出。为此必须加强公共关系组织建设,一方面强化公共关系组织机构建设,形成精干高效的公共关系机构;另一方面加强商务公共关系人员的培养,不断提高其公共关系意识和素质能力,使其更加胜任商务公共关系工作。

这里,我们拟通过"公共关系组织建设实训"来完成本任务的学习,具体如下。

公共关系组织建设实训

实训目的:

(1) 通过实训,了解公共关系组织机构的设置原则和基本职能。

(2) 通过资料的准备和情景演练来认识一个合格的公共关系人员应具备的素质和能力。

实训内容:

(1) 分组讨论。在一些企业中,公共关系部是作为一个三级机构存在的(即部门所属型)。你认为公共关系部应附属于哪一个部门呢? 是办公室、宣传部、营销部,还是市场开发部呢? 为什么?

(2) 情景模拟。一个组织的公共关系人员参加招聘会,通过面试来选择公共关系人员。请同学们分别扮演考官和应聘者。

实训步骤:

(1) 将学生划分成5~6人的学习小组。

(2) 进行分组讨论,完成实训内容(1)的题目;每个小组派代表发言,教师总结。

(3) 完成实训内容(2)。每个小组通过图书馆和网络等渠道搜集资料,然后设计好面试的题目。教师组织将各个小组的题目汇总,形成正式的面试题目。各小组选出1名同学组成招聘小组,选出1名同学扮演应聘人员,其他同学观摩。

(4) 教师对同学的整体表现进行评价。

实训考核:

教师根据学生知识的掌握程度、资料准备和实训现场参与情况等做出评价。

(资料来源:朱晓杰.公共关系理论与实训[M].北京:清华大学出版社,2009.)

一、商务组织

商务组织是由多个商业企业构成的。商业企业是企业的一部分,所谓企业是以营利为目的的,从事物质资料的生产、流通或为社会提供服务的,依照有关法律设立的组织。社会生产总过程分为生产领域与流通领域。处于流通领域,以投资和经营的基本手段来获取收益的经济利益实体为商业企业。概括地说,商业企业的基本特征就是连接生产和消费,发挥指导生产,引导消费的作用,以自身的投资与经营活动将生产者和供应者向社会提供的资源送到消费者手中,并凭此获取一定的收益。

商业企业的基本职能是从事商品(劳务)经营活动,组织商品(劳务)从生产领域到流通领域,提升商品(劳务)的价值。其派生职能为生产加工、储存运输、保管分类、中介咨询、营造环境、享受体验等。商业企业的基本任务是通过商品(劳务)经营活动,满足消费需要,促进生产发展,繁荣社会经济。

按照不同的标准,商业企业可以分为不同的种类。按其所有制形式划分可分为国有、集体、股份制、合伙、私营和三资(中外合资、中外合作经营、外商独资)等企业。按其在商品流通中的职能划分可分为批发、零售(社会消费零售额统计包括餐饮服务业)、仓储运输企业和代理企业。按其组织形式划分可分为单店商业企业、多店商业企业、无店铺商业企业、连锁商业企业、商业企业集团和虚拟商业企业。

商业企业目标与商务公共关系目标紧密相连。概括地说,现代商业企业的目标是商业企业发展要达到的境地或标准,是商业企业一切经营活动的阶段目的或最终目的。不同的商业企业有不同的企业目标。传统商业企业其清晰的目标就是盈利。而现代商业企业的目标主要分为双重或三重目标:第一重目标是产生利润;第二重目标是产生社会效益;第三重目标是追求可持续发展。

商务公共关系的最终目标是塑造形象。商务组织塑造良好的形象可给商务组织带来诸多方面的优势,有利于商务组织在商战中取胜。由此可见,追求商务公共关系目标,这对商业企业的利润目标、社会效益目标和可持续发展目标的实现均会有很好的促进作用。商务公共关系目标的追求能促进商业企业目标的实现,往往体现在所进行的具体的商务公共关系活动对商业活动所起的重要作用上。其具体表现有以下三点。

1. 科学地处理和调解各种关系

随着市场经济的发展,商品流通规模的日益扩大,工商之间、企业之间、部门之间、城乡之间的经济交往越来越频繁,各种社会联系也越来越复杂,客观上要求商务公共关系能科学地处理和调解各种关系,以使商业企业的目标能得以顺利实现。

2. 取代庸俗的公共关系

在商业企业中发展公共关系,用健康的公共关系取代庸俗的公共关系,杜绝以权谋私、行贿受贿、拉关系、走后门等不正之风,可以促进社会风气的好转,促进商业企业文明经商,优质服务,以使商业企业的目标能得以正常实现。

3. 进行公关的参谋咨询服务

商业企业的经营管理主要是认真搞好调研和决策、扩大购销、降低费用、提高经济效益。其中,商业的调研、决策、购销活动都需要公共关系的指导,即进行公关的参谋咨询服务。

二、公共关系机构

公共关系机构是指发挥公共关系的职能、专门从事公共关系工作的各类组织或部门。根据公共关系实践的历史和现状,公共关系组织可分为四类:一是组织内部的公共关系职能机构,即公共关系部(或称为公共关系处、公共关系科);二是社会上的各类公共关系专业组织,如公共关系公司、公共关系事务所、公共关系广告公司、公共关系咨询服务公司、公共关系策划公司等;三是公共关系社团组织,如公共关系协会、公共关系学会、公共关系教学研究会、公共关系专业委员会等;四是具有一定公共关系职能的其他各类组织或机构,如宣传部、外交部、工会、广告公司、外联处、交际处、信访办等。就我国目前的公共关系现状来看,组织内部的公共关系职能机构是公共关系事业的基层组织,它发挥的作用最大,也是公共关系事业的主体部分。其次是公共关系专业公司和各级各类公共关系社团组织,在社会主义物质文明和精神文明建设中也发挥了重要作用,也是公共关系事业发展的重要力量。下面我们着重介绍以下三类公共关系组织。

1. 公共关系部

公共关系部,简称为公关部,是组织内部设置的专门从事公共关系业务工作的职能机构。其称谓多种多样,有的叫公共关系处、公共关系科,有的叫公共关系信息部、公共关系销售部、公共关系广告部、公共关系事务部。

在现代公共关系发展史上,第一个公共关系部设立于 1908 年美国电话、电报公司。著名的新闻关系专家威尔担任该部的第一任经理,他出色的工作使该公司公共关系部闻名遐迩。此后,许多公司、政府等各类组织纷纷效仿,公共关系部的作用便得到充分发挥,地位也随之逐步提高。公共关系传入中国后,广东及东南沿海的一些三资企业率先成立公共关系部。这些组织的公共关系部门以其出色的公共关系工作赢得了社会公众的一致好评,提高了组织的知名度和美誉度。

(1) 设置公共关系部的必要性

在我国,许多组织设置了公共关系部,也有相当多的组织没有设置公共关系部,有的组织设置了公共关系部,不久便又将其撤销或更改名称。因此,有人认为有无公共关系部对组织来说无关紧要。其实,公共关系是商品经济高度发达的产物,也是在社会生产力水平发展到一定阶段,适应社会的需要而产生的。如果说在计划经济的时代,公共关系部门可有可无,但在市场竞争如此激烈的现代社会,公共关系部门所发挥的作用是不可低估的。仔细地分析,我们不难发现,尽管有些组织没有设置公共关系部,但这并不意味着它们没有公共关系状态的存在,没有建立良好公共关系网络的需求。其实,这些组织的公共关系工作是由其他职能机构,如办公室、销售科、信访科、外联处、宣传部、交际处等部门替代,它们都或多或少地承担着一定数量的公共关系工作。没有设置公共关系部的组织常常遇到这样的问题,如当组织发生公共关系纠纷或发生了重大突发性事故时,当组织欲举办一次大规模的活动时,当组织出现形象危机时,常常需要成立一个临时机构来解决。由于该临时机构的成员都是由各个职能部门抽调来的,因此,常常由于他们为了本部门的利益而忽略了组织的整体效益,甚至,还会封锁消息、设置障碍,使领导陷入大量的琐碎事务之中,对全局性、长远性的发展战略无暇顾及,进而影响了组织目标的实现。相反设置公共关系部的组织,它的职责就是从整体出发,充分调动各方面的积极因素,充分发挥其信息灵通、协调沟通、交际广泛等功能,运用公共关系的原理、原则、技术、方法等来协调组织内外的各种复杂关系,为组织消除隐患,缓解矛盾和冲突,塑造良好社会声誉和形象。国内外的公共关系实践已经证明,设置公共关系部的组织只要能充分发挥其职责和职能,其社会形象和声誉都得到了极大改善。公共关系工作并非其他部门所能完全替代的,设置公共关系部不仅是必要的而且意义重大。它不仅是实现组织目标的重要保证,而且还是树立组织良好社会形象的有效手段;它不仅能改善组织的生存与发展环境,而且还有助于发挥组织的整体效能;它不仅能够协调内部关系,达到内求团结的目的,而且还有利于协调和改善组织同各种外部公众的关系,成功地实现"外求和谐发展"的目的。

(2) 公共关系部在组织中的地位

公共关系部作为组织的管理部门,其地位概括如下。

① 信息情报中心。公共关系部的职能之一就是采集信息、处理信息、储存信息、利用信息,为组织建立信息网络系统。

② 信息发布中心。公共关系部承担着传播信息、发布新闻等职责,是组织的"喉舌"。

③ 环境监测中心。公共关系部随时注意监测各种环境因素的变化,采取一系列对策,适应环境,并积极影响和改变环境。

④ 趋势预报中心。公共关系部在调查研究的基础上,分析和预测同组织有关的事物的发展趋势,为组织的决策提供咨询。

⑤ 关系协调中心。公共关系部负责协调组织内部和外部的各种矛盾和纠纷,为组织建立信誉,塑造形象,广结良缘。

⑥ 公众接待中心。公共关系部负责处理公众的来信、意见、建议及公众的接待工作。

(3) 公共关系部的设置

公共关系部如何设置,涉及组织的结构设计和职责分工,也直接影响到公共关系部在组织中的地位及其作用的发挥。

首先,从公共关系部的隶属关系来看,公共关系部的设置有以下四种模式。

① 总经理直接负责型(见图 1-1)。这种类型的公共关系部,其领导人由总经理担任,

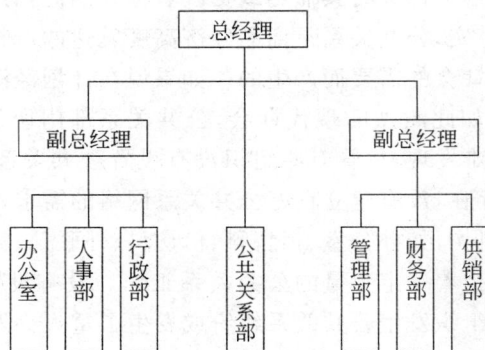

图 1-1　总经理直接负责型

明确了公共关系部在组织中的特殊地位,具有一定的权威性,有利于公共关系部充分发挥组织的整体效应,全面地、及时地、有效地开展公共关系工作。这是一种较为理想的公共关系部的设置模式。

② 部门并列型(见图1-2)。这种类型的公共关系部作为组织的二层机构,与其他职能机构地位平等,各司其职。

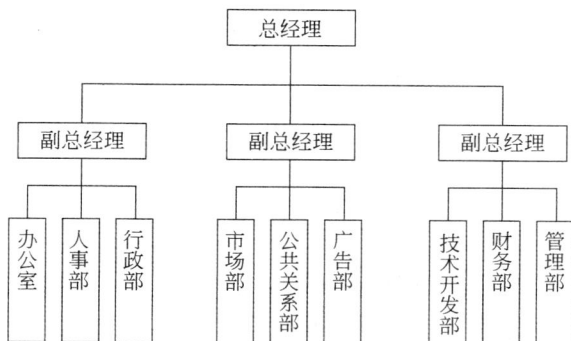

图1-2　部门并列型

③ 部门所属型(见图1-3)。这种类型的公共关系部设在某个职能机构(如办公室)之下,属三级机构,地位较低。

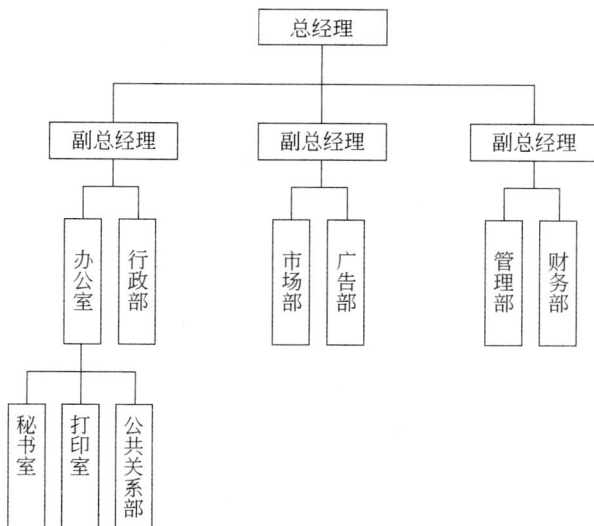

图1-3　部门所属型

④ 公共关系委员会型(见图1-4)。这种类型的公共关系部由组织的领导人和各职能部门负责人组成,对各项公共关系工作统筹安排,分工负责,其权威性较大,但各种关系较为复杂,一旦出现矛盾,不易协调,会使各种关系变得更为复杂。它相当于组织的一个临时性机构,往往对公共关系工作缺乏长远规划,不能保持一贯性。

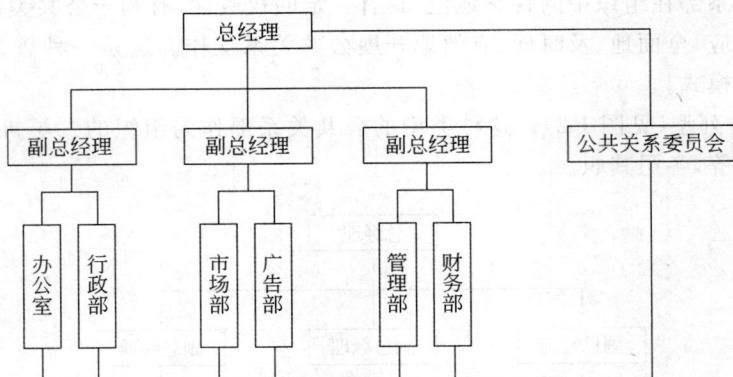

图 1-4　公共关系委员会型

同时,从公共关系部自身的机构设置来看,可以分为以下三种类型。

① 公共关系手段型(见图 1-5)。它的特点是根据公共关系工作运用的手段来确定公共关系部所属机构的名称。

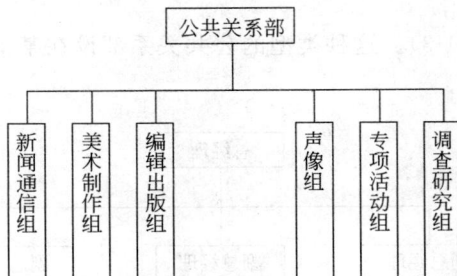

图 1-5　公共关系手段型

② 公共关系对象型(见图 1-6)。它的特点是根据公共关系工作的主要对象来确定公共关系部的所属机构名称。

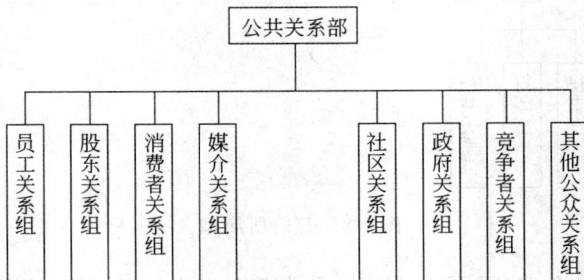

图 1-6　公共关系对象型

③ 复合型(见图 1-7)。它的特点是根据公共关系工作所运用的手段和对象来确定所属机构的名称。这是基于公共关系工作实际需要而采取的一种行之有效的方法。

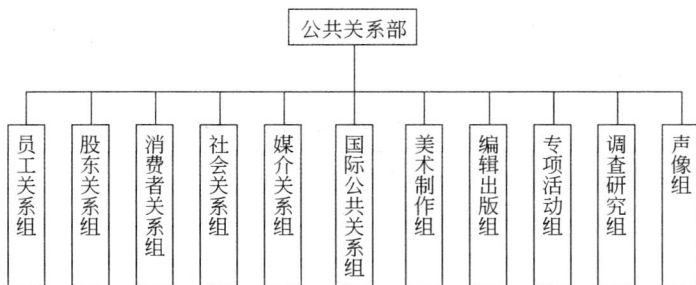

图 1-7 复合型

（4）组建公共关系部的原则

① 必要性原则。任何一个商务组织都不可避免地要面对各种公共关系问题，是否一定要设置一个专门的部门来处理公共关系事务，这要视组织本身的规模和经济实力的大小、组织对公共关系部门作用的认识程度、组织现有的人才状况以及公共关系活动的业务量和复杂程度等问题来决定。如果组织的规模较大，设计公共关系活动量大，领导层对公共关系部门的作用充分重视和肯定，组织又有主持这项工作的合适人选，则组织就有必要成立公共关系部门。如果条件不成熟，则不必急于设立一个专门的公共关系部，可暂由其他职能部门（如办公室、宣传部等）监管，或聘请一家公共关系公司或几名兼职公共关系顾问来帮忙处理日常事务，如果遇大型公共关系活动，则委托给某些专业公共关系公司代理。随着改革开放的进行，上海的涉外活动逐渐频繁、旅游业日益兴盛，餐饮旅店竞争加剧，锦江饭店的进一步发展越来越依赖于有效的公共关系工作，公共关系部的设立成为必然。

② 机构精简原则。一个组织的公共关系工作在业务量和复杂程度上通常具有很大弹性，而且维持一个较大公共关系部门也是一笔不小的费用支出，所以机构的精简是必需的。机构精简的关键是精，组织要尽可能聘请精干的专业人员到公共关系部门任职，努力做到将提高工作效率作为公共关系的首要任务。精简的主要标志为：部门员工精干、高效和经验丰富，配备的人员数量与所承担的任务相适应，机构内部分工适当，职责明确并有足够的工作量。

③ 专业性原则。第一，公共关系部要有清楚的专业化职能，它是组织为开展公共关系工作而设立的专业化机构，它的每一项工作都涉及组织的声誉和影响。因此，在组织上和工作分工上都要保证其专业化特性。第二，公共关系部的工作人员要有专业化素质。注重建立和培养一只专业化队伍，即公共关系部的全体人员应具有强烈的公共关系意识、受到一定的专业训练、具有一定的专业水准和能力、具有开拓创新精神等。

④ 权力与职责相适应原则。权利与职责相适应是一项组织分工的基本原则。公共关系部及其人员均应具有在规定的职能范围内从事某项工作的权力，同时承担相应的责任。责任是权力的基础，权力是责任的保障。公共关系部不仅在组织内要有与之相对称的职能和权力，而且在人员配备的过程中也要做到责权明晰。

（5）公共关系部的工作范围

公共关系部的工作范围主要有 3 方面的内容：对内关系协调、对外关系协调和专业技术。它们的工作范围见表 1-1。

表 1-1　公共关系部的工作范围

内部关系的协调	对外关系的协调	专业技术
利用各种内部媒介与员工沟通，做好内部宣传	向媒介和其他出版机构提供信息，并与之保持良好关系，做好与公众的沟通	写作并向报刊发布新闻、照片和特写、发布前编好报刊的名单
教育引导组织的全体员工，增加公共关系意识	搞好与社区的关系	组织记者招待会，为管理部门安排接见报刊、广播和电视记者的访问
编辑、出版内部刊物，搭建内部交流平台	负责协调与政府各个部门之间的关系	策划各种纪念活动
随时搜集企业员工的各种意见，做好信息反馈	搞好与消费者的关系，策划促销活动，处理各种投诉等	组织展览会、参观活动
参加董事会和其他主要部门负责人的会议	做好各种接待来宾的礼仪工作	编辑出版企业内外部的各种刊物
协助企业领导确定公共关系目标，为领导层提供方案、数据，并对其他决策提供参考意见和建议	代表企业出席行业性会议	负责民意调查和产品调研活动等
定期召开股东大会，发布企业经营信息，收集意见和建议		制作视听材料
编制年度报告		制作企业的识别系统
培训公共关系工作人员等		从外界媒介的报告中获取信息，进行信息整理
		分析反馈，评定计划的实现情况

2. 公共关系公司

公共关系公司是指依法存在的，由熟谙公共关系业务的公共关系专家和业务人员组成，专门从事客户委托的各种公共关系业务的服务性社会组织。公共关系公司的种类较多，有公共关系顾问公司、公共关系咨询公司、公共关系广告公司、公共关系形象策划公司、公共关系事务所等，公共关系公司最早诞生于 1903 年，美国的艾维·李首创了具有公共关系性质的公共关系事务所。1920 年，N. W. 艾尔正式开办了公共关系公司。由于他们出色的公共关系工作，赢得了客户的信赖，公共关系公司便逐渐发展壮大起来。公共关系公司的出现，不仅促进了公共关系职业化的发展，提高了公共关系的专业化水准，推动了公共关系事业的发展，而且还优化了社会环境，协调了社会关系和社会行为，提高了社会效益。

（1）公共关系公司的优势

公共关系公司作为社会的经济实体，具有社会性、服务性、营利性等特征。它向客户提供信息、咨询服务、中介服务、制作广告、策划专题性公共关系活动等。公共关系公司之所以能在竞争激烈的市场中站稳脚跟,赢得客户的信赖与支持,主要是由于其自身存在着比公共关系部及其他类似组织机构难以比拟的优势。

① 信息比较灵通。公共关系公司的客户来自各行各业,其需求也多种多样,因此,公共关系公司要为客户提供服务,必须拥有各种信息。现代的公共关系公司大多利用计算机存储和处理信息,建立完善的信息网络。公共关系公司耳目灵敏,信息来源广泛、及时,因此,任何新的情况、新的消息的出现,以及信息的微小变化,公共关系公司都能随时整理归档,这样就能及时高效地满足客户的需要。

② 观察分析问题比较客观。公共关系公司是受客户委托来从事或代理公共关系业务,因此,它往往站在公正客观的立场上来观察分析处理问题,而不必像公共关系部那样顾及组织内部的各种错综复杂的矛盾或利害关系。这就是为什么有的组织已设立公共关系部,还要聘请公共关系公司为其代理公共关系业务的重要原因。

③ 趋势判断比较准确。公共关系公司大多是熟谙公共关系业务、具有丰富社会实践的公共关系专家和业务人员组成,他们占有大量的信息,加之具有强烈的公共关系意识,再凭借现代科学技术和方法,对客观事物的发展趋势判断一般都比较准确。

④ 职业水准比较高。公共关系公司不仅要向客户提供信息服务,而且还要向客户提供咨询服务和大型的高层次的公共关系活动策划等。这样其工作人员职业素养、技术水平、策划能力必须有高人之处,否则,公共关系公司就没有存在的必要。

(2) 公共关系公司的经营方式

从目前国际国内的实际情况来看,公共关系公司的经营方式大致有3种:与广告公司合营;单独经营,综合服务;单独经营,专项服务。

① 公共关系公司与广告公司合营。这是目前最为流行的经营方式。公共关系公司兼作广告业务,广告公司兼作公共关系业务,这类公司业务范围较广,生存能力较强,也符合各类客户的实际需要。

② 单独经营,综合服务。这类公司属专业公共关系公司,承担公共关系方面的各种业务,包括提供信息、咨询服务、策划活动、培训员工、设计制作、市场调研等。这类公司对公共关系人员素质的要求比较高,公司内必须具有各方面专家,否则,有些业务则无法承接或完成。

③ 单独经营,专项服务。这类公司一般是专门从事某一单项公共关系业务的公司,其规模一般都比较小。如形象策划公司、信息公司、CIS策划公司、公共关系广告公司、公共关系培训公司、公共关系礼仪公司等。这类公司由于具有某项公共关系业务专长,因此,优势比较明显,工作经验比较丰富,服务质量也容易得到保证。

(3) 公共关系公司的工作内容

公共关系公司的工作内容因其经营方式和经营范围的不同而有所不同。一般说来,公共关系公司的工作内容可归纳为:调查研究,确立目标;策划公共关系活动;处理突发性事件和公众关系纠纷;提供信息服务,咨询服务;制订各种公共关系计划;代理各种公共关系业务,如新闻代理、广告代理等;技术性业务工作服务;中介服务;礼宾服务;培训服务等10项工作。

（4）公共关系公司的收费方式

公共关系公司在向委托人收取费用时，应该平等待客、控制成本并把握合理的收费标准。公共关系公司收费的方式主要有两种：一种是项目收费；另一种是计时收费。

① 项目收费。主要包括：咨询服务费，即委托项目期间工作小组全体成员的工资和与项目有关的高级管理人员、专家的工资；行政管理费，即公共关系公司在承担项目期间所需的房租费、水电费、取暖费、电话费等；报酬，即扣除各种税收后公共关系公司应得到的纯利润；项目开支，即承担项目期间所需要的印刷费、邮费、差旅费等，这些全部由委托人实报实销。

项目收费既可一次性收取综合费用的总额，也可根据项目需要分项收费。

② 计时收费。计时收费即按参加工作的各级各类人员的不同标准，按工作时间收费。一般来说，每小时收取的费用是该人员每小时基本工资的两倍半到三倍。有的公司为了方便起见，采取每小时收取固定费用的办法，如美国，采取这种办法的公司收费标准为每小时 35～50 美元。

3. 公共关系社团

公共关系社团是指专门从事公共关系工作的群众性社会团体。它一般是由具有共同意愿的热心公共关系事业的社会公众自发组织起来的。它不以营利为目的，专门从事公共关系理论研究、教育培训、宣传普及推广、咨询服务、组织开展公共关系专题活动、奖励评优、开展国际交往与合作。公共关系社团主要包括公共关系协会、公共关系学会、公共关系研究会、公共关系专业委员会、公共关系联谊会等，其中公共关系协会数量最多，影响力最大。

现代公共关系发展史上，第一个公共关系社团组织于 1915 年 7 月成立于美国的芝加哥，类属于世界广告协会。20 世纪初期，公共关系社团都属于某一行业社团组织，成立于金融界、教育界、新闻界等，逐步发展成为全社会的由各行各业人士参加的社团组织。我国第一个公共关系社团组织中山大学公共关系研究会于 1986 年 1 月成立；同年 12 月，上海市公共关系协会成立；1987 年 5 月，中国公共关系协会成立。目前我国公共关系协会遍布于各大、中、小城市，甚至在高校等组织内也有公共关系协会。公共关系协会在中国公共关系事业发展史上功勋卓著，对推动中国公共关系事业的发展做出了突出成绩。

（1）公共关系社团类型

① 综合型社团。包括国家和地方成立的各级公共关系协会。

② 学术型社团。包括公共关系学会、研究会、教学研究会、研究所等学术团体。

③ 行业型社团。包括各行各业、各部门、各系统成立的公共关系社团。

④ 联谊型社团。包括公共关系联谊会、公共关系俱乐部、公共关系沙龙等各种形式松散、以联谊为主的社团。

（2）公共关系社团的工作内容

各种类型的社团在成立时都明确了各自的任务或工作内容。如中国公共关系协会在章程中明确规定了其任务：

① 联络全国各地区、各企事业单位的公共关系组织和工作者，组织学术交流和经验

交流,研究社会主义公共关系的理论与实践,推动社会主义公共关系事业健康深入发展;

② 制定和实践社会主义公共关系的职业道德准则;

③ 培养、训练和造就公共关系的专业人才;

④ 编辑出版有关公共关系的书籍、报刊,宣传普及公共关系学知识;

⑤ 加强与海内外公共关系界的交流合作;

⑥ 开展国内外公共关系事业的咨询服务工作;

⑦ 维护公共关系组织和工作者的正当权益;

⑧ 协调国内外公共关系组织的关系。

归结起来,公共关系社团的工作内容主要包括:联络发展会员;制定行业规范和职业道德准则;宣传普及公共关系知识;开展公共关系理论与技术的研究;培训专业人才;开展国内、国际各项交流与合作;参与公共关系专题活动的策划、组织;编辑、印刷公共关系出版物等。

三、公共关系人员

所谓素质,单从字面上讲,素即本来、原有的意思,指构成事物的基本成分,质是指一事物区别于他事物的内存规律性,是由事物内部特殊矛盾规定的。而对人的素质的理解,一般来说又有两种解释:一种是从纯粹生理角度去理解,把人的素质归纳为天赋的生理现象;另一种认为素质是人的性格、魄力、兴趣、精神、气质、水平、能力、学识、经验、风度和文化等后天修养的综合反映。公共关系人员的素质则基本上属于后一种,主要包括政治思想素质、品德素质、科学知识素质以及心理素质等。

公共关系活动是一项复杂、艰巨的系统工程。公关从业人员的舞台是全方位的、多角度的,能否在纷繁复杂的社会关系网络中应付自如,创造性地开展公共关系工作,在很大程度上取决于公共关系人员的职业素质。"向阳花木易为春",只有具有较高的素质,才能更好地开展公共关系活动,实现公共关系目标。

1. 强烈的公共关系意识

公共关系意识是组织公共关系工作的思想基础,只有在明确而又正确的公共关系意识指导下,组织才能有效地、顺利地开展公共关系工作,它作为一种动力促使组织的公共关系行为走向自觉化。而有效的公共关系工作,又是正确的公共关系意识的具体体现。众所周知,公共关系工作是一项系统工程,指导这一系统工程的公共关系意识也是一个系统,这里仅选择其基本内容作一介绍。

(1)信誉意识

公共关系的信誉意识指公共关系主体在其活动中认真争取和维护公众信任的自觉信念。所谓信誉就字面意思而言,指信用和名声。它产生在人们的交往活动中,即表明履约者的可靠性、可信任性,也表明在这种可靠性和可信任性基础上而形成的知名度和美誉度。公共关系中讲的信誉,指的是组织的信誉,它体现在公众对组织的工作效益、工作质量、技术水平、服务态度、人员素质、总体实力等方面要素的评价和看法上,与组织形象紧密地联系在一起。公共关系的信誉意识具体表现为：

首先，要具有信誉至上的信念，在日常活动中不发表任何有损于组织信誉的言论，不姑息任何有损于组织信誉的行为，不做任何有损于组织信誉的事情。对公众和社会言必信、行必果，坚持向公众和社会提供优质产品和服务。

其次，把建立和维护组织信誉的自觉性与建立和维护良好组织形象的自觉性联系起来，把提高组织信誉视为完善组织形象的基本任务，把维护组织信誉视为维护组织形象的长期工作。

最后，要注重以科学的制度和政策去保障组织的信誉，以有计划的、有步骤的活动和持之以恒的努力，去实现、建立和维护组织信誉。

（2）形象意识

公共关系的形象意识指公共关系主体关注的组织形象，积极地建立和树立组织形象，努力维护和宣传组织形象的自觉习惯。所谓组织形象是指公众对一个组织的一整套看法、评价、要求和标准，是公众在受到组织行为和政策影响下形成的。形象意识具体表现如下。

首先，要自觉关注组织形象。即作为公共关系主体的组织不仅能够充分认识良好的组织形象是组织的无形财富，组织形象是组织生存发展的生命线，而且能够通过全面掌握公共关系信息，经常注意评估组织形象的状况，找到自我期望的理想形象与客观存在的实际形象之间的形象差距。

其次，要积极建树组织形象。即作为公共关系主体的组织具有自觉修正形象差距的意识；具有正确选择充分兼顾组织与公众双方利益需求的组织形象目标的现实主义态度；具有努力实现自我期望形象的积极性；具有通过长期持续不断的努力去建立良好的组织形象的毅力和恒心。

最后，要努力维护和宣传组织形象。即作为公共关系主体的组织在各项实际工作中都具有珍惜良好的组织形象的自觉性，对一切有损于组织形象的行为持毫不妥协的态度，同时善于在公共关系的各种活动中将自己对公众的善意，对社会的贡献和自己采取的有益于公众的政策、行为和价值观公之于众，争取得到公众和社会的全面认识。

（3）公众意识

公共关系的公众意识指公共关系主体基于对公众对象的认识和全面研究，坚持将公众置于公共关系工作的全过程中加以考虑的一种自觉习惯。公共关系的公众是指与一个组织发生直接或间接的利益联系，对该组织的生存发展具有现实的或潜在的影响力的个人、群体和社会组织。在公共关系主体的活动中，公众是最直接的客体对象。自觉的公众意识是公共关系主体开展一切活动的基本前提。公众意识具体表现如下。

首先，要自觉从公众的诸多方面特征上去把握公共关系工作的基本要领。公众的特征包括公众的整体性、同质性和变化性等。公共关系的公众意识要求从公众的整体性特征出发，将公众视为一个完整的环境；要求从公众同质性特征出发了解、分析公众内在的共同性、内在的联系；要求从公众的变化性特征上理解公共关系工作的灵活性。

其次，要自觉从公众感情、态度、舆论、行为诸多方面的运动变化上去理解公众对组织生存发展的意义。把联络公众感情视为公共关系的基础工作，把影响公众态度的舆论视为公共关系的经常性任务,把引起公众采取有利于组织的行为视为公共关系所追求的理想工作成果。

最后,要树立牢固的以公众利益为本的思想。在公共关系工作中真心地征求公众意见,真心地向公众说明有关情况,真诚地为公众服务,努力站在公众的立场上去设身处地为公众着想,先"公众"之忧而忧,后"公众"之乐而乐。在实践中,公共关系的公众意识形成了"公众第一""顾客就是上帝"等信念,这使无数组织从中受益。

(4)互惠意识

互惠是公共关系的交往意识和功利意识。企业不可避免地要同外界交往,不可避免地要在竞争中盈利生存,但公共关系理论指导下的竞争,不应是"你死我活""尔虞我诈",而应当是社会主义的竞争,现代文明的竞争。既竞争又合作,共同发展。现代哈佛谈判术提倡成功的谈判双方都是胜利者。公共关系的原则是"你活我也活";你发展,我也发展;将心比心;己所不欲,勿施于人。互惠的前提是"真诚",要真心、真实、诚恳待人,互利互惠。缺少真诚就是虚情假意,说一套,做一套,互惠就难以成立。公共关系的互惠意识具体表现在四个层次上。

第一,目的的互惠互利。无论搞什么类型的公共关系活动,其目的一定要为公众利益着想,追求经济效益时,也应考虑社会效益,不能只从本组织利益出发。

第二,计划的互惠互利。在公共关系活动计划上,对活动的目标、步骤、方式、人财物的预算方面都表现出为公众着想,体现互惠互利精神,不能只图自己方便、省力。

第三,行为上的互惠互利。在公共关系项目的实施进程中也要为公众利益着想,对自己的行为负责。

第四,效果的互惠互利。在公共关系效果评估问题上,要列入公众利益,考核公众在活动效果上是否得到什么实惠,否则这一公共关系活动的成功就要打上问号。同时即使做好事,也不要摆出"财大气粗"的样子,让人感到你有"施舍",使人极不舒服,将公共关系活动意义降为零。当然,在当前企业"短期行为""实用主义"盛行的条件下做到这一点并不容易,但只有这样,才能赢得公众,使自己的组织在竞争中永远立于不败之地。

(5)协调意识

公共关系的协调意识是指公共关系主体努力使自己的内部活动同步化、和谐化,努力使组织与环境相互适应的自觉信念。公共关系的基本目标是实现组织的内部团结和达到组织与外部环境和谐统一。开展内调外联的工作是公共关系的基本职能之一。在现代社会,每个组织都是一个既具有内部联系,又与外界发生着物质、能量和信息交换的开放系统。只有协同作用才能使这一系统成为一个结构稳定、进退有序、功能优化的整体。正是基于这种宏观要求、协调关系才成为公共关系的一种基本职能。公共关系的协调意识具体表现如下。

首先,把组织内部成员的团结协作视为组织求成功的基础。努力在组织的员工之间培植协作意识和谅解精神,积极疏通组织领导与被领导之间的沟通渠道,在组织全体成员中建立起统一于组织目标之下的共同价值观。

其次,不断争取实现并注意保持组织内部各部门的统一性,加强部门联系,造就相互支持、相互配合、相互信任、相互谅解的组织气氛,克服本位主义思想,树立起全局一盘棋的整体观念。

最后，积极开展对外联络工作，促进组织与公众、与社会各界的广泛合作。既有帮助和引导公众认识组织、支持组织的积极性，又有真诚了解公众意见和愿望，真诚维护公众利益，竭诚为公众服务的自觉性。在组织与公众的关系出现矛盾和问题时，善于通过协商的手段去解决，努力避免和减轻双方的尖锐冲突。

（6）效益意识

效益意识是指人们在经济活动中形成的减少投入增加产出的自觉性，是商品意识在社会主体那里达到自觉化的一种表现。它在公共关系中具有二重性，即它不只是体现公共关系主体对自身某方面效益的关注，也要体现公共关系主体对社会综合效益的关注。在公共关系中，效益意识主要反映在如下方面。

首先，注重组织的经济效益。任何组织的自觉活动，都必须维护其本身的经济效益目标，公共关系中的效益意识也不例外地包含着对组织经济效益的极大关注。

其次，注重组织精神文明建设。在社会主义条件下，每个组织都肩负着"两个文明"建设的任务。这就决定了一个组织在利用公共关系去提高物质文明水平时，也要同时注重提高组织成员的思想素质、精神风貌和文化生活水平。

最后，注重社会整体效益。公共关系作为处理组织与整个社会关系的活动，十分看重组织行为对全社会利益的影响和作用。一个组织通过积极为社会提供优质产品和服务，提供资金、利税，以满足全社会日益增长的物质文化需要，将有助于密切组织社会各界的合作关系；通过努力为社会的文化教育事业、公益福利事业做贡献，将有助于组织在公众心目中树立起富有社会责任感的良好形象。

2．良好的政治思想素质

我国是一个社会主义国家，目前，我国人民正在党中央的领导下深化改革、扩大开放，为在 21 世纪中叶，把我国建设成为繁荣、富强、民主的社会主义现代化国家而奋斗。在这样的大背景下，发展我国的公共关系事业，就要求公共关系人员必须具备良好的政治思想素质。良好的政治思想素质表现为如下方面。

（1）高度的政治觉悟

公共关系从业人员必须具备坚定正确的政治觉悟，自觉地坚持党的基本路线，坚持四项基本原则，坚持改革开放，坚持科学的发展观；自觉地以服务于社会主义建设，服务于人民大众为己任；自觉地为社会主义物质文明和精神文明的建设做出应有的贡献。公共关系人员能够自觉地用辩证唯物主义和历史唯物主义的观点去观察世界，观察社会和观察各类事物；在各项工作中，他们能自觉地抵制各种打着公共关系的旗号而和社会主义格格不入的腐朽、丑恶和庸俗的做法和手段，他们能自觉地在兼顾国家利益、集体利益和个人利益的前提下追求本组织的经济效益和社会效益。

（2）较强的政治敏锐性

所谓较强的政治敏锐性是指公共关系人员思维敏捷，判断准确，见微知著。公共关系人员应善于学习，善于分析，善于时时处处捕捉各种信息。他们往往能从纷繁的信息中处理出经纬，能从普通的资料和数据中看出趋势，这样，才能站得高、看得远，才能高屋建瓴、胜人一筹。例如，欧洲某国曾经准备派员出任驻日本大使，朝野猜测将选何人。当一家报纸的记者偶然在书店看到外交部的一位官员成捆地买有关日本的政治、历史、文化和经济等方面的书籍。记者敏锐地感到，派员很可能是此人，他立即跑到外交部证实，是否派此人出使日本，这样，一条独家新闻到手了。1971年夏天，美国著名记者赖斯顿根据中美"乒乓外交"以来的动向，预感到白宫的对华政策在变，便立即申请到中国旅行。果然，就在他到达广州的时候，我国外交部正在秘密地安排与美国总统特使基辛格的接待工作。赖斯顿的这种"人未知而先知，人未到而先到"的见微知著能力正是我们公共关系人员应具备的。只有具备了这种较强的政治敏锐性，才能为组织的决策者提供高质量的咨询建议，才能把握公共关系的时机，才能使组织立于不败之地。

（3）良好的政策水平和法制观念

"政策和策略是党的生命"，也是我国当今社会组织赖以存在和发展的生命。因此，公共关系人员必须不断地学习和掌握党和国家的有关方针、政策，认清形势，把握机遇。一方面，从公共关系的角度配合国家各项方针政策的落实；另一方面，又要善于把国家政策具体化，结合本组织工作的目标和需要，制定具体政策，利用国家的政策发展本组织。法律是由国家权力机关制定认可，并由国家强制力保证实施的行为规范。法律对公共关系具有制约和保障作用。因此，公共关系人员必须具备较好的法制观念，主动争取法律的保护。一个从公众利益出发的，最后必然取得公众信任与尊敬，并得到公众配合的组织，往往都是在法律允许的范围内开展活动的组织。例如，在公共关系活动中，采用馈赠提高知名度，树立良好组织形象，加强联系与合作是可以的，但必须恰当，如果涉嫌法律明文禁止的行贿受贿，就会受到制裁。有的人误以为公共关系是一条绕过法制的"捷径"，是为达到本不该追求目的的"特殊手段"，什么"美人外交""金钱往来"等违法勾当也打着公共关系的旗号，这是对公共关系的玷污，也是法律所不容。公共关系人员必须知法、守法和护法，熟悉与本组织业务有直接联系的法规法令，模范地依法办事，恪守法令，维护法律尊严，坚决抵制和揭露违法行为。

3. 优秀的品德素质

良好的道德品质也是公共关系人员必须具备的基本素质之一。公共关系工作是一项塑造形象、建立信誉的崇高事业，要求它的从业人员必须具备优秀的道德品质和高尚的情操。

（1）诚实、守信、公道正派的工作作风

诚实，就是说公共关系工作要实事求是，忠诚老实，这是公共关系工作职业道德准则，也是公共关系工作的生命。公共关系人员是通过传播的手段来协调组织与公众的关系。因此，公共关系人员一方面无论在何时何地、何种情况下都要以事实为依据，认真准确地进行公共关系调查，搜集各方面公共关系信息，为组织提供真实、准确的信息；另一方面也要真实地向各方面公众反映组织的情况，决不能不顾事实真相进行"讨好式的宣传"，夸大其词故弄玄虚，甚至依靠事实，散布假信息，这样只能适得其反，造成被动局面，给组织和公共关系人员今后的工作造成恶劣影响。曾经发生过这样一个故事：一位在饭店就餐的顾客发现三鲜汤里有只苍蝇，气愤地责问服务员。公共关系人员闻声起来，二话没说拿起汤勺就把苍蝇舀起来吃了下去，并对顾客说："先生，大概您看错了吧？这只是一片葱花。"然后让服务员换了一碗汤了事。这位公共关系人员为了维护声誉敢于吃苍蝇，精神固然令人"钦佩"，但颠倒黑白，销毁证据，反诬的做法委实不可取。这样不仅伤害了顾客的感情，而且会损害组织的形象。正如最早为我国培训公共关系人员的美国公共关系专家露易·布朗所说："歪曲、耍花招和掩盖事实，是公共关系之大敌。"公共关系人员是组织的代言人，应该做到讲信誉、守信用，他们自身的信誉，直接影响公众对组织的信任度。我们现在有些厂家，在推销商品、做广告时，说得天花乱坠，什么售后服务、保修期、维修站等，而后来实际上并未真正兑现和实施。这样必然会引起公众的不满，甚至会严重地影响组织的形象和声誉。因此，公共关系人员一定要注意自己的言行，要一言九鼎，要恪守信用。公道正派的工作作风是指公共关系人员在面对公众，和公众打交道时，不论职位高低不论单位大小，都应一视同仁、平等相待。对人不能以成败论英雄，对事不能以荣辱定是非。比如举办记者招待会，对到会记者，无论是大报记者还是小报记者，无论是本地记者还是外地记者，无论是国内记者还是国外记者都应热情相待，一视同仁。这样才能使公众对其组织有信任感，才能有利于公共关系工作的开展。

（2）恪尽职守的工作态度和廉洁奉公的敬业精神

现实生活中，很多人以为公共关系工作轻松潇洒，公共关系人员经常是鲜花、美酒陪伴，出入酒吧、饭店等高级娱乐场所。其实，公共关系工作除了日常繁杂的事务性工作外，更多的是难度比较大，需要花相当多的精力和时间的工作。比如一些高层次的策划工作，危机公共关系等，有时甚至是一连几个晚上都没有时间休息不停地工作。因此，公共关系人员必须具有恪尽职守的工作态度、尽心尽责做好每一项工作。同时，公共关系工作又要求公共关系人员严格遵守职业道德，廉洁奉公。美国《公共关系协会职业规范守则》第十条规定："公共关系人员在向客户或雇主提供服务时，在没有充分说明并取得有关方面同意的情况下，不得因这种服务与其他方面有关而接受任何其他人给予的服务费、佣金或其他报酬。"之所以做这样的规定，显然是因为这种情况是会经常发生的。随着经济活动的频繁展开，这种情况在我国也会越来越多地出现。因此，要求我们的公共关系人员必须要有一种拒腐蚀、不谋划私利、不徇私情、廉洁奉公的敬业精神。事实上，有些公共关系人员正是因为抵不住这种诱惑，私欲膨胀，做出了有损组织形象和利益的事情，甚至触犯了法律，从而也葬送了自己的前途。

（3）高度的社会责任感和道德感

公共关系人员是一只脚在组织内，另一只脚在组织外，一方面要代表组织和各类公众交往，另一方面还要及时把公众的意见、看法、要求及各种信息反馈给组织。这就需要他们具有高度的社会责任感和道德观念，把组织的利益和公众的利益很好地结合起来。把组织的经济效益社会的整体效益结合起来，当组织的利益和社会的整体利益发生矛盾时，要自觉地无条件地使组织的利益服从于社会整体利益。社会上有许多企业，当他们的产品达不到国际或国内质量要求标准时，尽管他们的产品可以畅销无阻，但他们仍以高度的事业心和社会责任感，以及对顾客这位"上帝"的负责精神，毅然收回所有已销出的产品，并予以全部销毁或重新检修，即使自己蒙受巨大损失，也决不坑害公众，这是公共关系道德准则的最高体现。

4. 广博的科学知识素质

现代公共关系工作是一项在现代科学技术指导下的有意识的复杂活动,是一项科学性和艺术性相结合的工作。要胜任这项工作,仅凭经验和热情是远远不够的,必须具备扎实的科学基础和丰富的知识素养。

(1)广博的基础知识。公共关系活动涉及面广,接触的领域宽,因此,公共关系人员要具备多方面的基础知识。例如,社会科学方面,要掌握哲学、政治经济学、伦理学、美学、生态学、社会学等知识;管理学方面,要了解行为科学、领导科学、管理心理学、市场学、营销学等方面的知识;传播学方面,要学习新闻学、传播学、广告学、符号学等方面的知识。公共关系学本身就是一门综合性、边缘性的社会应用学科,所以,公共关系人员基础知识越牢固,知识面越宽,干起工作来就越得心应手,就越有利于公共关系工作的开展。

(2)公共关系的专业知识。公共关系的专业知识包括公共关系的基本理论、基本原则、基本要素及公共关系发展的历史,公共关系调研、策划、公共关系案例分析等知识。

(3)公共关系实务等方面的知识和技巧。熟练地掌握一些文学写作、编辑、摄影、广告设计与技巧等方面的知识,还要掌握迎来送往的一些基本礼仪和要求。同时,应对一些国家和地方的风土、民情、民俗、礼仪有所了解。据说,曾有一位美国客人当着中国主人的面赞扬对方的妻子如何美丽动人,并赠送她一个精美的维纳斯塑像作为礼物,最后还以亲吻告别,结果中国主人大为生气,骂美国客人不正经,双方不欢而散。如果旁边有一位了解美国风土人情、文化背景的公共关系人员加以协调,事情便可以友好地解决。可见,掌握一定的礼俗和风土人情也是公共关系人员所必备的。

5. 健康的心理素质

公共关系人员要胜任公共关系工作,还必须具备全面健康的心理素质。全面健康的心理素质主要体现在以下方面。

(1)执着的自信心和坚强的意志

自信是取得事业成功的基石,自信也是公共关系人员具备健康心理素质的基本要求。一个公共关系人员只有对自己的能力和力量有自信,才能敢于竞争,敢于拼搏,敢于追求卓越。中国人常常出于谦虚,当取得成就时,往往说"我不行""还差得很远"。而美国人却往往非常自信,认为自己是世上唯一的,所做的事是最好的。正如著名学者卡耐基所说:"你应庆幸自己是世上独一无二的。"法国哲学家卢梭也曾说过:"自信心对事业简直是奇迹,有了它,你的才智可以取之不尽,用之不竭。一个没有自信心的人,无论他有多大才能,也不会有成功的机会。"可见,培养自信心是十分重要的。

建立自信心首先要清楚地认识"自我"。认识"自我"主要应把握好与社会的距离,与他人的心理距离,清楚自己所处的位置,所扮演的角色价值及其实现程度;其次要清楚地认识到所奋斗的目标与现实条件之间的距离,这要通过详细的调查分析,掌握第一手资料。离开对客观现实的了解和掌握,就不会有自信。

意志是克服困难以实现预定目标的一种心理素质,它与自信心是相辅相成的。自信心会培养出坚强的意志,坚强的意志又会强化自信。公共关系工作是开拓性、创造性的工作,必然伴随着一系列困难,要想获得成功,必须磨炼自己百折不挠、勇往直前的韧劲儿,在困难、挫折、枯燥、孤寂面前毫无惧色,勇于战斗,最终才能完成艰巨复杂的任务。郑板桥曾写诗一首"咬定青山不放松,立根原在破岩中,千磨万击还坚韧,任尔东西南北风"。这正是对意志最形象的描述。公共关系人员若意志薄弱,知难而退或任凭感情支配,是不会做好工作的。

（2）广泛的兴趣与好奇心

兴趣是人们力求认识某种事物或爱好某种活动的倾向,它影响人们对事情的注意、选择和态度。好奇心较强的人也是易于对人和事产生兴趣的人,好奇心强,才能萌发想象力和创造意识,感兴趣才能使这种想象力和创造力持续下去,进而展开公共关系活动,取得公共关系效应。公共关系人员的兴趣和好奇心是与公共关系职业紧密相连的。

公共关系人员需要与各行各业、各种公众、各种人物打交道,因此,公共关系人员要有广泛健康的兴趣,才能与各类公众有共同的语言区域和接近点,从而产生认同感和亲近感,才能和公众建立密切的关系和友情。兴趣不仅会影响一个人的工作态度,影响他对问题的钻研,甚至会影响他的敏感性。一个人对其所从事的活动的兴趣越浓厚,事业心就越强,就越能排除一切干扰,全身心地投入创造性的活动中去。广泛的兴趣还可以使人博采众长,见多识广,善于在复杂的形势和关系中随机应变,使自己的组织立于不败之地。同时,也能团结不同特点的公众,营造一种和谐的、愉快的气氛,顺利开展工作。相反,一个对什么也不感兴趣的人,性情木讷、反应迟钝,他的信息必然枯竭,思想必然僵化,他的生活必然乏味,他的工作也必然毫无生气。

（3）良好的情绪与宽广的胸怀

良好的情绪是指乐观向上的稳定的情绪,这种情绪往往受人喜爱。公共关系人员在与公众交往时要像一团火,要富于感染力,要保持充沛的精力和热情。这样,人们会感到因为有了你而感到愉悦、兴奋、安定,充满生机和活力。同时,在保持这种乐观向上的情绪时,还要学会善于控制情绪,即使在自己受到委屈和痛苦时,也不能因此而给别人带来不快。如果不善于控制自己的情感,动辄狂喜、暴怒或极度忧伤,情绪波动,不稳定,就会使自己的言行失去理智控制,造成失误,甚至使长期的努力毁于一旦,即使再花十倍的努力也难以挽回局面。

胸怀与情绪在心理素质上是相通的。良好的情绪往往和宽广的胸怀有关。豁达大度,与人交往不计较一时一事的得失,能容忍别人与自己不同的意见、看法和风俗习惯,不仅是良好的交友之道,也是公共关系人员必备的素质之一。大千世界,无奇不有,公共关系人员要同公众交往,要为组织建立和协调上下左右、四通八达的关系网络,就必须具备这种"大肚能容,容天下难容之事;开怀一笑,笑世间可笑之人"的容人之道和宽广的胸怀。老子曾说过:容则大,大海不择细流,故能成其大;高山不择土壤,故能遂其高。我们公共关系人员必须具备这种宽广的胸怀,在与公众交往时,善于关怀别人,体谅别人,求大同,存小异,遇事多为别人着想,多从别人角度考虑问题,这样才能加强与公众的理解和谅解,才能朋友遍天下,才能做好公共关系工作。

（4）高雅的气质和开朗的性格

气质是人的一种典型的、稳定的心理特点,这些特点以同样的方式表现在各种活动中,有人称气质为"固态表情"。气质是一个人一生经历的凝固,是岁月流逝的痕迹和记录。《三国志》上曾记载,有一次曹操要接见匈奴使者,自认为容貌丑陋而不能扬威国外,而让别人代替他。他自己则执刀于王坐榻旁站立守护。接见完之后,他派密探到匈奴使节那里去探听反映,匈奴使者说:"魏王确实貌相非常,但是气宇轩昂的是站在旁边执刀守护的那个卫士,他才是真正的英雄气度啊!"可见,气质是长期社会实践的一种凝练,在交际中具有非常重要的作用,公共关系人员在长期的公共关系实践中,应注意不断克服自己气质中的弱点,注意发挥培养类似于热情、高雅、敏捷、坚定、整洁、稳定、落落大方、善解人意等气质方面的优点。

性格也是人的个性心理特征的重要方面,是人们对待他人和外界事物的态度和行为方式上所表现出来的特点,它和气质往往是相通的。心理学家一般把气质分为多血质、胆汁质、黏液质和抑郁质四种类型。认为多血质和胆汁质为外向型性格,黏液质和抑郁质都多为内向型性格。一般认为,外向型性格较适宜于搞公共关系工作。不过,性格本身都具有互补性,外向型的公众未必都喜欢外向型的公共关系人员,关键是要把握分寸,一方面要积极交往,另一方面又要善于控制,切忌举止咄咄逼人,言语夸夸其谈。总之,要注意让自己的性格服从于工作的需要,而不是工作服从你的性格,这样,才能开展好公共关系工作。

6. 全面的能力结构

能力,是人们通常所说的"才能"或"本事",即人们运用知识和智力成功地进行实际活动的本领,是人的基本素质和智力因素在各种不同条件下的综合表现。公共关系人员应具备多方面的综合能力。

(1) 组织协调能力

公共关系工作是一项有计划的、有步骤的活动。公共关系人员在从事每项公共关系活动时,需要做大量的事务性工作:搜集整理有关信息、协调各方面人员、负责实施相应的计划、组织领导每一项具体活动、随时控制整个工作过程、及时进行调整和修正、处理应急事件……诸多千头万绪的繁杂工作,要求公共关系人员必须具备较强的组织协调能力,尤其是对一些重大的专题活动更需要做到计划周全、安排合理,以保证活动有条不紊地进行。

组织领导及协调能力的培养是多方面的。首先,要掌握与人合作的工作方法,善于听取别人的意见,注重调动和激发下属的积极性,人尽其用,充分发挥各自的才能。其次,判断和决策必须果断明确、指挥有方,同时善于协调各方面的关系,同心协力,共同致力于公共关系目标的实现。最后,应熟知一些常见活动的组织方法。比如,主持会议的程序;搞专题活动应做的筹备工作;处理应急事件应注意的事项……只有熟练掌握公共关系的工作技巧与方法,才有可能充分发挥组织协调能力,否则将事倍功半、效率低下。

(2) 表达传播能力

表达传播能力主要是指口头表达与书面表达两大能力。能写会道是公共关系人员应该掌握的两项最基本的传播技巧。

公共关系人员在工作中,常常要撰写通信、新闻稿件,拟订工作计划与活动方案,编纂企业简报和年鉴,撰写公文、贺词、柬帖、通知等公共关系文书。因此,公共关系人员必须具备良好的文字功底和写作技巧。这就需要熟练地掌握一些常用文体的书写形式和撰写技巧,以及文字表达的准确性、简洁性、生动性等规律,力求在全面、客观、真实的基础上,突出重点,加强趣味性和可读性,吸引各类社会公众,达到传播的目的。

口头语言表达能力要求公共关系人员必须掌握说话的艺术。公共关系人员与公众接触的机会较多,应充分地利用一切交际场合,发表适时适地的演说,向社会公众传播信息、沟通感情、施加影响,使公众建立起对本组织良好的信誉和形象,为组织发展创造有利的舆论环境。为此,公共关系人员应充分掌握说话技巧,注意语词、语气、节奏的运用,把握好说话的分寸和时机,并利用"动作语言"传达感情、表露心绪,从而提高自身表达能力和传播效果。

一句唐诗减税千金的例子可以说明口头语言表达能力的重要性。法国是盛产葡萄酒的国家,有较高的酿酒技术和鉴别能力,因此想打入法国的葡萄酒市场是很困难的。前些年,四川农学院留法研究生李华博士经过几年的努力,终于使中国的葡萄酒奇迹般地打入法国市场。可是,当国内葡萄酒从我国香港转口时,中国香港说:土酒征80%的关税,洋酒征300%的关税,国内的葡萄酒要按洋酒征税。面对这种艰难的局面,李华博士吟出"葡萄美酒夜光杯,欲饮琵琶马上催"的唐诗诗句,并解释说,这说明中国唐朝就能生产葡萄酒了,唐朝距今已有1000多年了,英国和法国生产的葡萄酒的历史恐怕要比中国晚几个世纪吧!中国香港方面无言以对,只好承认国内的葡萄酒是土酒(即自己国家生产的),只交80%的税。

（3）社会交往能力

公共关系人员素有"企业外交家"之称,这主要是由于公共关系人员肩负着为本组织建立良好的社会关系网、创造良好的工作环境的职责,需要经常参加或组织各种社交活动,广交朋友、善结人缘。因此,公共关系人员必须具备较强的社会交往能力。

所谓社会交往能力即在社交活动中跟人相处、打交道的能力。良好的社会交往能力主要表现在特别善于外交辞令而讨人喜欢,能快速有效地与交往对象建立起亲密融洽的人际关系等。同时还体现在通晓交际礼仪、掌握人际交往的技巧、恰到好处地运用交际手段去实现公共关系目标等方面。

可以说,公共关系人员只有具备了较强的交往能力,才能潇洒自如地走向各种社交场合,更好地施展自己的魅力和才能,更有效地推销组织形象,组织畅通无阻、四通八达的社会关系网。如果缺乏较强的交际能力,就会人为地把自己与社会、与周围环境、与别人之间设置一道心理屏障,保留一定的距离,从而不能很好地获取各种公众了解和支持的信息,就难以完成公共关系人员承担的"架桥铺路"的职责。可以说,是否具备善于与人交往的能力,已成为衡量一个公共关系人员能否适应现代社会需要的标准之一。例如一个星级宾馆的公共关系部经理小芳,在得知某日本大公司驻上海办事处正在为预订300人的大型宴会而发愁后,决定主动与之交往,做成这笔不小的生意。据悉,该公司的董事长、总经理等日方高层人物将去广州访问,行程包括上海。在上海访问期间,日方访问团将答谢上海有关方面的人员,该宴会就是为此而准备的。本来,在接到日本总部的指令之后,该公司驻上海办事处的代表已在上海的一家著名饭店预订了席位。但是,他们对该饭店不甚满意,想寻找更好的宴会场所。日方代表的这一意向被小芳所知悉,她准备用一种特殊的交往方式让日方代表将宴会地点改在自己所在的宾馆。为此,她托人从无锡带来一对包装精美的泥人"乌龟",并带着这一特殊的礼物直奔日方驻上海办事处代表的办公室。小芳先进行了一番自我介绍,并把宾馆以及宴会厅的有关资料交给对方,还热情邀请对方实地考察,当然,不忘把那包特殊的礼物留下。看到小芳的热情、大方、令人折服的交往能力和得体的特殊礼物,对方爽快地将宴会举办地改在了小芳所在的宾馆。后来,日方代表团对宴会非常满意,对日方驻上海代表处的明智选择也大加赞赏。

原来,小芳对日本文化甚为了解,日本人特别喜爱乌龟,认为它是长寿的象征,所以,这个礼物被对方作为善意加以接受。小芳完全凭着自己的经验和才智做成了这笔生意,这反映了公共关系人员的社会交往能力非常重要。较强的社会交往能力对于有效地开展公共关系工作是必不可少的。

公共关系人员在交际中要注意下列一些基本问题。

① 明确社交目的。公共关系社交的直接目的是树立组织的良好形象,不仅要注重社会效益,而且还要注重本组织的经济效益。组织与公众通过正当社交可创造良好的人际环境,而公共关系社交与一般个人的社交是有区别的。

② 注意社交形象。公共关系人员充当着两种角色,既是企业代表又是具体个人,因此,公共关系人员的形象,在一定意义上也代表组织的形象,公共关系人员形象的好坏将直接关系到组织的形象优劣。公共关系人员要时刻记住自己是组织的人,举手投足之间代表的是组织。公共关系人员要努力做到遵守社会道德,注重社会礼仪,讲究社交方式,为本组织树立良好的社会形象。

③ 开拓社交面。开拓社交面就是要扩大外部公众的数量和范围,广泛结交朋友,提高组织的知名度和声誉,促进组织公共关系的改善和发展。有些敌对面往往是由于社交面没有展开所造成的,由于彼此不了解,按照先入之见形成对立面。扩大社交面甚至还可以把敌对公众转化过来,成为组织的有利公众。要想在社交过程中获得理想效果,既需要注意在交往内容上真诚平等、互利互惠,又需要注意仪表、谈吐、礼貌等礼仪。这样,既与交往对象以诚相见,又从心理上获得对方的认可,联系感情,产生共鸣,从而不断拓宽组织的社交范围,建立起组织与公众沟通的社会关系网络。

④ 控制人际距离。人类学家霍尔提出,在人际交往中有四种人际距离,即亲密区、熟人区、社交区和疏远区。在人际交往中,各人应根据自己的角色来选择和保持适当的人际距离,否则就会引起他人的不适和反感。比如亲密区是相恋的人、家庭成员和莫逆之交等关系最为亲密的人才可以涉足的,这一区域的距离一般为 0～45cm,熟人区的距离一般为45～72cm,社交区为 72～120cm,疏远区一般为 120cm 以上。作为公共关系人员,一定要善于控制这些不同的距离。在公共关系场合,一般要和对方保持在社交区,有时甚至需要保持在疏远区。根据这四种不同的距离,人际交往中相应地就有四种与自我有关的反映开放程度的区域,即开放区、秘密区、盲目区和未知区。公共关系人员要适当地扩大自己的开放区。

（4）策划创新能力

公共关系活动讲究借势、造势、溶势。公共关系人员要根据环境的态势、企业的要求设计出新颖独到、令人耳目一新的公共关系活动，才能引起公众对企业及其产品的关注。这就需要公共关系人员具有较强的策划创新能力。

"创新"原意是指首创前所未有的事物，但对于公共关系人员来说，主要是指能设计或提出有助于组织塑造形象的活动，使公共关系工作充满"生机与活力"。在公共关系活动中，公共关系人员要敢于想别人没有想过的事，敢于做别人没有做过的事，要敢于突破常规，大胆设想；要勤于思索、刻意求新。

一次，一家企业参加产品展销订货会，会上，这家企业被安排在四楼最右角的展厅里，而且该展销楼没有电梯，楼层越高，参观展览的顾客就越少，更何况在一个旮旯，怎么办？该公司的公共关系人员，勤于思索，刻意求新，巧妙地运用了公共关系创新艺术，结果打开了销路。展销会开幕那天，当顾客纷纷拥进展销大厅时，发现地上有许多精制的小纸片，上面写着"亲爱的朋友，如果您光临四楼最右边的展厅，将会有意外的收获"。这张纸片吸引了很多人的好奇心，人们争先恐后地拥到四楼右边展厅，那里除了美观的布置、热情的服务和精美的产品外，还贴了一张告示："凭本公司发放的纸片，九折优惠供应本展厅的一切商品"。结果，不但该公司零售、订货额居所有展销企业之首，而且当地公众纷纷传播着该公司的公共关系"新招"，该公司的知名度也大大提高。可见，有无创新能力，对公共关系活动及目标的实现是大不一样的。

公共关系人员应具备的策划创新能力一般表现在两方面：一是善于思索。公共关系人员应养成勤于思索的习惯，善于寻找开展公共关系活动的最佳时机，选择公共关系活动的最佳形式。二是刻意求新。公共关系活动最忌讳因循守旧、墨守成规、照葫芦画瓢。因为，公共关系人员要经常同社会各行各业公众打交道，而公众又是最易于变化的因素，所以，在开展公共关系活动时，决不能只踏着别人的脚印亦步亦趋，更不能仅仅做一个组织的"传声筒"。他必须具备较强的创新能力，以自己丰富的想象力和创造力去影响组织的决策层，并感染公众，这样才能有所创新，闯出自己的路子。

（5）应变与自控能力

应变能力是指应付情况突然变化的能力。公共关系人员在工作中，常常会遇到一些令人尴尬的事件和场合，甚至可能发生意外。当这种情况发生时，能否使自己处乱不惊，能否使自己在不利的形势下扭转局势，以自己的语言或行动挽救可能出现的失误，甚至已经出现的失误，这就看公共关系人员是否有灵活的头脑、果断的判断以及技高一筹的应变能力。

有一个餐馆素以代办喜庆宴席享有盛名。一次夜晚，正值餐馆内十分热闹之时，突然停电，屋内顿时漆黑一片。宾客正觉惊愕和扫兴之时，只听得餐馆经理高声道："各位来宾，下一个节目新郎与新娘为大家点燃蜡烛，让我们鼓掌，感谢新郎与新娘，感谢他俩亲手为大家献上一片光明！"话毕，服务员呈上烛台十余盏。全场欢声如雷，胜似当初。自此之后，这家餐馆喜庆宴席上，便真的有点蜡烛这一节目。可见，这位经理是具备了很强的应变能力。

自控能力是指一个人自觉地控制自己情绪和感情的能力，公共关系人员在与公众打交道时，特别是当有的公众平白无故地指责你和你的组织时，你能否做到心平气和、宽容大度地听取公众的指责、批评和建议，这就看你是否有很强的自我控制能力。据说，有一家宾馆来了几位美国客人,或许是因为不了解中国,或许是对中国抱有某种偏见,他们无论对宾馆的客房设备,还是对宾馆的饭菜质量,都过于挑剔,在5天的住宿时间内,他们几乎每天都要打电话给宾馆的公共关系部,反映这个问题或那个问题。开始时,对宾客反映的问题均作出回答和解释。可是,接二连三的电话以及毫不客气的指责语言,终于使宾馆公共关系部的接待人员耐不住性子了。当那几位美国客人要离开宾馆回国时,他们又拿起了电话打给公共关系部说:"我们这几天要求您解决的问题,您一件也没解决,真是太遗憾了。"听到这句话,那位公共关系部的接待人员也反唇相讥:"倘若你们以后再来中国,就请到别的饭店去体验一下吧!"于是一场口舌之战在电话里爆发了。当那些美国客人离开这家宾馆以后,客房服务员在他们住过的写字台上发现了一张字条,上面用英文写着:"世界第一差。"由于这位公共关系部接待人员缺乏自控能力,使该宾馆的形象受到了损害。后来,这位接待人员离开了公共关系部,该宾馆的领导对他的评价是:"毫无自控能力,不适合从事公共关系工作。"

可见,合格的公共关系人员必须具备良好的自控能力,必须时刻意识到,自己是组织的代表,自己的一举一动关系到组织的声誉,自己的责任就是以自己的真诚服务来树立组织的良好形象,这样,才能做到以自己的冷静平息对方的不冷静,以自己的和颜悦色与微笑服务消除对方的指责和怒气。

应变和自我控制的能力不是与生俱来的,是在实践中不断培养的。首先,公共关系人员要注意培养自己博大的胸怀、高瞻远瞩的精神境界,做到凡事冷静观察、细致分析、从长计议,不为小事所扰,不为小利所诱,不为小人所恼,其自控和应变能力就会随之提高。其次,要提高自己临危不惧、临变不惊的心理素质。公共关系人员应该懂得,万事万物之中,变是绝对的,不变是相对的,巨变是必然的,微变是随时的。懂得了这一点,在接触到某件事情时就会做好承受各种变化,甚至是突然的、灾难性变故的思想准备。当变化真的发生时,就会将变化引起的心理震荡降低到最低限度,就会冷静地在变化中做出最佳的前景选择。最后,要多进行发散性思维训练,这种思维训练的要点就是给自己提出一个问题,然后随意探索与之相关的可能性答案,由此得出的答案越多、越奇特,就越好。坚持进行类似的思维变通训练,就会为公共关系活动中迅速反应、妥善解决突然事故打下良好的基础。

(6)专业技术操作能力

公共关系人员除了应具备上述能力外,还应该相应地具备一些具体的专业技术操作能力。比如,美工、摄影、编辑、采访、翻译、印刷、广告设计、录音、录像、市场调查与预测及民意测验等。对于一个公共关系人员来说,虽然不可能完全精通所有的专业技术,但应大体上有所了解,并精于一项或几项。这样,在开展公共关系活动时,才能使公共关系人员在发挥各自优势的基础上,实现多种技能的互补,从而使公共关系机构正常、高效地运转起来。

课后练习

一、简答题

1. 公共关系部的设置有哪些模式?设置的原则有哪些?

2. 公共关系部的基本职能有哪些？

3. 在一些企业中，公共关系部是作为一个三级机构而存在的，你认为公共关系部应属于哪一个部门呢？是办公室、宣传部、营销部、人力资源部，还是市场开发部？为什么？

4. 公共关系公司与公共关系部相比较有哪些优势？客户应该如何选择公共关系公司？

5. 如何把自己塑造成优秀的公共关系专业人才？

6. 有人说公共关系就是美女＋知识＋技能，有人说公共关系只适合女性；也有人说公共关系无性别，只是阴盛阳衰。请选择一个与你的观点相同的人一起去说服相反意见的人。

7. 公共关系人员最主要的素质要求应该是什么？请谈谈你的看法。你觉得自己在哪些方面最需要努力以达到公共关系人员的素质要求。

8. 许多人认为，由于他们的性格内向，身材及长相一般，所以不具备成为成功公共关系人员的条件。你如何评价这种看法？你认为性格和容貌在优秀公共关系人员的成功中起多大作用？

9. 假如你是一家生产化妆品的企业经理（或厂长），你认为应该树立哪些方面的公共关系意识？

二、案例分析

华为的公关困境如何解决

2008 年 3 月 6 日，华为深圳研发基地一名员工跳楼身亡。就在短短 10 天前，成都华为研究所一名男性员工刚刚跳楼自杀。这个一度被人视为中国骄傲的"明星企业"陷入了媒体和公众空前的口诛笔伐中，甚至被人诅咒成"不祥的企业"，让身在华为和期望进华为的人惴惴不安，人人自危。为什么员工死伤总是与华为相关？为什么在舆论面前受伤的总是华为？

这个"明星企业"问题重重，在舆论眼中，它被定位成唯利是图、剥削员工的"资本家"——为了追逐利润，不惜榨干员工最后一滴血汗，与沃尔玛中国被"劳工门"所扰境遇相同，他们一起被归为问题"明星企业"。

对华为的公关经理，经历过危机事件的企业同行会深表同情，这个位置并不好坐，吃力不讨好，不吃力更不讨好，在华为的管理环境里，公关经理是个里外不是人的职位。是明星，就会被关注，"好事不出门，坏事传千里"，越是明星丑闻越会被聚焦，媒体八卦，公众更八卦，这就是"明星"的生存环境。公关经理除了适应，别无选择。

然而，面对这个鲜有面向大众的广告与活动等的传播行为，屡屡犯戒的"明星企业"显然认识不够，或者说准备不够。华为是谁，华为是干什么的，华为与我们有什么关系，老百姓并不知道。大家看着别人起哄，便跟着起哄，看着别人强烈声讨"资本家"，也跟着声讨。很多老百姓是通过"死人""自杀""炒人"等事件认识华为的，在他们心中，华为就是冷酷无情的"人肉工厂"，是"资本家"。

华为公关经理知道，"资本家"并不是华为真正的面目，公众和媒体扭曲了华为真实的一面，他们没有看到这个"资本家"正给它全球超 10 万员工提供着高待遇、高福利、高规格的工作环境与后勤保障,以及稳定广阔的职业发展空间,这些员工福利和职业保障大大超出了一般的企业。但是,在普通大众和舆论对华为的公众形象定格之后,公关经理想扭转局势,以目前的公关水平和华为内部管理支持,操作难度非常大,成功的可能性微乎其微。

外界对华为的任何公关建议,都只停留在理论与泛泛而谈上,这个企业远比人们想象的复杂,它的傲慢来自于它的产业性质与产品对象。它必须这样才能捍卫它在巨头面前的谈判地位,可当它日益强大,成长为"明星企业"后,面对与它并无直接利益关系的公众,它的冷酷强悍和我行我素,它的拒绝沟通与被动沟通,让公众对它的误解越来越深。

事实上,决策者一直决定着公关地位。在华为这个快速成长的企业里,多年沉积下来的铁血、权威、官僚、等级林立与技术导向,使公关成为一个虚化的岗位,并非实权部门,是企业里的弱者。让一个弱者以强者的姿态获得企业最高决策层的支持,去整合人力、研发、采购、市场等各部门的大腕们,统一面对危机,比登天还难。

在华为的决策机制里,一个弱势部门由弱转强,关键在于最高决策者任正非的个人意志。他认为重要,弱者就会变成强者,他认为暂时可以放一放,那弱者就仍然是任人宰割的羔羊,这就是现今民企的管理现状,希望民企变得民主、客观与公平是对民企老板的苛求。

华为的公关困境要得到根本改变,不在于企业文化、不在于用工制度,不在于员工待遇,不在于公关技巧,关键就在于华为最高决策者与管理层从内心深处认识到,华为已成为公众眼里的"明星企业",华为必须足够尊重、友好、善意地对待公众与舆论,为了这个认识,华为必须赶快行动。

(资料来源:朱晓杰.公共关系理论与实训[M].北京:清华大学出版社,2009.)

思考与讨论:

(1) 面对困境,华为公司该怎样与公众沟通,扭转不利局面?

(2) 公共关系部在华为应该具有怎样的地位?

(3) 结合案例谈谈组织决策者和公关人员应树立怎样的公共关系意识。

三、实训题

给你的公关能力打分。

1. 问答题

(1) 你能在3分钟之内流利、清楚而且富有吸引力地作一番自我介绍吗?

(2) 你能在单位举行的迎新春联欢会上,说上一段热情洋溢的话吗?

(3) 你能在即兴演讲时,不语塞、不拖沓、不紊乱、不枯燥吗?

(4) 你在谈话时,有时能给人以幽默感吗?

(5) 外宾来你单位参观,你能为领导撰写一篇400字的欢迎词吗?

(6) 单位召开了隆重的十周年厂庆,你能撰写一篇符合新闻规范的报道吗?

(7) 你能在不改变文章中心内容的基础上,将300字的文章扩写成千字文或将千字文缩写成百字文吗?

(8) 你单位拟租用某单位写字楼,你能拟定一份周详的合同书吗?

(9) 你能独立地为单位出一期板报或专栏吗?

（10）你能为某会议作记录，会后整理出纪要吗？

（11）单位要为新产品上市做广告，你能撰写一个广告脚本吗？

（12）你能写单位的年终工作总结吗？

（13）你能清晰地绘制一张你的个人人际关系网络图吗？

（14）你能设计一个访谈调查的提纲吗？

（15）你能设计一个简单的调查问卷吗？

（16）你能对调查的资料进行分类整理吗？

（17）你掌握抽样调查法吗？

（18）在进行调查之后，你能写出一个完整的调查报告吗？

（19）本单位拟组织外来人员浏览本地名胜，你认为自己能胜任业余导游吗？

（20）你能为单位安排一个厂商洽谈会吗？

（21）你能熟练地安排各项庆典的礼仪吗？

（22）你能在每项专题活动结束后写一个小结吗？

（23）你能安排好一个新闻发布会吗？

（24）啤酒节就要到了，作为啤酒厂家的公关人员，你能安排一次出色的以促销为目的的传播活动吗？

（25）你能为单位的形象传播同时安排 3 种以上的传播方式吗？

（26）你能摄影、摄像并制作幻灯片吗？

（27）你能在 10 分钟内，向公众当场介绍本单位的主要情况吗？

（28）你在新闻界有 5 个以上的好朋友吗？

（29）你能为本单位的开业庆典，制造一起新闻吗？

（30）一位客户气冲冲地打来电话找经理，而经理又不愿接，你作为接电话人，能很妥善地处理事件吗？

（31）公关人员在接待他人时，首先要注意日常礼仪，你知道服饰的基本要求吗？你知道如何交接名片吗？你知道正确的坐姿、站姿与行姿吗？

（32）你能正确地设计出一张请柬吗？

（33）一位新闻工作者到你单位进行曝光问题的采访，你能进行正确的接待吗？

（34）在单位举办招待外宾的宴席时，你能正确地安排桌次与席次吗？

（35）某商场计划开展一次访百家用户活动，你能为此拟订一个实施方案吗？

（36）某动物园因为经济拮据，已无能力再饲养这些动物，你能为此策划一个解决方案吗？

（37）在金钱诱惑面前，你会动摇自己的意志吗？

（38）你对自己所做出的承诺失信过吗？

（39）你能就国际形势、信息产业、市场经济、广告、文学 5 个方面分别与他人谈上 10 分钟话吗？

2. 选择题

（1）表现没有你好的同事却得到加薪而你没有，你会（　　　）。

    A. 妒忌他　　　　　　B. 更加努力　　　　　C. 无所谓

(2) 同事在上司面前说你坏话,你会（　　　）。

　　A. 找同事问罪　　　　B. 找上司解释　　　　C. 平静等待事实回答

(3) 有人当面说你没有风度,你会（　　　）。

　　A. 气愤　　　　　　　B. 微笑了之　　　　　C. 解释

(4) 同寝室四人,其余三人都不愿意打扫卫生,你会（　　　）。

　　A. 也不打扫　　　　　B. 自己一人打扫　　　C. 约他们一起打扫

(5) 有无知之人当众夸夸其谈,你会（　　　）。

　　A. 当面反驳他　　　　B. 微笑,让他说去吧　C. 当笑话来听

(6) 如果你是上司,你看到员工违反规定在工作时吃东西,你会（　　　）。

　　A. 严厉批评　　　　　B. 装作没看见　　　　C. 询问原因

(7) 如果你是上司,你的员工找你借钱,你会（　　　）。

　　A. 借给他,助其渡过难关　B. 不借　　　　　　C. 提前给他开薪水

(8) 如果你是上司,无意间发现员工在日记里表示不满,你会（　　　）。

　　A. 解雇他,另找合适人选　　　　　B. 与他交谈,了解情况

　　C. 看日记不道德,不说为好

(9) 如果你是上司,你希望员工对你提意见的方式是（　　　）。

　　A. 私下当面　　　　　B. 当众提出　　　　　C. 通过间接方式

(10) 如果你是上司,员工执行你的指示时产生误会,你会（　　　）。

　　A. 自我检讨　　　　　B. 批评员工　　　　　C. 换人操作

(11) 如果你是员工,看到上司当着客人的面随地吐痰,你会（　　　）。

　　A. 为上司掩饰　　　　B. 装作没看见　　　　C. 给予暗示

(12) 如果你是员工,领班对你有偏见,你会（　　　）。

　　A. 找上司反映情况　　B. 换个环境　　　　　C. 找领班交流或用行动使他改变

(13) 对于和你意见不一致的同事,你会（　　　）。

　　A. 各不相干,做自己的事　　　　　B. 让他同意自己的观点

　　C. 求同存异,互补长短

(14) 同事找你借钱,许久未还,而你急需用钱,你会（　　　）。

　　A. 暗示同事还钱　　　B. 直接要求还钱　　　C. 另外自己想办法

(15) 同事欠钱,许久不还,你会认为（　　　）。

　　A. 忘记了　　　　　　B. 不想还　　　　　　C. 没有钱还

(16) 若你是商场保安,发现有位小女孩违反规定把小狗带进商场玩,你会（　　　）。

　　A. 请小女孩把狗带走　　　　　　　B. 婉转批评小女孩违反规定

　　C. 请小女孩继续玩

(17) 如果王海到你商场打假,你会（　　　）。

　　A. 小心谨慎,别让他抓到把柄　　　　B. 拒绝合作

　　C. 合作打假并请他提意见

(18) 如果你与他人约会,但却另有要事。你会（　　　）。

　　A. 办完事赴约　　　　　　　　　　　B. 事先与他讲明缘由,请其原谅

C. 放下要事,守信赴约

(19) 如果你与人约会,对方迟到,你会(　　)。

A. 时间到若不来便走　　　　　　　　　B. 等到对方来

C. 等一段时间,不来便走

(20) 如果你与他人约会,对方失约。你会认为(　　)。

A. 不守信用　　　　　B. 也许有事　　　　　C. 欺骗自己

(21) 你与同事产生误会,你会(　　)。

A. 通过第三人解释　　B. 当面解释　　　　　C. 让时间去解释

(22) 新来的同事,办事认真,你会认为(　　)。

A. 三分钟热度,很快就没了　　　　　　B. 为了巴结上司

C. 向他学习,使自己不落后

(23) 你认为在公司中,哪种精神更重要(　　)。

A. 团队精神　　　　　B. 独立精神　　　　　C. 创新精神

(24) 同事说你"能者多劳",把什么活都让你做,你会(　　)。

A. 反映给上司　　　　B. 分工清楚　　　　　C. 毫无怨言

(25) 在求职时,上司问了一个有关个人隐私的问题,你会(　　)。

A. 拒绝回答　　　　　　　　　　　　　　B. 为了工作,坦然相告

C. "顾左右而言他"

(26) 你的大客户提出过分的要求,否则生意不成,你会(　　)。

A. 满足其要求　　　　B. 断然拒绝　　　　　C. 解释清楚,再作定论

(27) 你具备以下哪几种交际能力(　　)。

A. 主持节目　　　　　B. 交际舞

C. 普通话　　　　　　D. 记住别人的姓名

(28) 公关人员应掌握与公关相关的学科知识,以下学科知识你掌握了哪些?(　　)

A. 经济学　　　　　　B. 心理学　　　　　　C. 交际学

D. 哲学　　　　　　　E. 文学　　　　　　　F. 营销学

G. 演讲学　　　　　　H. 写作学

3. 评估标准

(1) 问答题每题1分。1～36题、39题,回答能,得1分;37题、38题,回答不会,得1分;其他0分。

(2) 选择题(1～28题)1题、3题、5题、8题、11题、14题、16题、20题、21题、24题、26题,选B得3分;7题、10题、18题、22题、23题、25题,选A得3分;2题、4题、6题、9题、12题、13题、15题、17题、19题、22题,选C得3分;其他得0分。27、28题,选择4个选项以上得3分,3个以下得1分;其他选项得1分。

4. 测试评估

84分以上,你是一个优秀的公关员。你富有迷人的个性,能胜任挑战性工作。管理、新闻、外交、职业经理、公关咨询等是你理想的职业。

78～84分,你具有较强的公关能力。市场营销员、文秘、业务主管、经纪人、调研员等

适合于你。

60～77分,你的公关能力一般。如果有一天,你的孩子问你为什么没有别人能干,你告诉他,你的价值在于让他(你的孩子)胜过你自己。教师、机械师是你的选择。

60分以下,你的社会沟通能力很差,你必须努力,但这部分人中有一部分是某行业的钻研者。

(资料来源:李鸿欣,冀鸿,冯春华.公共关系理论与实务[M].北京:北京大学出版社,2011.)

评价考核

评价考核内容见表1-2。

表 1-2　商务公关主体考核表

内　　容		评　　价	
学习目标	评价内容	小组评价 (5、4、3、2、1)	教师评价 (5、4、3、2、1)
应知应会知识	商务组织的相关问题		
	公共关系部的类型		
	公共关系公司的优势与工作内容		
	公共关系社团的类型与工作内容		
	公共关系人员的素质、能力要求		
专业能力	组建公共关系部		
	提升自身公关素质与能力		
通用能力	策划能力		
	解决问题能力		
	创新能力		
态度	强化公共关系意识、热爱公共关系工作		
努力方向:		建议:	

任务2

商务公关客体

学习目标

- 深刻把握公众的本质;
- 能够对组织的公众进行分类;
- 能够对公众进行心理分析;
- 掌握员工关系、消费者关系、社区关系、政府关系、新闻媒介关系、名人关系的策略。

案例导入

把意见放进牢骚箱

"公司最近开发的新产品太集中了,后方供给可能会有一定的困难。应该让公司在产品开发上作一些调整。"小张和车间几个同事商量后,决定把想法告诉公司管理层。

小张是宁波市安通机械有限公司一名普通员工。一个普通员工能将自己的想法及时告知管理层,在别人看来很难。但小张要做的,却很简单。将意见写在一张字条上,放进被公司称作"牢骚箱"的箱子里。

下午,公司董事长童伟义看到了小张写的字条:"他们的反映很及时,公司会好好商讨这个问题。"

一开始只想让员工发发牢骚

安通机械有限公司的"牢骚箱"一共有4个,从2003年起就被摆在公司大楼的走廊和吸烟室里。

"在再好的企业,员工总会有自己的看法,有对环境、条件的不满,发发牢骚也难免。"但实际情况是,很多员工即使有想法也不敢跟顶头上司说,有的员工顾忌其他人说闲话,碰到管理层也不说真心话。"这种情绪在心里放久了,对健康不好,也影响工作状态。"

邮箱投递让童伟义得到了灵感。"放个箱子,有意见就写成文字,既不影响他人,又保护了意见人的隐私。"

没想到挽回公司上千万损失

"食堂的菜品种少、口味差、价格贵,希望公司关注员工的饮食问题。"2015年1月,一张字条令童伟义惊讶。

经调查内容属实,公司把食堂管理人员辞退,并重新制定新的食堂制度。

刚开始,员工们发的"牢骚"大多是生活琐事。慢慢地,"牢骚箱"里有关企业发展的"牢骚"也多了起来。

"这是我没想到的。"但更让童伟义没想到的是,一个小小的建议让自己的企业挽回了不可估量的损失。

一个员工在"牢骚箱"反映:部分车间存在螺丝钉散落的现象,浪费原材料比较严重。

童伟义知道,一两颗螺丝钉不是问题,但数量多了价值也很高。而且最让人担心的是:生产消毒碗柜、电烤箱、电压力锅等器材的车间环境都很精密,一个小小的配件散落,或被磁力吸引到流水线上,将造成很大的破坏。

"以电烤箱生产流水线为例,可能造成价值高达上千万的损失。"

给所有员工一个沟通的机会

"'牢骚箱'让每个员工和公司管理层的沟通顺畅了很多,很多问题都得到了很好的解决。而现在,员工大多反映的问题也都集中在公司发展上,真是出乎我的意料。"童伟义说。

现在,员工的意见和建议每周由专人负责收集交给童伟义。如果员工反映的意见与实际有出入,或是因自己的误解而引起的不满,也会由专人负责向员工做好解释工作。

童伟义说,在保持"牢骚箱"制度的同时,以后公司规定,每个月开一次"阳光检讨会",只要员工愿意都可以参加。只要有意见,无论中层还是基层员工,都可以在会上直接向管理层反映。

(资料来源:http://www.ceconlinebbs.com/FORUM_POST_900001_900083_880808_0.htm.)

问题:员工是企业的重要公众,应如何处理与员工的关系呢?

任务设计

商务公共关系是商务组织与公众之间的双向关系,公众是商务组织公共关系工作的对象,为了取得公共关系工作的理想效果,必须首先把握公众的含义,明确公众的分类,掌握影响公众行为的心理因素,熟悉公共关系工作常见的目标公众对象。只有了解公众,才能真正了解商务公共关系的对象和内容,才能制定正确的目标、策略和方法,从而使商务公共关系工作建立在科学的基础之上。

这里,我们拟通过"制订员工或顾客关系策略方案"实训来完成本任务的学习,具体如下。

制订员工或顾客关系策略方案

实训目的：

通过实地调查，有针对性地制订公众公共关系策略方案，使学生具有员工关系或顾客关系策略方案的设计与操作能力。

实训要求：

把学生分成几组。每组选定至少一个企业，最好是国际或国内知名企业进行调查。

调查之前制订周密的调查方案，其中包括调查哪些人员，应该提出哪些问题，如果是顾客协调，也可以扮演成顾客，当然是比较挑剔的、问题多的顾客与企业直接交流，从而发现其顾客关系或员工关系中值得肯定的方面和存在的问题，并为之设计一个形成并保持员工关系或顾客关系的方案。

实训考核：

教师根据学生知识的掌握程度、资料准备、方案制订情况等做出评价。

一、公众及其性质

公共关系中的"公众"是一个特定的概念，它与一般意义上的"群众""大众"等概念有着明显的不同。如上所述，公共关系公众是指任何因面临某个共同问题而形成的，有着某种共同利益，并与某一特定组织的工作产生互动效应的社会群体。它具有同质性、群体性、可变性、多样性、相关性等特性。

1. 同质性

公众的形成是因为面临某个共同问题，而且"问题"将对公众成员产生影响，使原本不属于某一社会群体和社会组织的若干人成为一个组织的公众，不同组织有不同的公众。一个组织可能有许多问题同时出现，从而涉及各种不同的公众，所以将形成若干类不同质的公众，这些不同质的公众是相对不同问题而言的，而由某一问题所引起的公众其本身却是同质的。因此，没有这种同质的内在基础便无所谓公众。

2. 群体性

公共关系既然是一种公众之间的关系，就不仅仅与一个人或几个人发生关系，公众往往是一批人，是面临共同问题的特定的社会群体。这些群体的共同利益为某一个组织机构的行动和政策所影响；反之，这些群体的行动和意见也影响着这个组织机构。

公众的群体性包含三类群体关系：社会组织、初级社会群体组合以及其他同级群体。

社会组织是一个社会或一个团体内各个部分相互关系的总体，是人们为了合理地、有效地达到自己的目标，有计划地、有组织地建立起来的一种社会机构。一般来说，社会组织就是公共关系的主体，但是社会组织又是相对而言的，某个社会组织可以是某些公众的主体，也可以成为另外社会组织的公共关系客体，可以当作"公众"来对待。因此，社会组织是公共关系要处理的第一类群体关系。

初级社会群体是指人们在生长过程中最初加入直接形成的人际关系密切的社会群体,如家庭邻里等。由于初级社会群体构成人数较少(一般家庭只有几个人),因此,不能单独构成公共关系对象,只有初级社会群体组合以后(即初级社会群体组合)才可以构成"公众",成为公共关系要处理的第二类群体关系。

除了上述两种群体关系,还有与社会组织面临共同问题而形成的同级群体。同级群体既不是一般社会组织群体,也不是初级社会群体组合的群体。从社会学角度看,按年龄、性别、肤色或居住区域来划分的人群不被认为是社会群体。因为他们不因存在某些社会关系而被联系在一起,而仅仅是根据人的特征来划分的。但是从公共关系角度看,人口学、种族学范畴可以转换成公众范畴。因为,只要在特定的条件下,这些不同性别、年龄以及不同地域或不同肤色的人,面临着需要共同解决的问题(即同质群体),就可以构成公共关系的对象。如在同一列火车上的旅客,他们并不是在社会交往中结合在一起的群体,只是在上了火车之后面临需要解决的相同问题而形成"公众"的,因此,同质群体也是需要公共关系处理的第三类群体关系。

3. 可变性

公众不是封闭僵化、一成不变的对象,而是一个开放的系统,处于不断变化发展的过程之中。任何组织的公众对象的性质、形式、数量、范围等均会随着主体条件、客观环境的变化而变化:有的关系产生了,有的关系消失了;有的关系不断扩大,有的关系可能缩小;有的关系越来越稳固,有的关系越来越动荡;有的关系甚至发生性质上的变化——竞争关系转化成协作关系,友好关系转变成敌对关系等。公众环境的变化必将导致公共关系工作目标、方针、策略、手段的变化。反之,组织自身的变化也会导致公众环境的变化,如组织的政策、行为、产品的变化,使公众的意见、评价、态度或行为发生相应的变化,这种变化的结果又可能反过来对组织产生影响、制约作用。可见,必须以动态的、发展的眼光来认识自己的公众对象。

4. 多样性

公共关系公众复杂多样。"公众"是个统称,具体的公众可根据不同的角度、不同的层次、不同的标准划分为若干种类型。公众可以是个人,也可以是群体、团体或社会组织。例如一个企业的公众可包括内部员工、股东,也包括消费者、新闻界公众、政府公众、社会公众等。顾客还可分为国内消费者、国外消费者,国内消费者和国外消费者还可划分为若干种不同类别。日常公关工作对象包括各种不同类型的公众。即使是同一类型的公众对象也有不同的存在形式。由于公众对象的多样性决定了公共关系工作的复杂性、方式方法的多样性,这也为公关工作增加了难度。

5. 相关性

社会组织在生存发展过程中面临着许许多多的社会问题。公共关系不仅要为组织的目标服务,还要照顾到公众的利益。一方面,组织必须在力所能及的范围内保证特定公众的利益得以实现。如企业满足用户和消费者的利益,宾馆饭店满足宾客的利益,政府机关满足民众某一方面的利益,医院满足患者的利益等。只有公众的利益得到满足,组织的利益才能得以实现。另一方面,这些公众与某一特定组织的工作产生互动的效应。组织机构的各项方针、政策、行为影响着某些特定公众,而这些特定公众的需求也对组织产生重要的影响。例如,企业的方针、政策对职工、技术人员、领导干部有影响,可能激发也可能阻碍他们积极性和创造性的发挥;反之,这些人员对自身利益的要求和行为也影响着企业制定下一步的方针、政策和计划。企业采取不同的经营方针,对顾客公众、原材料供应者公众及其他各类公众都有着重要的影响,而这些公众的态度及他们所采取的行为对企业也起着制约作用。这说明组织和公众时时刻刻都互相影响,从而产生一种互动效应。不能产生互动效应的社会群体就不能成为组织的特定公众。这种相关性便是组织与公众形成关系的关键。

二、公众的分类方法

对复杂多样的公众进行必要的分类,把握其内在规律性是公共关系人员必须掌握的基本功。一个组织常面临复杂而又广泛的公众,可以根据不同的需要,用不同的标准进行分类。常见的公众分类方法如下。

1. 内外关系分类法

按照公众与组织的内外关系可将组织的公众分为内部公众和外部公众。

(1) 内部公众。是指组织内部的各类公众,如企业内部的职工公众、干部公众、技术人员公众、股东公众、董事公众、离退休人员公众;医院内部的医生公众、护士公众及各级行政人员公众;学校的教师公众、学生公众及各级行政、后勤人员公众等。

(2) 外部公众。是指组织以外与组织在经济业务、外事往来等方面有密切联系的公众,诸如企业的客户公众(其中包括用户公众、消费者公众、旅客公众等)、原材料供应者公众、代销者或中间商公众、社区公众、政府公众、新闻界公众、金融界公众等;医院的药品供应者公众、患者公众、患者家属公众等。

2. 公众状态分类法

按照公众的组织状态可将组织的公众分为个体公众和组织公众两类。

(1) 个体公众。个体公众是形式上分散,以个人作为意见、态度和行为的表达者,以个体形式与公共关系主体发生联系的公众对象。如竞选过程中面对的选民,酒店或商场中的散客等。

(2) 组织公众。组织公众是以一定的组织或团体形式出现,以组织团体作为意见、态度和行为的表达者,并与公众关系主体相互交往的公众对象集团,如竞选过程中面对的各种助选团体,工商企业面对的集团消费者、订购者等。

3. 组织需求分类法

根据组织的要求,依照公众对组织的重要性不同,可以将公众划分为首要公众、次要公众和边缘公众。

（1）首要公众。是指组织最重要的公众,如工业企业的员工、技术人员、管理人员、股东、董事;商业企业的顾客;医院的患者等。首要公众的态度如何直接影响组织的生存和发展,组织同他们的关系处理得好坏直接关系到组织前途。为此,几乎所有的组织在开展公众关系工作时,都集中人力、物力、财力来维持或改善同首要公众之间的关系,创造一种和谐的气氛。

（2）次要公众。是指组织次重要的公众。如与组织建立往来关系的金融、财政、税收、社区、新闻等部门。这些部门对一个组织的生存和发展不直接产生影响,但它们可能间接地制约组织的发展。金融部门可能通过扩大或缩小贷款来控制企业,新闻单位可以实事求是地反映公众对组织的态度、看法等。因此,一个组织仅仅做好首要公众的工作是不够的,一定要在条件允许的情况下调整好组织与次要公众的关系,为组织的发展创造一个有利的环境。

（3）边缘公众。是指距组织各项工作更远一层的公众。如某项特定发明造成一定的影响,如果企业重视这项发明,那么,这个发明单位就成为这个特定企业的边缘公众,同时该发明单位也是其他有关企业的边缘公众,它徘徊在各个有关企业的边缘,一旦其中某家企业购买了这项发明专利或发明成果,并准备付诸研制和试生产,则该发明单位就成为该企业的首要公众,而不再是其他企业的边缘公众了。边缘公众的特点具有边缘性,它既可以是这个组织的边缘公众,同时又可以是其他组织的边缘公众;边缘公众还具有不稳定性,由于它同时成为几个组织的边缘公众,有些组织可能与它建立联系,而有些组织或许由于条件所限只好放弃和它的联系。

4. 公众态度分类法

根据公众对组织的态度可将组织公众分为顺意公众、逆意公众和中立公众。

（1）顺意公众。也称为支持公众,是指对组织的政策和行为持赞赏和肯定态度的公众。如企业的股东主动为某企业投资,支持企业的发展;赞助某项社会福利事业或某项工程的捐款者等。争取更多的顺意公众是公共关系一个最为重要的任务。

（2）逆意公众。也称为反对公众,它是指对组织政策和行为持否定态度的公众,如一家造纸厂由于没有处理好工业污水问题,导致周围地区严重污染,这些居民对此意见很大,在这个问题上,这部分居民就成了这家工厂的逆意公众。逆意公众一旦付诸行动,其后果有时相当严重,甚至直接影响到组织的生存。对于这些公众,公共关系工作中应予以高度重视。

（3）中立公众。也称为独立公众,它是指对组织的政策和行为持中间态度或不明朗态度的公众。这类公众大多对组织不大了解,即使与组织发生过交往,也因为没有出现过大的利益得失而不对组织抱有倾向性的态度。在市场竞争中,能否争取中立公众往往成为决定成败的关键。公共关系工作必须随时注意争取中立公众,并及时地、有效地化逆意公众为中立公众和顺意公众,把敌手的数量缩小到最低点,把朋友的数量扩大到最大值。

5. 纵向细分法

所谓公众的纵向细分法,实际上是将公众作为一个过程,按其发展阶段进行划分。公众的发展过程也就是公众与社会组织关系日益密切的过程。所以,组织公众的纵向细分也可以说是根据组织在运行过程中与公众发生关系的疏密程度对公众进行的一种划分。根据公众与组织关系的程度和发展阶段一般可把它分为四类:非公众、潜在公众、知晓公众和行动公众。

(1) 非公众。这是公共关系学中的一个特定概念,是指那些不受组织各项方针、政策、行为所左右,同时他们的行为与要求也不影响组织而远离组织的公众。如棉农对一个生产电冰箱的企业是毫无实际意义的;需求食品的消费者对生产电视机的企业是不感兴趣的(假如他们根本不需要电视机);非眼病患者对眼科医院是不登门求医的。这些不称其为组织公众的社会群体对组织来说毫无意义。认清组织的非公众可以帮助我们减少公共关系工作的盲目性,避免浪费现象的发生。

(2) 潜在公众。是指将来可能与组织发生利害关系的公众。我们常说的"潜在用户""潜在顾客"等就属于这一类公众。在组织所处的环境中,当某个社会群体面临着由组织的行为引起的某个共同问题,但公众本身还没有意识到这一问题的存在时,这个社会群体就成了公共关系工作人员心目中的潜在公众。如某洗衣机厂生产了一批(比如说5000台)洗衣机,当发现这批洗衣机的电机有质量问题时,5000台洗衣机早已上市。据技术人员估计,这批现在感觉良好的洗衣机用不了多久就会出故障。也就是说,5000家用户将遇到一个共同的问题——洗衣机中电机的故障问题,但这些用户在购买洗衣机时并没有意识到这一问题的存在。如果该洗衣机厂公共关系部门重视这批公众的利益,尽早想办法,就会使影响企业信誉的问题更快地、更好地得以解决。认识潜在公众可以使组织公共关系人员有计划地、有目的地调整公共关系目标、制订公共关系计划,防患于未然,为公共关系工作的顺利进行扫清障碍。

(3) 知晓公众。是指由潜在公众发展而来的但没有集中出现在组织面前的公众。知晓公众已经意识到由于组织行为而使其与自己产生了一定的利害关系。这时,作为组织的知晓公众急切想了解自己所面临的组织,想了解问题产生的根源及解决的办法。因此,知晓公众对任何与他们所面临的组织及有关问题的信息都十分关注,并积极想办法,采取措施,渴望问题更快地、更好地解决。作为组织,一旦知晓公众形成就应该立即开展经过精心策划的公共关系活动,态度应积极,措施应得当,行为应得体。如前例,如果洗衣机厂知道问题已发生,但又抱有某种侥幸心理,不采取措施解决问题,洗衣机厂将面临5000个作为用户的知晓公众。如果这些知晓公众由于对洗衣机的不满导致了对洗衣机厂的不满,进而形成一种社会舆论时,洗衣机厂损失的将不只是5000个用户,可能要失去所有的市场。

为了解决实际问题,做好公共关系工作,组织必须掌握适当的时机。而实施公共关系方案的最好时机应该是潜在公众形成的时期。这时组织的行为造成的社会问题并没有对某些特定公众的利益造成不良的影响,此时主动采取措施,积极解决问题,把隐患消灭在萌芽状态之中,非但不会对组织造成不良的影响,相反,还会为组织的原有形象增添光彩,使社会公众对组织产生信任感。如前例,如果洗衣机厂主动同新闻媒介联系,说明问题的原委,并为5000个用户更换新电机或洗衣机,这样更多的社会公众一定会对这家洗衣机厂产生好感。这就不仅消除了公众对企业可能产生的误会,而且还会吸引更多的用户成为企业的公众。

(4)行动公众。指由知晓公众发展而来的并已经集中出现在组织面前的公众。知晓公众已经知晓问题的存在,并正在准备采取某种行为对组织施加压力,而行动公众不仅知晓问题的存在,同时也清楚问题的原委而正在采取某种具体行动对组织施加压力。在特殊条件下,一个组织一旦形成行动公众,其公共关系工作难度就会大大增加。如前例,如果洗衣机厂已经使知晓公众转变为行动公众,那么,企业面临的问题就非常复杂了,很可能会因洗衣机的质量问题得不到解决而形成一种强烈的社会舆论,使企业产品滞销,从而制约企业的生存和发展。

以上四类公众是逐渐发展而来的,从而形成了一个连续的发展过程。这个发展过程可以用图 2-1 表示。

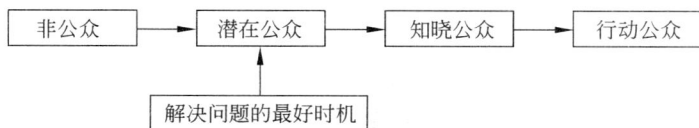

图 2-1　公众发展过程图

6. 人口结构法

根据人口结构对公众进行分类,即按性别、年龄、职业、经济状况、教育程度、政治或宗教信仰、种族和民族等标准分类。

任何一个组织都应该对自己的公众对象进行人口结构分析,以积累基本资料,这是公共关系的一项基础工作。但就我国目前的情况来看,很多组织对此项工作还不够重视,长期没有建立这一类的信息资料档案。其实,尽管工作千头万绪,但是只要认真细致,调查研究,重视公共关系工作,完全可以创造一个好的开端,并从中发现本组织今后的努力方向。例如,某塑料制品厂通过统计购买塑料花的顾客,从中发现农民购买者增加,由 1% 上升为 10%,这说明农村对该产品需求有增加的趋势,那么,就应该在农村增加一定数量的产品宣传网点,并争取在农村建立展销中心。同时在产品设计上也要考虑农村的风俗习惯、生活爱好等因素。又如澳大利亚有关部门曾委托我国香港甘穗公共关系公司总代理赴澳大利亚旅游的公共关系业务,甘穗公共关系公司首先进行人口结构分析,从中发现去澳大利亚的旅游者大都是经济比较富裕教育水平比较高的人士。于是,他们在业务宣传时便以此作为准则。首先介绍当地的风俗文化;其次介绍地理知识;最后使用文字材料、书刊作介绍。这些有针对性的公共关系活动有效地吸引了这类人士,使前往旅游的人数不断增加。

没有区别就没有政策,没有政策就没有方法。根据公共关系工作的实际需要,公共关系人员可以从不同的角度和不同的标准去分析公众,认识公众,从而使公共关系工作的目标更加明确,政策更加适当,措施更加可行,投入更加合理,效果更加明显。当然,公共关系人员在实际工作中也不应拘泥于这些分类方法,要注意具体问题具体分析。只要分类对开展公共关系工作有利,那就是最好的方法。

三、公众心理分析

研究公众对象的一个重要内容是分析公众的心理和行为,以便传播沟通工作具有较强的针对性和科学性。在现实生活中,对于同一件事情,不同的公众会有不同的反应,会采取不同的行为。这些反应和行为的差异与公众心理差异有关。因此,研究公众心理十分重要。

1. 个性心理特征

公众的个性心理特征是表现于公众个体身上的最稳定、最根本的心理特征,它主要包括能力、气质和性格。它们贯穿于每个人心理活动的全过程,制约着人的各种心理活动,值得公共关系人员予以高度重视。

（1）能力

能力是使活动顺利完成并直接影响活动效率的心理特征的范畴,它的一个最鲜明的特点是与活动的效果相联系。能力有不同的分类和表现,有的人在这方面能力强,有的人在那方面能力强,因人而异。能力在不同个体身上会显示出差异。

首先,按能力的一般表现和特殊表现可划分为一般能力和特殊能力。一般能力是在各种活动中都必须具备的,并在各种活动中表现出来的基本能力,如观察力、记忆力、想象力、思维力等。特殊能力是某种专业活动所必备,并在专业活动中表现出来的能力,如音乐、绘画等。每个人的能力不同,存在着质和量的差别。如个人擅长不同是质的差异;个人能力大小是量的差异。公共关系工作也要注意分析公众对象的不同能力,根据其实际能力来开展传播工作,并充分调动他们参与的能力。

其次,按能力表现范畴来划分,可分为认识能力、实践能力和交往能力。其中认识能力主要包括观察力、理解力、记忆力和想象力;实践能力包括劳动能力、工作能力、生活能力和运动能力等,其中比较具体的是操作能力(或称动手能力)。操作能力是有客观标准的,衡量操作能力强弱的标准是处理和解决问题的质量、种类、速度、代价。操作者处理和解决问题的质量越高、种类越多、速度越快、代价越小,表明他的操作能力越强。操作能力具有三种特征:一是针对性,能针对问题的关键,对症下药;二是技术性,能技术熟练、得心应手地把目标转化为现实;三是变通性,能应变自如,触类旁通,运用非常规范的方法处理和解决问题。无疑,公共关系人员注重操作能力的培养和提高对公共关系工作的开展是大有益处的。现代社会中交往活动日益频繁,公共关系的开展在很大程度上要依靠交往这条途径,因此,交往能力也越来越显示出它在个体能力中的重要地位和作用。交往能力尽管不是个体能力的等同语,但却往往成为人们评价个体能力的第一印象,并由此影响对个体能力的综合评价。交往能力表现在人与人交往的过程中。善于和各种人打交道,善于用合适的方式表明自己的看法、意见、要求,善于倾听和理解对方的意见,并能够在此基础上实现沟通是交往能力的主要表现。

（2）气质

气质是指心理过程的速度、强度、稳定性和内外倾向性的心理特点的总和。它是由个体的心理特点所决定的。现代心理学认为，气质是高级神经活动类型的表现。高级神经活动具有兴奋和抑制两个基本过程。有的人兴奋的强度和抑制的强度相平衡，有的则不能平衡；有的兴奋和抑制转换灵活，对外部刺激的反应速度快，有的则正好相反。这样就产生了四种典型的高级神经活动类型，并由此表现为以下四种典型的气质。

① 胆汁质。它是兴奋过程特别强，抑制过程受很大压抑的气质类型。具有胆汁质气质的人，一般表现为精力过人，不易疲劳；争强好胜，不怕挫折，大喜大怒，难以控制；办事果断，但容易急躁，具有明显的外倾性。

② 多血质。它是兴奋过程强，但转换灵活，反应快的气质类型。具有多血质气质的人，一般表现为精力充沛、活泼好动；反应迅速、适应性强、兴趣广泛，善于交际；容易浮躁，不够踏实；他们也具有明显的外倾性。

③ 黏液质。它是兴奋过程较强，但反应不灵活的气质类型。具有黏液质气质的人，一般表现为沉静、稳重；工作时坐得住，不喜欢表现自己，忍耐性强，情绪不易外露；办事容易拖拉，比较固执；具有内倾性。

④ 抑郁质。它是兴奋过程弱，以抑郁过程为主导的气质类型。具有抑郁质气质的人，一般表现为行为孤僻、不太合群；观察细致、非常敏感、表面腼腆、多愁善感；行动迟缓，优柔寡断；具有明显的内倾性。

气质是由各种神经活动类型决定的，因而它不容易改变，但也不是一点都不能改变的。一个人年轻时心浮气躁，到了老年可能变得很豁达；一个意志非常坚强的人，通过长期的努力有可能改变大脑皮层活动的某些特点，从而在一定程度上掩盖、改变高级神经活动类型。特别是气质绝不只有前述四种类型，大多数人是兼有四种典型气质中的多种特点的，因而可以做出扬长避短的有效努力。

（3）性格

性格是对客观现实的稳固的态度以及与之相适应的习惯化的行为方式。性格与气质的区别在于气质是高级神经活动类型在行为、活动中的直接表现，而性格则是在高级神经活动类型的基础上形成的联系系统；气质主要由生理特点决定，而性格则主要在社会实践中形成。气质的动力特征可以按照自己的动力方式渲染性格特征；而性格特征也可以在一定程度上掩盖和改变气质。

性格有着各个侧面。从对社会、集体、他人的态度方面，有正直与虚伪、谦虚与傲慢、合群与孤僻、认真与马虎、细致与精心、大方与羞怯等；从意志方面，有果断与犹豫不决、沉着与鲁莽等；从情绪方面，有豪爽与抑郁、宁静与冲动等；从理智方面，有主观与客观、严谨与草率等。性格对于行为的影响是深刻的。因为几乎每个人的性格都不相同，在行为上就会表现出种种差异性。性格所造成的行为差异最具有个性。性格不是天生的，而是由后天的生活和教育以及个人的工作实践长期塑造而成的。已经形成的性格具有相对的稳定性，但又是可塑的。客观生活环境的变化是性格变化的重要因素。一个原来活泼开朗的人，如果遭到某个重大打击，也可能从此变得沉默寡言。另外，主观上的自我调节也是性格改变的有利因素。性格与前述的气质是一种非常个性化的因素。不同的人就可能有完全不同的性格和气质。这一点对于人际传播工作的影响最明显。针对不同性格、气质的人，可运用不同的沟通技巧，以充分体现公共关系工作的艺术性。

2. 公众心理定式

在日常生活中，人们的心理定式是普遍存在的。人们往往根据一个人的名字来判断他的性别、年龄甚至文化教养，根据别人的介绍来想象被介绍者的特点，根据以往的经验和习惯来思考问题。所谓心理定式，也就是心理上的"定向趋势"，它是由一定的心理活动所形成的准备状态，对以后的感知、记忆、思维、情感等心理活动和行为活动起正向或反向的推动作用。心理定式犹如物理学中所讲的"惯性运动"，使人不自觉地沿着一定的方向去感知事物、记忆事物，去思考问题和寻找解决问题的办法；它既起定向作用，又是一种动力。心理定式具有如下特点。

第一，自发性。公众心理定式是对特定情况的适应性反应，是公众经过相互作用后自发产生的。任何一类公众都表现出相同或相似的心理倾向，这种心理倾向不是天生的，而是在一定的社会条件下，经过公众之间的相互影响逐渐凝结而自发形成的。在这个过程中，并没有人进行专门的引导与控制，而是无意识心理发生着强烈的作用。

第二，固着性。心理定式的固着性也即习惯性。它包括两个方面：一是指存在上的固着，它一经产生就在人的心理活动中占据一定的位置，不会轻易地消失；二是指功能上的固着，只要它在就要发挥作用。心理定式是不会轻易消失和改变的，是要固执地影响和驱动人们行为的。

第三，综合性。心理定式是认识、情感、意志等心理过程中诸心理因素综合作用的合成，而不仅仅是认识领域中独有的现象。如"一朝被蛇咬，十年怕井绳"，既反映认识上的心理定式，又具有强烈的情感色彩，同时也反映意志薄弱。心理定式是一种综合效应，它综合反映人的经验、知识、文化素养等。因此，对具体的对象进行心理定式的分析也可以从一个侧面了解该对象的特点。

（1）首因效应

在日常生活中，人们往往有这样的经验：当我们与一个陌生人接触时，在没有任何关于对方背景材料可以参照的情况下，我们首先注意对方某些细节，如对方的表情、姿态、身材、仪表、年龄、服装等，而对后面的细节不太注意，往往根据初次相识所得到的细节信息和初步印象对此人做出评价。一旦初始形象形成，也就是我们通常所说的"第一印象""初次印象"。首因即最先的印象，首因效应是指人对第一次接触的事物（包括人）留下的最先印象。它会成为一种心理定式左右着人们对事物的整体判断，影响着人们对事物以后发展的长期看法。第一印象一旦形成就比较难以消除。

在公共关系工作中，组织对首因效应的有效利用要注意以下两个方面的问题。

第一，在组织的公共关系活动中，要设法给公众留下美好的"第一印象"。从大处来说，公共关系人员要充分重视"首因效应"对组织形象的影响，因此，应使组织周围的环境尽可能给人一种生机勃勃的印象。从小处来说，组织员工特别是公共关系人员应注意个人修养，以良好的个人风采给外界公众留下好印象，这对组织良好形象的树立具有极大影响。

第二，组织公共关系活动中，也应避免完全用"第一印象"去判断、认识公众对象。公共关系人员对公众或对其他组织的认知,免不了会受首因效应的影响。但是,不能将初始印象作为唯一的判断标尺,而应从不同角度全方位获取信息,并不断修正"第一印象"的偏差,排除"第一印象"的干扰,使自己的认知更全面、客观和准确。

（2）晕轮效应

所谓"晕轮效应",是指从对象的某种特征推及对象的总体特征,从而产生美化或丑化对象的印象的一种心理定式。把它称为"晕轮效应",是说它像月晕一样,会在真实的现象面前产生一个更大的假象,人们隔着云雾看月亮时,在月亮外面有时还能看到一个光环,这个光环是虚幻的,只是月亮的光通过云层时折射出的光现象,事实上并不存在这样一个物质的、真实的光环;晕轮效应产生的也是幻化的总体印象,尽管产生这种幻化印象对某种特征的感知可能是真实的,像对月亮的感知一样真实,但总体印象却和月亮外面的光环一样不真实。晕轮效应有三个基本特征。

第一,遮掩性。晕轮效应往往产生于主体对认识对象的感觉、知觉阶段,容易受感觉的表面性、局部性和知觉的选择性的影响,产生以局部代替整体,以形式掩盖内部实质的偏差。

第二,先入性。晕轮效应的先入性表现为一个人已有的态度会直接影响对他人的认识评价,先前获得的有关认识对象的信息往往成为以后交往、认知、判断的依据。

第三,弥散性。对认知对象的整体态度,还会连带影响到跟对象的具体特征有关的事物上,所谓"厌恶和尚,恨及袈裟""爱屋及乌"正是晕轮效应弥散性的体现。

公共关系活动中可以适当利用这种晕轮效应来扩大影响,美化形象,如"名流公关";同时也要避免因为滥用这种晕轮效应,使公众反感甚至讨厌,更要反对利用晕轮效应来蒙骗公众。

（3）刻板印象

刻板印象是指社会上一部分成员对某类事物或人物所持有的共同的、固定的、笼统的看法和印象。作为心理定式,"刻板"是它的根本特点。刻板就是呆板,没有变通;刻板印象就是对事物或人们的呆板而没有变通的印象。刻板印象不是一种个体现象,而是一种群体印象,它反映的是群体的"共识"。

刻板印象表现为对某类人物或某类事物的固定看法。职业、年龄、性别、籍贯乃至国籍都往往成为刻板印象媒介。刻板印象既有积极作用,也有消极作用。其积极作用表现如下。

第一,刻板印象包含了一定的真实成分,它或多或少反映了认知对象的若干状况。无论是认为东北人直爽还是认为商人精明,都有一定的合理性。

第二,刻板印象可以将所有认知对象进行分类,简化人们的认识过程,起到执简驭繁的作用。谁也不可能把所有人的所有特征都搞清楚,当知道某人属于某个群体时,我们就可以根据已形成的刻板印象对其有个大致的了解。

第三,刻板印象能帮助人们更有效率地了解和应付周围的环境。我们常常要与一些陌生人打交道,在这种情况下利用刻板印象来指导我们的言论和行动有时还是颇有作用的。

刻板印象的消极方面表现在,它使人们的认识僵化和停滞化。刻板印象一经形成,具有很高的稳定性。即使现实发生了变化,它也倾向于不变。这势必要阻碍人们接受新事物,阻碍人们开阔新视野。同时,持有刻板印象的人在判断他人时,把群体所具有的特征都附加到他人身上,也常导致过度概括的错误。

公共关系工作中要注意发挥刻板印象的积极作用,摒弃消极表现,一方面要研究和尊重公众的某些刻板印象,使自己的形象与公众的经验相吻合;另一方面要努力传播新观点、新知识、新经验,以改变公众某些狭隘的成见和偏见以及由此产生的误解。

课后练习

一、简答题

1. 某城市一个中型商场的中层干部会上,商场经理说:"市区的所有居民都是我们的消费者,都是我们必须重视的公关对象。"你认为商场经理的话准确吗?为什么?

2. 某快餐厅经理拟在"三八"妇女节举办一次活动,她在店外张贴出海报,说:"今天所有在本店用餐的女性顾客免费。"结果吸引了大批女性顾客,但是绝大部分都是打工妹,请你分析一下,这里存在什么问题,为什么结果会是这样?

3. 在公众关系处于和谐状态时,需要公共关系吗?为什么?

4. 某车间为了提高生产效率,采取边听音乐边工作劳逸结合的措施,但是嘈杂的音乐声影响到车间旁边的教师宿舍,教师因此无法正常备课。你会如何解决这个问题?

二、案例分析

案例 1　本田公司的人际沟通之道

因在世界摩托车大赛中多次夺冠而出名的本田公司,以100万日元资本起家,在十几年的时间内由摩托车王国发展为汽车王国,与丰田、日产鼎足而立。本田公司在经营上值得注意的一个主要经验就是管理上特别重视内部团结和人际关系。

本田公司为了建立上下左右全面团结的组织氛围,着眼于避免和减少上下级、同级、同事以及各个环节之间的矛盾和冲突。方法是尽力找出并消除产生矛盾和冲突的根源。本田公司规定各级管理干部都要同工人一样,上班必须穿白色工作服,戴黄色安全帽,以消除可能由于着装的差别而产生的距离。本田宗一郎作为老板也不例外,而且为了和普通职工保持亲近,他还经常在职工食堂和工人一起进餐,或者到车间同工人一起动手干活。各种各样的情况和意见经常成为本田做出重大决策、改善内部管理的重要依据。

本田在他的企业内部发展了一种金字塔式的领导制度,但是本田在董事长这个职位上直接观察正面的运转情况,并且同普通工人一起劳动。这样,他就有了双重视野:从上往下看和从下往上看。本田努力推选一种"升降机"政策。他在正面研究他所做出的决定的效果、新出现的问题。他既是普通工人,也是车间主任、研究员、经理、董事长。

如果企业中某个成员想提建议,就填写一张表格,在这张表格中详细阐明自己的计划。表格随后被送到部门的委员会,委员会立刻审核这条建议,如果认为这个想法明智可行,就把建议提交经理处。如果一条意见被采纳,那么发明者就会按其重要程度得到一定数目的分。积累达到了300分,就可以到国外去旅行一次。如果他一次就得了300分,还可因此获得特别奖,即本田奖。

(资料来源:http://max.book118.com/html/2015/0919/25793130.shtm.)

思考与讨论：

（1）你从本田公司的策略中领悟到了什么？

（2）企业应如何搞好员工关系？

案例 2 投 诉

某二星级饭店，建筑外观还算不错，设备也算得上齐全。有位客人清早起来发现室内卫生间的地面被马桶内漏出的污水弄湿了，他叫服务员来收拾，而自己走下楼去使用大堂男用公共卫生间，进去后就闻到一股异味，便池也冲得不清爽，他勉强地使用之后，便找大堂服务员，对厕所不卫生提出了意见。服务员回答说："卫生间总是有臭味的，我们饭店人手少，公共场所怎么照顾得过来！"客人听了以后火冒三丈，再去找饭店经理，谁知经理也是一样的态度，还是那句话："卫生间总是有臭味的，公共卫生间不断有人进去，怎么能弄清爽！"客人听了更觉得不是滋味，大声申诉说："你们这家饭店也算是星级饭店了，连客房内的卫生间都弄不好，更不要说公共卫生间了，真是岂有此理，我要向你的上级投诉，并且劝说熟人出差不要住在你们这里！"

（资料来源：http://www.njliaohua.com/lhd_44htl453np1qw0b8dn7v_4.html.）

思考与讨论：

（1）企业为什么要重视顾客关系？

（2）应怎样对待顾客的投诉？

评价考核

评价考核内容见表2-1。

表2-1 商务公关客体考核表

内　　容		评　　价	
学习目标	评价内容	小组评价 （5、4、3、2、1）	教师评价 （5、4、3、2、1）
应知应会知识	公众的含义及特性		
	公众分类的方法		
专业能力	进行公众心理分析		
	协调各类主要公众关系		
通用能力	关系协调能力		
	分析能力		
	解决问题能力		
态度	树立公众意识、热爱公共关系工作		
努力方向：		建议：	

任务3

商务公关中介

学习目标

- 掌握公共关系传播的含义、特点和要素；
- 了解传统公共关系媒体；
- 掌握网络媒介和社会化媒介；
- 掌握影响公共关系传播效果的因素。

案例导入

宝洁绿色宣言的媒体传播

2009年夏天，宝洁(P&G)以"环保"为主题进行新一季的多品牌整合推广，将旗下各品牌中包装环保以及使用天然成分为配方的产品进行整合销售。

为了使不再具有新意的"绿色"活动在全国范围内引发新的热潮，宝洁充分借用"中国环保女王"周迅与联合国开发计划署的权威号召力，实现最大化的媒体传播计划，并设计线上、线下的消费者活动，实现传播的多元化，以此调动公众的参与和关注。宝洁在第一时间建立了"绿动中国"主题网站。该网站以"绿动中国，没你不行"为主题，借用周迅的影响力，邀请她亲自发出绿色邀约，并设立"24小时绿色行动"，鼓励消费者每天记录所做的环保小事，同时重点推出"普通人的绿动环保梦想"栏目，征集创意环保方案，颁发"环保梦想奖金"，用以实现环保梦想。

在"绿动中国"官网上线2个月后，即有超过219万人积极参与。其中有很多人热情参与了"普通人的环保梦想"竞赛活动。上海地面活动，邀请了3名积极参与者，现场分享了他们的环保创意方案。此外，周迅与宝洁及乐购高层为当天在签名背板前书写下"环保感言"的消费者颁发"绿动中国"纪念徽章，鼓励更多人积极加入，最终实现超过500万的普通消费者加入"绿动中国"计划，坚持生活中随手可做的环保小事，为改善绿色环境而努力。

　　活动充分利用不同的信息传播渠道,整合了多种信息传播模式,特别是充分利用官网平台,开展一系列丰富的活动,再配合传统电视媒体、平面媒体的积极报道,使核心信息得以持续性传播,使"绿动中国"活动成为在全国范围内关注的热点活动。在深圳沃尔玛活动当天,店内销售比平日增加了 177%,众多消费者积极参与到绿色消费的倡议中来。活动共计有 90 家平面、网络、电视媒体进行了全方位报道,其中经常以娱乐新闻为报道角度的 21 家全国时尚生活类电视媒体,均以"绿色及环保"主题进行了平均时长超过 1 分钟的正面报道,成为传播中的亮点。大部分的平面媒体都给予了大篇幅的彩图报道。此次活动,获得了宝洁、媒体、消费者的高度评价。

　　宝洁"绿动中国"环保活动,不仅是一个整合策略传播的成功案例,更是一个可圈可点的战略型公关的典范。

　　(资料来源:http://www.chinapr.com.cn.)

　　问题:企业应如何利用各类媒介开展有效的公共关系传播?

任务设计

　　商务公共关系活动成败与否关键在于其中介,即传播。因为商务公共关系的主体——商务组织,与商务公共关系客体——公众之间的相互作用是通过传播的媒介来沟通的,传播是商务公共关系不可或缺的第三大要素。

　　这里通过"走访媒体实训"来完成本任务的学习,具体如下。

走访媒体实训

实训目的:

通过访问你熟悉的媒体,了解公共关系传播媒介的优缺点,以及如何有效利用这些媒介进行传播。

实训内容:

(1) 走访你熟悉的媒体。

(2) 写一份如何有效利用这些媒介进行传播的建议书。

实训组织:

分析学校周围主要有几类公共关系传播媒介,然后把全班同学分成几大组,各个组分别走访调查各类媒体。

实训考核:

(1) 要求每位学生写出访问报告或小结。

(2) 要求学生填写实训报告。其内容包括:

① 实训项目;

② 实训目的;

③ 实训内容;

④ 本人承担的任务及完成情况;

⑤ 实训小结。

（3）教师评阅后写出实训评语，将实训体会在全班交流。

（资料来源：杨再春.公共关系理论与实务［M］.北京：机械工业出版社，2012.）

一、公共关系传播的含义、特点与要素

1. 公共关系传播的含义与特点

人类的社会活动是离不开传播的，公关活动也一样。公共关系传播是商务组织与公众之间相互联系的重要手段，它是公共关系的三大要素之一。

（1）公共关系传播的含义。传播是人类发展史上的独特现象。它无时不有，无处不在。它与人类朝夕相处，如影相随。传播是一个古老的概念，通常，"传"是指纵横的传播，"播"是指广泛的传播。"传"与"播"合并为"传播"一词，最早见于《北史·突传》一书："宜传播天下，咸使之闻。"

当今对传播的定义有很多种，传播的含义主要有交流、传递、传达、沟通等，它有人际交往、信息交流、思想沟通、物质交换等寓意。简言之，传播是信息传递和分享的交流过程。

公共关系传播是商务组织为扩大影响、树立形象、实现与社会公众之间的相互沟通和相互协调所开展的传播活动及其传播管理。

商务组织通过恰当巧妙的公关信息传播，能够在一定程度上影响公众，获得公众的理解和支持，引发公众行为，所以，能否有效地传播公共关系信息是公共关系工作成功与否的关键。

（2）公共关系传播的特点。公共关系传播既有一般传播的特点，也有其本身独特之处。

① 社会性。任何商务组织都是社会的一员，它与其周围的环境是否协调、是否适应，直接决定了它的生存和发展。这不仅包括生产与消费、供给与需求的协调一致，而且还包括与整个社会系统的协调一致，因此，商务组织的公共关系传播要站在社会整体利益的高度去体现它与整个社会多方面的协调一致性。

② 互动性。传播活动是在人与人之间进行的，是一种双向的、相互的过程。在公共关系传播中，组织不仅应该把自己的政策和行动告诉公众，而且也应该搜集公众对组织的意见、要求和愿望，听取公众对公关传播的反馈。

③ 道德性。道德是人们应当遵循的行动准则和规范。公共关系传播的道德性特点决定了组织在公共关系传播中要严肃地思考、权衡和慎重地选择，不能做虚假的、欺骗性的宣传，不能以不正当的手段进行竞争。

④ 情感性。公关传播为达到一定的目标，使公众产生所期望的态度和行为，要非常注重传受双方的接近性，强调情感交流。比如利益上的接近性，心理上、空间上的接近性，它可以缩短双方的心理距离，在融洽的气氛中达成一致。

⑤ 多样性和针对性。根据不同的传播对象，公关传播媒介方式和渠道的选择可以是有针对性的、多种多样的，甚至可以将不同媒介综合起来达到统一的公关传播目标。

2. 公共关系传播的基本要素

公共关系传播是组织运用传播手段向公众传递信息的过程,它经历了由传播者到受传者的全过程。

(1) 公共关系传播者。公共关系传播者是组织信息的采集者、发布者,是代表组织行使传播职能的人。在协调公众关系、改善周围环境的过程中,在树立自身形象、提高信誉的过程中,在沟通内外联系、谋求支持与合作的过程中,公共关系传播者都居于主导地位,起着控制者与组织者的作用。公共关系传播者的任务是将外部的信息传达给组织内部公众,将有关组织的信息发布出去,传递到目标公众那里。

(2) 公共关系传播内容。公共关系传播内容是指传播者发出的有关组织的所有信息。它大体上可以分为以下几类。

① 告知性内容。告知性内容即向公众介绍有关组织的情况,包括目标、宗旨、方针、经营思想、产品和服务质量等。在信息传播过程中,告知性内容往往以动态消息或专题报道的形式出现。

② 劝导性内容。劝导性内容即号召公众响应一项决议,呼吁公众参与一项社会公益活动,或者劝说人们购买某一种牌子的商品。在利用大众传媒进行宣传的过程中,政党、政府及其他非营利性组织发布的劝导性的内容,往往以社论、评论、倡议书的形式出现,而营利性组织发布的此类内容,则多以商业广告的形式出现。

③ 公共关系传播渠道。公共关系传播渠道是指信息流通的载体,也称为媒介或工具。人们通常把用于传播的工具统称为传播媒介,而把公共关系活动中使用的传播媒介称为公共关系媒介。常见的有语言媒介,像演讲与报告、会议与会谈、谈判与对话、电话等;有文字媒介,像报纸与杂志、书籍与纪念刊、海报与传单、组织名片与函件等;有电子媒介,像广播、电视、录音、录像、幻灯和电影等;有图像标识,像摄影与图片、商标与徽记、门面与包装、代表色等;还有非语言传播媒介,如表情、体态、目光等。

④ 目标公众。目标公众是指那些与组织有着某种利益关系的特定公众。他们是大众传播受传者中的一部分,是组织意欲影响的重点对象。

⑤ 公共关系传播效果。公共关系传播效果,是指目标公众对信息传播的反应,也是公共关系人员对传播对象的影响程度。公共关系人员可以通过各种调查手段(如观察、访问、文献分析、抽样调查等)了解公众对信息的接受程度。此外,在信息传播过程中,还要重视专家、学者、社会名流等“意见领袖”的作用,设法通过他们影响公众。[①]

二、公共关系传播媒介

公共关系传播媒介种类繁多,概括起来主要有以下几大类。

---

① 荣晓华.公共关系学[M].大连:东北财经大学出版社,2015.

1. 语言媒介

语言既是人际传播的载体(如写信使用文字,面对面的交谈、打电话使用口语),又是大众传播的载体(如报纸、杂志多使用文字,而电影、电视、广播多使用口语)。语言媒介是现代社会运用最广泛的传播媒介,也是公共关系传播中最主要的媒介,被许多人称为"公共关系的第一媒介"。语言媒介分为"有声—无声"和"语言—非语言"两个类别。

(1) 有声语言媒介。有声语言即自然语言,是发出声音的口头语言。公共关系活动大量运用了有声语言媒介:答记者问、与员工谈心、电话通信、内外谈判、各类演说、各类口头报告、为宾客致迎送词等。有声语言媒介的特点是信息反馈迅速,形式灵活多样,传播效果明显等。

(2) 无声语言媒介。无声语言媒介在公共关系中,通过印刷文字进行信息传递:各种文字材料、报刊、书籍、照片、图画、商标、徽章、谈判决议、会议纪要、社交书信、调查报告、电文、通知、通信、公共关系简报等。无声语言媒介的优势是能够超越时空,语言表达便于斟酌,便于保存,弱势是其信息反馈不及有声语言媒介迅速。

(3) 有声非语言媒介。有声非语言媒介是传播过程中的一种有声不分音节的语言:说话时的重谈、语调、笑声、掌声等。其特点一是无具体的音节可分,其信息要在一定的语言环境才得以传播;二是同一形式的语义不固定,比如笑声可以负载正面信息,也可以负载负面信息;掌声既可以传递欢迎、赞成、高兴等信息,也可以传递一种礼貌的否定等。

(4) 无声非语言媒介。它是以人的动作、表情、界域等来传递信息,是公共关系广泛运用的沟通方式,可以分为动态、静态两类。动态无声非语言媒介以身体在某一场景中的动态姿势来表达信息:首语(点头和摇头),手势语(握手、招手、手指和手掌运作),目光(视线接触的长度、视线接触的角度、瞳孔的变化)、微笑等。静态无声非语言媒介以身体在某一场景中的静态姿势来表达信息,包括人的姿势、界域(位置界域和距离界域)等。在日常生活的人际传播中,我们可以感受到大量的无声非语言符号,如一个人的姿势、表情、眼神,以及某种气味、服饰、个人所处的空间等。据统计,大多数人实际上每天所讲的话仅仅只有 10~11 分钟。在一般的两人会话中,语言所表达的社会意义平均不到 35%,而 65% 的社会意义是用无声非语言符号传递的。我们在与他人沟通时获得的信息,很大一部分来自于暗示,而不是来自于字句。

2. 实物媒介

实物媒介是指以物体来传递某种语言和非语言信息。实物媒介包括产品、象征物、公共关系礼品等。

产品本身就是一种典型的实物媒介。它运载的信息要素有品牌、商标、包装、外表形态、内在质量、售后服务、广告设计等。

礼品媒介以物质作为载体。它不是用于等价交换的商品,而是带有浓厚感情色彩的社交工具。公共关系礼品具有四个特点:第一,它具有非商品化。大多数公关礼品都是不进入或尚未进入市场流通的物品,有专门设计的物品,也有名牌产品的样品,也有宣传品,还有其他物品。第二,它具有不等价性。公关礼品都是有价值的,但它的感情价值往往大于其物质价值,它的交际价值也大于其使用价值。它一般都是价格比较低廉的物品。如果用价格昂贵的物品送礼,就会成为一种变相的行贿,也就失去了感情交流的意义。第三,它具有浓重的人情味。公关礼品是一种心意的表达,向公众传递着组织的深情厚谊,充满了人情味的色彩。第四,它具有纪念意义。公关礼品大都具有纪念意义而不具有消费意义,其目的是使组织在公众心目中留下永久的美好的印象。开展公关活动,馈赠礼品的机会很多。适当送份礼品表达心意,会取得比较理想的效果。如果没有礼品,总有些美中不足。

实物媒介除了产品和公关礼品外,还有象征物(例如上海宝山钢铁总公司的不锈钢铸像,象征着中国钢铁工业的起飞)、购物袋、宾馆内的储物袋、餐厅内的烟缸等。

3. 人体媒介

人体媒介借助人的体态、服饰、行为、社会影响等来作为传送信息的载体。它包括组织成员的形象、社会名流、新闻人物、能够影响社会舆论的其他公众等。人体媒介在公共关系传播中有其独特的形象影响力。

人体媒介的优点如下:其一,它亲切直接,既便于沟通,又便于及时反馈公关信息。其二,它不容易受时间、场合的限制,有较大的自由度,能充分发表意见。其三,它利于发挥感情优势,利于拉近人们之间的距离。其四,它传递信息的方式比较多,可以用表情传达喜怒哀乐,可以用目光表示爱恨情仇,可以用语言传递情感,可以用动作表达态度。人体媒介的不足之处是:范围较小,影响面较窄,深受交往者距离的限制。人体媒介适用于解决员工思想问题,处理各种矛盾纠纷,进行社会联络、业务洽谈、社会对话、征求意见等公关活动。

人体媒介中的体语很重要。体语就是人体语言,包括动作、姿势、体态、表情等。体语在公共关系的人际传播中运用非常广泛。它具有有声语言的替代作用和辅佐作用,还具有表露作用。表露作用主要体现在面部表情上。公关人员对公众笑脸相迎,则有利于双方的交流合作。服务行业开展的微笑服务,能够给所有顾客带来良好服务的感受。

人体媒介中的服饰是人的第二皮肤。服饰的质料、款式、颜色具有或大或小的功能:大到可以传达出国民气质、国民精神风貌、时代风俗、文化特色、组织理念;小到可以传达出个人的文化素质、社会地位。服饰作为人体媒介,具有传递信息的功能,因此公关人员在一般社交场合应注意服饰与大众的协调,进而增强亲切感、认同感。

人体媒介中的员工形象,是组织形象的重要组成部分。它包括员工的内在素质、外表行为(谈吐举止、面部表情、服饰等)、隐于其中的行为规范、交往技巧等。比如一个商业公司让员工的服饰统一得体,这传递给公众的就不仅是一种整体的视觉识别,而且更重要的是在向公众传播一种企业的精神。

4. 大众传播媒介

(1)大众传播媒介的功能。大众传播媒介主要指报纸、杂志、广播、电视。它们在公众生活中的主要功能有以下几方面。

① 报道的功能。大众传播媒介又称为"新闻界",负责将社会生活中发生的新闻事件

及时、公正地告知公众。新闻报道是对事实的公正陈述,依靠其时效性和公正性来树立新闻传播界自身的信誉。公共关系运用新闻报道必须遵守这种时效性、公正性。

② 教育的功能。大众传播媒介承担了大量的社会教育任务,面向大众普及教育,将政治、经济、文化、科技、历史、生活等知识传播给公众。公共关系运用大众传递信息必须注意知识性、教育性。

③ 娱乐的功能。大众传播媒介为公众提供了大量的娱乐性服务。报纸的文体娱乐版,杂志上的小说、趣闻等,广播中的音乐,电视上的电视剧等,是公众日常文化娱乐的主要来源。因此,娱乐性越强的大众传播媒介,阅读率、收听率、收视率就越高。公共关系运用大众传播媒介向公众宣传时也必须注意趣味性和娱乐性。

④ 监督的功能。大众传播媒介及其所形成的公众舆论,对政府、企业及各类机构的政策、行为、人员、产品起着社会监督的作用。公共关系工作必须将这种公众信息的反馈作为传播工作的重要依据。

(2) 印刷类大众媒介。印刷类大众媒介主要指以文字、图片形式将信息印刷在纸张上进行传播的报纸、杂志和书籍。

① 报纸。报纸是受众面最大的一种印刷类大众传播媒介。报纸具有三大优点:一是可选择性。读者可按自己的需要、阅读习惯,在许多"并时性"排列的消息中迅速选取自己最感兴趣的阅读。二是周详性。同样一则消息,报纸报道要比电视报道深入细致、周密详尽,读者甚至可以反复阅读、细细琢磨。三是制作容易,成本较低,读者接受不需要特别设备。

② 杂志。杂志是受到普遍欢迎的一种印刷类大众传播媒介。按照内容,杂志可分为知识性、趣味性杂志和专业性杂志两大类。知识性、趣味性杂志以一般社会大众为读者对象;专业性杂志以特定专业人员为读者对象。杂志有三大优点:一是读者群比较稳定。二是内容比较灵活多样,伸缩性大。三是便于读者在不同的"单位时间"内阅读,也容易携带。

③ 书籍。图书是历史最为悠久的一种印刷类大众传播媒介。图书的容量大,除了以其规范化的形式便于人们阅读和保存外,还具有一定的权威性,在传播和积累人类知识、文化中起着重要的作用。

印刷类传播媒介,它的读者受到文化水平的限制。没有一定文化水平的人无法利用它。时间性极强和形象性极强的信息,都不宜依靠印刷类传播媒介来传递。在公共关系传播中应考虑印刷类传播媒介的局限性。

(3) 电子类大众传播媒介。电子类大众传播媒介是指以电波的形式传播声音、文字、图像,运用专门的电器设备来发送和接收信息的媒介。电子类大众传播媒介可分为广播和电视两大类。

① 广播。广播是覆盖面最广的一种电子类大众传播媒介。广播的优势表现在五个方面:一是及时。广播上的信息不受时间、空间的限制,通过电波可以在转瞬之间传遍地球的各个角落。二是机动性强。收听广播几乎不受空间和工作条件的限制,听众可以一边听广播一边工作,这更有利于信息的广泛、及时传播。三是感染力强。四是可普及率强。广播节目的制作成本低廉,接收广播的设备简单、廉价,使用长久,家家户户都

能买得起。五是广播最大的优点是不受文化水平限制,只要有听觉就能接收,因此普及率最高。

广播的主要缺点是:不便检索,不便保存;广播的信息和效果稍纵即逝,难以把握,收听时稍不留意便无法追寻;其内容的生动性不如电视,信息的深度不如报纸。因此,广播适用于时间性强、涉及面广和普及性强的信息内容。

② 电视。电视是现代最强有力的一种新兴的大众传播媒介。电视的优势表现为:第一,电视集音响、图像于一身,在传播信息过程中,能同时诉诸人的听觉和视觉,形象生动,真实感强,最易激发人的兴趣和抓住人的注意力。第二,电视的时效性较强。由于电视摄像、传播技术的发展和卫星接收电视技术的采用,电视台基本上可以做到随时传播新发生的事件实况,再加上电视新闻的整点滚动播出,都使电视传播更为迅速及时,其时效性直逼广播。

电视也有其局限性,主要表现在以下方面:一是缺乏深度。电视由于表现形式的限制,在内容上容易肤浅,深度不够,难以表达抽象思维、逻辑思维的内容。二是电视不便携带,观众在接收电视传播中还受到种种条件的限制,不便随时随地收看,选择余地较小。

公共关系常将大众传播媒介用于新闻宣传和公共关系广告方面,借以向大众提供信息,树立组织形象。

5. 网络媒介

信息技术和互联网的普及,为公共关系运作提供了新的传播方式。因特网这种全新的媒介科技,具有与传统的大众媒介和其他电子媒体不同的传播特征,其优点主要表现在:范围广泛、容量无限、受众数量可准确统计、双向互动、个性化、多媒体超文本、低成本等特点。因特网传播的这些优势也是它为人们普遍看好的原因所在。人们似乎有理由相信,网络媒体将会后来居上,在影响力上成为未来的"第一媒体"。然而,至少就目前而言,这一媒体本身还存在一些明显的劣势,诸如缺乏严谨性、缺乏深刻性、缺乏权威性、缺乏规矩引发了许多违规案例等。尽管如此,互联网还是包含着巨大的信息资源,其双向交互式的信息传达方式与公共关系所倡导的"双向交流与沟通"的观点十分吻合。如今,"网上公关""网上广告"对大多数组织与公众来讲,已经不再是一个陌生的词语了。作为公共关系工作人员,如果不懂得如何运用互联网的强大功能来从事公共关系活动的话,他就可能成为一个新媒体时代的落伍者。

毫无疑问,因特网已经改变了我们生活、购物、娱乐和经商的方式,而且对于公关人员最重要的是,它改变了人们相互传播的方式。对于公关人员来说,了解关于网站经营、在线印刷、聊天室、讨论群等方面的知识是至关重要的。这个网络公关工具条目中最重要的是关于在线新闻媒介的知识。网络新闻媒介的常见工具有以下几种。

(1)新闻发布稿。对于所有的新闻媒介来说,新闻发布稿都是其最重要的部分,当然这一规则同样适用于网络新闻策划。在因特网上,新闻是用电子邮件传送的,因此对同一事件的报道,在线版本应该比离线版本简短。

(2)公告。公告是发布在网络上的讨论群中的,而且也是很简短的。它的用途主要是鼓励读者访问这个站点或者寻求更深入的信息。公告是用来提升网络事件、聊天室和网站的知名度的。

（3）链接。链接是引导读者从一个站点访问另一个站点的工具。当一个链接被激活后，一个新的网站就会出现在屏幕上。链接是很重要的传媒工具，因为它们能够迅速而且自动地将观众连到被推荐的站点。

（4）简报。网络简报可以让观众及时地了解新产品、服务、问题、事件。在网上发布简报很简单，成本也很低廉。简报还通过自动电子邮件递送功能与主要的观众保持长期的联系。

（5）图书馆。网络能够以低廉的成本储存海量的信息，这一点无疑是优于印刷媒体的。网上的新闻发布稿或公告可以得到网站图书馆的支持和信息数据库的"增援"。支持信息数据库包括：支持文件、产品使用指南、常见问题档案、简报、大事记、帮助文件、新闻片段等。

（6）聊天室。网上聊天室的功能相当于离线新闻会议或者公共论坛。网上聊天室可以让特殊的客人在实时的论坛上接受并回答在线观众的问题。

（7）推广。网络用户对免费赠品的狂热是难以想象的。推广的具体形式包括：寻宝活动、生活琐事竞赛、商家优惠券发放、小测试、有奖问卷调查等。这些推广活动常常与其他网上活动一起进行，例如，一个新网站的启动、重要事件纪念等。

（8）网络活动。举行各种活动是网络上吸引记者和其他公众的另一个重要途径。比较流行的网络活动主要有电影预演、网上音乐会、圆桌论坛、商业展览等。

6. 社会化媒体

随着互联网的发展，媒体的形式已经发生了突飞猛进的变化。传统的社会大众媒体，包含新闻报纸、广播、电视、电影等，内容由业主全权编辑，追求大量生产与销售。而今以网络为依托的新媒体，内容可由用户选择或编辑，生产分大众化或小众化，重视同好朋友的集结，可自行形成某种社群。

所谓社会化媒体（Social Media），也称为新媒体、社会媒体等，指允许人们撰写、分享、评价、讨论、相互沟通的网站和技术，是人们彼此之间用来分享意见、见解、经验和观点的工具和平台，现阶段主要包括社交网站、微博、微信、博客、论坛等。

2008年，美国总统大选引发了一场世界性的媒体革命，社会化媒体全面爆发时代到来。奥巴马在参选中展开了一场民意调查，发现18~27岁的年轻人竟有72％关注大选，奥巴马团队在选举过程中格外重视对社会化媒体的应用，根据媒体做政治营销。同样道理，媒体也可被运用做商业营销。通过一些数据可以看出，奥巴马在社会化媒体、社交媒体上，与其对手相比可谓完胜。在其选举中对媒体的大力投放，促成了他的成功。也可以说，奥巴马的胜利是互联网的胜利。

不管人类是否有准备，社会化媒体时代真的已经到来。传统的公关传播链条正在越发失控：主流媒体权威受到挑战，传播渠道的碎片化带来了多元表达，人人掌握了话语权。这种大变局以微博、微信为代表的信息媒介的横空出世，以及智能手机占据人们大部分碎片化时间为背景，在使得社会再次信息爆炸的同时，迅速影响了各个行业人群。其中,它对传媒与公关行业的影响更是直接而深刻的。[①]

三、影响公关传播效果的因素

所谓"传播效果",是指传播发送者通过传播媒介对信息接收者心理、行为、态度和观念等所产生的影响程度。要提高公共关系传播的效果,必须把握其影响因素,从多角度入手,更好地发挥公共关系策划传播的职能。

1. 传播发送者因素

传播发送者是公共关系传播沟通的主体。从广义上看,它指的是社会组织。从公共关系的角度来看,它具体指的是商务组织的公共关系部门及公共关系人员。在实施传播沟通的过程当中,传播发送者本身的形象、态度、行为以及传播信息的内容真伪等都直接影响着传播的效果。

(1)传播发送者的已有形象。一个诚实、人缘好的人所讲的话,人们会100%地接受;相反,一个"老奸巨猾"的人传出的消息,人们总是将信将疑。社会组织也是如此。如果某个社会组织形象颇佳,那么它所传播的信息,人们将不加思考地接受;反之,一个声誉不佳的组织所传播的消息,人们往往谨慎行事,以免上当受骗。

(2)传播发送者的态度、行为。传播发送者若以诚恳的态度客观地宣传、介绍所要传播的信息内容,就会"诚招天下客"。盲目吹嘘,夸大其词,什么"世界第一""誉满全球""包医百病",甚至不择手段地欺骗公众,其结果只能是搬起石头砸了自己的脚。因此,传播信息时一定要诚实无欺、客观公正、留有余地。

(3)传播发送者的"代言人"。受传者对传播发送者的印象和看法直接关系到传播效果。据此,商务组织可以选择"代言人"来提高传播效果。例如,可以请享有盛誉的专家、名流、权威人士等发布信息。这样,受传者会产生"认同感",认为是自己人在传播信息。这样做会缩短传播发送者与接收者的心理距离,因而比组织自己出面效果更好。

传播发送者对传播效果的影响,除了以上三点之外,还受到传播体制、经费等限制。因为大众传播媒介都从属于政党和政府机构,尤其是传播面广、有影响的传播媒介,其传播的内容大多是有条件限制的,并且费用昂贵,这对经济力量不雄厚、公共关系经费缺乏的传播沟通活动无疑设置了一些障碍,这些都或多或少地会直接影响到传播效果。

2. 传播接收者因素

从对传播效果理论的分析中,我们已得出一个这样的结论:传播接收者即公众并不是唯命是从、任意摆布的木偶,而是在传播沟通过程中起能动作用的客体。传播接收者由于是传播发送者的工作对象,他的心理活动以及表现出来的态度、行为等都与传播效果息息相关,因此传播接收者是影响传播效果的客观因素。

传播接收者的心理素质、文化素质、职业、个性等各不相同,使得传播接收者因素更加

---

① 荣晓华.公共关系学[M].大连:东北财经大学出版社,2015.

复杂。传播接收者影响传播效果的因素主要是由于公众对传播的信息具有选择性,这种选择性包括选择性接受、选择性理解和选择性记忆。

(1) 选择性接受。公众愿意接受与自己固有的立场、观点和行为相一致的自己关心和需要的信息。我们以收看电视为例:一个关心时事、关心政治的人,总是不愿错过新闻节目;足球迷常常为观看一场足球比赛实况而欣喜若狂;喜欢歌曲的人总愿意收看文艺节目。

(2) 选择性理解。公众总是用自己的世界观去解释某一信息,接受者不同,对信息内容的理解往往也不同。这主要是由于接受教育者受教育程度、知识结构、生活阅历等各不相同而形成的。例如,在现实生活中,如果你称某女性"公共关系小姐",她也许不愿意接受,因为在公共关系仍然未被中国人正确理解和熟悉之前,"公共关系小姐"曾被人们误以为是那些以脸蛋和外表换取金钱或得到某些男士欢心的轻佻女子。如果你称电视剧《公关小姐》中的主角周颖为"公共关系小姐",她会觉得很自然,因为她的确称得上是一位真正出类拔萃的"公共关系小姐"。

(3) 选择性记忆。公众总是容易记住自己感兴趣的信息,忽视或忘记那些与自己兴趣相悖的信息。这与公众的个性、情趣、职业等有关。人们对自己关心、感兴趣的事总是记忆犹新,回味无穷,甚至终生难忘;对那些平平常常的小事总是忽略不计,时过境迁,自然失去记忆;尤其对自己不感兴趣的信息,不但容易忘记,而且不愿意记忆。

传播接收者的选择性因素又一次证明了传播效果有限的理论,它说明对传播发送者所传播的信息,公众总是有选择地加以接受、理解和记忆。传播的效果一般只是增强了公众的固有观念,而不是改变公众的固有观念。但是,传播发送者并不能因此而放弃传播,可以从接收者的其他因素中寻找突破口。

3. 传播功能性因素

功能性因素主要是指信息接收的时效性。功能性因素主要包括延缓性因素和即时性因素。

(1) 延缓性因素。延缓性因素是指信息能在受传者身上较长时间内发生作用的因素。由于传播接收者所处的社会环境不同,因而长期以来,不同的国家和地区,不同的民族,形成了各自的伦理道德、风俗习惯、宗教信仰,人们的心理素质、文化素质、道德水准等各不相同,这样就使不同区域的公众对某些信息已形成了固有观念。作为传播发送者,要想获得良好的传播效果,就必须注重延缓性因素的作用,否则容易陷入传播的误区。

例如,据路透社报道,美国一家伯格维里联号快餐馆利用闭着双眼、戴着耳机正打瞌睡的时任美国总统里根的照片作噱头,为餐馆的营养早餐做广告。照片下面有一句说明:"一个人没吃早餐,通常一眼就可以看出。"广告说,该连锁快餐馆卖一种营养早餐,吃了令人精神饱满、体力充沛。这张照片是里根出席波恩的一次会议时拍下的,被伯格维里快餐馆采用。这则广告引起了许多人的不满,人们纷纷指责这则广告损害了总统的形象,也损害了美国的形象,差劲得很。当这家联号快餐馆接到许多投诉后,取消了这个广告,并把刊于俄勒冈州、华盛顿州的 4 家报纸上的广告全部收回。又如,在西方国家,裸体广告并不稀奇,这是由其社会制度和生活方式决定的。在我国,由于与西方国家的社会制度和文化传统不同,因此完全照搬西方的宣传方式是行不通的。前几年,国内有一家电扇厂,在电视上用一名女士为其做广告,由于该广告故意将这位女士的裙子用电扇风吹起,结果遭到了来自各方观众的非议,该广告不得不将此镜头删掉。

(2)即时性因素。即时性因素是指信息在短时间内及时满足受传者的需求并即刻发生作用的因素。这就需要传播发送者注意观察和分析公众的思想、感情和生活规律,抓住时机开展传播沟通活动。比如,当某一公司庆祝新产品问世或进行周年活动时,传播发送者便可以前去祝贺,并随身带去礼品或宣传品。由于此时环境氛围较好,因此几乎所有的礼品及宣传品公司都可能愿意接受,这就是即时性因素在起作用。

4. 传播结构性因素

按系统论观点,结构是诸要素在系统内部的恒定分布和排列并形成确定的相互关系。公共关系传播的结构因素是指传播者将具有相互作用和关联的信息传播要素采取不同的匹配和耦合方式影响接受者。结构性因素包括信息刺激的强度、对比度、重复率和新鲜度。

(1)信息刺激的强度。信息刺激的强度是指传播发送者运用一些超乎常规的做法来传播信息,以引起受传者的注意。比如,生产吉他的乐器厂,将厂房盖成吉他形式;在川流不息的车海中,突然出现了救护车的尖叫声;小品演员范伟时常运用小品里的声调为某企业及产品做广告;挚友久别重逢时的紧紧握手、热烈拥抱等。这些做法都会引起公众的注意。可见,高强度的刺激容易引起受传者的注意。

(2)信息刺激的对比度。信息刺激的对比度是指传播发送者在传播信息过程中,运用类比的方法,强化传播效果,吸引公众的注意。比如,制作一幅宣传义务献血的公共关系广告,在以白色为其基调的整幅画面中,用几滴鲜红的"血"色加以渲染,增强对比度,使人们一下子就明白了其中的道理。

(3)信息刺激的重复率。信息刺激的重复率是指传播发送者将同一信息多次重复传播,以扩大接收面,增加公众对该信息的印象,引起注意。信息的重复出现,势必增加其刺激强度,并且同出现频率低的信息形成鲜明对比。因此,信息刺激重复率是信息刺激强度和对比度的综合运用。比如,"可口可乐""松下"等公司广告的重复制作与传播,几乎无人不晓,这就是信息重复刺激的效果。

(4)信息刺激的新鲜度。信息刺激的新鲜度是指传播发送者将所传播的信息在内容形式上不断地调整、创新,给接收者以新鲜感。信息的传播方式如果总是一味地重复,久而久之会使公众厌倦、麻木。因此,在信息传播过程中应不断改变、调整和创新等方式,以引起社会公众的注意。

课后练习

一、简答题

1. 试分析大众传播媒介的功能。
2. 影响传播效果的因素有哪些?

3. 网络作为一种新型媒体有哪些特点？上网观察一下企业是如何利用网络开展公共关系的。

4. 如何提高公共关系传播的效果？

5. 在同学中做一个游戏：让两组各 10 个人，站在不同位置，以耳语的形式快速传递同样的一段话，看最后的效果如何。

6. 沟通能力训练：走进公共场所与陌生人交谈。操作：先在教室里，由其他同学扮演不同的角色，让一个同学与他们交谈，打破陌生僵局，然后走出校门，与真正的陌生人交谈，回来后相互之间交流感受。

7. 分析一下如何利用年轻人喜爱的新媒体，传播上海汽车集团股份有限公司（简称为上汽集团）的集团品牌口号："爱上汽车，畅行天下。"

8. 如何利用微信平台来提升某知名品牌的认知度和影响力？

二、案例分析

案例 1 小燕子的"道歉信"

日本奈良旅馆每到春天都会迎来大群可爱的小燕子在房檐下筑巢，但小燕子排泄粪便，留下斑斑污渍，服务人员不停地擦也无济于事，人们怨声四起。于是，宾馆经理就以小燕子的名义给客人们写了一封道歉信。

女士们、先生们：

我们是刚从南方赶到这儿来过春天的小燕子，没有征得主人的同意就在这儿安了家，还要生儿育女。我们的习惯不好，常常弄脏你们的玻璃和走廊，致使你们不愉快，我们很过意不去，请女士们、先生们多多谅解。

还有一事恳请女士们和先生们，请您千万不要埋怨服务员小姐，她们是经常打扫的，只是擦不胜擦，这完全是我们的过错。请你们稍等一会儿，她们就来了。

您的朋友：小燕子

客人们见到这封信都给逗乐了，肚子里的怨气也烟消云散，客人们带着美好的记忆，依依不舍地离开古都奈良，离开这逗人的旅馆。

（资料来源：http://www.prcer.net/2009/10/XiaoYanZiDeDaoQianXin.html.）

思考与讨论：

（1）在公共关系中组织与公众沟通的方式很多，为什么奈良旅馆的工作人员单单采用"书信"这一沟通方式来消除顾客的怨气？

（2）奈良旅馆的做法对你有哪些启示？

案例 2 宾利的微博营销

2012 年 2 月底，厦门一家宾利（Bentley）销售部的销售经理通过 140 字的微博销售出了一辆价值 560 多万元的宾利慕尚。厦门这家宾利销售部的销售经理姓黄，经常在其个人微博上发布宾利的相关活动资讯以及产品信息，在厦门地区具有一定知名度。

据黄经理透露，2011 年 10 月底，在一次宾利的大型活动期间有位客户通过微博主动私信了他,咨询活动及车型相关信息。因为一直有微博营销的计划,黄经理通过私信告知客户车型的相关信息,并邀请客户到店看车,通过一段时间的交流,最终获得了这份560多万元的订单。

世界著名的豪华汽车制造商宾利在新浪微博仅拥有8万多粉丝,粉丝数量并不算大,但由于宾利善于在微博上制造话题并发起微活动,与粉丝形成积极的互动,取得了非常好的效果。宾利先后在微博发起"来自克鲁的问候""缤纷时刻""乐享宾利""宾临天下""宾利传承""宾利视觉盛宴""悠久手工艺""奥运时间"等多个话题,极具吸引力和贴近性,其知识性和文化性都属行业最优。而且,宾利还在微博坚持发起"宾利GTV8驾控体验"等话题的微活动,充分调动粉丝参与互动的热情。

微博因其注重价值的传递、内容的互动、系统的布局、准确的定位等特性,目前已被众多商家采纳作为重要的营销平台。而且,微博用户群是中国互联网使用的高端人群也是购买力最高的人群。奢侈品企业完全有理由将微博营销纳入产品营销策略之中,顶级奢侈品牌宾利通过微博实现订单即是最好的佐证。

（资料来源：赛来西·阿不都拉.公关专题活动与经典案例[M].杭州：浙江大学出版社,2014.）

思考与讨论：
（1）宾利的微博营销对你有何启发？
（2）利用新媒体开展公共关系如何做到形式和内容的创新？

评价考核

评价考核内容见表3-1。

表3-1　商务公关中介考核表

内　　容		评　　价	
学习目标	评价内容	小组评价 （5、4、3、2、1）	教师评价 （5、4、3、2、1）
应知应会知识	商务公关传播的含义、特点		
	商务公关传播的基本要素		
	商务公共关系传播媒介		
	商务公关传播效果的影响因素		
专业能力	运用商务公关传播媒介开展传播		
	提升商务公共关系传播的效果		
通用能力	传播沟通能力		
	解决问题能力		
	创新能力		
态度	强化公共关系沟通意识、热爱公共关系工作		

项目 2

百般红紫斗芳菲
——商务公共关系职能

公共关系是这样一种管理功能,它能建立和维持组织与公众之间互利互惠的关系,而一个组织的成功或失败取决于公众。

——引自[美]斯各特·卡特里普,艾伦·森特,格伦·布鲁姆《有效公共关系》

商务公共关系的职能是公共关系在商务组织中所应发挥的作用和应承担的职责。商务公共关系职能主要包括采集信息、塑造形象、协调沟通和危机处理。

任务4

采 集 信 息

学习目标

- 明确采集信息的内容；
- 掌握和运用采集信息的方法；
- 能够处理和运用采集来的信息。

案例导入

一张照片后的巨额利润

1964年，《中国画报》的封面刊出这样一张照片：大庆油田的"铁人"王进喜头戴大狗皮帽，身穿厚棉袄，顶着鹅毛大雪，手握钻机刹把，眺望远方，在他背景远处错落地矗立着星星点点的高大井架。几乎同时，《人民中国》杂志撰文报道说，以王进喜为代表的工人阶级，为粉碎国外反动势力对我国的经济封锁和石油禁运，在极端困难的条件下，发扬"一不怕苦，二不怕死"的精神，抢时间，争速度，不等马拉车拖，硬是用肩膀将几百吨采油设备扛到了工地。不久，《人民日报》报道了第三届全国人大开幕的消息，其中提到王进喜光荣地出席了大会。

当时，由于各种原因，大庆油田的具体情况是保密的。然而，上述几则由权威媒体对外公开播发的极其普通的旨在宣传中国工人阶级伟大精神的照片和新闻，在日本三菱重工财团信息专家的手里变成了极为重要的经济信息，揭开了大庆油田的秘密。

（1）根据对照片和新闻报道的分析，可以断定大庆油田的大致位置在中国东北的北部，且离铁路线不远。其依据是：唯有中国东北的北部寒冷地区，采油工人才须戴这种大狗皮帽和穿厚棉袄；唯有油田离铁路线不远，王进喜等大庆油田的采油工人们才能用肩膀将百吨设备运到油田。因此，只需找一张中国地图，就可轻而易举地标出大庆油田的大致方位。

（2）根据对照片和有关新闻报道的分析，可以推断出大庆油田的大致储量和产量，并可确定是否已开始出油。其依据是：首先从照片中王进喜所站立的钻台上手柄的架势，推算出油井的直径是多少；从王进喜所站立的钻台油井与他背后隐露的油井之间的距离和密度，又可基本推算出油田的大致储量和产量；接着从王进喜出席了人代会，可以肯定大庆油田出油了，不然王进喜是不会当代表的。

（3）根据中国当时的技术水平和能力及中国对石油的需求，中国必定要大量引进采油设备。

于是，日本三菱重工财团立即集中有关专家和人员，在对所获信息进行剖析和处理之后，全面设计出了适合中国大庆油田的采油设备，做好充分的夺标准备。果然不久，中国政府向世界市场寻求石油开采设备。三菱重工财团以最快的速度和最符合中国要求的设计、设备获得中国大量订单，赚了一笔巨额利润；此时，西方石油工业大国却目瞪口呆，还未回过味儿来呢。

（资料来源：http://jpkc.gcp.edu.cn/scsfx/coursedata/05/05_02/05_02_03.htm.）

问题：日本三菱重工财团的成功靠的是什么？

任务设计

公共关系活动的本质，是通过双向沟通有效地达成组织机构与公众之间的信息交流。采集信息已成为公共关系部门一项基本职能，任何关系到组织生存、发展的信息都是公共关系机构搜集的对象。公共关系部被称为组织的信息情报部，发挥着组织"耳目"的作用。

这里，我们拟通过为你所在的学校"采集形象信息实训"来完成本任务的学习，具体如下。

采集形象信息实训

实训目的：
明确采集信息内容，为塑造企业形象服务。

实训步骤：
（1）全班同学分为3组，每组指定一个组长。

（2）组长带领大家采集学校形象信息（包括学校配套设施的评价信息、学校管理水平的评价信息和学校教职员工素质的评价信息），在此基础上为提升学校形象提出建议，并形成书面材料。

（3）每组推选一名代表在课堂上进行成果展示。

（4）全班同学对各组的成果提出意见或建议。

实训总结：
教师进行总结、点评。

一、采集信息的内容

所谓信息是指包含新知识、新内容并可以进行传递的消息。公共关系信息指的是为了塑造组织形象而采集、传播的各种消息。大到国家的方针、政策,小到一张名片、一个电话号码都可以看作是公共关系信息。具体地说,公共关系信息主要包括以下内容。

1. 政治信息

政治信息主要包括政府的决策、政治体制改革、领导人的更换、对外交往政策及友好往来等。政治信息关系到组织的未来发展方向和目标,是组织可以利用的重要信息源。

2. 立法信息

立法信息包括政府颁布的各种法律、法规、条例、章程等。商务公共关系活动不能触犯或违反法律,否则,必然有损于组织形象。

3. 舆论信息

舆论信息包括新闻舆论和社会公众舆论。由于舆论具有导向功能,因此,公共关系部门通过对舆论信息的分析、加工、反馈或利用,了解公众对本组织的意见、建议,通过开展商务公共关系活动为组织制造良好的社会舆论。

4. 市场或消费者信息

市场或消费者信息包括市场分布、市场现状、市场占有率、消费者需求、消费心理、消费趋势、消费观念等。商务组织的公共关系部门了解以上信息可为组织决策提供依据。

5. 同行业竞争者信息

同行业竞争者信息包括同行业的数量、规模、分布、产品质量、服务设施、技术水平等。了解同行业竞争者信息,一方面是为了向同行学习,另一方面也可以做到心中有数,以便有的放矢,在竞争中求生存求发展。

6. 组织形象信息

组织形象信息包括商务组织内部公众和外部公众对组织的评价,主要是对商务组织的产品形象、技术水平、服务态度、经营方针、领导者能力、综合实力等进行了解,以准确地判断组织知名度和美誉度的高低。

二、采集信息的方法

1. 社会调查法

社会调查是公共关系人员运用科学的手段和方法,对有关社会现象进行有目的地、有系统地考察,以此来搜集大量资料,并对这些资料进行定性、定量分析。社会调查方法根据涉及的范围、对象的不同,可分为普遍调查、典型调查、个案调查研究、抽样调查等方法。商务公共关系的大量信息是根据社会调查获得的,社会调查也是商务公共关系工作的起点。

2. 借助传媒法

大众传播媒介具有信息量大、覆盖面广、传播速度快等特点,因此,它是公共关系获取信息的一条捷径。大众传播媒介是社会大众意愿和要求的最主要的反映渠道,它是触及社会各个阶层的反应器。同时,它又是党和国家领导人的"传声器",传达着政府的方针政策。从大众传播媒介中获取的信息,往往带有全面性和方向性,它能帮助商务组织决策者把握发展趋势。

3. 网络搜索法

借助互联网上的搜索引擎如百度等,搜到相关信息。为了保证搜索成功,必须认真选择输入引擎的关键词。

4. 专家预测法

每一个行业都有自己的专家,他们与政府部门联系密切,甚至直接参与制定和论证即将出台的政策,他们掌握的信息多且具有权威性,商务组织通过听取专家对经济趋势分析、市场动态预测、组织形象评估的意见,能取得大量信息。

5. 直接听取法

这是指商务组织直接听取公众的反映的一种方法,这种方法一般用于初步感知范围较小的采集阶段。主要包括接待来访者和投诉者、现场面谈、专题采访、追踪调查、设意见箱等方法。这一方法的优点是速度较快,及时灵活,可以采集到有价值的信息。其缺点是采集信息的范围受到限制,对公共关系人员素质要求较高。但它不失为采集信息的一个好方法。而且由于商务组织直接面对公众,还可在公众中树立一个善于听取公众意见的良好形象。

6. 参与活动法

商务组织可通过参与各种活动来搜集信息,如其他企业举办的新闻发布会、产品展览会、订货会、重大庆典、学术交流会、宴会等都是采集信息的好机会,这些活动可以吸引大量公众,所以采集的信息面广、量大。此外,参加外单位组织的会议和活动,成本较低,可以和商务组织的业务活动相结合。

7. 员工意见法

商务组织的内部员工是组织一个很大的信息源。公共关系部门对内部公众的各种反映也必须认真对待,因为管理者只有通过员工的行动才能实现商务组织自己的目标。商务组织要了解员工在想些什么,对领导层有什么看法,对本组织的前途是否有信心,组织的产品是否能满足顾客需要等,总之要广泛搜集员工的意见、建议、要求等信息。

三、处理信息

处理信息,是公共关系人员重要的日常业务之一。所谓处理信息,是指公共关系人员根据本组织公共关系的目的和要求对采集的初始信息进行加工的过程。其目的在于把原始信息变换成便于观察、传输、分析和处理的信息;对原始信息进行去粗取精的筛选并加以分类整理、编辑、浓缩、提炼、分析以及做必要的统计计算;把某些信息集中并存储起来,作为事后的分析参考资料。

1. 信息处理的要求

信息处理要求及时、准确、适用和经济。及时,就是传递信息要快、适时。准确,就是信息反映的情况要真实可靠。适用,就是信息要适合实际需要。经济,就是要符合经济效益的要求。

2. 信息处理的程序

(1) 搜集。即搜集原始信息。原始信息是零星分散的,将其及时地集中起来,是信息处理过程中一项十分关键的基础工作。全面可靠的原始信息,有助于信息处理质量的提高。

(2) 加工。即整理信息的过程。加工的依据是某项任务的需要或组织长远发展的需要,是对信息进行选择、比较、分类、排序、计算等方面的工作。

(3) 传输。即利用相应的装置和设备实现信息的流动。需要考虑到时间、距离、费用和效果等因素,还应注意信息传输的方向、顺序和路线。

(4) 存储。即保存必要的信息。经过加工处理的信息,有的马上就用,有的待用,有的则可供日后参考。因此将有关信息放入相应的存储器中,妥善保留起来是十分必要的。

(5) 检索。即查找信息。检索分手工检索和机器检索两种。手工检索主要是指在有关的文献和工具书中查找信息;机器检索则指在电子计算机(或其他存储器)中查找信息。迅速而准确地检索出信息,就会充分发挥信息的作用。

(6) 输出。即将用户所需的信息及时传输提供的过程。输出的信息要根据要求将其编制成各种形式。

课后练习

一、简答题

1. 请分析新浪、搜狐等搜索引擎对信息的分类方式,指出可以改进的地方。

2. 公共关系采集信息的方法有哪些? 选择其中的一个方法进行具体说明。

3. 某县地处深山,县政府决定组织农民将当地的土特产向外地推销,为此还组织了专门的部门负责此项工作,现需要收集有关信息。如果你负责收集信息的工作,你准备通过哪些渠道收集信息？收集哪些信息呢？

二、案例分析

事 与 愿 违

　　某生产男性内裤的企业，为了促销其产品，该企业针对男性客户大作诉求，媒体选择也一律以男性接触的媒体为主，凡是男性喜爱的活动、频道、时段、版面都是这家企业选择的目标，各种活动和广告创意也都不错。问题是大笔的广告费、促销费花了不少，却不见销售成效，为什么呢？经过市场调查才发现，65％的男性，他们的内裤都是由太太或者妈妈买的。虽然公司展现的创意不错，但由于信息掌握得不全面，导致诉求的对象错误，因而所有的沟通无效，当然销售成绩无法提升。

　　（资料来源：姚惠忠.公共关系原理与实务[M].北京：北京大学出版社，2011.）

　　思考与讨论：

　　（1）公关人员为何要采集信息呢？

　　（2）公关人员应该采集哪些信息？

评价考核

　　评价考核内容见表4-1。

表4-1　采集信息考核表

内　　容		评　　价	
学习目标	评价内容	小组评价 （5、4、3、2、1）	教师评价 （5、4、3、2、1）
应知应会知识	信息的含义		
	公共关系信息的内容		
专业能力	运用多种方法全面采集公关信息		
	处理采集的信息		
通用能力	调研能力		
	分析能力		
	综合能力		
态度	强化公共关系意识、热爱公共关系工作		
努力方向：		建议：	

任务5

塑造形象

学习目标

- 掌握企业形象塑造的方法,并能进行企业形象塑造的策划与实施;
- 初步具备 MI、BI、VI 设计能力;
- 能成功地进行企业形象定位和设计;
- 掌握导入 CIS 的步骤和方法。

案例导入

"IBM 意味着最佳服务"

IBM 公司有三大基本信念:尊重每一位顾客;提供最佳服务;追求卓越工作。这三大信念贯穿于 IBM 公司的一切工作规范和经营活动之中。靠最佳服务赢得顾客和占领市场,是 IBM 公司成功的秘诀。

IBM 公司总裁小托马斯·沃森对"服务"曾作了这样的说明:多年以前我们登了这样一则广告,用一目了然的粗笔字体写着:"IBM 就是最佳服务的象征。"我始终认为,这是我们有史以来最好的广告。因为它清楚地表达了 IBM 公司真正的经营理念——我们要提供世界上最佳的服务。

一次亚特兰大拉尼尔公司资料处理中心的计算机出了故障,IBM 请的 8 位专家几小时内就从各地赶到了,其中两位来自美国,4 位来自欧洲,一位来自加拿大,还有一位从拉丁美洲赶来。

一位在菲尼斯工作的服务小姐,驾车前往某地为顾客送一个小零件。然而,通常应是短暂而愉快的驱车旅行,此次却因瓢泼大雨,交通堵塞,使 25 分钟的奔驰变成 4 小时的爬行。这位小姐决心不能这样失去整整一个下午的时间,她想到车里有一双旱冰鞋,于是她抛下汽车,穿上旱冰鞋,一路滑行,为顾客雪中送炭。迎接顾客各种具有挑战性的服务难题已经成了 IBM 活动的重要部分。视顾客为上帝,奠定了 IBM 繁荣兴旺的基础,从而塑造了 IBM 守信誉、重服务的组织形象。

（资料来源：http://www.doc88.com/p-4953937436785.html.）

　　问题：结合本案例谈谈企业应如何塑造组织形象。

任务设计

　　在市场经济条件下，真正有效的高层次竞争是企业形象的竞争，这种胜利才是真正的胜利。因此为企业进行形象设计、宣传，在消费者中树立企业形象，获求企业的发展是公共关系的核心目标和主要任务。

　　这里通过为某"商务组织 CIS 形象策划实训"来完成本任务的学习，具体建议如下。

商务组织 CIS 形象策划实训

实训目的：

掌握 CIS 形象策划的方法技巧，并把它用到形象策划中去。

实训步骤：

（1）把学生分成几组，每组设组长 1 人。

（2）搜集世界知名企业的 CIS 策划经验方面的资料。选择你所在地的一家企业，为其进行 CIS 策划。

（3）小组同学分工设计与策划，并在小组内讨论，形成一个综合策划方案。

（4）小组同学合作演练、解说策划方案。

（5）全班同学讨论设计演练效果、教师点评。

一、企业形象及其特征

1. 什么是企业形象

　　为了能更好地理解什么是企业形象，我们从全球最有名气、最备受推崇的十大名牌谈起。1990 年年底，英国能多企业形象顾问公司进行了一项大规模的有关世界名牌的市场调查。访问了 1 万多个消费者，他们分别来自美国、日本以及 9 个欧洲国家。市场调查的目的就是向这一万多名消费者询问，能否在调查员所提供的 6000 种"甚有来头"的牌子中，选出 10 种最知名的、最受欢迎的"全球名牌之星"？结果，这 1 万多名消费者不负众望，终于选出了 10 种红极一时的名牌，依其顺序为：可口可乐、索尼电器、奔驰汽车、柯达胶卷、迪士尼乐园、雀巢饮品、丰田汽车、麦当劳汉堡包、IBM 电脑、百事可乐。以上调查因为是在西方国家的消费者中调查的，它并不能完全反映出我国消费者心目中的名牌，但是以上十大名牌，我国消费者应该说都不陌生。特别是可口可乐、索尼电器、雀巢饮品、丰田汽车、麦当劳汉堡包等商品，可以说我们已经相当熟悉了。在这些商品中，不是美国货就是日本货或者是德国货。那么为什么这些名牌商品能够走遍世界各地，为全世界各地的消费者所推崇呢？为什么能在世界各地"称王称霸"，在各地市场上独占鳌头呢？这里自然有它的道理。

首先,这些商品都有着稳定和可靠的质量、良好的信誉和优质的服务,在全世界拥有众多的消费者;其次,这些企业能经常参与各种社会公益活动,不仅能给人们一种信赖和好感,而且还给人们以一种实力雄厚的感觉;此外,这些商品还有显眼鲜明的标志和统一的、在全世界都通用的包装等。一句话,它们都有着良好的企业形象,而企业形象往往是通过产品形象表现出来的。例如,一提起可口可乐,人们便能想到那种具有特殊口感的饮料以及对各种大型体育活动的赞助。当然也更忘不了它在商品包装上的 Coca-Cola 的标准字体、白色水线和红底色的图案。一看见黄色的 M 字就想到这里出售的汉堡包,它代表的是麦当劳等。

那么,究竟什么是企业形象?从消费者角度看,企业形象是指人们对企业所具有的情感和意志的总和。这段定义包含以下几点内容:第一,从消费者角度看,企业形象只是消费者心目中对企业的一种看法和认识。因为情感是人们对客观事物的一种态度;意志是人们的一种有目的的行动。它们都是一种心理活动,这种心理活动是以满足人们的需求为基础的。由于企业与人们的需求之间的关系不同,因而对企业形象有着不同的好恶态度。因此通过满足人们的不同需求尽快使人们能了解企业,并对企业产生好感和信赖是树立企业形象的重要手段。第二,消费者心目中的企业形象是很难用数字来加以具体描绘的。

如果我们从企业角度来分析,企业形象的定义则是企业形象是潜在销售金额,也是潜在的无形资产。这段定义包含着以下几点:首先,指出了企业之所以要千方百计努力塑造良好的形象,其根本目的是在于要不断扩大销售金额,特别是大力挖掘尚未开发的潜在销售额。其次,从企业角度看,企业形象的价值是可以用数字来进行计算的。以上企业形象的定义都是从不同角度对同一客观事物进行具体描述的,它有助于我们对企业形象的概念进行认识。

2. 企业形象基本特征

(1)多面性。企业形象不是挂在墙上的一幅单调的平面绘画,它是社会空间中的企业组织在公众心目中的立体反映。由于公众的层次不同、观察的角度不同、需求不同,每个人都可能从个人的需要出发,站在特殊的角度上来观察同一个企业的行为,从而在公众的心目中该企业的形象特征就明显地带着这一角度所看到的这个侧面的表现。例如,政府官员与普通消费者公众对一个企业组织的评价取向往往不同,政府官员注重企业的总体价值、社会价值和长期发展价值,而消费者公众则更多地注重产品本身的价值。

从总体上来看,不同的企业其社会存在的价值不同,目的也不同。所以不能对所有企业提出同样的形象要求。一般来说,企业形象可分为内部成员心目中的企业形象和社会公众心目中的企业形象。如果再深一步探讨,又可以从不同角度的观察者出发,提出多种多样的企业形象要求,这说明每一个企业的形象都存在着多面性。

(2)相对稳定性。企业的形象表征及行为一旦在公众心目中形成了定势,便使公众形成一种态度取向,态度的相对稳定性便决定了公众对企业形象感受的相对稳定性。人们的认识过程不仅仅是观察,更重要的是感受,而感受最容易使人们形成固定的经验,经验是不易改变的。例如,某食品公司出售了一次腐烂变质的食品,便立刻在受害者和耳闻目睹者的心目中形成了不能再购买该公司产品的经验。由此可见,企业的形象一旦形成就具有稳定性。然而,这个稳定性也是相对的,并不是一成不变的,可以通过具体的公共关系活动来改变公众的态度,引导公众的行为,不过需要多花费一些气力。

（3）可变性。人们对某一事物形象的形成有赖于信息的刺激,人们对这一事物形象的改变也借助于信息的刺激,就一般认识规律来说,事物对人们的刺激使人们产生了对该事物的认识、理解、评价,从而在心目中形成了该事物的形象。同样的道理,要想改变这一形象也是可能的,只是需要一个更加强烈的刺激而已。企业形象的形成与改变也是同样的道理。

（4）阶段性。所谓阶段性,是指企业形象一旦在公众心目中形成就能相对稳定一个时期。在这期间要想改变它也并非一朝一夕、轻而易举所能完成的,需要在一系列有效的公共关系活动之后,才能使企业的形象出现明显变化。新形象与旧形象的关系是一个取代和被取代的关系,形象的发展是间断的、跳跃的。良好的企业形象是一个组织全体人员,尤其是公共关系人员共同努力的结果,但并不是与特定的企业永远相伴而行的。对于良好的、理想的形象需要巩固、保护,对于不良的形象需要及时地、尽快地改善,这就要求公共关系人员要经常向社会公众输送企业更新的信息,以取代旧的形象,建立新的理想形象来引导公众的态度取向。

二、企业形象的构成

企业形象是社会进入工业文明时代后提出的新课题。现代企业把树立良好形象作为企业文化建设和企业发展战略的重要组成部分。企业形象的塑造与完善可以从以下几个方面入手。

1. 企业产品形象

产品形象是企业形象最基本的要素。企业向市场提供的产品、服务,是企业价值的浓缩,承载着企业的信息和善意,成为社会公众对企业认识和理解的基础。产品功能的强弱、等级的高低、款式的新旧、服务的优劣、价格的高低等信息,反映着企业的技术水平、管理水平,直接影响公众对整个企业的感知和评价。企业的产品是由产品名称、产品质量、产品商标、产品包装等构成的统一体。因此,产品形象是产品名称形象、质量形象、商标图案形象、包装形象等要素的综合反映。其中,产品质量水平是一个非常关键的指标。我们常说质量是产品的生命,就是强调公众对产品质量重要性的关注。

在市场经济条件下,企业最终是通过提供高质量的产品和服务来赢得客户、占领市场、取得信誉的。打造产品形象对提升企业知名度、信誉度、美誉度进而提升企业形象至关重要。没有好的产品形象就不可能有好的企业形象。

2. 企业经济实力形象

企业的经济实力是企业开展经营活动的基础、条件和出发点,也是企业经营成果大小的具体体现。企业经济实力强,企业发展领域、空间、方式、道路等选择的余地大,能干事、干成事的概率相应提高。如果企业在经营发展过程中遇到风险,规模大、经济实力强的企业抵御风险的能力自然比经济实力弱的企业强得多。企业经济实力强,企业的规模优势、科研优势、人才优势、专业分工优势、应急反应优势等都能发挥出来,从而很好助推并保障企业实现飞跃式、创新式的发展。同时,这也有利于增强企业的合作伙伴、社会公众等对企业的信心、信任和信赖,愿意与其开展合作,乐于接受其产品与服务,从而企业的形象也自然就得到提升。企业的经济实力形象已经成为企业形象坚强的保障。

3. 企业管理形象

企业管理形象是企业形象的重要组成部分,超一流的企业无不得益于卓越的企业管理。卓越的管理不但能提高企业的产品和服务质量、工作效率等,而且能使人产生良好的印象,从而消除危机隐患。例如,"肯德基"快餐为了预防与顾客发生矛盾和纠纷,严格执行三条铁的纪律:一是餐厅制作炸鸡严格按"七、十、七"操作法进行,即将一袋鸡放到鸡蛋液中浸7下,再放干粉里滚10下,最后再按7下;二是鸡块炸出超过1.5小时就不能再卖,不管剩下多少都要扔掉,不准作廉价处理,不准给员工吃;三是运用科学手段保证炸鸡分量。在制作过程中,餐厅运用计算机控制器选用肉鸡体重均达1.13～1.23千克,保足分量。这些做法无疑使"肯德基"强化了管理形象,为预防危机事件提供了有益的保证。

(1)加强质量管理。产品质量是企业的生命,是影响企业形象的重要因素,是企业形象的"窗口"。加强质量管理,必须建立健全质量保证体系,质量管理机构和人员解散了的要迅速恢复,没有的应尽快建立;从产品设计、工艺流程到销售全过程,都要有严格的质量考核,并与经济责任制挂钩;要重点抓质量,逐步做到质量标准国际化、管理标准化、考核严格化、体系规范化;要大力推进质量管理与国际惯例接轨,积极推行ISO 9000系列标准;要努力降低废品率,提高产出合格率。

(2)加强销售和供应管理。针对目前我国企业管理中营销环节薄弱的现象,应把加强产品营销和物资供应管理作为修复和维护企业经济效益提高的一项基础工程来抓,这也是企业管理形象的重要方面。要严把"三关",即严把产品销售和物资采购定价关、销售货款回收关、物资进厂验收关。要加强产销合同和物资供应的计划管理,避免盲目生产销售和采购,以加速资金周转。

(3)加强基础管理。加强基础管理就是要健全技术、管理和工作标准体系、定额管理体系、原始记录和台账体系,力求先进合理、科学可靠。计量工作要准确、严格,必要的计量检测设备要配齐。企业的各项基础制度和专项制度要健全并认真贯彻执行。要建章立制、严格考核、常抓不懈,依法从严治厂。

4. 企业家形象

"形象"就其本意来讲是指形状相貌。这种形状相貌是"能够引起人的思想或情感活动的具体形状或姿态"。从这一角度来说,形象最突出的特征是它的具体化和感性化。企业家的形象当然也毫不例外地包含了这两方面的内容。

(1)良好的外在形象。企业家良好的外在形象是从仪容仪表和言谈举止两方面集中体现出来的。日本松下公司的创始人松下幸之助被誉为"经营之神",为了事业他曾经整天忙碌,不修边幅,并且对此未感到有什么不妥。一次,在他理发的时候,理发师毫不客气地批评他:"你是公司的代表,却这样不重视衣冠,别人会这么想:连人都这样邋遢,他的公司会好吗?"松下幸之助觉得这话有道理,从此开始重视起自己的仪表了。可见,适当的装束,良好的仪容,对一个企业家来说并不是可有可无的。实际上,良好的仪容留给公众的不仅仅是一种外表,而且是通过这些外在形象使公众感受到企业家的积极态度和进取精神,感受到他的自信心和自豪感,并联想到他所在的企业或机构正处于兴旺发达的景况中,由此就会对企业的前景充满信心。企业家作为法人代表,经常要代表企业出现在各类公众面前,个人的外在形象往往会影响公众对这个企业组织的看法。

适当得体的衣着是最显著的外在形象,企业家如果因为这方面的原因而使整个外在形象受到损害,是十分不值得的。企业家注重衣着服饰,与其过分地追求豪华、高档、时髦,莫若更注重其合体、整洁。从创造一个诚实、可信、稳重的企业家形象来说,豪华、时髦的装束并无益处。美国一位颇有成就的企业家曾写过一部《成功的形象》的著作,专门谈到了在公众面前的企业家衣着问题。他认为:对企业家来说,最保险的选择应该是那些在样式、色泽上都倾向于保守一点的服装。

仅仅是仪表端庄、服饰合体并不是企业家良好外部形象的全部,还未必就具有富于魅力的风度。从根本上说,风度是人的心灵的表象化,是人的精神世界的外部感性形式。风度不仅包括衣着服饰,更重要的是言谈、举止、作风等诸方面,所以最终还要从提高内在的知识水平、文化修养来完善外在形象。

语言文字的表达能力是公众认识、了解一个企业家的重要途径。通过语言文字能力,公众可以了解到一个企业家的学识才华。同时,这种能力也是企业家与各种公众对象交流沟通的必要条件。美国汽车业的卓越企业家亚柯卡曾经指出:演讲是一个成功企业家必不可少的素质之一。当他刚刚被任命为福特公司全国卡车训练部经理时,非常害怕在众人面前讲话,畏畏缩缩,十分胆怯。后来,他到卡耐基学院的公开演讲班学习,掌握了公开演讲的基本技巧,成为超级企业家。他在自传中写道:"作为一个经理,除了决策,还必须会动员群众。和你手下的人沟通思想最经常的办法是向他们集体讲话,被称为动员一大批人的最佳办法的公开演讲和个人谈话是完全不同的。""一个人有才智而不把自己的想法告诉公司的董事会或委员会,那也是一种耻辱。"任何企业家要赢得公众的信赖、尊敬,就必须下决心提高自己操纵语言文字的能力,努力成为一个既能干也会说的现代企业家。

企业家要注意自己的举止,因为企业家的一举手、一投足都关系到企业形象。"一口痰"吓跑了外商的现象是值得我们警示的。企业家必须谙熟礼仪规范,注意举止才行。

当然,企业家真正的"能言善辩"和"举止得体"是以深厚的知识素养和广博的学识为基础的。

(2)优秀的内在因素。人的形象、内涵是极其丰富的,一个人的知识、修养、志向、心灵都是形象的组成部分。

在某种意义上说,后一方面更重要。对于企业家形象而言,培养优秀的内在素质尤其重要,它比外在形象具有更长久、更深刻的影响力。企业家优秀的内在素质主要体现在如下几个方面。

① 学识。在今天的知识经济时代,仅凭苦干、缺乏谋略的经营者充其量不过是一个小业主。作为一个企业家,没有知识与智慧就很难成就大业,而能够使公众折服的是企业家的博学与智慧,学识是企业家素质中最重要的基础;否则,不学无术必然给公众利益和人民事业造成损害。古人云:"不学无以广才。"今天的企业家面对着更复杂的市场环境、更复杂的决策因素、更复杂的管理对象,因此需要多方面人才能来胜任自己的职责。学习是企业家获得成功的必要准备,是企业家增长才干的重要途径,是企业家树立良好形象的重要组成因素。在某种意义上说,学习是企业家所有投资中最重要的投资。中国有句古话,叫作"如虎添翼"。如果说企业家是在市场经济的大潮中称雄的猛虎,那么学识就是企业家乘风扶摇的双翼。

② 决策。决策是企业经营管理的重要步骤,是企业运营过程中具有战略意义的重要环节。对于企业家而言,决策是他全部活动中最重要、最核心的工作内容。决策不仅是企业家素质的集中表现,同时也是企业家形象的组成内容。由于决策具有战略意义,一个成功的决策往往能够为企业奠定辉煌的前途,颓势中的一项正确决策往往能使企业起死回生,这样自然就确立了企业家在企业中的权威核心地位,因此而赢得下属的敬佩和信赖。关于决策的具体行为,不同的企业家有不同的做法,这是由于他们的个性、习惯、经历以及企业性质、经营方式的不同所决定的。通常说,没有优劣长短之分,如有的企业家喜欢"快半拍决策",而有的企业家喜欢"慢半拍决策",不同的决策风格都有独到之处。

英国石油公司董事长彼得·沃尔特因"快半拍决策"而获得成功。他曾讲过这样一件事:1967年埃以战争爆发后,一位商船主动打电话到英国石油公司总部,询问该公司是否租用他的商船,如果在12小时内得到肯定答复的话,他将出租全部商船。当时,彼得·沃尔特只是公司的副总裁,按照惯例无权给对方答复,但时值周末,又找不到更高一级的决策人,所以沃尔特决定租用他的船。此时,因埃以战争,油船价格涨了3倍,而在沃尔特果断处理了这个电话的两天后,油船价格又涨了1倍。对此,沃尔特说:"如果当时采用其他办法处理这个电话,今天我就不会是董事长了。"

日本的松下幸之助是运用"慢半拍决策"很成功的企业家。从创业一开始,松下就不以开创新技术取胜,而是采取"追随战略"。该公司拥有23个生产技术研究所,但松下要求它们完成的任务不是开发新产品,而是分析竞争中的产品,筹划怎样做得更好,以后发制人获得成功。例如,索尼公司开创了磁带录像技术,在磁带录像市场上最初处于领先地位。松下公司通过市场调查了解到消费者需要比索尼生产的两小时录像带更长时间的产品,于是就设计生产出一种更加紧凑的磁带录像机,而且性能可靠,价格比索尼公司的产品低10%～15%。很快,松下公司的录像机产量超过了索尼,扩大了市场占有率,实现了"后来者居上",这就是"慢半拍决策"的效用。不论采用哪种决策方式,事实上都是多种因素制约的结果,而保证决策成功的根本原因是企业家的学识、智慧、经验。一个决策很少失误的企业家,必然会为自己树立起值得信赖、富有权威、见地卓越的良好形象。

③ 用人。古今中外卓越的领导人无不注重使用人才,善于用人是一切事业成功的秘诀之一。对于现代企业家来说,用人更具有至关重要的意义,因为在市场竞争中取胜的最本质的实力是人才的实力。美国通用汽车公司前总经理斯隆说:"把我的财产拿走吧,但

要把我公司的人才留下,5 年后我将使被拿走的一切失而复得。"可见用人之道与企业家的成功休戚相关。

不仅如此,用人也是企业家内在素质的组成部分。有句经验之谈说:要了解一个人就看看他交的什么样的朋友,要评价一位领导就看看他任用的下属。这句话用于企业家,也同样是有道理的。从树立良好的形象的角度看,用人往往是一个企业家是否心底无私、心胸博大、富有魄力的标志。正所谓"小智者善于治事,大智者善于治人",治人是治事的前提,企业家的管理和决策无疑也包括对人才的管理和任用。爱才不易,用才更为不易,特别是那些有缺点的"才"、犯过错误的"才"、能力超过自己的"才"、与自己有过嫌隙的"才"。人们总是把用人不计前嫌、不避宿敌看作是一个领导者人品高尚、胸襟宽阔的标志。可以说,"用人不避仇"是企业家最优秀的品质之一。当然,要真正做到"用人不避仇"是很难的,而唯有如此,一个真正做到这点的企业家才往往会赢得更多的尊重和敬仰。

④ 廉洁。廉洁是企业家获得良好公众评价的主要基石。中国民众重视领导的廉洁品质的传统价值观念,已经深深根植于中国文化之中。因此,企业家必须十分重视廉洁问题,以保证自己在公众中的良好形象,否则,即使因经营有方取得事业成功,也会由于掉入金钱物欲的陷阱而毁灭自己。廉洁永远是一个人立身处世的基石,也是一个企业家不可忽视的自我修养和良好品质,这是企业家们必须注意的。

5. 企业员工形象

对于一家公司来说,如果其员工个个精神焕发,衣着整洁,语言文质彬彬,待人落落大方、热情周到,那么每一位光临该公司的客户、顾客都会有一种心情愉快的感觉,从而有很高的"回头率",也更利于其业务活动的开展。相反,如果公司员工精神萎靡、衣冠不整、语言粗俗、态度冷淡,就会给人一种该公司毫无生命力的感觉,从而使该公司在客户、顾客公众中的印象较差,以致无人愿意与之合作,公司最终将走向衰败。实践证明:员工形象好的企业与顾客发生纠纷少,一旦发生也极易解决,使企业远离危机。因此,良好的企业员工形象对于每一个现代企业来讲是必不可少的。

(1)职业道德。职业道德被认为是企业员工形象的一个基本要素,不容忽视。好的职业道德相应地要引发优良的服务态度、积极的精神风貌、得体的装束仪表;败坏的职业道德则与低劣的服务态度、消极的精神风貌和不宜的装束仪表紧密相连。

职业道德可分解为两个方面:一是对企业追求的目的及企业内外利益关系的认识。具备高尚职业道德的企业员工,不将利润作为企业追求的唯一目的,而是将比金钱更高更远的价值观作为企业追求的目的。他们在处理国家、集体、个人利益关系问题上,以国家和集体利益为重,将三者统一起来认识。二是企业员工的劳动态度。具备高尚职业道德的企业员工热爱本职工作,以主人翁的姿态进行劳动,严格遵守劳动纪律,努力发挥主动性和创造性。对一个企业而言,如果高尚的职业道德已成为员工的共识,那么就等于为良好的员工形象的树立提供了强大的思想动力和坚实的行动基础。

(2)精神风貌。良好的企业员工形象的构成倚重于企业员工积极的精神风貌。一个企业的员工想在广大顾客心目中留下积极、团结、振奋、踏实、创新的良好形象,必须做到具有当家做主的主人翁精神、脚踏实地的求实精神、锐意改革的探索精神、亲密无间的合作精神、力争进步和发展的进取精神。当今世界上的一些著名企业无不重视对企业员工精神风貌的塑造,以期变精神为物质,为企业创造更大的财富。

日本日立制作所自1910年创办至今,一直深受第一任总经理小平先生提出并实施的"小平精神"所影响。所谓"小平精神",包括诚实、独创、积极进取与齐心协力、团结一致。在"小平精神"的熏陶下产生了一代又一代"日立人",他们勇于认错,敢于承担责任,能独立思考,积极主动地工作。正是"小平精神"孕育了"日立人",又正是"日立人"缔造了"日立的王国",并且使之不断地发展和壮大。由此可见,一个企业的员工如果拥有了这样一些精神,就等于为这个企业增添了一笔巨大的无形资源,对内能够鼓励企业出人才、出技术、出成果,对外能给广大顾客留下深刻的印象,二者集聚成一股巨大的合力,从而推动企业的进步和发展。

(3)装束仪表。装束仪表指的是企业员工的衣着服饰、外表风度等,它是构成员工形象的四大要素中最直观的一个要素。人们都知道,人际交往中"第一印象"很重要,而顾客等公众对企业员工形象的第一印象就来自于其对员工装束仪表的评价。一般说来,一个企业的员工尤其是那些经常与顾客打交道、最能代表企业员工的整体形象的职员,如公关人员、管理人员、服务人员、接待人员等。如果服饰整洁、举止大方、风度得体,则较易在顾客心目中留下良好的"第一印象",从而对塑造企业员工整体形象产生积极的推动作用。

装束仪表作为企业员工形象的构成要素,主要表现在两大方面:一是衣着服饰,二是仪表风度,二者交相辉映,必不可少。企业员工要做到举止大方、彬彬有礼、言谈适度、精神饱满,才能给公众留下良好印象。我们来看看日本已有近300年历史、拥有资产200亿日元的三越百货公司是如何做的。三越公司经商非常注重礼貌服务,每天开业时,公司各分店的员工都在门口站立两行,90°鞠躬,向顾客行迎宾礼;顾客进到商店后,售货员做出迎客姿态,以示欢迎;顾客挑选商品时,售货员迎上去向顾客行礼说"欢迎您",并主动介绍商品;顾客多的时候,对其他顾客打招呼,说"请您等一等";顾客走的时候,售货员行礼并说"谢谢! 欢迎您再来"。各分店的员工从进店开始,就在顾客言行、衣着、仪容上时时留意、处处留心,顾客乐于掏腰包。三越的员工以得体的风度、礼貌的举止赢得了顾客。此外,员工还要具备熟练的工作技巧、庄重而热情的服务态度、严谨的工作作风、礼貌而令人愉快的语言。员工只有全方位地完善自身的形象,才能使企业拥有全新的"自我"。

6. 企业社会责任形象

企业是市场主体,需要创造经济利益、实现对股东投资的回报。但是,随着社会的发展及社会道德、企业伦理意识的提升,企业也要力所能及地承担社会责任,担负起对员工、消费者、社区和环境保护的责任。企业对员工的责任,需要关爱员工身心健康,帮助员工树立新型安全生产理念,为员工提供安全的作业环境,培养员工安全作业技能,提高对员工价值的关注。企业的环境责任,是要爱护环境、保护环境,不污染环境、不破坏生态环境,实现人与环境的和谐相处。企业对社会的贡献,强调对社会公益事业持积极负责的态度,关心抗震救灾、抗旱防涝、扶贫、助学、帮残、济困等公益事业。企业如果能勇于承担社会责任,兼顾各方利益诉求,自觉争当优秀的企业公民,自然而然地就会在社会公众心目中树立一个良好的企业形象。相反,那些唯利是图、安全事故频发、屡屡污染破坏自然生态环境的企业自然不会得到大家的认可,企业形象肯定不好。

三、CIS：企业形象塑造的利器

20 世纪 90 年代,在生机勃勃的中国大地,CIS 战略犹如"一枝红杏出墙来",在我国南方兴起,并迅速升温,如日中天。这种应用性很强、使用范围很广、具有明显效果的经营技法迅速引起人们的重视,成为各类企业塑造形象的重要工具。

1. CIS 的含义

CIS 的英语全称是 Corporate Identity System,意思是"企业识别系统"也即指企业将其理念、行为、视觉形象及一切可感受形象实行统一化、标准化与规范化的科学管理并形成体系,是公众辨别与评价企业的依据,是企业在经营与竞争中塑造形象、赢得公众认同的有效手段。CIS 最早应用于企业,是 1914 年德国的 AEG 电气公司,该公司在系列性电器产品上首次采用彼德·贝汉斯所设计的商标,成为统一视觉形象的 CIS 雏形。

CIS 作为一种理念被运作是在 20 世纪 50 年代的美国。当时的美国国际商业机器公司产品甚多,然而销售额总徘徊在 1 亿美元左右。小托马斯·沃森接替其父担任公司总裁后,实施了一系列战略性新决策:一是集中公司人力、物力、财力,设计开发计算机的硬件系统、软件系统,提高联网技术,这样就确定了企业发展战略,规定了企业的经营性质和发展方向;二是推行全天候、全方位、全球性限时维修服务,特别是全过程的联网化、系统化、伙伴化的潜在市场开发性服务;三是把产品识别标志和企业识别标志连在一起,并且系统地应用于产品系列、时空环境及企业生产经营的过程之中。

该公司设计了独特的识别标志,如图 5-1 所示,它由几何图形造型的 IBM 3 个大写字母并列组合而成,M 的字母大小是 IB 两者之和,名称、字体、图形三者合二为一。IBM 公司是公司全称 Internation Business Machine Corporation(国际商业机器公司)的缩写,既象征了计算机产品系列及其联网技术,又使人联想到公司开发计算机的企业发展战略和

图 5-1　美国国际商业机器公司识别标志

提供优质服务的企业行为规范。该企业识别系统简洁、明了、流畅、美观,令人一目了然,大大促进了 IBM 成为全世界最大的计算机生产经营企业,使其营业额不断上升,年营业额从 20 世纪 60 年代的 60 多亿美元上升到 20 世纪 80 年代的 600 多亿美元。

IBM 的成功,使 CIS 开始被企业所认识,欧美各国大企业纷纷导入 CIS。20 世纪 60 年代末期,CIS 传入日本。当时日本经济不景气,但技术高度发达,各企业制造的商品差异小,趋于同质化,企业迫切需要为商品赋予强烈个性,深感企业形象也应当作为一种商品推销,其目的就是使社会不断地加强烈地感受到企业的行为与精神,以期创造出独特的产品风格。于是,马自达、美能达、三井银行等相继导入 CIS,均获得了良好效益。

20 世纪 90 年代初,我国南方一些企业如"太阳神""三九胃泰""神州燃气灶""健力宝"等率先导入 CIS,都在建立和提高企业声誉和赢得市场上取得了理想的成效,不但提

高了在同类产品中的市场占有率,增加了经济效益,而且作为一个现代企业,更获得了可观的无形资产,提高了产品和企业的知名度。

CIS 是现代企业的信息枢纽,就像一座空中立交,把企业、市场、公众沟通起来并融为一体。其作用具体可表现为:①充分体现现代企业科学的管理和经营水平,展示企业的完美形象,体现企业的文化标准。②充分利用一切手段达到增加和显示企业竞争能力的目的。③让社会及消费者识别和记忆企业,赢得更多的客户。④促使企业各方面更加趋于正规化、秩序化,在企业管理上发挥辅助作用。⑤激励员工士气,改善员工意识。⑥强化企业广告和传播效果等。

2. CIS 的构成要素

CIS 主要由企业的理念识别(Mind Identity,MI)、行为识别(Behavior Identity,BI)和视觉识别(Visual Identity,VI)三部分组成。

(1)理念识别系统

理念识别就是给企业的精神理念进行定位。企业的理念识别系统全面地、系统地反映出企业的经营哲学、企业精神等,是企业的灵魂,也是 CI 战略的核心。其基本内容如图 5-2 所示。

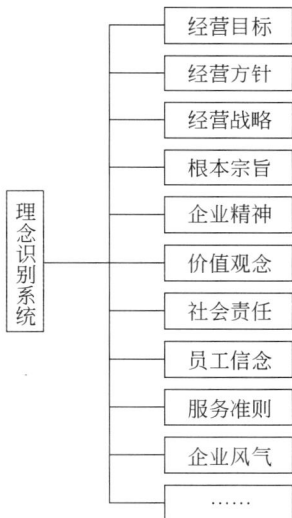

图 5-2 理念识别系统

(2)行为识别系统

行为识别就是企业行为的内外展示。企业行为识别系统是以企业理念为核心而制定的企业运行的全部规程策略。它将企业理念由抽象的理论落实到具体可操作的措施,要求全体员工共同遵守并身体力行。它是企业良好的管理制度、管理方法和员工良好的行为规范的显现。其具体内容如图 5-3 所示。

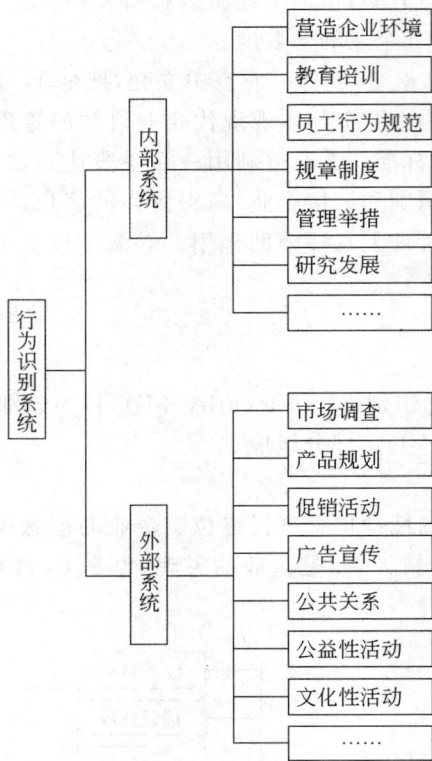

图 5-3　行为识别系统

（3）视觉识别系统

视觉识别是指企业标识的视觉感知。视觉识别系统是指企业根据其理念和行为所设计的具有视觉感知性和冲击力的统一的企业标识系列。其设计的基础是 MIS 和 BIS。它采用的是直观的传达企业理念与行为的方法。不同信息对感官影响程度存在较大差异，其中视觉信息感觉占 83％，听觉信息接收占 11％，嗅觉信息感受占 3.5％，触觉信息感受占 5％，味觉信息感受占 1％。视觉识别系统是 CIS 中分列项目最多、层面最广、效果最直接的一个子系统。其具体内容如图 5-4 所示。

一些商务组织标志如图 5-5 所示。

传统的 CIS 战略理论认为 CIS 的构成要素为 MIB、BIS 和 VIS。随着人们对 CI 战略研究的不断深入，有的学者提出了大 CI 战略，CIS 的构成要素还包括环境识别系统、听觉识别系统、味觉识别系统、信息传统系统，必须强调的是 MIS、BIS 和 VIS 是 CI 战略，CIS 的构成要素还包括环境识别系统、听觉识别系统、味觉识别系统、信息传统系统，但 MIS、BIS 和 VIS 是 CI 战略最基本的要素。其中 MIS 是 CIS 的灵魂，是 CIS 的原动力和基础，决定着 BIS 和 VIS。BIS 和 VIS 的执行与推动都有赖于 MIS。BIS 是 MIS 的动态显示，是 MIS 的具体落实。VIS 是 MIS 和 BIS 的外观显现。人们将三者的关系做了形象的比喻：如果把 CIS 比作一棵树，那么 MIS 就是树的根部；BIS 就是树的躯干、树枝，VIS

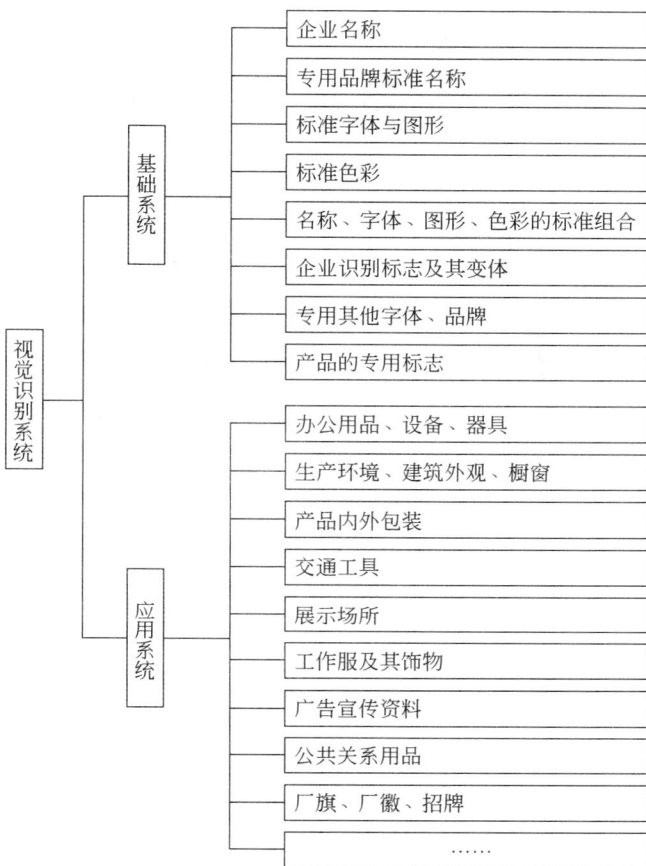

图 5-4 视觉识别系统

图 5-5 一些商务组织标志一览

李宁公司   苹果公司

肯德基   大连银行

图 5-5　续

就是树叶、花与果实；如果把 CIS 比作一个人，那么 MIS 就是人的心、脑中枢神经，BIS 就是人的躯干、四肢，VIS 就是人的面部。这些比喻形象地说明了三者之间的密切关系。

3. CIS 的导入程序

（1）准备阶段。首先，确定 CIS 导入的由头、提案。任何企业导入 CIS 都是基于一定的原因：要么想使内外公众对企业有一个清晰的定位，要么想提高企业形象。这样就产生了要导入 CI 的动机。其后则是拟定一份 CIS 导入的提案，这一提案实际上是 CIS 导入的初级策划书。它的内容一般包括：提案的目的；导入 CIS 的理由、背景；CIS 策划的方针、施行细则、计划、组织、人员、经费预算等。另外，决策部门讨论、审核、批准。再次，设置导入 CIS 的组织机构。CI 委员会是 CI 导入的决策机构，其人员一般由企业的主要领导人、部门负责人、CIS 策划专家组成。还要设置 CI 执行委员会，作为隶属于 CI 委员会的执行机构，其人员一般由创意策划专家、设计人员、市场调研人员、文案人员构成。

（2）调查研究阶段。这一阶段主要是确定调查方针、调查机构、调查方法，确定调查内容，分析调查结果，制作总概念报告书。调查可在企业内部、外部分别进行。一是企业内部调查。这是 CIS 策划的关键。调查内容主要包括企业内外形象、基本概况、员工素质、产品质量、经营观念、规章制度、视觉标志、信息传递渠道等；通过亲自访谈，了解企业主要领导者和中层以上干部的意愿、意见、建议；通过问卷调查或典型调查，了解员工的基本情况、意见、建议等。二是企业外部调查。其主要内容包括企业外部形象、市场环境调查、公众消费情况调查、企业产品质量、销售及其形象调查、公众对企业的认知程度和综合评价等。调查内容根据实际策划需要来确定。调查结束后，对调查结果进行综合整理，写出总概念报告书。

（3）创意策划与设计阶段。这一阶段实际上是策划人员根据总概念报告书、结合企业决策层的意图，对企业的理念识别系统、行为识别系统和视觉识别系统进行定位设计。这包括以下方面。

一是构筑企业理念识别系统。设计企业理念应结合企业的实际，突出个性，从哲学和文化的高度把握住企业经营的内在精髓，兼顾企业的经济使命、文化使命和社会使命。理念识别系统应文字精练，简洁易记，富有情感，具有民族特色、时代精神和战略意义。设计完成后，送交 CI 委员会审定。

二是行为识别系统的创意策划。行为识别系统是理念识别系统的具体化，它必须充分反映企业理念，具有实效性、可操作性。行为识别系统的内容涉及企业的各个具体方面，因此必须由策划专家与企业的管理人员共同研究、合作完成。行为识别系统的创意策划既要有个性，又要科学规范，并能够被员工所接受，设计完成后，送交 CI 委员会审定。

三是视觉识别系统的设计。这一系统的设计是将理念识别、行为识别转换成具有强烈视觉冲击力的视觉标识。首先，将抽象的理念转换成象征性的视觉要素，形成基本意念定位，确定设计方针、基本形态。其次，开发设计基本要素系统。包括企业名称、企业标志、标准字体、标准图形、标准色彩为主体的基本要素系统，这是视觉识别系统的核心。应用要素系统的设计可根据企业的实际情况逐步进行。

（4）实施与反馈阶段。这一阶段主要是根据 CIS 基本内容逐步地实施 CI 战略。在实施过程中，策划者不断听取反馈意见、建议，不断修正并完善 CI 设计。其主要内容包括以下方面。

一是举办新闻发布会，开展 CIS 导入的发布活动。策划 CI 发布活动，既可由内到外，也可内外同时发布。其目的是传播这一具有战略意义的信息，以便使内外公众对此有所了解、认识，强化 CIS 导入的效果。

二是 CIS 相关计划的推行。企业可建立相应机构，监察 CIS 计划的执行。CI 策划委员会至此也完成其使命，CI 委员会可继续保留，并可成立 CI 推进委员会，负责 CIS 计划的监察与实施。建立必要的管理系统有助于巩固与扩大 CIS 策划的成果。

三是建立 CIS 的信息传递机制。CIS 策划的根本目的是要全方位地塑造组织的整体形象，因此 CIS 策划必须注重 CIS 信息的传递与交流：一方面利用广告、宣传资料、新闻媒介、专题活动等对内对外进行宣传推行；另一方面还可及时收集来自各方面的反馈信息，修正与完善。

课后练习

一、简答题

1. 什么是企业形象？企业形象有哪些特征？
2. 应从哪些方面着手塑造企业形象？
3. 聘请品牌代言人是一种为企业广为接受的有效塑造企业形象的手段，在现代社会，企业与品牌代言人更是相互辉映。是乔丹为 NIKE 带来了辉煌还是 NIKE 捧红了乔丹？你怎么看企业聘请名人做形象代言人？企业应该聘请什么样的人做形象代言人？
4. 观察社会上各种商务组织的标志、宣传口号，分析其中所反映的企业经营理念。
5. 组织学生收集有关 CI 的资料、实例，举行研讨会，相互启发，加深理解。

6. 参观 CIS 导入工作做得好的企业,请企业管理者讲解他们是如何开展这方面工作的,取得了哪些效益,有什么体会。尝试为这家企业重新设计一套 CIS 系统。

二、案例分析

海尔集团 CIS 战略

海尔集团的 CIS 战略的 MI 及 BI 如下。

(1) MI(理念识别)

海尔理念:海尔只有创业,没有守业。

海尔目标:海尔——中国的世界名牌。

海尔原则:不能对市场说"不"。

海尔标准:紧盯市场创美誉。

海尔作风:迅速反应,马上行动。

海尔管理模式:"OEC 管理法"(Overall Every Control and Clear),即日事日毕、日清日高。

80/20 原则:20%的干部负 80%的责任,80%的工人负 20%的责任。

质量工作

理念:优秀的产品是优秀的人干出来的。

模式:高标准、精细化、零缺陷,下道工序是用户。

用人机制

理念:人人是人才。

模式:"赛马"不"相马"。

售后服务

理念:用户永远是对的。

模式:一条龙服务。

开发—制造—售前—售中—售后—回访。

资本运营

理念:以无形资产盘活有形资产。

模式:东方亮了再亮西方,专吃"休克鱼"。

技术改造

理念:不在低水平上重复投资。

模式:三角结构。

市场需求—质保服务—技术创新。

企业管理

理念:人人都管事,事事有人管。

模式:OEC 模式。

市场营销

理念:先卖信誉再卖产品。

模式：市场调查—产品投放—产品定价定位—渠道及促销宣传—服务及回访。

国际市场

理念：出口战略，先难后易。

模式：三个 1/3。

1/3 国内销售，1/3 国外销售，1/3 国外建厂。

营销理念

卖信誉不是卖产品。

为消费者提供足以让其了解海尔产品优秀性能的售前、售后服务。

（2）BI（行为识别）

海尔国际星级一条龙服务。

服务理念：用户永远是对的。

以下为一、二、三、四售后服务模式。

一个结果：服务圆满。

两个理念：解除用户的烦恼——烦恼到零。

留下海尔的真诚——真诚到永远。

三个控制：服务投诉率小于 10%。

服务不满意率小于 10%。

服务遗漏率小于 10%。

四个不漏：一个不漏地记录用户反映的问题；一个不漏地处理用户反映的问题；一个不漏地复审处理结果；一个不漏地将处理结果反馈到设计、生产、经营部门。

提供海尔星级服务，解除用户烦恼。

海尔空调服务礼仪规范

公司（单位）内部员工礼仪规范如下。

➢ 日常礼貌用语

• 见面互致"您好"。

• 请别人帮忙，用"请"（问）字。

• 对别人的帮助应致谢"谢谢"。

• 给别人造成不便，用"对不起""请原谅""很抱歉"。

• 征求别人意见，态度诚恳。

• 对同事的询问切忌："明天再说""不关我事""找别人吧""不""没法干"等。

• 同事之间应友好相处，文明相待，不得说粗话、脏话。

➢ 日常行为规范

着装：

• 上班时间统一着海尔空调工作服，干净整洁，无破损。扣子除了第一个其余全部扣齐。

• 男同志上衣必须扎在下衣里面（夏天）。

• 不允许穿超短裙和鞋跟太高的高跟鞋。

• 不允许穿拖鞋。

仪表：

- 不蓬头垢面,胡须干净,头发整洁,仪表文明,精神饱满。
- 服务人员应注意个人卫生。

行为：

- 遵守时间,不迟到、不早退,不失约。
- 坐姿端正,走路不勾肩搭背,不摇晃拖沓。
- 内部人员(职工)碰面要点头致意,互打招呼。
- 与用户碰面要点头问好,主动侧身让路。
- 非大厅接待人员不准在大厅停留(围在大台上、坐在座椅上等)。
- 上班时间禁止在院内或公共场所闲坐。
- 严格遵守厂纪、厂规。

办公室人员行为规范

- 办公桌面整齐有序,不放与办公无关的物品(如水杯、报纸等)。
- 坐姿端正。
- 不大声喧哗,任意嬉闹。
- 不松垮懒散,不伏桌睡觉。
- 不随便吃零食。
- 离开座位时,椅子归位。

驻外人员行为规范

- 仪容、衣装整齐洁净。
- 讲文明礼貌用语,不说粗话脏话。
- 积极学习企业文化,主动宣传企业文化。
- 遵守时间,不迟到、不早退,不失约。
- 待人谦虚,态度诚恳,热情友好。
- 不能利用职权谋取私利,不能利用工作之便接收网点的宴请和礼品。
- 不说有损企业形象的话,不做有损企业形象及利益的事。
- 中心内部要团结,互相帮助。

(资料来源：何燕子,欧绍华.公共关系理论与实务[M].合肥：合肥工业大学出版社,2012.)

思考与讨论：

(1) 请收集海尔视觉识别(VI)标识,并结合案例中海尔的 MI 和 BI 设计,试分析"海尔"企业的视觉识别(VI)设计的特点。

(2) 结合海尔的 CIS 战略,分析一下行为识别在企业 CIS 中发挥着怎样的作用？

评价考核

评价考核内容见表 5-1。

表 5-1 商务公关主体考核表

内　　容		评　　价	
学 习 目 标	评 价 内 容	小组评价 (5、4、3、2、1)	教师评价 (5、4、3、2、1)
应知应会知识	企业形象的含义		
	企业形象的特征		
	CIS 的含义与构成		
专业能力	完善企业形象		
	进行 CIS 策划和设计		
通用能力	策划能力		
	形象设计能力		
	创新能力		
态度	强化公共关系意识、热爱公共关系工作		
努力方向：		建议：	

任务6

协调沟通

学习目标

- 明确协调沟通的内容；
- 掌握协调沟通的方式；
- 能够与各类公众开展协调沟通。

案例导入

IBM公司的"金环庆典"

美国IBM公司每年都要举行一次规模隆重的庆功会，对那些在一年中做出过突出贡献的销售人员进行表彰。这种活动常常是在风光旖旎的地方，如百慕大或马霍卡岛等地进行。对3%的做出了突出贡献的人所进行的表彰，被称作"金环庆典"。在庆典中，IBM公司的最高层管理人员始终在场，并主持盛大、庄重的颁奖酒宴，然后放映由公司自己制作的表现那些做出了突出贡献的销售人员工作情况、家庭生活乃至业余爱好的影片。在被邀请参加庆典的人中，不仅有股东代表、职工代表、社会名流，还有那些做出了突出贡献的销售人员的家属和亲友。整个庆典活动，自始至终都被录制成电视（或电影）片，然后拿到IBM公司的每一个单位去放映。

IBM公司每年一度的"金环庆典"活动，一方面是为了表彰有功人员，另一方面也是同企业职工联络感情、增进友情的一种手段。在这种庆典活动中，公司的主管同那些常年忙碌、难得一见的销售人员聚集在一起，彼此毫无拘束地谈天说地，在交流中，无形地加深了心灵的沟通，尤其是公司主管那些表示关心的语言，常常能使那些在第一线工作的销售人员"受宠若惊"。正是在这个过程中，销售人员更增强了对企业的"亲密感"和责任感。

（资料来源：http://www.prywt.com/328.html.）

问题：IBM的金环庆典给你哪些启示？

🔍 任务设计

现代企业是一个开放的系统,它必须与周围环境建立广泛的联系。通过加强企业与内部员工、股东之间,企业与外部顾客、社区、政府、竞争对手及国际公众之间的协调沟通,为企业创造内求精诚团结,外求开拓发展的良好局面,达到"人和"的境界,使企业各要素之间及企业与环境之间协调良好,使企业系统成为一个结构稳定、进化有序、功能最优的有机整体。

这里通过"公众情况调查"这一实训项目完成本"任务"的学习,具体操作如下。

公众情况调查实训

实训目的:

(1) 加深对组织与公众关系的认识。

(2) 进一步思考处理各类公众关系的方法和技巧。

实训内容:

拜访学校周边的一些企业、药店、超市、经营部等组织,了解它们主要的客户有哪些,以及它们如何处理与这些客户的关系。

实训步骤:

(1) 学生分成3~4人的小组,确定调查对象。

(2) 小组通过讨论拟定需要了解的问题,制订调查方案。

(3) 学生到学校周边进行调查,收集意见、信息。

(4) 学生将收集的资料整理,加入自己的分析,形成结果。

(5) 小组派代表在全班范围内汇报成果。

(6) 教师进行点评。

(7) 学生完成书面的调查报告。

实训考核:

教师根据学生收集材料的详尽性、是否有自己的见解、分析的正确性等标准对学生书面报告进行评价,确定成绩。

(资料来源:朱晓洁,蒋洁.公共关系项目式教程[M].北京:清华大学出版社,2014.)

一、协调沟通的内容

公共关系协调沟通的内容包括两个方面:其一是商务组织内部的协调沟通;其二是商务组织外部的协调沟通。

1. 商务组织内部的协调沟通

商务组织内部公共关系部门需要协调沟通三种关系:领导者与员工之间的关系,部门之间的关系,员工与员工之间的关系。公共关系在其中起着承上启下、传播信息、沟通反馈等作用。一方面,公共关系部门或人员应下情上呈,积极主动向领导反映员工的意见、建议和要求,并提出合理化建议,从而使领导及时把握员工的心态、要求,协调领导与员工之间的关系,化解矛盾。另一方面,公共关系部门或人员应上情下传,积极主动向员工宣传组织的方针、政策、价值观念、目标方向,传达领导的目标、意见等,使员工拥有方向感。及时了解组织的现状、目标、发展方向,从而使员工能积极配合领导工作。

商务组织是一个系统,要使这个系统由无序走向有序,各子系统就必须密切配合。要保持商务组织系统和谐有序的相互作用、共同发展,其调节机制就是公共关系部门的协调沟通。员工之间产生矛盾后,将影响到内部的团结稳定,影响组织的凝聚力、向心力和战斗力。因此,协调沟通员工间的关系也是公共关系的职能之一。

实现商务组织内部的协调沟通,就是要建立协调机制,畅通传播沟通渠道,实行双向信息交流,统一思想,提高认识,增强组织的凝聚力和向心力。否则,商务组织内部信息不畅,员工没有方向感,必然产生麻木不仁、无所事事或焦虑烦闷、人心涣散等消极情绪和不良现象。

2. 商务组织外部的协调沟通

公共关系部门是商务组织的"外交部",在对外交往方面它具有独特的功能。公共关系在内求团结的基础上,外求和谐发展,广结善缘,为商务组织的生存和发展扫除障碍,减少阻力。

公共关系外部协调沟通应分清主次公众,确定公众类型。一般情况下,商务组织外部公众沟通的重点是消费者公众、政府公众、新闻媒介公众、社区公众等,任何商务组织的发展都离不开这些公众的配合与支持。同时,商务组织还必须注意协调沟通各种职能部门,如工商管理局、税务局、公检法机关、海关等部门的关系。此外,商务组织还要沟通与组织具有一般往来关系的其他公众关系,如社会名流关系、文艺界关系、体育界关系、教育界关系等,建立公共关系网络,广交朋友,妥善解决商务组织与公众间出现的矛盾和纠纷,化解冲突,以建立起相互信任、相互合作的友好融洽的关系。

二、协调沟通的方式

商务组织与公众的关系错综复杂,协调和沟通的公众类型各种各样,因此,公共关系协调沟通的方式也多种多样。

商务组织通常采用的方式主要有以下几种。

一是直接对话。商务组织就公众关心的问题邀请公众代表直接对话,协调商务组织与公众间的误解及矛盾,寻求共识。目前,这种方式已成为公众喜闻乐见的一种方式。有的商务组织与新闻媒介合作,采取现场直播的方式,开展对话活动,获得了令人满意的协调沟通效果。

二是设立热线电话。有的商务组织成立民主管理委员会或其他专门机构,设立热线电话,由专人负责接听受理公众提出的任何问题,赢得了公众的信任与支持。

三是领导接待日制度。一些商务组织建立领导接待日制度,每周都有一天,由各位主要领导轮流值班,接待所有对商务组织有意见或建议的员工。这种方式满足了员工希望与商务组织领导直接见面的愿望,也缩短了领导与员工间的距离,密切了领导与员工间的关系。

四是开展咨询服务。商务组织针对公众对国家政策、法律、法规及组织的有关规定缺乏认识、理解不深刻等情况,专门组织开展咨询服务,通过讲解、发放有关资料等方式协调沟通。

五是谈判。商务组织与有共同利益的对方就有关问题举行谈判,协商解决,使各方互相谅解,达成共识,加强合作,共同发展。

六是人际关系。商务组织利用人际关系的特殊作用,通过专访、游说、会谈等方式,利用商务组织公共关系人员或其他工作人员与交际对象间的私人关系,或利用业缘关系、地缘关系等进行人际协调沟通,为组织化解矛盾,结良缘、交朋友。

公共关系协调沟通的方式还有很多,比如利用新闻媒介进行宣传解释、举办开放日活动、会议交流、建立信访制度、礼节性互访等。采用何种协调沟通方式取决于组织所面临的环境因素、公众关系的复杂程度和实际需要。

同时,在网络公关中,还要注意与网络公众的协调与沟通。在传统公关中,对公众的刻画是粗线条的群体式的,而网络使得组织有能力获得更详尽的资料,根据所得的较为详尽的个性化资料进行分众化的服务。须要注意的是,商务组织对公众的问题应该尽量快速详尽地予以答复。国外著名的 CISCO 公司的经验是:利用客户数据库,使一部分用户获得密码,允许他们接触公司某些重要的信息;而对另一部分用户则保密。这样,公司能灵活地按照不同类型的顾客创建内容和服务。同时,将用户的问题分层分类,公布回答各类问题的优先顺序,还公布各层问题的时间限制。如果出现的问题涉及某人的根本利益,公司就建议此人打电话。这种个性化的公关手段会使商务组织的形象更加完美。

总之,商务组织通过公共关系的协调沟通工作,可以使其与相关公众产生关联,化解矛盾和冲突,达成共识,保持正常的联系,建立友好和谐关系。

三、公众关系的协调

内部的员工公众和外部的消费者公众、新闻媒介公众、政府公众、社区公众等是一般商务组织较为常见的、具有一定共性的目标公众,商务组织与这些公众的关系构成了公共关系的主要公众关系。

1. 员工关系协调

员工关系指在商务组织内部管理过程中形成的人事关系,其具体对象包括全体职员、管理干部。员工是商务组织的内部公众,是内部团结的首要对象。任何商务组织都会有自己的内部公众,都需要首先处理好自己的内部关系。由于员工是商务组织的成员,因此从内部公共关系的角度看是公共关系对象,从外部公共关系的角度看又成了公共关系主体。这是一种与公共关系主体关系最密切的公众。

(1)员工关系的重要性。建立良好员工关系的目的就是培养商务组织成员的认同感和归属感,形成向心力和凝聚力。其积极性可以归纳为以下三个方面。

第一,良好的员工关系为塑造组织形象奠定基础。公共关系人员通过有效的公共关系计划和公共关系活动,来调整内部员工的价值观念,最大限度地满足员工的各种需求,使其对商务组织尽职尽责,关心商务组织的生存和发展。同时,使每个员工树立与商务组织共命运、同发展的思想,有利于形成商务组织机构内部的凝聚力和向心力,为商务组织机构塑造良好形象奠定坚定基础。

第二,良好的员工关系有利于加强民主管理,使员工真正成为商务组织的"主人"。公共关系人员通过各种途径,上情下达,下情上呈,沟通领导与员工之间的思想和意见,使员工真正产生一种主人翁责任感,并重视自身的存在价值。这样不仅可以提高领导者的威信和工作效率,更有利于增强商务组织机构内部的民主管理,使商务组织真正形成一种"人和"的境界。

第三,良好的员工关系有利于实现"全员公关",促进商务组织机构目标的实现。专职公共关系人员要积极引导全体员工树立强烈的公共关系意识,协助开展各种公共关系活动。这样,全体员工都成为非专职的公共关系人员,从而促进商务组织目标早日实现。显然,良好的员工关系是对外公共关系的一个重要前提。

(2) 员工关系的协调策略。商务组织的领导者和公共关系人员只有讲究和掌握处理员工关系的策略,才能培养员工的认同感和归属感,增强商务组织的凝聚力和向心力,实现内部公共关系的目标。

① 培养融洽的家庭气氛。商务组织要与员工建立起良好的关系就必须将商务组织视为一个扩大了的家庭,所有员工都是这个大家庭中的成员。商务组织的领导者运用"情感维系"等方式密切同员工的关系,培养融洽的家庭气氛。例如,日本的一些企业特别注重向员工灌输忠诚于企业的观念,利用各种形式培养员工的"家庭观念",激发员工对企业的自豪感、归属感,建立一种以家族主义为主体的管理形式。

② 满足员工的需求,尊重员工的个人价值。商务组织的内部公共关系工作,应最大限度地使员工达到物质和精神的满足。从这个意义上说,商务组织内部员工关系的实质内容是充分了解和充分实现员工的各种物质的、精神的需要。根据马斯洛的层次需要理论,员工的需要主要分为五个层次:生理的需要、安全的需要、爱和归属感的需要、尊重的需要、自我实现的需要。例如,上海利华造纸厂曾举行了一次特殊的表彰先进活动:"贤内助恳谈会"。这天该厂披上了节日的盛装,厂区内外装点红红绿绿的彩带、彩旗、鲜花,"热烈欢迎贤内助"的标语分外引人注目。这是该厂精心策划的一次公共关系活动。表彰先进是该厂的一项经常性活动。厂领导感到,若像往常一样,奖金一份、奖状一张、红花一朵、光荣榜上一登,形式单调雷同,费力花了钱,并不会带来特殊效果。为使这一活动收到实效,使先进工作者这一荣誉称号产生巨大的感召力和吸引力,该厂领导决定把活动推向社会成员,推向职工的家庭。于是以召开"贤内助恳谈会"的形式,向先进职工家庭表示敬意和感谢。工厂主要领导人、各车间科室负责人,在门口列队欢迎获奖职工及家属的到来,亲自为他们戴荣誉花,颁纪念证。在会上,厂领导高度肯定了"贤内助"的功绩。会上热烈的气氛使与会代表备受激励。表彰会后还为"贤内助"安排了一系列活动:观看演出,参观厂区,听取情况介绍,参加招待宴会,最后与厂领导一起座谈。利华造纸厂的这一

活动收到了良好的效果,先进员工的勤奋工作的价值得到管理者的肯定,其荣誉由其家庭来分享。这种来自商务组织自身的激励和从家庭反馈过来的激励,使员工获得了双倍的满足,其个人价值也得到了尊重。

③ 建立双向信息沟通网络,鼓励员工参与民主管理。公共关系部门在商务组织中应担当起"中间人"角色,上情下达、下情上呈,建立一种自上而下的信息传递和自下而上的信息反馈网络系统。只有这样,才能使员工获得一种方向感,使员工在认识上、行为上与商务组织的根本目标保持一致。否则,员工如果对商务组织情况不了解,特别是对与自己切身利益相关的信息知之甚少,便会产生猜疑、烦恼、对抗的心理和行为,从而造成人们之间的隔阂、争斗和内耗。同时,还要鼓励员工参与民主管理,这样不仅可以提高员工的主人翁地位和自豪感、责任感,而且也有利于提高商务组织决策的科学性。

④ 协调关系、解决矛盾和纠纷。商务组织的公共关系部门要想塑造良好的组织形象,切不可忽视内部的"人和"。公共关系部门要注意协调好领导者与员工之间、员工与员工之间的关系,消除他们之间的隔阂、误解与矛盾,其主要方法一是做好员工的思想政治工作,培养其正确的名利观、价值观、人生观。二是培养员工的团结协作精神、集体主义精神。日本野村证券公司利用公司成立60周年的机会,搞了一次公共关系活动。公司公共关系部没有按一般惯例召开纪念大会,请几位头面人物来作报告,之后再进行联谊活动,而是别出心裁地举行了一次有助于内部员工沟通的运动会。体育场10个看台上分别坐着公司10个部门的代表,公司向每个代表赠送一件运动衣,运动衣是一个看台一种颜色。运动会共有十几个比赛项目,没有一项是个人比赛,全是集体项目。这些项目除拔河、400米接力赛以外全是奇特的内容,既像游戏又像比赛。如一项名叫"满员电车"的项目,设计人员别出心裁地让各队分别站到9平方米的台子上,看谁站的人多。哨声一响,"洋相百出",人们笑得前仰后合,这下可考验了各部门的智慧和配合精神。由外国员工组成的"海外组"失败了,因为没有统一指挥,互相间也听不懂彼此语言,乱七八糟地挤成一团。最后一个项目是"投篮比赛",在每个看台的前边竖起了三根高高的杆子,每个杆子上挂着一个小小的篮筐,杆子下有筐小皮球,哨一响大家就可以向篮中投球。霎时间,五彩缤纷的球扔的满天都是,气氛十分活跃。这个项目是全员参加项目,台上观众、各部门人员的家属都可以跑入场内参与,谁都想为本部门出点力,场上顿时热闹非凡。运动会结束了,但给人留下的印象却久久不能忘记。当静下来时,回忆起运动会的情景,员工们明白过来,这不仅仅是场运动会。人们在笑声中,在轻松愉快的气氛中悟出了"要想胜利,只有配合"的道理,给员工以理性启迪,增强了其搞好内部团结的自觉性。

⑤ 创建优秀的"组织文化"。组织文化是一个商务组织所具有的价值观念、行为规范及其相应活动的总和。它包括五个要素,即组织环境、价值观念、英雄人物、例行工作和礼仪、文化网络。其中价值观念是组织文化的核心。创建优秀的"组织文化"的目的是公共关系部门要为员工创造一种良好的自然环境、人文环境,统一员工的价值观念,树立领导者和员工中的先进分子为典范,奖励先进、鞭策后进,制定供全体员工共同认可并遵守的规章制度、行为规范、社会公德,并通过正式渠道而不是利用非正式渠道传播信息。创建优秀的组织文化有助于提高员工的个人素质和生活质量。

2. 消费者关系

消费者关系又称为顾客关系。所谓消费者,既指物质产品的消费者,又指享用某种服务或精神产品的消费者。每个组织都拥有一定的消费者。消费者公众是商务组织必须面对的重要的外部公众之一。处理好消费者关系也是商务公共关系工作的重要内容。

(1) 消费者关系的重要性。美国学者研究表明:每有 1 名通过口头或书面直接向公司提出投诉的顾客,就有约 26 名保持沉默但感到不满意的顾客。这 26 名顾客每个人都会对另外 10 余名亲朋好友造成消极影响,而这 10 名亲朋好友中,约 33%的人会再把这个坏消息传给另外 20 个人。换言之,只要有 1 名顾客不满意,就会产生 $1 \times (26 \times 10) + (10 \times 33\% \times 20)$,即 326 人不满意。因此,现代组织经营管理者、决策者都清醒地认识到消费者关系的重要性,把它作为一项长期的战略任务来抓。在全球兴起 CS(Customer Satisfaction,让顾客满意)活动已成为近年来公共关系的一个视点。

消费者关系对商务组织来说是十分重要的。消费者是商务组织得以生存的条件,并决定其前途和命运;商务组织就是因消费者的需要而存在的,消费者对商务组织具有导向意义,尤其在买方市场条件下,消费者就是上帝,就是效益,谁拥有了消费者,谁就拥有了发展的机会。

(2) 消费者关系的策略。消费者是松散的社会公众,必须对其进行组织、管理才能掌握建立良好关系的主动权,其策略如下。

① 坚持"消费者至上"。任何商务组织都必须清醒地认识到,只有高质量的产品、先进的技术装备、豪华的设施是不够的,还必须有一流的、完善的服务,把消费者的需求放在第一位。比如,消费者选购商品时,都希望得到三方面的满足。第一,要购买到自己喜欢的高质量的产品,满足物质生活方面的需求。第二,希望能受到良好的接待,可随心所欲地挑选,而不遭白眼,花钱花得高兴,并有周到的售后服务保证,获得精神上的满足。第三,通过所购买的产品反映出自己的个性、情趣、经济地位和生活方式,受到他人的青睐,获得心理上的满足。如果组织的全体员工都认识到这些,并使消费者的需求得到满足,就说明和消费者已建立起一种良好的关系。要做到这些,应通过公共关系工作使商务组织的全体员工真正引起重视,真正从尊重消费者的利益出发,树立起"消费者至上"的经营观念,全心全意地为消费者服务。正如美国公共关系专家加瑞特所说的那样:"无论大小企业要为消费者所有,为消费者所治,为消费者所享。"

② 加强信息交流。为了建立良好的消费者关系,公共关系人员应当积极促进商务组织与消费者之间的信息交流。这包括两方面:一方面要搜集消费者的信息。比如,消费者的年龄、性别、职业、爱好,消费者对产品性能、种类、质量、包装以及价格的评价和需求,消费者对售后服务的反映,消费者对产品交付期限是否满意,消费者对商务组织的基本印象,消费者对服务人员的态度是否满意等。所有这些信息都应尽量搜集,并分类归档。另一方面要传播商务组织信息、组织的宗旨、政策和历史,产品特点、售后服务的具体标准和方法等应尽量迅速、准确地送达消费者。

③ 进行消费教育。所谓消费教育实际是引导消费。日趋激烈的市场竞争一方面给消费者提供了选择机会;另一方面也给消费者带来迷惑,不知道哪一种商品或服务更适合

于自己。而这正是商务组织建立良好消费者关系的契机。组织应通过开展各种形式的活动,进行消费教育,正确引导消费,解除消费者的迷惑。企业的生存和发展离不开消费者,必须时刻关注消费者。当消费者在琳琅满目的商品面前产生困惑时,企业应进行消费教育,在售前引导、售中开导、售后指导中满足消费者的需求。

第一,售前引导。通过宣传产品有关知识,启迪人们认识产品,间接获得消费效益,是商务组织为消费者提供方便、加强交流的重要形式。消费者在购买产品时,都要认真思考如何实施购买计划。市场上生产同类产品的厂家很多,究竟选择哪家企业的产品,对于消费者来说往往是很茫然的。这时公共关系人员一个很重要的任务就是要在产品的生产过程中就制订市场教育工作计划,编写有关材料,配合企业销售部门向消费者或用户讲解有关方面的技术知识,介绍产品的质量、性能、特点及使用方法。教育的方法可采取技术示范、举办技术培训班、召开技术鉴定会、请专家撰文介绍、编印精美的说明书等方式。

第二,售中开导。其目的是抓住潜在公众的心理及有利时机,通过售中开导使其成为知晓公众,进而转为行动公众。通常,由于潜在公众没有意识到问题的存在,极易被忽视,等到发现问题时,已失去工作良机。因而,售中开导是建立良好消费者关系的重要环节。对消费者购买过程中的消费教育,作为生产者,主要表现为产品知识的介绍;作为经营者,主要表现为恰到好处的热情服务和礼貌待客乃至必要的销售引导。其最终目的都是为了扩大产品和企业的知名度,提高产品和企业的美誉度。

第三,售后指导。商品售出以后,如果以为商务组织与消费者的关系就此结束,那就错了。从公共关系角度分析,及时周到的售后服务工作,对提高企业信誉,加强组织与消费者的感情联系,有特别重要的作用,它是衡量产品信誉的最重要环节。常言道:"买时满意不算满意,买后使用满意才算真正满意。"在买方市场,在产品质量相差无几的情况下,最具竞争力的是售后指导工作(如产品的维修、安装、调试等)是否完备。

④ 组织消费队伍。商务组织要建立与消费者的稳固关系,组织消费队伍是巩固、发展消费者关系的重要环节。通常的办法是:通过产品组织消费队伍;通过服务组织消费队伍;通过联谊活动组织消费队伍。

3. 社区关系

"社区"是一个社会学的概念,来自英文 Community,是指聚集在某一地域中的社会群体、社会组织所形成的一种生活上相互关联的社会实体。社区关系也称区域关系,主要是指一个组织与周围相邻工厂、机关、学校、商店、旅馆、医院、公益事业单位以及居民的相互关系。

(1)社区关系的重要性。社区是商务组织的根据地,对商务组织的生存和发展起着重大作用,因而构成了商务组织外部公共关系工作中不容忽视的一个环节,也可以说社区是商务组织生存的"土壤",是商务组织重要的外部环境。

首先,社区为商务组织提供可靠的后勤服务。商务组织在生存和发展中所必需的电力、水、交通等,必须从社区提供的后勤支持中得到保证,任何一个环节发生问题都会影响商务组织的正常运转。

其次,社区为商务组织创造了良好的员工生活环境。商务组织的大部分甚至全体员工可能在社区中生活,他们要在社区购买生活用品,参加社区的各种社会活动,与社区中其他组织人员交往。如果所在社区公众对商务组织怨声载道,将会大大损伤本组织员工的自尊心;如果所在社区的生活条件恶劣,员工生活水平和质量下降,也会影响员工的工作情绪,这两种情况都对商务组织发展不利。

再次,社区为商务组织准备了充足的劳动资源。商务组织要在社区中立足,不论资金来源何处,都须要雇佣本地的劳动力为组织工作。这样可以降低劳动成本,提高管理效率。因此商务组织希望社区有大批年轻力壮的生力军,以及高水平的技术和管理人才,不断地补充和壮大组织的员工队伍。这也须要有良好的社区关系,以增强商务组织这方面的吸引力。

最后,社区公众是商务组织较为固定和经常的消费者。比如商务组织在社区建工厂生产产品或开店经销产品,均希望能够由社区本地的购买力来消化一部分产品。这样一方面可以减少产品的运输费用,另一方面又可以及时从消费者那里了解到产品存在的缺陷和不足,以便迅速改进产品,提高质量,而这仍须要商务组织与社区公众建立良好关系。

(2) 社区关系的策略。社区关系与商务组织的利益紧密相连,与商务组织的发展息息相关。商务组织在社会的包围之中生存与发展,总是渴求一个良好的邻里关系,渴求得到环境的支持与帮助,创造一种"人和"的条件。实际上与社区搞好关系,关键在于商务组织是否以平等、热情的态度积极支持社区工作,维护社区利益,进行信息交流,参与社区活动。其具体策略如下。

① 承担社会责任。商务组织对社区公众有不可推卸的社会责任。这包括与邻里单位保持友好关系,维护环境和生态,协助社会教育,提高社区的一般福利,激励社区精神,协助社区解决棘手问题,如青少年犯罪、伤残人就业问题等。在所有商务组织承担的社会责任中,维护环境和生态最为重要,若商务组织无视或逃避这一社会责任,必然会引起社区公众的愤怒,良好的社区关系根本无从谈起。所以,商务组织要积极承担社会责任,这是搞好社区关系的根本策略。

② 加强信息沟通。商务组织应把自身的有关情况不断告知给社区公众,让社区了解自己、知道自己希望能与相邻单位共同努力振兴社区、多做贡献的良好意愿。同时,商务组织要经常调查、了解社区公众对组织的印象,以及各种反映和意见,对于好的要坚持,不足的要迅速采取措施加以改进。

③ 参与公益活动。为社区做好事才能赢得社区公众的友谊,在必要时社区亦会反过来支持商务组织。所以商务组织要积极参与社区公益活动如举办教育,发展文化,赞助体育比赛,帮助社区安置老人,支持残疾人事业,宣传社区的名胜古迹,吸引游客以繁荣社区,宣传社区资源及工业潜力以吸引外资,帮助社区搞好绿化、美化,鼓励并赞助艺术家来社区演出,丰富社区文娱生活,资助社区卫生事业,维持治安秩序,保障社区公众安全等。这些活动都将不断强化商务组织在社区中的"热心居民"形象。

④ 实行开放参观。商务组织应开放自己,提高透明度,减少社区公众对商务组织的神秘感,让社区公众认识和了解自己。商务组织可定期或不定期地邀请社区各阶层人士来本组织参观,并使参观活动独具特色,能够给参观者留下深刻的印象。通过开放参观来树立本组织的良好形象,增进公众对本组织的了解和信任,消除存在的误解和偏见。

⑤ 增进情感交流。商务组织要培养同社区公众的良好感情,必须通过一些有效的方式进行沟通,以便及时了解社区的意见和态度,并使商务组织的意见迅速、准确地传播出去。沟通的方式可以是多种多样的,如邀请地方政府官员、各企业、商店、学校、医院及居民中的代表一起聚会,加深了解,增进友谊;举办座谈会、电影招待会、音乐会、舞会、演出会及体育活动丰富社区的文化生活,同时扩大组织在社区的影响。

⑥ 组织完善自身。商务组织的一举一动要从完善自身出发,考虑到公众的利益,使社区公众视组织为朋友,不能有损公众的利益。如企业对环境有无废水、废气、废渣、噪声等污染,企业施工对社区环境有无影响等。

4. 政府关系

政府是国家的权力执行机关,它是对社会进行统一规划和管理的权力机构。任何一个组织,作为社会大系统中的一个子系统,都必须服从各级政府的统一管理。这种关系处理得好坏对组织有重要的影响。

(1) 政府关系的重要性。作为国家权力的执行机构,政府通过政策的制定和执行制约和影响着社会组织活动,例如在经济领域,企业在诸如税务、财政金融、外汇、审计和统计、海关与进出口贸易管理、环境和生态保护、商标和专利、产品鉴定和商品检验等方面都必须服从政府的管理。组织的活动必须在政府的政令许可范围内进行,而政府的政策法令则是社会经济多元利益的综合体现。一项法令或法规,可能使一些组织得利较多,也可能使另一些组织得利较少,甚至有的组织还会损失部分利益,这样就需要与政府建立良好的关系,主动与政府做好沟通,使政府了解组织的基本情况,帮助解决一些单个组织无法解决的问题,促进政府制定出更有利于本组织发展的政策法令。特别是在组织遇到困难的时候,良好的政府关系,则显示出更为突出的作用,可以通过政府的行政力量,唤来社会各界的支持和援助,使组织转危为安。因此,任何组织都不能忽视与政府的关系。

(2) 政府关系策略。协调商务组织与政府的关系可以给商务组织带来许多有价值的东西,它是公共关系人员开发外部公共关系的一项重要内容。建立商务组织与政府的良好关系,应当运用如下策略。

① 加强信息沟通。这里的信息沟通是双向的。一方面,商务组织必须有专人研究政府的政策法令,为商务组织决策提供可遵循的政策依据。为此商务组织一定要熟悉政府颁布的各项政策法令,随时随地注意政策法令的变动,及时修正组织的方针政策和调整、完善组织的实际活动。另一方面,商务组织还应主动向政府有关部门提供和通报本组织的重大情况。因为政府的政策法令都是依据基层的实际情况制定的,如果情况不明、信息不准确就会造成政策偏离实际。要做到这点,组织必须熟悉政府机构的内部层次、工作范围和办事程序,并与主管部门的有关人员保持经常联系。只有这样,才能经常迅速地把有关本组织的情况真实而及时地通报上去。如向统计部门提供准确的经济活动的各项数据;向审计部门提供各项资金的运转情况;向财政、税务部门上报盈亏情况,按照规章纳税情况;向专利和注册部门申请新发明的专利并及时注册商标,保护组织和产品的声誉等。

② 借助人际交往。良好的公共关系往往始于良好的人际关系,建立和保持良好的政府关系也不例外。对于商务组织来说,应设专人负责与政府打交道,且职位应高一些,并

要讲究交际艺术,切忌死板,要在熟悉政府机构的设置、职能和工作程序、工作人员的风格基础上勇于创造性地开展政府公共关系工作,借助良好的人际效应带动政府关系的和谐发展。

③ 扩大组织影响。要赢得政府的支持,除了保持基本的沟通,还应把握一切有利时机,扩大本组织在政府部门中的影响,使政府了解商务组织对社会、对国家的贡献和成就。如企业可利用新厂房落成、新生产线投产、周年庆典、新技术新产品问世等机会,邀请政府主管部门领导及党政要人出席企业组织的重大活动,主持奠基仪式或落成剪彩,参观新设备、新产品,通过各种公共关系专题活动,提高政府部门对本企业的信心和重视程度。商务组织还可以通过新闻媒介向社会公众介绍组织情况,同社会知名人士、社团领袖、专家、学者等保持密切联系,通过这些来扩大影响,争取政府部门和有关各界对组织的支持。

5. 新闻媒介关系

新闻媒介关系也就是新闻界关系,即商务组织与新闻传播机构以及新闻界人士(记者、编辑等)的关系。

(1) 新闻媒介关系的重要性。新闻媒介是商务组织的外部公众之一,是公共关系活动的主要对象。它对商务公共关系具有特殊的双重作用,一方面,新闻媒介是开发公共关系活动必不可少的手段,可以帮助商务组织实现公共关系目标;另一方面,新闻媒介是商务组织的重要公众,是商务组织必须争取的公共关系对象。新闻媒介本身也具有不容忽视的特性和传播优势,它传播信息迅速,影响力大,威望度高,甚至可以左右整个社会舆论,影响和引导民意,对社会的经济、政治局势的变化具有不容忽视的作用。因此,在欧美被看作立法、司法、行政三大权力之后的"第四权力",新闻记者被尊为"无冕之王",任何组织和个人都不敢轻视新闻媒介这一重要舆论工具,正所谓"得之者如虎添翼,失之者名誉扫地"。新闻媒介关系的重要性可概括为如下几点。

① 新闻媒介是商务组织与外界沟通的中介。新闻媒介具有沟通信息、提供信息的作用,是商务组织与外界沟通的中介。商务公共关系活动就其实质来说,是搜集信息、传播信息、沟通信息,这就必须借助于新闻媒介的力量。商务组织面对复杂的环境,联系着各式各样的分布在不同地域中的公众,信息是否灵通是组织生存发展的命脉所在。商务组织需要新闻媒介提供各方面的信息,更需要新闻媒介传播组织的信息。如新闻媒介中的广告,可以把商务组织与消费者和其他公众联系起来;商务组织通过召开新闻发布会、记者招待会可以扩大社会影响,提高自身的知名度。

② 新闻媒介具有引导社会舆论的作用。一个组织、一个人、一个事物或一件产品等,一旦被新闻媒介集中宣传、报道,便立即会成为广大公众讨论的中心,成为具有公众影响力的舆论话题。公共关系工作的一项重要任务就是为商务组织创造良好的舆论环境,争取公众舆论的理解和支持。这项任务能否完成好,很大程度上取决于商务组织与新闻媒介的关系。有良好的关系就能经常通过媒介将自身的信息不断地传播给广大公众,使公众逐渐形成对组织的良好印象,这对树立组织的整体形象,取得公众的理解、信任和支持具有重要意义。

③ 新闻媒介可以扩大商务组织公共关系活动的影响。新闻媒介传播商务组织信息

所起的作用要远远大于商务组织自行传播信息所起的作用。通过新闻报道介绍某一商务组织更容易为广大公众所信赖，"王婆卖瓜，自卖自夸"式的宣传是与之无法比拟的。此外，只有与新闻媒介建立良好的公共关系才能成功地运用大众传播媒介，提高信息的有效利用率，使公共关系活动传播信息的渠道畅通无阻，从而达到扩大公共关系活动影响的作用。

（2）新闻媒介关系策略。由于新闻媒介在商务组织外部占有重要地位，处理好商务组织与新闻媒介的关系不容忽视。处理好与新闻媒介的关系应注意运用以下策略。

① 有效地利用大众传播。第一，要学会分析媒体，有针对性地传播。我国的电视、广播、报刊等新闻媒体多具有官方或半官方的性质，大多把社会效益放在首位，其舆论导向具有真实性和权威性，在公众心目中有较强的社会影响力。同时，我国新闻媒体又处于不断发展之中，在公正传播、传播渠道、制作水平、服务质量等方面尚待提高和完善。对此，公关人员要有清醒的认识，注意提高适应能力和工作效率，充分利用新闻媒体搞好商务组织形象的传播。

传统的大众传播媒介有着不同的优势与劣势，如果公关人员对不同的新闻媒体的信息传播要求具备一些基本常识，扬长避短，无疑能获得较多的合作机会和传播便利。为了有效地利用新闻媒体，公关人员还需要及时掌握新闻媒体在一个时期的报道动向，根据形势的变化新闻媒体会随时变换报道重点和主题，只有与其主题相吻合的信息才有可能作为媒体选择的对象加以传播。因此，商务组织需要传播的信息要尽可能地与媒体的报道重点和主题趋于一致。要掌握新闻媒体的报道动向就要注意分析报纸的第一版，尤其是头版头条消息，以及一些评论性文章；电台、电视台的新闻栏目中重复出现频率高的信息也反映了他们的报道动向，从中发现商务组织可能利用的传播机会，使商务组织传播的信息与新闻媒体的重点一致起来。

第二，要积极参加新闻媒体活动。参与新闻媒体的相关活动是很多组织搞好媒体关系的常用手段。商务组织不仅能与新闻媒体保持经常性的联系，而且如能成为某一媒体的通讯员，则可以利用其发达的信息网为组织所用，更有效地开展组织信息传播工作。组织形象的传播是一门管理科学，也是一门艺术，公关人员要善于学习，勤于钻研，通过实践积累经验。任何商务组织只要思路新颖，选择媒体得当，根据自身人、财、物的实际情况量力而行，制订切实可行的传播计划，寻找合适的机会，花较少的钱照样也可以把传播工作搞得有声有色。

② 掌握与新闻媒体合作的技巧。若要在社会公众中获得良好的声誉和影响，商务组织必须借助新闻媒介这一广泛而深刻的传播力量。然而，要获得新闻媒介的积极支持，商务组织就不能顺其自然，而必须主动、真诚地与新闻媒介协调好关系。

第一，尊重新闻媒介。媒介关系可以说是商务组织较为敏感的一类公众关系，商务组织要想形成有利于自身的社会舆论，确定和维护自身在广大公众中良好的形象，就离不开融洽的媒介关系，而融洽的媒介关系的建立首先要求商务组织尊重新闻媒介。要以礼相待，商务组织的有关人员在与新闻媒介公众打交道时要注重以礼相待，即对待各媒介机构和记者要友好热情，为其来组织采访写稿、核实工作等提供必需的帮助和服务。要以诚相待，组织要讲真话，向媒介提供真实可靠的材料和数据，既不夸大组织成绩，也不掩盖失误,更不能制造假新闻。如确系保密的技术和参数,或预见报道可能会给组织带来巨大的经济损失时,应如实向有关记者、编辑说明利害关系,请他们酌情掌握。要平等相待,即对各新闻媒介公众一视同仁、不分厚薄亲疏,绝不因新闻单位名气大小和级别高低的不同而采取截然不同的态度。应尽可能使他们获得平等的信息量,使他们平等获得采访组织状况的机会。由于新闻界与组织所处的立场、需要和动机常常不同,当商务组织发生那些对自身形象、声誉不利的事情时,新闻界往往感兴趣,甚至还会有意报道阴暗面,以期问题得以解决。这时,商务组织要采取的态度极为关键,商务组织应当严阵以待。严阵以待并不是去想方设法掩盖"家丑",也不是去对新闻媒介横加指责,而是应本着虚心接受批评、认真查明事实真相、积极承担责任这样的态度与新闻界公众进行合作,以期化"险"为夷。

第二,支持新闻媒介。新闻媒介也有须要支持的时候,如果商务组织在这种时候能"雪中送炭"、鼎力相助,往往能起到事半功倍的作用,使新闻界对商务组织形成良好的印象。此外,组织学会"制造新闻"也是对新闻界的"无私奉献",因为他们向媒介提供了"食粮",这种支持也不应忽视。

第三,结交新闻媒介。组织若想搞好媒介关系,还必须重视同媒介公众的交际,善交"无冕之王"。为此商务组织要经常向新闻媒介提供有新闻价值的信息,与其建立长期稳定的联系。如美国著名企业家亚科卡善于处理与新闻界的关系,他说:"当某一个人因某事受到谴责时,新闻界马上给予公布,而当事实证明他无辜时,新闻界的报道则很迟缓。"要跨越这一差距,靠的就是和新闻界人士的良好关系。亚科卡的经验是:"善于与新闻界人士接触,无论是在顺境中还是在逆境中。""坚持每季召开记者招待会,不论是好结果还是坏结果。""讲真话,坦率诚实地对待新闻界人士。""当记者陷入困境,给他们提供真心实意的帮助。""对故意刁难的记者不必恼怒和发火,故意不理睬他就可以了。"亚科卡的忠告是:"一个得不到新闻界信任和好感的组织,是不可能有大发展的。能得到新闻界的信赖是一个组织最重要的财富。"

第四,正确地引导记者。无论是抱有表扬或批评性目的的记者,都须要对他们进行引导。这种引导不是任意扩大有利于商务组织的事实或者改变不利于商务组织的事实,扩大的事实或歪曲的事实都可能导致报道的失误,其责任会由提供事实的商务组织负责。正确的引导,不仅要提供真实的情况,而且要表明商务组织对事件的看法,把商务组织与记者的观点协调起来。

③ 杜绝失实报道。失实报道是指新闻媒体发布出来的与客观事实不相符的一些新闻、消息、评论等。从性质上,失实报道分为片面报道和虚假报道两种。片面报道是由于媒体发布的信息量不足,导致公众对商务组织形象片面理解。虚假报道则是由于新闻媒体发布信息失真,从而误导公众,对商务组织形象产生负面影响。

第一,明确造成新闻媒体失实报道的原因。一是来自商务组织方面的原因。商务组织出于某种目的对其所有或部分信息进行封锁,容易激起新闻媒体挖掘新闻的决心,他们会千方百计地从其他公众(竞争者、消费者或不了解组织情况的社会人士等)那里了解信息,从而造成新闻报道与事实之间的偏差,这是"信息源"的失实。商务组织出于自身的原因,仅仅向新闻媒体提供部分信息,甚至只报喜不报忧,是引发反面报道的根源。出于自身的考虑组织向媒体故意提供一些虚假的信息,以其影响公众,达到自己的某些目的,是造成虚假报道的根源。二是来自新闻媒体方面的原因。某些新闻媒体工作人员工作态度浮躁，不踏实，不愿深入商务组织一线去采访真实素材，而是自以为是，偏听偏信，易于产生失真报道。某些新闻媒体或其人员出于某种目的，对某些问题带着个人好恶，戴有色眼镜去报道，该报道的不报道，不该报道的反而出笼了，甚至有所夸大。更有个别的新闻媒体人员缺乏职业道德，不断制造虚假信息、进行新闻炒作，到处煽风点火，唯恐天下不乱，以提供所谓商务组织的"丑闻"来迎合部分公众的心理，易于造成新闻报道的失控。

第二，采取化解失实报道的策略。一是充分重视新闻媒体在危机管理中的作用。商务组织要慎重对待媒体的宣传报道，尽量减少自身在新闻报道中的失误，在"源头"上杜绝失实报道的出笼。二是商务组织认真对待新闻媒体。商务组织要善于协助媒体做好新闻报道工作，为其提供各种条件和便利，帮助澄清事实真相，把客观实在的信息传递给公众，不管这些报道是正面的还是负面的，组织均应持积极欢迎的态度，有则改之，无则加勉。三是注意加强与新闻媒体的日常交往，沟通感情，并在可能的情况下帮助新闻媒体解决一些难题，树立商务组织的良好形象，这样能够最大限度地防止有关的失实报道。

第三，及时化解不利报道的新闻效应。在出现错误的媒体报道时，商务组织的行动关键要采取正确的公关措施，迅速行动，查清事实真相；可以对记者开放组织，借用记者之名挽回声誉损失，使流言不攻自破。

第四，消除面对失实报道的消极心态。第一种消极心态是对失实报道疏于应对、听之任之的心态。一些商务组织对此不愿声张，盼望随着时间推移，公众会忘记这一切，其结果是不但不会消除失实报道的影响，反而有可能愈演愈烈。第二种消极心态是仓促上阵，对待新闻媒体有着针锋相对的心态。商务组织对失实报道的气愤之情在所难免，倘若以这种不冷静的态度来对待新闻媒体，甚至对簿公堂，其结果多是得不偿失的，现实中许多事例都说明了这一点。

6. 名人关系

名人是指那些知名度高，被广大公众所知晓和关注的那一部分公众。他们社会影响大，活动能量大。企业注意名人关系有助于提高企业知名度和推动产品的销售，产生名人效应。

（1）主动联系。企业与名人主动联系，不是纯粹出于慕名，也不是出于好奇，满足虚荣心，而是服从一定的目的。接近名人是为了企业者的主观愿望以期导致某种结局，即有利企业和产品销售的结局。明确了这一目的可以为联系定下基调和方法，为实现联系作出努力。主动联系是企业与名人交往的积极的行为，是依赖和有求于名人必然导致的态度。主动联系包括给名人写信、预约拜访、请他人介绍、在社交活动中主动与之攀谈等。以上这些都要注意相应的礼貌、礼节，以求顺利交往，并建立联系。

（2）敬而不卑。与名人交往时要落落大方。接待热情，注意接待的规格和档次，因为名人见识广，社会交往多，规格和档次太低易使他们产生被贬低的心理，从而产生不快。交谈时，对名人不要表现出特殊的好奇心，问一些不该问的问题，这样常常会引起对方的反感。想要表达自己的推崇之情时，也要委婉而文雅，不要给人以谄媚、讨好的感觉。既然是与名人打交道，就应该对名人的专长和成就有所了解，谈话时发表自己的看法。与名人交谈要亲切、自然、友好,无论介绍企业情况还是推荐产品,均要使人感到是一种朋友式的谈话,而不是下级向上级汇报情况,不要拘谨、胆怯。

（3）尊重人格。当名人来组织参观、表演、演讲时,员工要表现出热烈欢迎的态度。不要指指点点、评头论足,不要窃窃私语、发出怪笑,也不要起哄、喊叫、吹口哨、围观。企业员工低下的文明修养会使名人反感而远离,使组织的公关努力事倍功半。如果对自己喜爱的名人欲与之接近,也应看场合与时间,不要随意打扰他们,更不要擅自闯入其住宅。请名人签名留念、送一束花表达敬意这种对名人的平常表现在少数一两个名人来访时可以进行,但多数人来访则不宜,因为一部分名人受到崇拜者的热情表示时,另一部分名人就会感到自己被冷落,有伤自尊心。对于不喜欢的名人不要嘲弄讥讽。

（4）爱护名人。企业请名人参加厂庆、重大公关策划活动、拍广告、来演出、进行参观等活动,由于名人的到场参与可以抬高企业的身份和产品的身价,提高活动的档次,增加企业和产品的知名度。但是,名人的时间是宝贵的,请名人到场要看对象和时机,对于年老体弱的名人、正走红而四处奔忙的人,要看其身体状况、是否方便、是否抽得出空。活动太频繁,会使名人不胜负担。如果名人没有满足企业的要求,不要横加指责;对名人的小错、个性,不要求全责备,而应抱体谅的态度。仅仅把名人当摆设、当工具,使用完了就一脚踢开,在后面议论他们的长短,甚至夸大其词,贬损他们的形象,是一种不道德的行为。

课后练习

一、简答题

1. 联系实际思考:调动员工积极性应从哪些方面、运用哪些方法去进行?

2. 根据自己的身份、经历,请说明你曾经是哪些组织、哪几种类别的公众(可以交叉)。

3. 小张来到阳光公司做公共关系部门经理助理,正遇到公司内部员工之间因工资待遇而闹矛盾,有员工说经理偏心,有员工说男女不平等,针对上述情形,你能为小张设计一套什么样的沟通协调的方案?

4. 花旗银行曾经在美国做过一次调查,发现每 10 位不满意的顾客,只有一个人会提出申诉,大多数人即使遭遇问题也默默承受。我们知道默默承受意味着不满的保留,你能为花旗银行设计一个什么样的解决方案?我国银行存在哪些服务问题?应该怎样改进?

5. 如何处理企业与顾客的关系?公共关系界流行一句"顾客永远是对的",你怎样理解?

6. 在星期日,某商场人潮如流,可是发生了一件不该发生的事,一位营业员和顾客吵了起来。问:这个事件的解决有哪几种方案?如果你是值班经理,你应如何解决?

7. 某商店为扩大影响、吸引顾客,购置了高档音响设备,天天播放最流行的音乐,吸引了诸多行人聆听、观赏,但嘈杂的音乐声弄得周边居民无法正常生活,投诉到工商、环保等部门,你作为公共关系人员如何解决这一难题?

8. 一位顾客在一家百货公司买了一件黑色西服,刚穿上就发现褪色,弄脏了衬衫领子。他就拿着衣服到百货公司去讲理。接待他的是一位售货员,不等他把话说完就不耐烦地说:"像这样的衣服我们已经卖了上千套了。从来没有听说顾客有什么不满意,怪了,怎么就你这衣服有问题?"旁边的一个售货员也认为他说谎骗人,还嘲弄他没钱买更好的衣服。

这种事情在我们周围很常见,请你思考,面对这种情况,用哪一种公共关系方法才能既不伤害顾客的自尊,又能使商场不受较大的损失呢?

9. 选择你所在城市的一个企业,分析其公众关系现状,为协调各类公众关系,你能帮该企业设计一个方案吗?

10. 有人说员工关系让工会去负责就行了。你说行吗?

11. 你如何理解"组织要为消费者所有,为消费者所治,为消费者所享"这句话?

12. 社区关系中最重要的是什么?为什么?

13. 下班前,你接到记者电话说需要公司的一些数据用于写稿,一小时内截稿。这几个数据之前未公布,内部确认一小时无法完成,直接拒绝,可能会让记者觉得你不愿意配合。面对这种情况你如何妥善处理?

二、案例分析

"酸梅汤"事件

20××年7月26日,一家晚报刊登了这样一则新闻稿:以生产酸梅汤而闻名京城的某老字号饮料厂,因食品不卫生被市卫生防疫站处以1700元罚款。某公司不久前购进1000瓶该厂生产的山楂蜜果汁,几名职工饮后出现恶心、腹泻等症状。市防疫站接到消息后,派监督人员前去检查,发现灌装车间苍蝇多,原料红果片中存在飞虫杂质,桂花酱桶盖上有虫,无成品库,墙角乱堆杂物,房屋破损不堪,消毒池里无消毒液等,当即通知禁止该批成品出厂销售,并处相应罚款。该稿刊出后,引起用户强烈反映,没几天要求撤销的合同金额达60余万元。面对新闻媒介的监督与批评,该厂领导显得十分不冷静,他们没有认真查找自己的原因,反而以晚报报道严重失实为由,向区人民法院提出控告,指责报道多处失实,是市防疫站监督人员挟私报复。区人民法院接到起诉后,经过认真的调查研究,确认了晚报的批评报道属实,饮料厂控告不能成立,原告败诉。

(资料来源:http://www.njliaohua.com/lhd_8lskd5adeq7wp9920su8_2.html.)

思考与讨论:

(1)北京某饮料厂应如何面对媒体的批评报道?

(2)北京某饮料厂今后应如何做才能挽回影响,使企业进一步得到发展。(请制订方案,写出措施及实施步骤)。

评价考核

评价考核内容见表 6-1。

表 6-1　商务公关主体考核表

内　容		评　价	
学习目标	评价内容	小组评价 (5、4、3、2、1)	教师评价 (5、4、3、2、1)
应知应会知识	组织内部的协调沟通		
	组织外部的协调沟通		
	协调沟通的主要方式		
专业能力	员工关系协调沟通		
	消费者关系协调沟通		
	社区关系协调沟通		
	政府关系协调沟通		
	新闻媒介关系协调沟通		
	名人关系协调沟通		
通用能力	协调能力		
	沟通能力		
	创新能力		
态度	强化公共关系意识、热爱公共关系工作		
努力方向：		建议：	

任务 7

危 机 处 理

学习目标

- 明确企业危机处理的一般程序；
- 能够采取正确的策略进行危机处理中的传播沟通；
- 能够进行危机处理中的内部沟通；
- 能够进行危机处理中的新闻发布；
- 能够采取正确的措施应对网络危机。

案例导入

"青岛大虾"事件

2015年国庆期间，四川游客肖先生在青岛遭遇"天价虾"，点菜时38元一份的虾，结账时却被告知38元一只。肖先生在相关职能部门间被"踢皮球"，最终"当着警察的面，屈辱地掏钱只求尽快脱身……"此事经媒体报道后，立刻引起了强烈的反响，以微信、微博为代表的自媒体传播尤为广泛。

本是"红瓦绿树，碧海蓝天"的青岛，瞬间变成了"乌云密布，山雨欲来风满楼"的地方。同时，山东省历经8年努力，苦心经营的"好客山东"的品牌，也似有倾倒之势，游客对山东的形象也打了大大的问号。国家旅游局局长李金早也慨叹道："一只38元虾抵掉山东几个亿的广告。"

"青岛大虾"正确的危机处理应该是怎样的呢？专业人士提出如下做法。

第一步：当微信、微博等公众平台出现负面报道时，立即成立危机公关小组，并指定新闻发言人，召开新闻发布会，对欺诈游客的饭店进行严肃处理，对被侵权的游客给予相应的赔偿。

第二步：以市旅游局的名义，利用主流媒体和网络自媒体，发布《致游客的一封道歉信》，昭告广大游客这类事件的后续解决情况，以及未来将要采取的保障性措施。

第三步：青岛市立即启动拉网式排查，处理各旅游宾馆、饭店、交通等，旅游服务窗口的价格规范和服务规范。与此同时，邀请全国主流媒体到青岛跟踪报道此次拉网式排查，再次大范围地宣传青岛旅游的整改情况。

第四步：利用网络和自媒体，发布普通游客和大 V 游客，在青岛旅游时拍摄的美景，撰写的美文，录制的好客民风，宣扬青岛旅游的优质形象。

第一步和第二步，是利用新闻发布会和旅游部门的一封道歉信。一方面，是为了向公众说明，相关部门已经对不法商家进行了严肃处理；另一方面，对于已发生的负面传播进行正面回击，并夺回舆论导向。第三步和第四步，是在夺回舆论导向的前提下，对青岛的旅游形象进行更为深度的传播。

（资料来源：绍兵.从"青岛大虾"事件看旅游危机公关的缺位[J].国际公关,2015(6).）

问题：38 元一只的青岛大虾事件带给你哪些启示？

任务设计

企业危机实质上是企业状态的一种强烈的逆转。一般地说，这种逆转的情形是，企业由于受非常性因素的影响，便直接或间接地形成了企业的自身、公众、社会舆论环境等各方面的无序紊乱状态，企业的各种社会关系严重失衡，公共关系水平下降到危险地步，企业现有的状态与应有的状态之间的差距越来越大，企业处于一种公众压力和社会舆论环境压力之下，其经营管理活动和各种正常的业务活动会受到严重影响，有时还会出现生存危机。如何面对与处理危机，变不利因素为有利因素往往成为衡量一个企业成熟与否的标志。面对严重的企业危机局面，企业必须立即行动起来，通过各种有效手段，特别是运用公共关系传播沟通手段，迅速控制危机事态，理顺与各类公众和社会环境的关系，解决危机问题，扭转危机状态。只有通过企业危机处理，才能减少各种损失，维护良好企业形象，增强内部团结，扩大社会影响。

传播沟通在管理的任何时候都十分重要，缺乏良好的沟通，任何的管理行为都无法有效地实施。企业危机发生后更离不开传播沟通，它是迅速处理企业危机的关键。

通过本任务的学习使学生明确公共关系危机处理的一般程序，灵活开展公共关系危机传播，加强与内外部公众的沟通，做好危机信息的发布工作，使企业早日摆脱公共关系危机的困扰，重塑企业良好形象。

这里拟通过制订危机处理方案的方式完成本"任务"的学习。具体要求如下。

制订危机处理方案实训

危机事件：

国内一家很有名的企业生产出一种新型的玻璃钢燃气灶，投放市场后受到消费者的欢迎，销售业绩不错。可是，由于多种因素所致，出现了一起燃气灶表层玻璃钢爆炸的情况，有两位家庭主妇还受了重伤。该企业公共关系部的小林被公共关系部经理指派去接待蜂拥而至的记者们，面对记者们铺天盖地的提问，小林反复强调"在调查没有完成之前，我们不做任何评论"或"无可奉告"，结果引起了记者们的强烈不满。

实训目的：

强化学生对公关危机处理相关知识的掌握；培养学生处理企业危机事件的能力。

实训内容：

根据危机事件，为该公司制订危机处理方案。

实训步骤：

（1）将学生分成5～6人的小组，让他们通过讨论的方式明晰案例细节，就如何应对危机交流意见。

（2）小组制订危机处理方案。

（3）小组派代表讲解所制订的危机处理方案。

（4）教师总结点评。

实训考核：

以危机处理的原则和要点作为参考，点评学生的方案并根据学生方案的优劣评定成绩。

一、企业危机处理的一般程序

1. 采取紧急行动

（1）成立临时专门机构。危机爆发后，企业应立即成立临时的危机处理专门机构。临时的专门机构是危机处理的领导部门和办事机构。一般由企业的主要领导负责，公关人员和有关部门负责人参加。成立这样一个机构，对于保证危机事件能够顺利和有效地进行处理是十分必要的。危机处理的专门机构，即 The public relations emergency headquarters(PR HQ)主要有三方面作用：一是内外通知和联络，二是为媒介准备材料，三是成为公共信息中心，加强对外界公众的传播沟通。

（2）迅速隔离危机险境。当出现严重的恶性事件和重大事故时，为了确保企业及其公众的生命财产不受损失或少受损失，要采取各种果断措施，迅速隔离险境，力使各种恶性事件和重大事故所造成的损失降到最低程度，为恢复企业良好经营状态提供保证。危机险境的隔离应重点做好公众的隔离和财产的隔离，对伤员更是要进行无条件的隔离救治，这也是危机过后有可能迅速恢复企业形象的基础。

（3）控制危机蔓延态势。在严重的恶性事件爆发后的一段时间内，危机不会自行消失，相反，它还可能进一步恶化，迅速蔓延开来，甚至还要引起其他危机的出现。因此必须采取措施，控制危机范围的扩大，使其不致影响别的事物。

2. 积极处置危机

经过第一阶段采取紧急行动，控制了危机损失，尽力做到危机损失最小化，这之后，企业要从危机反应状态进入积极处理状态。在这一阶段关键是要遵循正确的工作程序，融积极性与规范性于一体，确保有效地处理危机。

（1）调查情况，收集信息。企业出现危机事件后，应及时组织人员，深入公众，了解危机事件的各个方面,收集关于危机事件的综合信息,并形成基本的调查报告,为处理危机提供基本依据。危机调查在方法上强调灵活性和快速性。一般主要运用公众座谈法、观察法、访谈法等方法进行调查。在内容上,危机调查强调针对性和相关性,一般侧重调查下列内容:一是迅速收集现场信息,以便准确分析事故的原因;二是详细、细致地收集危机事件的信息,包括危机发生的时间、地点、原因、人员伤亡情况、财产损失情况、事态发展情况、控制措施以及公众在事件中的反应情况;三是根据危机事件提供的线索,了解危机事件出现的企业组织背景情况,公众背景情况,找出企业、公众与危机事件的关键点;四是调查受害公众、政府公众、新闻媒介及其他相关公众在危机事件中的要求。

要注意从事件本身、亲历者、目击者和有关方面人士那里广泛全面地搜集本次企业危机的信息,无论是现场观察还是事后调查,都应详细地做好记录,除一般文字记录外,最好利用录音、录像、拍照等进行更为客观的记录,为进行危机处理提供充分的信息基础。危机事件的专案人员在全面收集危机各方面资料的基础上,应认真分析、形成危机事件调查报告,提交企业的有关部门。

(2)分析研究,确定对策。企业危机处理人员提交危机事件的专题调查报告之后,应及时会同有关职能部门,进行分析、决策,针对不同公众确立相应的对策(主要有企业内部对策、受害者对策、新闻媒介对策、政府部门对策、业务往来单位对策、消费者对策、社区公众对策等),制订消除危机事件影响的处理方案。在这个环节中,最重要的工作就是对危机影响到的各方面公众采取相应的对策。对策如何,直接影响着处理方案的运作和效果。

(3)分工协作,实施方案。企业制定出危机处理的对策后,就要积极组织力量,实施消除危机方案,这是工作的中心环节。在实施过程中应注意:第一,调整心态,以友善的精神风貌赢得公众的好感;第二,工作中力求果断、精练,以高效率的工作风格赢得公众的信任;第三,认真领会活动方案的精神,做到既忠于方案,又能及时调整,使原则性与灵活性均得到充分的体现;第四,在接触公众的过程中,注意观察、了解公众的反应和新的要求,并做好劝服工作。

(4)评估总结,改进工作。企业在平息危机事件后,一方面,要注意从社会效应、经济效应、心理效应和形象效应诸方面,评估消除危机的有关措施的合理性和有效性,并实事求是地撰写出详尽的危机处理报告,为以后处理类似的危机提供参照性文献依据。另一方面要认真分析危机事件发生的深刻原因,切实改进工作,从根本上杜绝危机事件的发生。

3. 重塑企业形象

即使企业采取积极有效的措施处理危机,企业的形象和销售额都不可能完全恢复到危机发生前的水平,危机对企业形象造成了损害,其不利影响会在今后企业的生产经营中日益显露出来。因此,企业危机得到处置,并不等于企业危机处理结束,企业危机处理还要进入重建企业良好形象的运营阶段,只有当企业形象重新得以建立,才谈得上转"危"为"安"。

(1)树立重建企业良好形象的强烈意识。在危机处理中,企业必须树立强烈的重建良好形象的意识,要有重振旗鼓的勇气,要有再造辉煌的决心,而不能破罐子破摔。只有当企业的形象重新建立,企业才谈得上进入良好的经营状态,企业危机处理才能谈得上真正圆满完成。

(2)确立重建企业良好形象的明确目标。在重建良好企业形象的过程中,确立重建良好形象的目标是必不可少的一个步骤。总的来说,重建良好企业形象的目标是消除危机带来的形象受损后果,恢复或重新建立企业的良好声誉和美好声望,再度赢得社会公众的理解、支持与合作。具体来讲,大致可以分为四个方面:第一,使企业危机事件的受害者或其家属得到最大的安慰;第二,使利益受损者重新获得作为支持者的信心;第三,使观望怀疑者重新成为真诚的合作者;第四,更多地获得事业的新的关心者和支持者。只有达到上述目标,危机处理才算是全面的和完善的。

(3)采取建立良好企业形象的有效措施。企业在确立了重建良好形象的明确目标之后,关键是采取有效措施实施,达到这些目标。这些措施包括对内和对外两个方面。对内,一是要以诚实和坦率的态度安排各种交流活动,以形成企业与其员工之间的上情下达、下情上传、横向连通的双向交流,保证信息畅通无阻,增强组织管理的透明度和员工对企业组织的信任感;二是要以积极和主动的态度,动员企业组织全体员工参与决策,做出组织在新的环境中的生存与发展计划,让全体员工形成乌云已经散去,曙光就在前头的新感受;三是要进一步完善企业组织管理的各项制度和措施,有效地规范组织行为。对外,一是要同平时与企业息息相关的公众保持联络,及时告诉他们危机后的新局面和新进展;二是要针对企业组织形象受损的内容与程度,重点开展某些有意于弥补形象缺损、恢复良好状态的公共关系活动,与广大公众全面沟通;三是要设法提高企业组织的美誉度,争取拿出一定的过硬的服务项目和产品在社会中公开亮相,从本质上改变公众对企业组织的不良印象。

二、危机处理中的传播沟通策略

企业危机事件发生后,为了求得公众的准确了解、深入理解、全面谅解,很有必要向广大公众传播有关信息。因此,在形象危机的处理中,为了增强信息传播的有效性,策划者必须提出一定的传播对策,以确保企业危机处理的顺利进行,取得良好的危机处理效果。

1. 迅速开放信息传播通道

企业危机事件的出现,往往会引起新闻媒介和广大公众的关注和瞩目,这时企业必须做到迅速开放信息渠道,把必要的信息公之于众,让公众及时了解危机事态和企业正在尽职尽责地加以处理的情况。面对新闻界的竞相报道和社会公众的着意打探,如果企业组织在这时隐瞒事实,封锁消息,不仅不会给企业带来什么好处,反而会引起新闻界公众的猜疑和反感,促使他们千方百计地从各种渠道收集材料,挖掘信息,这就很容易出现失实和不利的报道,从而更有可能给该企业的危机处理带来麻烦,产生新的形象危机。这时的社会公众也是最容易产生猜疑、误传或者轻信不良情况的,这更会给企业造成不利的社会影响。因此明智的做法是,开放信息传播渠道,公布事实真相,填补公众的信息空白,让新闻界传播客观真实的信息,让广大社会公众接受客观真实的信息。当然,开放信息传播渠道并不是让企业危机事件及其处理情况的有关信息放任自流,而是要让其有秩序地传播。这样,便要求企业做好信息传播的基础工作。

(1) 准备好要传播的信息。这主要包括信息的搜集、整理、分析、加工等内容。一是信息的搜集,信息的搜集一定要全面,要通过有关途径取得完整的企业危机事件及其处理情况的一切信息。二是信息的整理,其关键的问题是对已搜集的信息进行分类存档,以备查用,或为新闻界提供原始材料。三是信息的分析,即分析各种信息的真实性、可靠性,以及有这些信息反映的企业危机事件及其处理过程的发展情况,此外还要对这些信息中哪些应尽早传播,哪些应稍缓传播,哪些应大范围传播,哪些应控制范围传播等做出具体分析,拿出具体意见。四是信息的加工,即对需要的信息进行内容和形式的加工,其目的是确保信息传播的真实性和准确性,帮助新闻界做出正确的报道。

(2) 确定信息的发布者。即确定企业危机事件及其处理情况的正式发言人。发言人最好由危机处理专门机构正式确定,也可以临时委任。发言人的人选应视危机事件的性质和严重程度而定。发生重大危机事件的情况下,一般由总经理担任。在发生一般危机事件的情况下,一般由公关部经理担任。确定发言人的目的是确保对外传播信息的准确性和权威性,因此,在企业危机处理的过程中,危机处理专门机构的信息要全部汇向指定的发言人,发言人要完全了解和明白企业将要发布的信息。

(3) 设立一个信息中心(PIC)。在企业危机事件,尤其是重大的危机事件发生后,前来采访的记者会很多,前来咨询的公众也会川流不息。这时必须考虑设立一个信息中心。信息中心的任务是负责接待前来采访的记者和前来咨询的公众;负责为新闻记者指引采访的路径,并为其提供通信、休息乃至食宿的方便;负责向公众解答有关的咨询问题,并将公众的意见做好记录;在危机处理专门机构的统一部署、统一指挥下负责公布危机处理的进程。信息中心的负责人一般由危机处理专门机构委派的发言人担任,也可以由企业公关部经理担任。

(4) 始终坚持两个原则。在企业危机处理的过程中,整个传播过程都要贯彻两个基本原则:一是统一口径原则(A one-voice principle),二是充分显露原则(A full-disclosure principle)。危机处理的传播工作很重要,因为一言既出,事关全局,影响甚大,传播出去,驷马难追,所以必须注意统一口径,避免企业人员的言辞差异,坚持统一口径原则还能给公众留下企业是团结战斗的整体,企业领导人有能力、有决心、有诚意处理好这一危机的美好印象;还要坚持充分显露原则,对有关危机事件及其处理的信息知道多少要传播多少,不要有所取舍,更不要隐瞒或歪曲。

2. 有效控制新闻传播走向

开放的信息传播通道有利于避免新闻记者和广大公众的猜疑、误传,为人们提供了可靠的信息来源。但是,由于新闻记者和广大公众对于企业危机事件所持的态度不同,看问题的角度不一,因而也有可能使信息传播朝着不利于企业危机顺利处理、企业形象恢复重建的方向发展。所以,在开放了信息传播通道后,还必须有效控制信息传播的走向。

(1) 尽力进行事前控制。这是指在新闻媒介发布有关信息之前所进行的新闻传播走向控制,它是新闻传播走向控制的最为主动的办法和最为有效的措施。具体办法有:请权威人士发布信息；以书面形式发布信息；制作完整的新闻稿件，聘请权威新闻机构的新闻记者担任新闻代理人；邀请政府官员出面发表见解等。企业若能做好事前控制，对尽快摆脱危机、恢复正常的经营状态是十分有利的。

（2）适当进行即时控制。这是指在新闻媒介即将发布有关信息之时进行的新闻传播走向控制。这种控制一般难度较大，原因是记者如何写的一般不容易知道。所以必须多动脑筋，设法进行。一般地，应主要掌握前来采访的记者的情况，如有哪些记者曾前来采访过，他们是哪些新闻机构的记者。在此基础上，可通过两条途径进行控制：一是通过向新闻机构及时传达信息，达到对偏向新闻进行及时堵塞的目的；二是通过原来与新闻机构建立的各种联系，借助于内线人物达到对偏向新闻进行纠偏的目的。

（3）设法进行事后控制。这是指新闻界在发布了有关偏向信息之后所进行的新闻传播走向控制。这方面的办法主要有：当新闻记者发表了不符合事实真相的报道时，可尽快与新闻机构接洽，向其指明失实之处，提出更正要求；当新闻记者或新闻机构对更正要求有异议时，可派遣重要发言人，如当事人或受害者本人接受采访，反映真实情况，争取更正机会；当新闻记者或新闻机构固执己见，拒不更正时，可用积极的方式在有关权威媒介上发表正面申明，表明立场，要求公正处理，必要时可借助法律手段，但要慎重采用。

3. 消除危机处理中的谣言

谣言是毁坏企业形象、涣散企业组织的恶魔，企业在危机处理过程中，应注意预见谣言产生的可能性，一旦谣言产生要沉着应战，遇事不慌。危机事件中产生谣言的主要因素有：公众缺乏可靠的来自正常信息渠道的信息，人们得不到正常渠道的消息，就会向非正常渠道获取，就难免谣传纷起；公众缺乏完整的信息，信息不完整就会给人留下想象或捏造的空隙，从而产生谣言；危机形势紧迫，公众担忧和恐惧，感到形势无法控制对前景丧失信心，悲观失望，任由事态发展，也会产生各种谣言；传闻失实，小道消息流传，使公众对正常渠道的信息产生怀疑，这种怀疑使一些人信谣和传谣；从企业传出的信息有出入，不是统一口径，公众从企业听到不同的声音，自然会产生思想疑虑，这种疑虑是导致谣言产生和流传的基础。

企业消除谣言首先要消除产生谣言的气候和土壤。在企业危机处理中，要认真研究以上因素，仔细分析和观察事态的发展，保证信息渠道的通畅，积极沟通，这样，就能在一定程度上防止谣言的产生，一旦谣言产生，企业要以积极郑重的态度对付谣言。辟谣的对策包括：首先，要分析谣言传播的范围、造谣者的意图和背景、谣言的起因，以及谣言造成的影响，在分析的基础上寻求阻止谣言流传的最佳方案。其次，要选择恰当的媒介，及时提供全面的、确凿的事件真相，让事实讲话，让行动证明，动员一切可以动员的力量（包括企业员工和本地区的行政首脑、知名人士、舆论界权威和一切有社会影响的人），通过多种渠道、多层次的宣传，对付谣言的流传。最后，在企业内部广泛地开展谈心活动，进行各种形式的信息发布，让企业全体人员体会到企业辟谣的决心，加强企业的凝聚力。辟谣方案实施前，应召开基层人员座谈会，听取意见，保证辟谣工作的实施。

三、危机处理中的内部沟通

真正做好危机管理工作，需要企业高度重视内部人力资源的利用与潜力挖掘，在内求团结的基础上才会使得员工为企业的转危为安贡献才智。这时，企业内部沟通发挥着巨大作用，对于危机中的企业来说是至关重要的事情，必须提到议事日程上来。通过沟通，员工可以详细了解危机状况，容易唤起员工对企业处境的同情并增强责任感；通过沟通，员工会减少对企业的胡乱猜测，避免去做任何他们认为可能伤害到企业的事情，很少会主动去传播有关企业的谣言；通过沟通，员工安心于本职工作，保持工作的积极态度，自觉地充当企业危机管理的宣传者，有助于促使顾客、供应商和其他公众产生同感。

1. 危机中如何与员工进行沟通

（1）尽快和员工沟通。对于危机中的内部沟通，很多危机管理专家都强调一个"快"字。在危机发生之后，员工们应该得到在通过其他途径了解危机情况之前获知危机真相的权利，让他们成为企业喜怒哀乐的分享者。企业应该就危机形势与所有员工开诚布公地进行沟通，让员工清楚地知道企业可以公开的信息，如果有可能，可以采纳员工对危机的建议。如果危机比较严重，发生员工伤亡事故，要尽快通知员工家属，做好慰问及善后处理工作，并争取把这些坏消息毫不隐瞒地告诉其他员工。

（2）尽可能多地向员工传达有关信息。在危机中，员工希望知道尽可能多的危机情况，尤其是一些核心信息，谁也不希望被隐瞒。如果员工觉得自己能够以一种真实的不被操纵的方式了解整个情况，他们可能会更支持企业，但如果企业认为员工想要知道的是机密的事，要注意向员工解释为什么现在不能告诉他们。此时，企业可以根据需要细分员工，根据不同级别，采取不同的沟通方式，发布不同的核心信息。

（3）让员工同时得到重要信息。设身处地地为员工着想，确保所有的员工基本上能同时得知所有重要的信息。站在员工的立场上，用企业希望被对待的方式来对待员工，想一想如果企业是他们，那么他们想知道什么，企业有义务说明什么，会希望通过什么途径知道这些信息，时间间隔会是多长？此时，同时将消息传达给所有的员工可以使被传达的信息保持一致性，可以减少员工通过其他的途径得知这些信息而出现信息偏差的机会，有利于企业沟通工作的开展。

（4）为员工提供更多表达个人意见的机会。在危机中，员工需要有机会来提问题，探究问题的根源以及发泄不满。企业要通过诸如领导个别接见、部门或员工大会等途径给员工提供充分的提问机会，收集和了解员工的建议和意见，做好说明解释工作，让员工知道在出现新的信息和事情有所改变时，企业会及时与他们进行沟通，确保员工对于危机变化的情况都能及时了解，让员工随着企业的行动而行动。

2. 企业内部沟通的途径

在危机中，企业要考虑选择效果最好的沟通工具来传递信息，向员工告知事故真相和企业采取的措施，使员工同心协力，共渡难关。下面是一些企业可能会采用的沟通途径。

（1）员工大会与部门会议。这是企业说明重要问题的惯常作法，也是最权威、最正式的内部沟通方法之一。当企业员工人数比较少或者员工分散在许多地方但不可以实现电视、电话会议时，所宣布的事会对企业产生很大冲击，需要一个人同时向所有的人传达同一个信息时，员工大会这种形式是很实用的，通常效果也最好。要注意的是，应该留有大量的时间用于回答员工的问题，倾听他们的评论和建议。如果所宣布的事并不是很紧急或者企业太庞大以至于无法召开员工大会时，所传达的信息对某些部门的影响要超过对其他部门，部门层次的会议就是最合适和有效的了。在企业高层官员简要传达后，各部门的经理可以根据自己的领域进行发言，以表达他们对企业所采取行动的支持和信任，也要注意留出足够的时间来回答问题或听取员工的意见和评论。

（2）企业简报、公告、公告牌或企业报纸。在危机中，企业简报、公告牌或企业报纸是强化关键信息和提醒员工有关企业的信息和行为的便利工具，可以承担起内部沟通的媒介作用，尽可能真实地反映危机的实情以及危机管理的措施。只是由于企业报纸的出版周期较长，不利于危机的快速反应。一般来说，企业多采用企业简报、公告牌在企业内部随时发布信息，以便及时向员工通报企业的行动趋向。

（3）单独会见。单独会见是企业领导经常采用的内部沟通措施，可以很直接、随意地交流看法。当所传达的信息只会影响少数员工，并且需要他们理解企业决策以及对他们产生的特殊影响非常重要时，或者传达的信息特别敏感和重要时，单独会见是最有效的方式。

（4）电话与电话会议。电话作为便捷的沟通工具，在企业里应用最为广泛，危机管理中很多信息的传递都会涉及电话。当企业需要快速传达所要沟通的消息，并且不会因为这样做过于私人化而让员工反感时，可以考虑打电话。当只向很少的人传达信息，并且在传达的时候不需要同时联系多个员工时，电话是最有效的。而当处于危机中的几组员工需要迅速知道信息而且能有机会提出问题并给予反馈时，电话会议也是一种有效的沟通方式。

（5）互联网。互联网是现代社会沟通的便捷手段，很多企业通过内部局域网的建设，构筑了企业的网上世界。企业可能采用电子公告、公告牌、博客、微博、微信等方式随时向员工发布最新的重要信息，提供最新的管理策略，以及寻求员工们的建议与支持。

（6）非正式传播渠道。员工在工作中形成的人际关系构成了企业内部非正式传播的交流网络，传播形式多表现为小道消息。这种小道消息往往传播速度快，不受时间、地点限制，容易使双方产生亲切感，能够立即得到信息反馈并可根据信息反馈及时调整谈话内容，能够获得正式传播达不到的效果。小道消息具有两面性，如能善加利用，通过员工在生活中形成的一定人际关系所构成的非正式传播交流网络进行传播，传递正式传播所无法传送或不愿传送的信息，可以达到理想的传播效果。

四、危机处理中的信息发布

在危机中，企业可以通过什么途径进行沟通，如何保证效果，是危机传播管理工作应该考虑的核心问题。一般说来，企业与新闻媒体接洽、沟通，争取其公正客观的报道，可以利用的主要形式如下。

1. 新闻稿

新闻稿是一个由企业自己拟订的,用来宣布有关企业信息和官方立场的新闻报道,是关于危机情况的"明确"的新闻信息。新闻稿可以是企业声明,可以是企业新闻,也可以根据情况和需要决定其具体形式。通常,新闻稿篇幅短小精悍,当危机具有新闻价值时,企业可以及时分发给有关新闻媒体。实际上,许多企业都备有新闻稿,以便紧急情况下派发。大多数危机管理专家都认为,在危机中,新闻稿很难成为企业的唯一声明,但有助于说清事实真相,提供详细的背景信息,在企业希望把同样的信息同时传递给多家媒体的时候,采用新闻稿是最有效的。

2. 新闻发布会

新闻发布会具有隆重、高规格的特点,更重要的是记者可以在会上就自己感兴趣的问题和自认为最佳的角度进行采访,也可以促使企业与新闻媒体更加紧密和默契地联系和合作。如果危机引起了较大的关注,企业应该考虑召开新闻发布会,但是,是否应该组织新闻发布会,何时组织,如何组织,是一个很难做出而又非常重要的决策,企业需要考虑周全,这将直接关系着企业的命运。选择好新闻发布会召开的时间很重要。在危机中,如果新闻发布会开得太早,企业所能提供的可信信息就会很少,或者根本就提供不出来,反而使宣传效果不佳;太晚则会丧失转化舆论的先机,面临谣言四起的尴尬局面,增加企业危机管理的难度。企业一般只有在调查得到了足够多的信息,充分了解了企业的处境与所采取的措施之后,才会主动召开新闻发布会,而在持续时间较长的危机中,可能还要召开多次新闻发布会。

当决定召开新闻发布会时,企业应考虑以下问题:一是新闻发布会要达到什么目的?二是除新闻发布会外,是否有别的替代方式?三是回答记者提问是有助于解决问题,还是会使问题更糟?四是在危机中,企业对公众负有什么责任?计划采取什么措施予以解决?五是在新闻发布会前发布一个事先准备好的声明,将复杂的事情简化。需要特别强调的一点是,记者往往精于判断新闻的真实性,因此,企业发布的消息是否有新闻价值要在新闻发布会之前必须予以确认,此新闻为什么在现在发布,效用如何,必须考虑清楚,除非企业能提供一个重要的、合乎时宜的声明,否则就不要轻易召开新闻发布会。

新闻发布会应避免与一些社会上重大的活动和纪念日相冲突,具体时间最好选在上午 10 点或下午 3 点为佳,这样既可以让危机管理小组成员在早上或中午再花些时间进一步对所要发布的消息进行精炼处理,也可以方便记者到会,还可以给记者留出几个小时的时间来编辑加工的内容。一般的新闻发布会,正式发言时间不超过 1 小时,会留有时间让记者提问,发布会后,一般为记者准备自助工作餐,给记者提供交流和对企业领导人进行深入采访的机会。确定好具体时间后,企业要提前向记者发出书面邀请,最好在邀请函上附一回执,以便确认记者的身份,做好接待工作,同时也给记者留出充分的准备时间。

3. 媒体采访

接受新闻媒体采访是危机中企业领导和新闻发言人的必修课,因为记者总是渴望知道得更多,而企业领导和新闻发言人无疑是最佳采访对象,这时企业就要考虑如何面对新闻媒体的专访问题了。一般来说,当企业要给媒体提供特定的线索或消息时,最好是采用一对一的媒体专访,这也是与个别媒体联系的最好方法。不过,在记者的采访过程中,很容易遇到记者提出的一些难题。记者为了获得更多的新闻素材,往往会采用职业技巧来让被采访者自动落入记者的圈套中,甚至是采用欺骗的手段,特别是对那些不能够给予媒体很好条件的企业,记者会竭尽全力地挖掘企业的新闻价值。此时,企业领导和新闻发言人就迫切需要提高个人能力,掌握应对记者的基本技巧了,这里结合中美史克公司新闻发言人杨伟强就《中国经济时报》记者的专访,谈谈应对建议。

第一,错误前提。记者故意以一个声明作为问题的开端,测试企业是否会更正这个声明。真正的问题也许跟这个前提毫无关系,但记者会用它来判断企业的反应。要是没有反应,记者就会据此推断企业对于这个前提的某些看法。

对策:如果该前提不正确,在回答问题之前应立即给出实际情况,进行纠正,绝对不要接受一个错误的前提。

> 记者:有人认为,国家药监局的政策有点仓促,中美史克是否承担了不该承担的损失?
>
> 杨伟强:药监局作为国家药品安全管理部门,肯定要对全国老百姓的健康负责。回到我刚才说的,这就是大我与小我的关系。我是相信药监局既想保护企业,也想保护老百姓的健康,一旦两者发生冲突时,政府自然要把12亿人口的利益放在第一位,小我要服从大我。

第二,假设情况。记者想要企业来谈论某些企业也许会回避的事情时,最常用的方式之一就是通过对某些可能发生或者根本不会发生的事提问,希望企业能够谈谈这件事,从而使企业透露某些具有新闻价值的信息。

对策:告诉记者企业不会就假设的情形发表看法,而且要管住自己不这么做。

> 记者:根据你个人以及企业所知道的专家意见,你认为康泰克到底有没有问题?
>
> 杨伟强:一个人或者几个人的看法不足为据,要想得出一个权威的结论,必须有一个专家群的统一意见。

第三,我听到一个谣言。有些记者为了对企业内部信息了解更深入,也许会看一看企业对他们事先捏造的事情有何反应,从而在无意中从一个有趣的角度涉及关键主题。

对策:如果谣言不是真的,就应该立刻加以否定,还要注意给出企业适当的理由,最好随时准备好一些有利于企业申辩的材料,以便更有说服力地答复这些问题。

> 记者:PPA事情出来后,就有消费者都给我们打电话说,他吃康泰克有副作用,康泰克早就应该被禁。对这一问题,你如何看待?
>
> 杨伟强:康泰克在中国销售了12年,之所以能在市场上发展这么多年,不是靠我们打广告能做到的,靠的是这种药在大多数人那里是安全的,有疗效的。从销售开始,如果平均每次服用4~6粒,那么全中国就有8亿多人次服用过这种药,如果没有疗效,恐怕早就被扔到臭水沟里了,怎么会生存12年呢?但药的副作用是客观存在

的,有些人副作用可能会大些,有些人可能会小些。

第四,对竞争对手做出评论。很多时候,记者会要求企业对竞争对手进行评论,这些问题可能很自然地涉及竞争对手的新的广告活动、企业领导或转移到新目标市场的决策,但是企业要知道这有可能会引起企业与同行之间的争执与竞争。

对策:把不谈论竞争对手作为企业的行为准则,尤其是在危机中,向记者说明企业的处境并争取其理解。需要注意的是,企业不可能完全了解竞争对手所做出的决策,而且任何企业也不会愿意让竞争对手来剖析自己,所以,企业最好不要对此抱有什么幻想。

> 记者:你们的竞争对手在PPA事件发生后,利用这一市场空隙,你怎么理解?
>
> 杨伟强:在事情发生以后,我们的一些竞争对手必然会利用这个机会多占些市场份额,也有和我们代理商接触的,这很容易理解。但在这个问题上,我们的代理商始终和我们站在一起,这令我非常感动。

第五,固执的记者。有时候,有些记者为了获取独家新闻,会试图要挟企业提供他们正在寻找的信息,要是企业不愿配合,他们就会以报道不利的新闻或从其他地方查找信息来威胁,给企业造成压力。

对策:企业冷静地向记者表明其可以做任何他们想做的事,但企业不会背离自己的原则和判断,同时简要地解释一下企业为什么不愿深入的原因。

> 记　者:康泰克在中国感冒药市场上占的市场份额有多少?
>
> 杨伟强:说不清楚。你们知道,现在各种对市场份额的统计很难说是准确的。
>
> 记　者:你们的产量有多少,是否可以透露一下全年的销售额?
>
> 杨伟强:这不可以说。药品是有季节性的,冬天和春天,一般是感冒高发季节,感冒药的市场需求就大,是感冒药销售的黄金季节,这段时间产量就会相对大一些,反过来,夏季的产量就小一些。

第六,对新闻媒体说"无可奉告"。很多经验表明,企业"无可奉告"只会显得企业本身不可信或者在试图逃避问题。

对策:在回答记者的提问时,尽可能不说"无可奉告",只要企业有所准备,就应该多披露一些内情。为了避免说些不利的事无法直接回答被问的问题,可以采取多种方法予以转移话题,而不要总是说"无可奉告"。

> 记　者:康泰克的停产给企业造成了多大的经济损失?
>
> 杨伟强:暂停使用康泰克确实给企业带来了经济损失,但是这里边有一个大我和小我的关系。从大我的角度来看,我们认为,政府做出这样的决定,是对消费者负责,是有道理的。

五、网络危机应对

在21世纪的今天,网络作为一种大众媒体,其重要性日益得到重视,企业通过网络可以更好地宣传自身及产品,甚至利用网络完成企业经营中的一些重要职能,例如采购、支付及售后服务等,而公众通过网络可以更便捷地了解企业和产品,满足自己的消费需求。但是,正是网络传播的种种特点,为网络危机的产生提供了温床,使得网络成为企业经营的一把双刃剑,全球约有高达 20%的企业曾因为网络攻击而产生企业危机。

互联网的飞速发展使越来越多的受众角色发生了转变,从受传者变成了信息的主动传播者。他们通过论坛、社区、微博、微信、空间说说等渠道发表自己的言论和见解,尤其是一些社会地位较高的意见领袖发表的观点具有很强的舆论导向作用,信息在网络上一传十、十传百,很快就会形成规模效应,甚至会影响事情的发展方向。近些年,许多企业面对网络上曝光出的负面信息束手无策,往往采取消极逃避的公关策略,这也就加深了人们对企业的不信任感,使事态向无法弥补的方向发展下去。因此,网络信息时代,如何防范和化解网络危机是每个企业都必须重视的新课题。

1. 网络危机概述

(1) 网络危机的表现形式。网络危机是指由网络产生、传播或扩散升级的具有严重威胁及不确定性的情境。网络危机及其后果可能会对企业及其员工、产品、服务、资产(股价)和声誉造成巨大的损害。网络危机的表现形式主要有以下方面。

① 网络谣言。网络谣言是网络上十分常见的对企业具有很强杀伤力的网络危机。造谣者出于娱乐、发泄或者因商业竞争或政治斗争的需要散布网络谣言。例如,肯德基就曾经深受网络谣言之苦,该谣言声称肯德基是用转基因工程培育的快速生长的无头鸡来进行生产的,在世界各地传送,对肯德基的名誉打击不小。

② 病毒及黑客攻击。这是使企业网站及相关经营职能陷入停滞的常见原因。例如,黑客攻击索尼官方网站,导致首页出现许多辱骂言论,索尼只得更换域名指向才挽回局面。

③ 一般性事件的升级。一般性事件是指企业生产和经营中发生的个别产品质量问题或者服务的纠纷。一般性事件经由网络扩大升级,是一种常常被企业忽视或反应缓慢的网络危机。例如,康师傅的"水源门"事件,在第一篇网络帖子出来后,康师傅明显对其随之引发的舆论批判狂潮预料不足,所以回应态度与控制策略做得不尽如人意。于是"水源门"议题在多种因素的作用下,被催变成为一场网络的话题狂欢宴,不仅针对水源问题,康师傅作为方便面企业,作为饮料企业,它过去被消费者所忽视的一个又一个问题再次被重新提出来,使得康师傅"水源门"事件大规模爆发。

(2) 网络危机的特点。网络危机的特点可以结合网络时代传播的特点理解如下。

① 传播的即时性。网络使信息传播的速度变得特别快。随着互联网的普及,网络上的一张图片,几分钟的视频,甚至是短短的聊天对话,都可能在网络上迅速传开,相关信息就能快速准确地传递出去。由于网络的大众性以及公众本身具有的正义感,企业的负面消息很容易被传播,信息在网络上迅速、大面积传播,留给企业组织反应的时间大为缩短,使危机管理工作愈加困难,如不能及时消除负面影响,处理不当,小危机常常演变成大危机,地区性危机常常演变成全国性危机,给企业带来无可估量的损失。

② 传播内容的不可控性。也就是传播内容难以控制,互联网传播不同于传统传播模式,首先是少数传统媒体才有传播机会,一条信息要经过各个不同编辑层层审核才会发

布,而互联网上面有大量论坛、博客、各种聊天室及各种类型的网站,这些地方都可以发布信息,微信等网络即时通信工具的普及,也可以瞬时把信息点对点、点对群地传播出去,这些情况下出现什么样的信息,完全是无法控制的。

③ 话语权相对平等性。互联网不同于传统传播模式的还有一个非常重要的地方就是话语权平等,当然这个平等是相对而言,在传统媒体环境下,只有媒体才有信息发言权,而在互联网环境下,谁都可以说,各种信息同时被展现在网民面前,而不是传统模式下的只有筛选后的信息才能传播。这样,一个默默无名之人可以在网上批评一个著名企业,而他的批评言论还有很大机会被广泛传播,这在传统传播模式下是不可想象的。

④ 网络信息的易接受性。网络时代,每个网民都可以自由地通过微信、微博、博客、QQ 等方式来表达自己的思想见解,并通过转载、共享、跟帖等手段来相互交流。在网络环境里,网民隐去真名,没有顾忌,也比较情绪化,缺乏责任感,网民的发泄也更具鼓动性和煽动性,网民之间的相互影响加剧,导致信息的客观性、严谨性、真实性大打折扣。这一方面极大地拓展了人们的言论自由,而另一方面也为流言的传播营造了温床。如果一个企业遇到危机的时候不能及时化解相关负面信息给企业带来的不利影响,网络上对该企业的负面评价将会逐渐成为一种主流,从而影响社会舆论朝着不利于企业的方向发展。因此,企业在应对危机的时候必须重视网络的巨大影响力,否则企业将会付出更高的成本,甚至会破产。

⑤ 信息的长期残留性。在互联网上即使问题得到了解决,负面信息也会遗留在互联网上。而且很容易让网民找出来,这样就会一直影响企业的形象。而传统媒体,广播电视是过后就消失了,报纸杂志一般人也不会经常去找以前的资料。而网络不同,随着搜索引擎的出现和技术的提高,很久以前的信息都很容易被网民找到。

互联网由于是一个新生事物,它具有与传统传播模式很多不同的特点,同时由于出现时间比较短,这样很多企业在应对经验和策略上都出现了很大不足。因此,在互联网时代,保持企业形象和危机管理变得越来越重要。

2. 网络危机的产生原因

网络危机是在网络环境下产生的,所以网络危机产生的原因是和网络传播的特点相对应的。一般来说,网络危机产生的原因如下。

(1) 网络作为媒体的自由度更高。传统媒体由于法律法规的限制以及传播范围上的约束,发布的信息一般来源于官方,故可信度较高,可以有效限制谣言及一般性事件的升级和扩大。而网络媒体由于论坛(BBS)、博客(BLOG)和网络社区的存在以及网络发言的匿名性,信息的来源复杂,审查也较传统媒体宽松,因此网络毁谤和传递谣言比以前更加容易;而对网络谣言的受害企业而言,与传统谣言和毁谤相比,网络谣言的威力和影响力都更大。

(2) 网络的传播速度更快。在网络资源中,大量的中小网站没有自己的采编队伍,因而大量采用转帖、复制或者直接引用的方式传播信息,使得同一信息在短时间内充斥各个网站和社区。这种信息传播方式的速度比传统媒体那种采访、撰写、审查、刊登或者获得授权转载、引用的典型方式要迅速得多,成本也低得多,从而导致企业面对网络危机的反应时间大大缩短。一些小事件可以演变为难以控制的危机，一些原本站不住脚的谣言经过"三人成虎"似的复述以及添油加醋般的改编会影响广大受众的判断。

（3）网络的互动性。有人曾经说过："网络让每一个人都有机会成为发言人。"这话虽然有一些夸张，但是网络的广泛参与性之强可见一斑。互联网的出现极大地刺激了广大公众参与社会事务的积极性。这样，通过网络讨论，一些普通事件和纠纷会升级到对整个品牌和企业的攻击；一些孤立的经济事件容易上升到政治和民族感情的高度，产生超越产品和服务本身的危机。例如，美国耐克公司和日本立邦公司的广告风波经过各大论坛的讨论和渲染，都被上升到中美、中日关系的层面，大大超出了厂商的控制范围。

（4）网络的脆弱性。整个互联网是由一个个相对独立又紧密连接的节点和终端组成的。网络的开放性和无界性造成了"脆弱"这一网络的特点。任何一个终端通过一定的路径都可以访问到另一个终端，甚至可以更改、替换该终端的内容。据媒体报道，40岁的英国黑客格里·麦克金诺利用完全从网络上获取的技术，从家中的计算机上先后袭击了包括美国航天局（NASA）、五角大楼及美国海军基地在内的200多台电脑，造成了70多万美元的财产损失及其他无法估量的后果，被称为"历史上最具破坏性的军网黑客"。层层设防的美国军网尚且如此，普通企业的网站及网上经营的安全性就值得担忧了，很多网站几乎是毫无防备地暴露在危险之中。

3. 网络危机预防与处理

（1）网络危机的预防。面对网络环境下传播模式的巨大变革，企业应对危机的传统公共关系策略遇到了空前的挑战甚至颠覆。如何有效地建立并完善应对网络危机的公共关系策略成为摆在企业面前的重要课题。在企业日常运营中，应加入防范网络危机的工作，使得防范网络危机日常化、制度化，力求从机制上减少或者快速发现危机的发生。为此，企业应该从以下几个方面入手。

① 设立网络安全专员。鉴于网络危机的破坏性以及预防和化解危机所需要的专门知识，企业有必要在公共关系部门或者网络部门下设网络安全专员。统筹企业日常的危机防范工作以及危机发生时的企业公共关系策略安排和资源配置。由于网络危机发生的根源可能存在于企业生产经营的各个过程而且可能牵扯多个部门，危机发生时很有可能出现职责不清的情况，这个时候，训练有素的网络安全专员就可以统筹规划，以标准的程序处理危机，而不会出现部门间扯皮的现象。

② 建立网络危机监测体系。化解网络危机最好的办法就是早期发现，这就需要企业建立完善的网络危机监测体系，把网络危机监测纳入正常的经营活动中去，防微杜渐，最大可能在危机没有扩散的时候就消灭它。监测工作包括定期浏览三大门户网站（网易、新浪、搜狐），各大传统媒体的网络版（人民日报网络版、新华网等）和主流的有较大影响的网络论坛和社区（天涯和猫扑等）查找和企业相关的信息，识别和分辨出可能的网络危机苗头；定期利用主要搜索引擎（谷歌、百度和雅虎等）以企业名以及企业的主要产品和服务名为关键字进行搜索，查看相关的新闻和评论，发现问题及时上报解决，杜绝不良信息上升为网络危机的可能；定期检查企业网络设备和防火墙系统的安全性和稳定性，及时更新和升级杀毒软件和防黑客攻击软件，使得企业网络更加安全。

③ 建立、健全网络危机应急预案。网络的特点注定了网络危机的不可预测性,企业不可能知道网络危机在何时、何地,以何种形式、何种规模发生,所以必须在专门人员的指导下,于危机来临前就建立和健全网络危机处理应急预案,充分考虑网络危机发生时可能出现的状况,提前制定危机发生时企业将要采取的措施、步骤和人员安排。这样可以规范网络危机发生时的应急管理和应急响应程序,明确各部门的职责,可以有效提高企业抵御网络危机的能力。

④ 加强全员网络安全培训。网络危机涉及企业的方方面面,和企业的每一个人都息息相关,不光是网络安全专员、网络部门或者是公关部门的事情。企业定期进行全员的网络安全培训可以增强员工的网络危机防范意识,熟悉网络危机应急的步骤和任务,在危机发生时可以更好地配合网络安全专员的工作,形成解决危机的"合力"。

(2) 网络危机的处理。当企业确定网络危机发生时,企业应该迅速反应。公关专家帕金森(Parkinson)认为,网络危机中因为传播失误所造成的真空,会很快被颠倒黑白、胡说八道的谣言所占据。网络危机的来临犹如野火燎原,蔓延迅速,所以企业在面临网络危机的时候务必迅速反应,以积极务实的态度面对问题,主动抢占媒体先机。为此,企业可以采取的措施如下。

① 成立以企业高层领导为组长,网络安全专员牵头网络技术部门、生产部门、公关部门、客服部门和法律部门等各方组成的网络危机处理小组。由于网络危机形式的多样性和复杂性,危机处理小组必须由各个相关部门的同事组成,这样可以确保处理危机时需要的各项资源和专门知识;危机处理小组必须由企业高层挂帅,确保处理小组的工作畅通无阻。

② 发表企业声明或者道歉。在网络危机袭来之时,企业必须发表官方的声明以正视听,这样可起到拨乱反正、澄清事实的效果。在产品和服务出现缺陷的时候,应该公开道歉。企业发表官方声明和道歉的形式有:召开新闻发布会;在官方网站提供声明网页,并以首页链接或者自动弹出的方式出现;向主流报纸、电视台、专业杂志以及主流网络媒体发送声明新闻稿,并且利用与媒体的关系使声明在相关媒体显著位置出现;在主流讨论区和论坛发表官方声明帖,可能的话使之置顶显示。官方声明和道歉必须显示出足够的诚意和耐心,必须正视问题而不能试图掩盖或者狡辩,那样做只能增加危机扩大的可能。例如亨氏公司在爆发苏丹红事件之后表示"工商部门检测表明,每瓶问题产品只含 0.6‰的'苏丹红',只相当于抽半支烟。"这一好似狡辩的官方声明丝毫无助于问题的解决,舆论一片哗然。而当亨氏随即把责任全部推给供货商之后,这一品牌在消费者心目中的地位已经不可挽回;肯德基在苏丹红事件后的诚恳道歉迅速赢得了消费者的尊重和理解,圆满地化解了危机。正反两个事例说明了企业网络危机处理中态度的重要性。

③ 采取实际行动解决问题。只有实实在在地处理危机的行动才可能化解危机,赢得信任。对于网络病毒以及黑客攻击可以采取的行动有:迅速组织技术力量进行维修,力求尽快恢复网站和服务;承诺加强网络维护的人员、技术和设备,给消费者和网民以信心;配合公安机关追查攻击来源,必要时运用法律武器维护自己的权益。

对于网络谣言,企业可以:说明事实真相,必要时可以提供权威部门的质量检测报告等;指出谣言的不实之处及谬误,揭露谣言的险恶用心,这样可以赢得公众的信任和同情;

表示欢迎消费者和舆论监督,可以邀请消费者和媒体代表参观企业及其供货商的生产过程,让公众眼见为实。

对于企业发生的一般性的质量问题和纠纷,企业应该:保证退换或者召回相关产品;封存并销毁有问题的产品,可以邀请公众监督;对受到伤害的消费者进行及时赔偿;更换出现问题的原料的供货商;让权威部门出具整改后的检测报告。企业面对网络危机的时候只有采取这样一系列的行动,才有可能从源头上解决危机。

④ 强化危机后传播工作。在网络危机解决后,企业要通过各种网络媒体让这些信息分散在互联网上,这样可以在将来网民借助搜索引擎进行搜索相关信息时,不至于搜索到的仅仅是一堆的负面信息。同时,我们要记住事后反思是必须要做的事情,只有有效的反思才能总结经验,不管这次应对处理效果如何,要争取下次不犯同样的错误。

课后练习

一、简答题

1. 某商场近年来公共关系危机出现的概率明显增加,为了保证公共关系系统的良性运转,总经理专门外聘了公共关系专家对企业公共关系人员进行了培训,在培训课上,专家着重强调了危机管理过程中的沟通协调要点和技巧,你作为一名学员,听了之后认为应掌握哪些内容?

2. 一家经营食品的公司因为产品变质而出现中毒事件引发了危机。该公司采取了许多办法和措施来挽救公司面临的危机局面,取得初步成效。这时,公司领导宣布,危机已经基本结束,要求抓紧时间组织生产,夺回经济损失。请问,公司领导的行为是否正确?他还需要做哪些传播沟通工作?

3. 中午接到通知,说有电视台带用户来公司采访用户投诉事宜,且用户情绪激动,已经和保安有言语冲突,电视台正在录像。面对这种情况你如何处理?

4. 举例说明,组织应该如何应对网络危机?

5. 网络上的危机事件常常起源于论坛,爆发于搜索引擎,这种负面信息在互联网上可能以几何倍数迅速增长,形成负面影响,并且会持续相当长的时间,如何清除这些负面信息是必须面对的问题。请你以某企业在互联网上的负面信息为例,进行具体分析。

6. 假如网上有新闻报道说汇源使用腐烂水果做果汁,假设你是汇源公司的公关经理,你应该做哪些事来处理这次危机?

二、案例分析

案例1 圣元乳业的危机处理

2012年1月11日,媒体报道江西都昌县一龙凤胎一死一伤,疑因食用圣元优博所致。消息一出,一石激起千层浪,将刚走出"激素门"的圣元乳业再次被推到舆论的风口浪尖。如何澄清事实,还原事件的本相,对于圣元乳业来讲又将是一个无法回避的问题。最终,事情的结果如圣元所愿,圣元乳业得以沉冤昭雪,成功化解了此次危机。

2012年1月7日，死者去世后，家属找超市和圣元奶粉经销商，事件开启。

2012年1月10日，死者家属将尸体摆放在超市门前停尸问责，圣元江西分公司主动向当地工商和公安部门报案，事件升级。

2012年1月11日，圣元营养食品有限公司、客服部人员、生产总监表态积极配合相关部门调查，公司统一向外界发布信息。

2012年1月12日，圣元发布《20111112BI1批次出厂检验报告》，所有检验项目检测结果均为"合格"，圣元国际董事长兼CEO张亮表示，非常同情遭受了这一悲剧的家庭，与此同时，坚信这是与圣元产品无关的孤立事件，已决定不召回其任何产品。

2012年1月13日，第三方检测结果出炉，九江都昌县人民政府也对该事件发布公告，江西二套《都市现场》就事件采访了都昌县工商局秦局长，事情得以澄清。

尤其在事实澄清后，圣元及时在其官方网站公布称："九江都昌政府在江西电视新闻发布：权威检测结果已出，圣元奶粉合格，与孩子死因无关。"并在一些其他相关媒体发布或转载正面文章，如：网易财经《工商部门为圣元正名，龙凤胎一死一伤事件与奶粉无关》、新华网《权威检测结果还圣元奶粉清白！》、新华报业网《圣元奶粉最新事件结果：质量才是硬道理》、新浪博客、大周网《圣元奶粉检测合格 婴儿死因与奶粉无关》等。这些正面文章为自己消除了事态的后续影响。

至此，圣元"致死门"事件画上一个圆满的句号。

（资料来源：http://www.cmmo.cn/article-90398-1.html.）

思考与讨论：

圣元乳业成功地平息危机事件给我们哪些启示？

案例2　高晓松的危机公关

老实说，高晓松以往形象不大好。尽管他曾经写过众多脍炙人口的歌曲，也唱过一些流传甚广的歌，但他总在各个节目中露面并点评，带点刻薄和洋洋自得的劲儿，招得一些人烦。再加上他为人一向不拘小节，容易开炮，经常得罪人。所以当他酒醉驾驶之后，他之前累积的那点"人缘"加上大众仇富仇星心理，让他成为众矢之的，被网友骂得体无完肤。当时有人甚至预言：高晓松应该就此栽了，再也起不来了。

可通过法庭上、看守所中，以及释放后一系列言语行为，高晓松已经成功地打赢了这场"形象翻身仗"，从"败类"转型为"爷们"，这中间的步步推进值得公关界参考，尤其是那些在演艺圈声名已到谷底的明星，尤其需要学习。

审判：正是在北京东城法院的那场有众多媒体直播报道的庭审，成为他打"形象翻身仗"的首战平台。在审判庭上，高晓松态度谦虚，多次道歉，他不仅对受伤的人予以最大程度的赔款，还对自己进行了最深刻的剖析，"我对自己的行为表示忏悔。昨天第一次离开看守所，当我戴着手铐坐在囚车的地板上，看着车外自由的阳光和行人我在问自己，我一直以为喝酒能给人自由，我却因喝酒失去了自由。这是因为我喝酒的自由严重侵害了别人的自由。我明明知道酒驾上路对他人的生命和自己都是极端不负责任的，但我还是做了。我感谢媒体和大众给我教育。我认识到这不是简单的意外，是我长期以来浮躁的结果。我愿意彻底反省，首先做一个守法的公民，再做一个有社会责任的艺术工作者。我愿意终身做义工,宣传不要酒驾,我愿意拍摄宣传片告诉大家。酒令智昏,以我为戒。"

当最终审判结果判定他必须服役 6 个月,他并没有再次辩护,而是选择了弃诉。高晓松的律师当时说,是高晓松自己要放弃的,希望能惩罚自己,因为早已在良知和道德上给自己判罪了。这一番说法当时打动了很多人,纷纷都夸奖"高晓松是爷们!"

看守所:进入东城看守所的高晓松并没有如同部分网友预料的,轻松简单地混日子,而是跟普通犯人一样,每周洗澡两次,使用了亲属定期探视和用书信及磁卡电话联络的权利。在看守所中,他做了不少事情,创作新的作品;遥控完成了《大武生》的宣传;毁誉参半地翻译了马尔克斯的晚年小说《昔年种柳》的片段,还为崔永元的纪录片《我的抗战 2》制作主题歌。

拘役期间,他还接受了某周刊的采访,在文章中,他谈道:"我既不是冤案,更不是革命烈士,甚至犯的罪都是低智商低技术的笨罪,坐的牢也没啥特别,与万千囚徒一样乏善可陈,生活上没啥好说的,就当穿越回从前过一过父辈清贫清淡清净的日子。"如此洒脱态度,也让众多网友认为他早已诚心悔改。

在看守所的这段时间里,高晓松的助理一直替他管理微博,一方面保留和粉丝们交流的渠道,使得大家不至于忘记他;另外一方面,也能及时地辟谣发布消息。在高晓松刑拘期间,该助理在微博上一直忙于宣传《大武生》;贴一些高晓松以往创作的作品;代替高晓松与朋友和粉丝互动,还负责辟谣和澄清,成为高晓松和外界联系的最关键渠道。

获释:到现在高晓松获释仅仅一天,表现都非常明智。刚从看守所出来时,他曾经试图躲避蹲点儿的媒体,当各种飙车未能阻挡后,只能任拍了。这样的情形首先给他赚得了同情分。在微博上,他再次跟网友打招呼:"11 月 8 日,立冬,期满,归。184 天,最长的半年。大家都好吗?外面蹉跎吗?"此微博一发出,引发众多网友转发,10 分钟内转发达到2000 次。

在 9 日当天,他在机场面对媒体的表现更是堪称大度,不仅以"你们是昨天追车的那些人吗?你们开车真是勇猛"缓和气氛,还现场鞠躬祝记者节日快乐,让大家再次折服于他的"谦逊"与"礼貌",与当初的桀骜不驯的痞劲儿相差甚远。

而在微博上,他也再次发挥了自己的幽默与洒狗血的才情,写下:"登机赴美,躲躲媒体和酒水。临行和大家分享一句这半年常拿来鼓励自己的洋话:Even a stopped clock gives the right time twice a day(即便一座停摆的钟,每天也有两次是准的)。与所有暂时停摆的钟共勉。"如此励志的话也成功帮获网友心,可以说打赢了这场"翻身仗"。

(资料来源:肖旋,http://news.xinhuanet.com/ent/2011-11/09/c_122255159.htm.)

思考与讨论:

(1) 结合案例谈谈高晓松凭什么打赢了这场"翻身仗"?

(2) 高晓松是如何开展传播沟通摆脱危机重塑形象的?

案例 3 百度被黑事件

2010 年 1 月 12 日早上 7:00 左右全球最大中文搜索引擎百度突然出现无法访问故障,域名无法正常解析。至 9:30,太原、天津、郑州、烟台、长沙、成都、沈阳等地均出现百度无法正常访问的现象。10:45,百度官方表示:由于 baidu.com 的域名在美国域名注册商处被非法篡改，导致百度不能被正常访问，公司有关部门正积极处理，使 www. baidu.com 能够正常访问。自 11：00 起，各地网络开始恢复对百度的正常访问。12：51，对于百度被黑事件，CEO 李彦宏在百度贴吧上，以"史无前例"表达了自己对于事件的震惊。当日下午 6 点，百度发表正式声明，称目前已解决大部分登录问题。对于部分中国网友基于义愤报复性攻击其他外国网站的做法，百度称"我们并不鼓励这样做，请大家保持冷静"。作为国内最大的网络搜索平台，百度的突然被黑显然在网友中引起轩然大波。从应对网络危机角度看，百度方面的做法近乎完美：在第一时间对事件做出回应；快速运用技术手段对问题进行技术处理；CEO 李彦宏借助于网络发表自己对于事件的看法，消除广大网友的猜疑和疑虑；而对于广大网友克制性的提醒，显示了百度的大度与应对事件的全局观。如此系统的危机应对策略，保障了问题顺利得到解决，并赢得了广大网友的好评。

（资料来源：郝树人,刘菊.公共关系学[M].大连：东北财经大学出版社,2011.）

思考与讨论：

(1) 百度如何从根本上避免类似危机的发生？

(2) 互联网企业应怎样应对网络危机？

案例 4 "西门子冰箱事件"始末

2011 年 9 月 27 日，前新东方知名教师、微博达人、牛博网创始人罗永浩在发现自家使用了 3 年的西门子冰箱存在门关不严的情况，于是他在其微博上抱怨了此种情况。不想此抱怨一出，被 2000 多网友转发和跟帖。并曝出有近 500 人遭遇了类似的问题，涉及五六种型号。数名经过实名认证的西门子员工看到后，立刻与其在微博上展开骂战，引起大量粉丝转发并评论，最多的评论数超过 3000 个。西门子家电在两天后发布微博，否认产品质量问题，而把责任推脱在用户的使用技巧上。这种态度导致双方微博口水战升级，并同时引发诸多网站和媒体相继报道转载，一个小小的冰箱门质量问题带来的影响已经远远超过了问题本身。

11 月 20 日，罗永浩和作家冯唐等人来到西门子（中国）北京总部大楼外，将 3 台冰箱砸坏，要求西门子公司解决问题并召回问题冰箱。此事引发部分媒体进行视频拍摄并放置于网上得到海量转发，但 5 天之后在博西家电的媒体沟通会上，西门子公司声明所有在中国生产、销售的西门子冰箱均符合国家标准，并要求消费者维权应该在合理、合法的范围内进行。西门子公司进行客服热线回访和开通微博向消费者解释和回应相关事宜，提出导致冰箱门无法关紧原因可能是冰箱内物品存储过多、底部底脚不平整或胶条等零部件老化等。

12 月 4 日，西门子家电中国区总裁兼首席执行官罗兰·盖尔克在形势迫不得已的情况下，通过视频向对西门子冰箱门关闭效果不满意的消费者首度公开致歉，并在强调西门子整体不存在质量问题的前提下提出了相应的解决措施，如："开通微博客户服务平台，解决网络投诉和维修申请；提供免费上门检测服务；在条件允许的情况下为消费者免费安装闭门器。"

但此举似乎并没有平息事件主角罗永浩心中的怒气，认为西门子公司并没有给出特别明确的答复。并扬言,如果在一两周内没有得到明确答复和妥善处理,他将集结对西门子企业不满的消费者在 798 广场共同砸自家的西门子冰箱,其中包括作家韩寒。

截至 2011 年 11 月,西门子出现"冰箱门",《中国企业报》记者得到的数据显示:从 2009 年至 2011 年 9 月,西门子在中国冰箱市场的零售量份额占比已经出现"三连跌"。

(资料来源:杨玉婷.新媒体视域下企业突发事件的网络危机管理——以"西门子冰箱事件"为例[J].新闻世界,2014(4).)

思考与讨论:

(1)"西门子冰箱事件"网络危机突变原因是什么?

(2)你如何处理"西门子冰箱事件"?请拿出具体方案。

(3)新媒体环境下,企业针对网络危机应如何应对?

案例 5 农夫山泉的标准门事件

1. 事件背景

2013 年 4 月 10 日,《京华时报》报道称:农夫山泉瓶装水的生产标准不如自来水。紧接下来的 28 天,直至 5 月 7 日,《京华时报》用了 67 个版面,刊登了 76 条相关报道对农夫山泉水质量标准进行质疑。在标准门事件爆发的第二天,网上的舆论呈现出一边倒的态势。据国内权威舆情监测机构——人民网舆情监测室的监测数据表明,超过九成的网友表示相信《京华时报》的报道,对农夫山泉的水质不放心。

同时,在 4 月 12 日,也就是事件爆发的第三天,农夫山泉的官方微博做出回应,但是,此时舆论仍然没有发生偏向。微博刊发后的 24 小时,收到了 625 条微博评论,有超过八成的网友对农夫山泉的水质仍然表示怀疑。

直至 5 月 7 日,面对《京华时报》对自身水质量质疑的密集报道,农夫山泉也用强硬的姿态高调回应。一时间原本一起普通的企业危机事件,在新媒体"推波助澜"作用下,衍变成为影响广泛的重大企业危机事件。

2. 事件的转机

(1)媒体的反思和舆论领袖的发声在双方产生激烈的争论和鲜明的对立的同时,一些媒体却开始反思,而不仅仅局限于单纯的事实报道。《网易财经》刊发了《农夫山泉"标准门"是一面镜子》的报道,《第一财经》则刊发《农夫山泉标准门背后的费解与误解》,进一步提出疑问:在这场你来我往的对战中,双方的出发点和背后的利益得失到底是什么,有没有充分考虑消费者的利益与需求。

一些网络大 V 的加入也为平息公众一边倒式的怒火做出了贡献。舆论领袖五岳散人指责这是一场双方皆输的战争,指出《京华时报》的报道有违专业操守,农夫山泉回应则不够及时,公关方式有所失误。财经评论员罗昌平则认为双方都没有尊重消费者,忽视了消费者的利益诉求。

在多样化的舆论声音下,公众也逐渐趋于理性,开始思考这个事件发生的背后原因。同时,农夫山泉在官方微博用国内外的水样检测报告进一步为自己"验明正身"。利用新媒体逐步尝试扭转舆论导向。

短短几天时间内,农夫山泉的微博粉丝数增长了将近 15 万,《京华时报》的粉丝数增长了近 19 万。这充分表明,网民对这种大型危机事件的关注程度和希望通过网络平台了解事件进展和真相的迫切心理。在这种情况下,哪一方能更好地利用新媒体哪一方就会占得一定的优势。人民网舆情监测室 5 月 6 日对"标准门"的舆情统计数据表明,"相信"的占 54%,"不信,标准有点乱"的占 33%,"说不清"的占 13%。可见,支持农夫山泉的人已经开始占据多数,舆论从一开始几乎是全盘地对农夫山泉的怀疑和不信任逐步转向。

(2) 借助传统方式增加公众好感和信任。在继续利用微博等新媒体平台积极与公众沟通互动的同时,农夫山泉还召开了媒体发布会,以真诚的态度来回应公众的疑问。在现场,更是直接回答来自《京华时报》的记者的问题,态度公开,获得了大众的好感。

党报的发声无疑也在很大程度上消除了消费者对农夫山泉的疑虑。5 月 9 号,《人民日报》发布《农夫山泉抽检合格率 100%》的文章,再加上此前被挖出的《京华时报》也在卖桶装水的内幕之后,网络上的舆论开始倾向农夫山泉,在之后的舆情调查中,89% 的调查者愿意相信农夫山泉,并表示还会继续购买。

(3) 后续的品牌形象修复。在"标准门"事件的影响逐步消除之后,农夫山泉还采取一系列措施修复品牌形象,力图恢复往日信誉。

① 邀请媒体到水源地参观。媒体在微博上邀请粉丝一起去农夫山泉的水源地参观,让消费者通过亲身经历来感受农夫山泉的水质毫无问题,并在参观过程中和参观完成后在微博发表体验和感受。农夫山泉官方微博转发报纸的微博和消费者的微博,用媒体和消费者的微博来佐证水质安全。此举公开透明,利用公众来为自己说话,第三方介入,也显得更为客观。

② 诉诸法律。在新闻发布会上,农夫山泉同时表示已起诉《京华时报》,要求赔偿损失 6000 万元。一场唇枪舌战最后化为法律结果,以理性的方式取代感性的骂战。

③ 调整广告策略。在"标准门"事件爆发后,农夫山泉立即调整广告主题,将之前的"大自然的搬运工"改为以"水源地"为主题。无论是 15 秒的电视广告,还是在网络媒体投放的 1 分钟和 3 分钟长的广告,都以说明水源地水质安全为主题,强调农夫山泉的水源是安全的,无污染的。借助新广告的力量进行形象的修复,并直击此前受到怀疑的方面,此举值得赞赏。

(资料来源:吉思琪.企业如何利用网络应对危机——以农夫山泉"标准门"事件为例[J].新闻世界,2015(8).)

思考与讨论:

(1)"标准门"事件发生之初,农夫山泉的应对有何不足?

(2) 传统公关方法在本危机处理中发挥了怎样的作用?

(3) 在新形势下,企业应如何利用网络应对危机?

评价考核

评价考核内容见表 7-1。

表 7-1 商务公关主体考核表

内　　容		评　　价	
学 习 目 标	评 价 内 容	小组评价 (5、4、3、2、1)	教师评价 (5、4、3、2、1)
应知应会知识	企业危机的含义		
	企业危机处理的一般程序		
	网络危机的定义、表现形式及成因		
专业能力	采取正确的策略处理企业危机		
	危机处理中积极进行信息传播沟通		
	积极预防和正确处理网络危机		
通用能力	沟通能力		
	解决问题能力		
	应变能力		
态度	强化公共关系意识、热爱公共关系工作		
努力方向：		建议：	

项目 3

绝知此事要躬行
——商务公共关系工作程序

向着某一天终于要达到的那个终极目标迈进还不够,还要把每一步骤看成目标,使它作为步骤而起作用。

——[德]歌德

商务公关工作程序,也称商务公共关系的"四步工作法"。具体包括公共关系调查、公共关系策划、公共关系实施和公共关系评估四个步骤。

任务 8

商务公关调查

学习目标

- 明确公共关系调查的内容；
- 按照公共关系调查的一般程序展开公共关系调查；
- 能够撰写公共关系调查报告；
- 运用公共关系调查方法灵活地开展调查。

案例导入

海尔的"80后"专项调研

海尔策划了"活出新鲜"智能家电品牌传播项目,瞄准对智能家电最易接受且有购买能力的群体——"80后",将海尔智能家电与"80后"的生活情感巧妙关联,围绕"80后"的社交圈和生活态度,设计出3大项目,拉近"80后"与海尔家电品牌以及智能家电之间的距离,实现了消费者认知与市场营销的双驱动。为了使该项目取得成功,他们联手益普索市场咨询有限公司开展了"80后"家庭生活与家电需求专项调研。

1. 调研目的

(1) 洞察中国"80后"一代人在家庭价值观方面的新特征与独特情感需求(这些特征与需求将不同于"50后""60后",也不同于中国传统的儒家家庭价值观),以及影响这些特征和需求的关键要素。

(2) 基于对中国"80后"一代人新家庭价值观的认知,了解他们对"家"在物质层面(包括家用电器)的新需求,以及新的消费和采购行为。

(3) 通过本次调研以及相关的公关宣传,展示海尔产品品牌对新一代消费人群的理解,并提升海尔产品品牌"年轻化"的形象。

2. 调研范围

(1) 受众特征:1980—1989 年出生的人群,拥有独立的经济能力,月收入大于

2000 元,或家庭整体年收入大于 8 万元。

(2) 受众分布:

城市比例为 70%居住在一线、二线城市;30%居住在三线至五线城市。

男女比例为 50%：50%。

未婚、已婚、有小孩的家庭比例为 50%：25%：25%。

(3) 可用样本数量:1000 个。

3. 调研内容

(1) 关于家庭观念:对"家"的定义和理解;构成"家庭"的必要元素有哪些;家庭信念或家规;婚育观。

(2) 关于家庭关系:理想或者向往的整体家庭氛围和风格、理想或者向往的夫妻关系、亲子关系、父子或母女关系。

(3) 关于家庭管理:家务分工、娱乐休闲、责任与义务。

(4) 关于家庭建设:理财观、消费观、购买决策与行为。

(5) 关于家电与家:家电在"家庭建设"中的地位与作用、决定家电采购的因素、理想的家电产品具备的特征,与家电有关的、令你印象深刻的经历和故事(这一点可以通过群组访谈的形式进行)。

(6) 关于有代表性的群体:了解"80 后"有代表性群体的特性化思考和需求,例如丁克族、孩奴、啃老族等。

4. 执行情况

该调研通过北京、上海、广州、沈阳、成都五大城市 10 组家庭深度座谈会,以及一线到五线城市在线调研(一线、二线城市完成 840 份样本,三线、四线、五线城市完成 360 份样本,共收回有效问卷 1200 份),了解"80 后":①对家的定义和理解;②理想的家庭氛围和家庭关系;③对家庭的管理;④对家电消费的观点和态度;⑤理想的家电需求;⑥家电需求的差异表现。

(资料来源:中国公共关系网(17PR)编委会.2014 最具公众影响力公共关系案例集[M].北京:企业管理出版社,2015.)

问题:如何成功地实施公共关系调查?

任务设计

公共关系调查就是用科学的方法和客观的态度,以组织的公共关系历史和现状为研究对象,收集有效的信息资料,为组织开展公共关系工作和公共关系决策提供技术支持。要想成功地开展公共关系工作,一个重要前提就是进行公共关系调查。进行公共关系调查首先是要制订调查方案。调查方案设计就是根据调查研究的目的和对象,在进行实际调查之前,对调查工作总任务的各个方面和各阶段进行通盘考虑和安排,提出相应的调查实施方案,制订出合理的工作程序。调查方案设计起着统筹兼顾、统一协调的作用,能够使调查更有针对性,使其更加系统、更加完整地反映调查对象的整体面貌。

这里我们通过"公共关系调研实训"完成本任务的学习。具体操作建议如下。

公共关系调研实训

实训目的：

（1）了解学生运用公关调研知识的能力，深化对知识的理解，通过实践提高学生学习的兴趣。

（2）锻炼学生的问卷设计能力和调查报告的写作能力。

（3）通过参与，锻炼学生认识问题、分析问题和解决问题的能力以及与人沟通的能力。

实训内容：

以学校周边的组织，比如一家企业、超市、快餐店、书店或文具店等为调查对象，为它们设计一份调查问卷，了解公众对其形象的看法，并写作调研报告。

实训步骤：

（1）将学生分成5～6人的小组，布置调研任务，讲解要求。

（2）在指导教师的指导下，学生确定调查对象，制订调查计划和公关调查方案。

（3）学生设计调查问卷，进行公关调查，收集课题的一手和二手资料。

（4）对回收的调查问卷进行分析讨论，每一小组独立撰写完成一份不少于1000字的调研报告。

（5）小组派代表在班上分享调研成果和收获。

（6）教师点评和总结。

实训考核：

教师可根据学生在实训过程中是否积极参加各项活动、小组所设计的调研问卷情况、学生调查报告撰写情况等对学生进行成绩评定。

注意事项：

（1）教师密切关注实训的具体环节，经常给予建议或修改意见。

（2）学生熟悉实训的要求与工作程序，每小组独立完成各自的课题。

（3）小组成员分工合作，开展公共关系调查。

（4）以组为单位写出调查报告，注明小组成员具体分工。

（资料来源：朱晓杰，蒋洁.公共关系项目式教程[M].北京：清华大学出版社，2014.）

一、公共关系调查内容

公共关系调查的内容及范围主要涉及组织的基本状况、组织形象、公众评价和组织开展公关活动条件调查等。

1. 组织情况调查

组织的基本情况是公众评价的首要对象。要正确地评价公众的意见，公关人员必须对组织的基本情况了如指掌。关于组织基本情况调查，主要有两方面的内容。

（1）组织的经营发展情况。这包括组织创建的时间、组织经营发展的目标（包括近期、中期、远期的目标);组织发展过程的重大事件及在社会上、舆论界的反响;组织对社会的贡献;企业组织的市场分布、市场占有状况以及市场竞争状况;企业组织的产品、服务及价格特点;组织的管理特点;企业组织的外观、厂名及商标特点等。

(2) 组织成员的基本情况。这包括组织成员人数的变化、组织成员的精神面貌、一般成员的状况以及对组织发展做出过重大贡献的成员的情况和组织领导者的总体情况。员工的一般状况,包括:年龄、文化程度、专业特长、兴趣爱好、家庭生活等;为组织作出重大贡献的员工、劳模的成就与经历;组织主要负责人的一般情况。

2. 组织形象调查

组织是通过评价和衡量组织形象的两个指标——知名度和美誉度来完成组织形象调查的。

(1) 知名度。知名度表示有多少公众知道和了解组织及其知道和了解的程度,包括机构的名称、标记、经营内容、历史、规模、产品、服务等。组织的知名度在一定意义上决定着组织获得公众理解与支持的范围,所以该项调查的公众范围一般比较广泛,可以是对组织诸多因素的综合考察,也可以是对其中的单项因素进行的调查。通过知名度调查,能明确显示组织在公众心目中的地位,而且可以详细了解组织的诸多构成因素对其知名度形成的具体作用。同时,也能为其他项目的调研工作提供基础资料。

(2) 美誉度。美誉度表示有多少公众信任和赞赏组织及其信任和赞赏的程度,包括对机构名称、标记、经营方式、产品或服务是否喜欢、信任等。组织美誉度的高低,基本上反映了组织的信誉与社会形象。该项调查一般是在组织知名度调查基础上进行的更深层次的调查工作。通过美誉度调查,在一定程度上能为组织指明努力的方向。一个组织可能会为自己的高知名度而沾沾自喜,然而如果美誉度调查显示出反向结果的话,则表明这是一种臭名远扬。组织要及时追根寻源,努力修正不良影响,以免后患无穷。

表 8-1 和表 8-2 是组织知名度、美誉度的调查表,可供组织在公关调查实践中参考。

表 8-1　知名度调查问卷设计

项　　目	1	2	3	4	5	6	汇总
机构名称							
地点							
标记							
代表色							
历史							
规模							
经营内容							
产品 A							
产品 B							
服务							

　　　　　　(低)　　　　　　　　　　　　　　　(高)

注:请被调查者对准项目在空格中写"√",根据总分及各项得分,综合评价机构知名度。表中 1～6 分别表示不知道、好像知道、知道、有些了解、了解、非常了解。

表 8-2 美誉度调查问卷设计

项　　目	1	2	3	4	5	6	汇总
产品 A							
产品 B							
售前服务							
售中服务							
售后服务							

（低）　　　　　　　　　　　　　　　　（高）

注：请被调查者对准项目在空格中写"√"，根据总分及各项得分，综合评价机构美誉度。表中 1～6 分别表示怀疑、比较怀疑、一般、比较信任、信任、非常信任。

3. 公众评价调查

所谓"公众评价调查"，就是通过评估公众的意见和公关活动的效果，了解社会公众对组织相关行为的具体反应和建议。

（1）公众意见。公众意见表示社会公众对组织有关问题的反应以及形成反应的具体原因，包括组织的产品、服务、价格、管理、人员素质等问题。

公众意见调查要探明组织在目标公众心目中的形象以及他们之所以会有如此评价的原因。该项调查一般可以加深对相关公众的了解，也可以聘请一些熟悉业务、具有经验和综合分析能力的专家，运用座谈、信函的形式，请他们对组织面临的问题进行诊断并提出解决问题的建议。

公众意见调查不仅需要针对不同公众的知识水平、理解能力等多方面多层次进行有的放矢的调查，而且对各方面意见的汇总、整理也需要花费比较多的精力。例如，某个企业在消费者心目中形象不佳，那这种不信任究竟源于何处呢？是产品质量不过关，还是推销方式不适宜？是不相信企业的经营水平，还是对企业存有偏见？只有追根寻源，才能找到解决问题的关键。

（2）活动效果。活动效果是了解社会公众对组织实施的公共关系专门活动的评价。正确评价公共关系活动的真实效果并不简单。作为一种长期为组织树立良好形象、为组织获取最大经济效益创造条件的公共关系活动，相当多的情况下是无法要求它直接创造利润的，所以，对组织实施的公共关系活动，往往不能用数量式的硬性指标来衡量，必须考虑到它所产生的滞后效应。

然而，通过公关调查，可以在一定范围内，用定量分析的方式，了解组织的公共关系活动是否达到以最少的投入使信息传递到最大空间的目标。

$$接触率 = \frac{目标公众接触媒体人数}{目标公众人数} \times 100\%$$

$$单位宣传费用 = \frac{宣传费用}{受众人数}$$

$$单位宣传费用效果 = \frac{宣传后销售实绩 - 宣传前销售实绩}{宣传费用}$$

4. 公关活动条件调查

所谓"公关活动条件调查",是指在开展公关活动之前,组织对开展活动的主客观条件进行调查研究。为了避免闭门造车,给组织带来不必要的损失,组织的公关人员在开展公关活动之前或是在公关活动策划时,对支持公关活动的具体条件要进行调研工作。其内容主要包括以下三个方面。

(1) 公关活动主体的人力分析。组织要使公关活动达到预期的目的,应该考虑由哪些人员参加,人力是从组织内部挑选还是由外部公关公司承担,人员具备哪些特长,工作能力、经验和业绩如何,能否胜任工作等。

(2) 公关活动主体的财力分析。从某种意义上讲,这是一种投入—产出比分析。针对公关活动来说,就是组织所能投入的资金和活动所产生的效益是否成比例、资金的使用是否合理等。

(3) 公关活动的客观环境调研。客观环境调研分为宏观调研和微观调研两部分。宏观调研是对组织的经济环境、政治法律环境和社会文化环境的认识。组织在开展公关活动之前,应对社会、政治、经济形势进行冷静分析,对市场和公众的社会心理进行认真研究。在市场活跃或疲软的不同环境下,公关活动的内容和效果是不大一样的。微观调研是对开展公关活动的具体条件进行调研,对活动的场地、设备以及各类有关规定等进行调研。公关活动的场地分为室内和露天。事先要调查场地面积、人员交际、食宿场所和流动的通道等。公关活动设备的调研一方面要调查清楚活动所需家具(桌椅、餐具、茶具)的数量、质量和档次,另一方面要调查清楚电子设备(电话、电视、音响、扩音器、投影仪、照明设备、话筒等)的数量及使用效果。

二、公共关系调查的程序

公共关系调查研究是一门艺术,既有科学性,又有技巧性。掌握公共关系调查的科学程序,是提高调查艺术、强化调查效果的基础。

1. 确定公共关系调查的选题

确立公共关系调查选题,实际上就是确定调查的方向。对于公共关系人员而言,需要调查的情况十分繁杂。但是,在一次具体的调查活动中,由于时间、人力以及调查容量自身的限制,不可能也没有必要进行全方位、大规模的调查,通常只能开展有针对性的、专题性的、围绕某一个方面内容的调查活动。

(1) 确定公共关系调查选题的原则。公共关系调查选题的确立,是一项科学性与艺术性很强的工作,需要遵循以下几个原则。

① 需要性原则。即根据商务组织的需要来选择和确定调查选题。

② 创新性原则。在选择公共关系调查课题时,要善于运用新理论、新思维、新方法,从新的角度提出有别于以前的调查选题和有别于竞争对手的新选题,确保公共关系调查活动的顺利开展。

③ 可行性原则。即商务组织所选择的公共关系调查课题在规模上、深度上要符合社会组织现有的调查工作的能力水平。

④ 科学性原则。在确定公共关系调查选题过程中,要进行科学分析和科学假设,运用相关学科、专业知识判断公共关系现象之间的内在联系,提出源于科学判断的课题,以保证公共关系调查活动的科学性。

（2）确定公共关系调查选题的过程。公共关系调查选题的确定不是一蹴而就的,它需要经过筛选、判断、分析的过程。该过程由以下一系列环节构成。

第一步,根据商务组织需要,尤其是公共关系决策的需要,明确公共关系调查选题的基本概念与内涵,指出公共关系调查的方向和必须达到的目标。

第二步,运用文献调查方法和直觉判断方法,明确公共关系调查选题的中心内容。公共关系人员在明确了选题概念以后,可以运用文献调查方法,了解以往相关的调查研究成果,为确定本次公共关系调查选题的中心和重点内容提供参照体系,以便找出本次公共关系调查选题的关键所在。

第三步,运用相关的学科理论和方法,形成公共关系调查选题的假设命题。在收集了与公共关系调查选题概念相关的文献资料的基础上,公共关系人员即可根据相关的学科理论,进行推理分析,在科学理论指导下,围绕选题概念,撰写本次调查选题的假设命题。

第四步,运用比较、判断方法,对调查选题的假设命题进行综合评估。评估的标准有实用性、创新性、可行性、科学性等。如果判断结果表明假设命题对商务组织亟待解决的问题具有实用性,与以往课题相比具有新颖性,同商务组织人力、物力、财力等条件又相符,用学科理论来衡量又具有科学性,那么选题就有价值,应当及时据此撰写调查选题,开展调查活动。反之,就说明选题工作有问题,需要重新设定标准,重新选择公共关系调查的重点,重新设定调查选题。

2. 制订公共关系调查方案

为了使公共关系调查工作能够顺利、系统并且有针对性地进行,拟订调查计划方案是必不可少的。它是公共关系调查的总体方案,是进行实际工作的行动纲领。

（1）确定公共关系调查的目的。公关调查的目的是了解社情民意,通过征询公众意见,分析社会趋势,研究公众的社会需要,寻找建立信誉、协调经济效益和社会服务效益的途径。调查的任务是:寻求解决问题的具体办法,了解公众有哪些具体看法、具体要求和具体建议、希望解决问题的实际内容,达到解决问题的目的。例如确定了产品换代问题是企业组织中的长期的最大的问题,就应围绕这一问题搞清以下情况:①企业所面临的经济、政治、技术、社会等因素的变化趋势。②企业应采取哪些行动影响公众在产品换代问题上取得成效,并适应环境变化。③社会公众对产品换代问题的关心程度、紧迫感和提出问题所考虑的因素。

（2）确定公共关系调查的对象。对象是调查的客体。明确了公共关系调查的目的后,就应该确认调查的对象。调查对象首先是"公众"。这些个人或团体具有一些共同的特征,受相同关系或问题的影响。例如,面对相似的问题,对该问题有各自的看法、态度、主张,试图处理解决这一问题,确定了调查对象后,还要注意以下两点:一是对目标"公众"进行分类,借以确定调查对象的类别及其组合。二是考虑到目标"公众"数量的大小、分布集中与分散程度各不相同,"公众"的背景、对问题的知晓程度和参与的积极程度也各不相同,应该考虑决定公共关系调查对象的具体构成,包括调查对象的总量、分布地区、涉及的"公众"类型、涉及的社会领域、对象的知晓度和积极性。

（3）确定公共关系调查的项目。项目是调查内容的具体化。按照一定的逻辑顺序在调查项目下面注明需要调查的具体问题。公关调查主要有四项内容,即组织情况调查、组织形象调查、公众评价调查、公关活动条件调查。

（4）确定公共关系调查的方法。公关调查的方法是公关调查所采取的手段。确定公关调查方法的根据是:①有利于定量与定性分析;②能达到公关调查的目的;③考虑现有条件。公关调查多以统计、社会测量、抽样和民意测验为主,这就要设计好统计表和问卷。

3. 实施公共关系调查方案

实施公共关系调查工作方案,实际上就是调查者根据调查方案的既定计划,在既定的范围和时间内,利用既定的调查方式、方法,向既定的公众收集信息资料。这是整个公共关系调查过程中最重要的环节。公共关系调查实施过程中的主要工作有以下几项。

（1）组织公共关系调查对象群体。公众是分散的,而且数量庞大。公共关系人员要根据公共关系调查工作计划中的抽样方案,选择调查样本,把符合调查样本要求、具有代表性的公众挑选出来,作为本次公共关系调查活动的调查对象。

（2）积极协调各种公共关系。公共关系人员根据抽样方案选择的调查对象,一般与企业没有任何直接的关系。即使存在一定的关系,多半也是顾客关系,公共关系人员对他们没有任何行政约束力。因此,在调查工作中,公共关系人员是否积极主动地协调好各种公共关系,取得公众组织、群众网络、公众代表的配合与支持,就成为整个调查工作成败的关键。

（3）发放问卷,引导调查对象回答问题。为了提高问卷资料的可信度,在公众填写问卷前,公共关系人员应做好动员、教育工作,使调查对象理解本次调查活动的价值以及他们填写问卷的注意事项,提高他们填写问卷的主动性和规范性。

（4）回收、清理问卷。调查对象填写完问卷后,公共关系人员应及时回收问卷,并进行初步的问卷整理,把不符合要求的问卷作为无效问卷清理出来,归档另外收藏。一般出现以下情形的问卷都应列为无效的问卷:①常规项目填写明显失误的问卷。②只对少数问题做出回答而对大多数问题没有做出回答的问卷。③问卷回答带有明显不认真标志的问卷,如整张问卷中所有问题都填写一个答案序号。这说明调查对象是未加思考、随意填写,虽有答案,但并未反映出调查对象的真实状况。

（5）观察、记录公众的言行。在公共关系调查中,调查者要认真观察公众的言行,收集公众在言谈举止中流露出的真实信息资料,并及时做好记录。利用这种方式收集到的资料,比用问卷收集到的资料更加真实、典型,因而更加具有公共关系价值。

4. 整理公共关系调查资料

资料收集任务完成后,即可转入信息整理阶段。资料整理不仅有利于分析、研究资料,而且有助于调查工作的后期总结。

(1)公关调查资料的整理环节。公共关系调查资料的整理,在操作上有以下几个环节:①问卷核实与清理。公共关系人员根据本次调查活动的特点,定出核实问卷的标准和要求,分拣出无效问卷。②建立分类体系和分类标准,对资料进行归类。③资料主题小结。对于一些文字类资料,如问卷调查中的开放题答案、调查人员的观察记录材料等,相对来说比较零乱,公共关系人员应列出主题项目,对各种资料按主题项目进行小结、归纳,制作出"主题项目资料登记文摘卡"。④资料统计。对于问卷调查中的封闭答案资料,公共关系人员可以借助电脑进行统计,计算出公众在每个问题上的意见分布数值。⑤进行数据处理,建立数据库。根据问卷的问题设置,分项目编制表格,把统计的数据结果填入相应的表格项目中建立起本次调查结果的数据库。

(2)公关调查资料的类型。公共关系调查资料经过整理后,主要有两大类型,即文字类资料和数据类资料。文字类资料,就是把公众在发放问题中所写的意见、在交谈过程中所表达的观点、调查者在观察中所记录的资料等经过归类以后所形成的公众意见信息资料记录下来。数据类资料,一般是指公共关系调查资料数据库和数据表。

5. 总结公共关系调查工作

总结是公共关系调查工作的最后一个环节。在这个阶段,涉及的工作主要有两个方面的内容。

(1)撰写调查报告。调查报告是调查者根据公共关系调查活动获得的信息资料和据此形成的分析结论所拟写的一种应用文。公共关系调查报告有其基本文体格式、写作内容方面的要求,但在具体写作过程中仍应针对具体情况灵活安排其写作结构。

(2)撰写调查工作总结报告。调查工作结束时,应及时进行工作总结,找出经验教训,并撰写公共关系调查工作总结报告,为以后开展调查活动提供参照系。公共关系调查工作总结报告是一个总回顾。在写作格式上,一般包括标题、正文和署名三个部分。标题可以用公文式的写法,也可以只有内容概括。正文的内容主要有调查工作基本情况概述、成绩、经验、缺点、问题、经验教训以及认识体会,对今后工作的建议等。最后是署名和写作日期。

三、公共关系调查的方法

公共关系调查的全过程是由相关的基本步骤组成的。这四个步骤是:确定调查任务、制订调查方案、搜集调查资料、处理调查结果。要顺利地实现上述步骤,必须借助于行之有效的科学调查方法。公共关系调查所运用的主要方法有访谈调查法、问卷调查法、抽样调查法等。

1. 公共关系访谈调查法

公共关系访谈调查法指访问者通过口头交谈等方式向被访问者了解公众情况的方法。它表现为公共关系调查人员根据设计要求,围绕某个主题,通过与被调查者谈话,以讨论有关问题及了解人们的行为特征和动机,达到搜集材料的目的。

(1) 公共关系访谈调查法的特点。了解公共关系访谈调查法的特点,运用时扬长避短,对公共关系调查人员来说,无疑是重要的。访谈调查法具有如下特点:①具有灵活性。它既可提高被调查者的兴趣,达到很高的回复率,也可限定某一特定的人群回答,增加回答问题的针对性。调查人员可根据访谈时的具体情况而调整访谈的方式、内容及时间。②调查的范围比较广泛。它不仅可以了解当时、当地正在发生的各种现象,还可以询问过去和外地发生过的现象。③适用于各种调查对象。它不仅能适用于有一定文化程度的人,也可以适用于文化程度较低的人。④受到调查者与被调查者两方面的限制。调查者个人的访问技巧、人品气质、性格特征等都会直接影响调查的结果;被调查者的合作态度和回答问题能力的差异使其所提供的材料的质量也不一样。⑤有些问题不宜当面询问。如涉及个人隐私或较敏感的问题,即使被调查者作了回答,也常常是不真实的。⑥需要的人力、物力、财力和时间较多。所以一般应用于那些对准确性要求较高的问题研究上,或应用于探索性研究。

(2) 公共关系访谈调查法的类型。公共关系访谈调查法的类型指根据不同的标准划分出的访谈类别。主要有以下三种:①结构访谈和无结构访谈。结构访谈是按照预先制订的计划和既定的程度进行的,其特点是把问题标准化,然后由被调查者回答或选择;无结构访谈是公共关系调查人员只对所要询问的问题有基本上的要求,以开放式问题为主,答案不受限制。②个别访谈和集体访谈。个别访谈是由调查者同被调查者逐一进行面对面的谈话,将回答记录下来;集体访谈是由调查者同若干被调查者进行的座谈,它要求把握好主题,创造民主、自由的气氛。③一次性访谈和追踪访谈。一次性访谈是就某一时候或时期内人们的态度、行为等情况进行的调查,它通常是对某一特定的问题或某事件的调查;追踪访谈是对人们的态度、行为等情况进行的连续的、长期的调查,它通过多次访谈,调查了解人们的动态信息。

(3) 公共关系访谈调查法的实施。公共关系访谈调查的具体实施步骤是:①访谈准备。制订访谈计划,草拟谈话提纲,了解被调查者情况,选择适宜访谈的时间和地点,预备必要的访谈工具如调查表格、记录笔纸、录音机及本人证明等。②创造良好的访谈环境。见面伊始,要大方有礼,友好寒暄,同对方建立起相互信任的关系;说明来意,使对方了解调查的目的和内容;说明调查对被调查者的意义,被调查者知晓调查对自己有益,可能会更主动地配合;谈话要尽量自然和轻松愉快,并且态度要保持中立,不宜对回答做肯定或否定性评价。③建立共同的意识范围。应做到双方对同一问题的理解一致,避免答非所问的情况;最好从被调查者感兴趣的问题入手,逐渐深入调查的核心问题;如果对方对某些问题不愿回答或不便回答,应体谅对方的难处,不要急躁或施加压力,采取耐心温和的态度,成功的可能更大。④做好记录。记录要客观真实,不能把调查者自己的意见、态度掺进去;访谈中记录可能较乱,之后要立即核实整理。

2. 公共关系问卷调查法

公共关系问卷调查法指根据调查目标设计调查表并通过公众填写调查表而进行调查的方法。它简单易行,是目前国内外社会调查中使用较为广泛的一种方法。按问卷投递的不同,可将公共关系问卷调查方式分为:报刊问卷、邮政问卷、送发问卷和访问问卷等。

(1) 公共关系问卷调查法的使用条件。公共关系问卷调查法的使用条件包括:①调查范围较广,不易当面访谈,应采用问卷法。②被调查者文化水平太低,对问卷看不懂,则不宜采用问卷法。③如果所要取得的材料是常识性的事实、行为或态度,回答者不会因顾虑而拒绝回答,可采用问卷法。④一般情况下,问卷的回收率不高,65%以上为较好。因此,如果要求较高的回收率,最好采用与访谈法相结合的方式来进行调查。

(2) 公共关系问卷的分类。问卷的类型主要有三种:①开放型问卷。这种问卷的问题虽然对每一位被问者是同样的,但被问者可以根据自己情况自由作答。比如:你对本公司有何评价?②封闭型问卷。这种问卷不仅问题是相同的,而且每一个问题事先都列出了答案,供被问者从中选择自己认为最恰当的答案,比如:你对本公司满意吗?(很满意_____、满意_____、无所谓_____、不满意_____、很不满意_____)③半开放型问卷。这种问卷是前两种问卷的混合型,既有供选择的答案,又有供发挥的问题。

不论哪一种问卷,都应根据公共关系调查的需要,根据问卷的类型来设计,便于提出问题,便于整理资料。

(3) 公共关系问卷的技术设计。问卷法的主要优点在于标准化和成本低,问卷的设计要求规范化并可计量。①题目的设计。题目是调查的主题,其设计要求,第一,题目本身要与调查目的相符;第二,题目要使被调查者在感情上易于接受。有时,为了使被调查者易于合作,设计者会故意把题目设计得不十分明确。②说明信的设计。说明信也就是指导语,它对被调查者回答问题的态度影响较大。说明信一般由这样几部分组成:称谓;调查的出发点和目的;调查者与被调查者自身利益的关系;回答问题的原则、具体要求以及两方的责任;对有关问题的解释等。最后注明联系人、联系地址和电话号码。说明信要诚挚、热情、恳切,用语简练,表达明确。③问卷具体内容设计。一般来说,较为完整的问卷包括两类问题:一是事实问题,二是态度问题。

事实问题指那些曾经发生过的、现在的事件以及一些实际的行为。它又可分为静态资料和实际行为类问题两部分。静态资料包括性别、年龄、文化程度和职业等,这些一般项目是对获得的资料进行整理和分析的最基本的条件;实际行为类问题,旨在了解实际行为发生的频率等情况。

态度问题包括意见、情感、动机、观点、人格等。它又可分为意见问题和态度问题。意见问题通常属于表面和暂时性的看法,它往往是一次性的,时过境迁也许就变了。对这类问题,可对每个问题单独分析了解趋势。举例说明如下。

你对实施公平竞争法的看法是:

非常赞成_____,赞成_____,无所谓_____,不赞成_____,非常不赞成_____。

态度问题属于比较持久和稳定的认识。这类问题不能单独分析,要把整个部分或分组分数与其他变量求相关度或作因素分析。一种态度不能通过一两个问题就加以确定，往往要通过一组题目测定，这样才能使得稳定的态度体现出来。比如，对组织形象的态度，用一两个问题是很难测定的。

设计问卷须注意：一张问卷上问题不宜过多（30～40分钟答完）；问题的措辞应该简洁、准确、易懂，不带倾向性、引导性和强迫性；问题的顺序应按问题的类型、逻辑关系、对象心理合理安排。

以下是固原银海科技有限责任公司制定的调查问卷[①]，供参考。

中小企业调查问卷

致尊敬的您：

为了及时了解贵公司的需求，提供更符合贵公司需要的服务内容，我们为此准备了此调查问卷，烦请您在百忙之中抽出时间帮助我们完成这份问卷，在此深表谢意！

顺致

商祺！

贵公司的基本信息

公司名称		公司规模	
公司性质		所属行业	
主要产品			
填 表 人		部门/职务	
联系电话		E-mail	
联系地址			

问 卷 内 容

（请在对应的框内打"√"或在下划线上填写您的意见）

1. 本企业对我市中小企业信息技术公共服务平台是否了解？

□不知道　　　□听说过　　　□部分知道　　　□比较了解

2. 您认为，以下各种服务内容中哪些内容对企业的发展重要？并评价目前所能获得的服务的满意程度（在相应的空白处打钩）。

服务内容	重要程度				对服务的满意程度			
	很重要	较重要	一般	不重要	很满意	较满意	一般	不满意
信息技术								
资源共享								

---

① http://wenku. baidu. com/link? url＝QaxD3pmz5nOu9hZacqwFITYWrRwmpZ6jZ5eTzUxBt6O1vknawey
Xf0nX3AHTZEEmrH9KqqbuDZopFGheA14c1b6pSBBBHXESl6_Ka7JnAFK.

续表

服务内容	重要程度				对服务的满意程度			
	很重要	较重要	一般	不重要	很满意	较满意	一般	不满意
管理咨询								
技术创新								
市场开拓								
技术培训								
创业辅导								
人员招聘								
法律援助								
项目策划								

3. 贵企业是否需要借助管理咨询机构,帮助企业制订战略规划?
□企业自身已经有清晰的战略规划,因此不需要管理咨询机构的帮助
□企业自己有能力制定长期战略规划,因此不需要管理咨询机构的帮助
□管理咨询机构制定的战略规划对企业帮助不大
□目前企业还不需要长期的战略规划
□希望能引入好的管理咨询机构,帮助企业制订战略规划

4. 您的企业需要哪种管理咨询业务?
□组织结构咨询　　□制度体系咨询　　□管理流程咨询　　□企业文化咨询
□绩效管理咨询　　□信息化咨询　　　□生产管理咨询　　□业务流程咨询

5. 您认为促进企业创新成功的主要因素有哪些?
□产学研合作　　　□优惠政策的扶持　　□行业优势　　　□技术人才
□企业与顾客的密切关系　　　　　　　□企业内部的激励措施
□企业的规模和经济实力　　　　　　　□选准创新项目
□有创新精神的企业家　　　　　　　　□其他_____

6. 您认为哪些是阻碍企业技术创新活动的主要因素?
□缺乏相应的技术信息、市场信息　　　□缺乏技术人才或人才流失　□缺乏资金
□缺乏一定的技术积累　　　　　　　　□技术创新的风险太大
□技术创新的成本太高　　　　　　　　□受国家标准、政策法规、税收等的限制
□专利归属或技术不明确　　　　　　　□缺乏与外界合作的机会
□其他_____

7. 贵企业技术创新的资金来源是哪些?
□政府资金　　　　□银行贷款　　　　□自有资金　　　□企业间资金拆借
□引进外资　　　　□风险投资　　　　□其他_____

8. 您的企业需要哪种项目策划?
□开发策划　　　　□制造策划　　　　□商品策划　　　□销售策划
□经营策划　　　　□人事策划　　　　□总务策划　　　□宣传策划

9. 企业有无专门培训管理部门？
☐有培训部 ☐无培训部（有专人负责培训）
☐无培训部（无人负责培训）

10. 贵企业主要采取哪几种方式对员工进行培训？
☐参加政府部门组织的培训 ☐委托专业培训机构
☐企业组织内部培训 ☐派员工到相关院校进修
☐其他_____

11. 本企业是否参加过由中小企业管理部门及服务机构组织的培训？
☐是 ☐否
如果是，你认为培训的效果：
☐很好 ☐一般 ☐较差 ☐很差

12. 组织的培训需要改进的是什么？
☐内容 ☐师资 ☐降低收费或免费 ☐太少
☐太多

13. 组织的培训时间安排最好是多长？
☐一天 ☐二天 ☐三天 ☐更长
☐其他_____

14. 您认为下列哪些培训方式最适合？
☐课堂讲演法 ☐操作示范法 ☐互动培训法 ☐主题式培训法
☐多媒体视听法 ☐现场培训法 ☐案例研讨法 ☐网上学习法
☐咨询式培训法 ☐工作中学习法

15. 贵企业遇到法律问题时，通过哪些途径获得法律帮助？
☐内部法律顾问 ☐外聘法律服务机构
☐朋友介绍 ☐咨询相关政府部门
☐不寻求任何帮助 ☐其他_____

16. 您公司需要以下哪些计算机相关培训？
☐办公系统高级培训 ☐计算机硬件与系统维护
☐Dreamweaver ☐AutoCAD ☐Flash Photoshop ☐3Dmax
☐计算机网络的构建、综合布线 ☐.NET 语言编程学习

17. 贵企业的计算机主要应用于以下哪几个方面？
☐应用于生产管理和工业控制 ☐应用于开发和设计
☐应用于网上销售 ☐建立企业管理信息系统
☐建立企业内部网 ☐建立企业网站或网页
☐其他应用 ☐无应用

18. 贵企业在信息化建设中遇到的主要困难是什么？
☐资金不足 ☐缺乏专业技术人员 ☐员工素质不足
☐企业领导层重视不足 ☐没有找到切实可行的解决方案
☐没有系统性的信息化建设方案 ☐新旧两种管理模式相冲突

　　□缺乏客观的成本效益分析方法　　　　　□其他_____

19. 您的企业采用哪种策略开拓市场？

　　□渠道策略　　　　　□价格策略　　　　　□广告策略　　　　　□销售促进策略

　　□公关策略　　　　　□人员推销策略　　　□其他

20. 您对本次调查有何意见、建议和需求？

3. 公共关系抽样调查法

　　以上调查法都涉及一个调查对象的问题，由于调查者不可能对所有的用户进行访谈，不可能找许许多多的人开座谈会，也不可能发成千上万张问卷。因此，调查周期短、调查资料准确可靠、节省经费的抽样调查法在公共关系调查中被广泛应用。

　　抽样调查法是一种科学地从调查总体中选取样本的方法。抽样要遵守随机性原则，即在抽选调查对象时，必须要保证总体中的每一个抽选对象抽中的机会均等。

　　（1）公共关系调查的抽样方法。公共关系调查的抽样方法包括：①简单随机抽样。它的做法是采用抽签的方法即将总体中的每个单位按调查的编号分别填写一张卡片，然后从中随意抽出一个编号，直到达到样本数为止。②等距抽样。把总体的所有单位按照一定的顺序排列，然后按相等的间隔，抽取组成样本。抽样距离 K 是以总体 N 除以样本单位数 n。③分层抽样。把总体单位按其属性特征分为若干层，然后在各层中随机抽取样本单位。比如，可按职业、性别、年龄、文化程度等分层。④整群抽样。在总体中成组地抽取调查单位，然后对其进行全部调查。比如，对组织内部公众进行调查，只随机抽取若干个车间或班组，然后对这些车间或班组中的每一个人进行调查。⑤多级抽样。它把抽样过程分成两个或多个阶段来进行，即先以总体中进行分层抽样或整群抽样，然后再从抽得的层群中随机抽取若干调查对象组成样本。

　　（2）公共关系调查中样本数的确定。公共关系调查中样本数的确定应注意如下方面：①对精确程度要求越高，样本的数目要越多，当其他条件不变时，要求推断的把握程度越高，样本数目也要越多。②受调查时间、人力、财力等的限制，常无法抽取最理想的样本，只能在有限的范围内抽取最佳样本。③调查的项目少，内容较简单样本数较少；反之，样本数则多。统计分析中，相关分析所涉及的变量多，要求的样本数就多，否则在进行交互分类计算时，有些项目的数据就会显得过少。

4. 观察法

　　观察法是调查员进入调查现场，对调查对象的情况直接观察记录，取得一手资料的调查方法。这种方法区分为参与观察和非参与观察两种。参与观察是调查人员与被观察者一起活动，身临其境地进行观察，从活动过程中了解对方的有关信息。例如，公共交通部门为了了解公交运行的情况，可以派出调查员与顾客一道乘公共汽车，体会不同时段公共汽车上的拥挤情况。非参与观察是调查人员作为旁观者，了解被调查者的思想和言行，这样调查员可以保持较大的观察范围，立场也比较客观。不论采用何种方式，研究人员在观察前一定要有严格的设计，事前拟定调查提纲，包括观察的时间、地点、观察对象、观察目的、记录方式等。进入观察现场后，要做好观察记录。观察后要进行认真的检查。

观察法最大的特点是直观性，所有的信息都来源于调查者的亲自观察，可以排除其他调查方法的间接性所造成的误会和干扰。同时，观察法简便易行，灵活多样，随时可以进行。缺点是工作时间长，范围狭小，易受观察者主观因素的干扰，而且掌握到的情况带有较大的偶然性。同时，由于调查人员的经验和阅历各不相同，对同一问题往往会有不同的结论。对于比较复杂的事件，观察法也容易受到事物表面性和偶然性的影响，难以反映事物的本质。

四、调查报告的撰写

调查报告，也叫调查研究报告或考察报告，是对客观事物或社会问题进行调查研究之后，将所得的结果整理和表述出来的书面报告。它是实际工作中经常使用的一种事务文书，适用范围广，使用频率高。

1. 调查报告撰写的准备

调查报告撰写前，应先做好一些必要的准备工作。在调查实施阶段，调查者通过问卷调查、访谈调查、观察调查、文献调查等各种方法，搜集了一定数量的数据和资料。但这些数据和资料还是分散的、凌乱的。所以，在撰写调查报告之前，必须根据调查研究的目的，对这些原始数据和资料进行科学的审核、整理和分析，使之系统化和条理化。只有在完成这一工作的基础上，才有可能开始调查报告的撰写。这一工作包括以下主要内容。

（1）调查数据和资料的审核。在撰写调查报告前，为了保证调查数据和资料的客观性、准确性、完整性，应该对调查数据和资料进行必要的审查。严格来说，这一审核在数据和资料的搜集时就应同步进行。而在全部调查数据和资料集中后，还需作系统审核。调查数据和资料的审核，可以把握以下原则。

① 真实性原则。即对搜集到的数据和资料，根据实践经验和常识，逐一进行审核，看其是否真实可靠地反映了调查对象的客观情况。尤其对于访谈调查所获得的数据和资料，必须综合考虑被调查者的现场态度、情感倾向和理解能力，判断其是否提供了真实情况，表明了真实态度。但在特定的情况下，有些失真的材料，可以引用来说明某些被调查者的情感和态度倾向，前提是调查报告撰写者清楚地意识到这些材料失真。

② 准确性原则。即对搜集到的数据和资料进行常规逻辑的审核，检查数据和资料中有无不合理或相互矛盾的地方。如某人年龄栏内填写 28 岁，而工龄栏内填写 18 年，就明显存在相互矛盾之处。对这样的数据和资料，亦不能轻易采用。

③ 完整性原则。即根据调查总体方案或调查提纲的要求，检查所搜集的数据和资料是否齐全，是否遗漏了某些重要方面。如有遗漏，应设法补上。

（2）调查数据和资料的分类。在确保调查数据和资料真实可靠的前提下，紧接着的一项工作就是分类。分类是按一定的标准，将资料分门别类，使繁杂的数据和资料系统化、条理化，从而加深对所调查问题的认识和了解。分类的关键，在于选择和确定分类标准。分类标准的确定，往往反映了调查研究的目的和某种理论假设，本身就是对所调查问题的一种分析和认识。分类标准是否合理，往往关系到调查研究的深度、力度乃至成败。

所以,分类标准的选择必须十分慎重。确定分类标准一般应做到以下两点。

① 分类标准必须反映调查的目的。例如,要了解某地区居民的经济收入情况,以健康状况作为分类标准就是毫无意义的。再如,要研究影响青年人择业行为的基本因素,而事先提出的假设是"家庭的社会经济背景是影响青年人择业行为的重要因素",那么确定的分类标准的重点就应该放在被调查者的家庭社会经济背景方面,如以父母的职业、文化程度、家庭的经济状况等变量作为分类标准,等等。

② 分类标准必须能反映事物的重要特征。事物的诸多特征,根据其与调查目的的关系,可以区分为重要特征、一般特征和无关特征。由于受研究条件(时间、人力、财力等)的限制,对事物所有与研究目的和研究假设相关的特征都进行考察是不现实的。研究者必须在期间做出选择,选取一些重要特征作为分类标准。

同时,无论是定性资料,还是定量资料,在分类时都必须遵循下述三个原则:一是互斥性原则。即所划分的各类别之间不能相互重叠,以使每一个对象只能归于一类,不能既属此类,又属彼类。二是完备性原则。即所划分的各类别之和应是周延的,即类别的确定应当使每一个对象都有所归属,分类的结果应使所有对象都能包容进去,无一遗漏。三是显著性原则。即分类的效应具有显著性,使各类别之间的差异尽量增大,每一类别内部的差异尽量缩小。如研究不同职业的人对时尚的态度,可以将职业分为十几类甚至几十类,也可以划分为两类:体力劳动者和脑力劳动者。至于采用哪一种方法,就要看哪一种分法更能将不同职业人员的态度差异表现出来。

必须强调指出的是:分类标准的最后确定,可在基本情况(自变量)问题设置的框架内,根据前面所强调的显著性的原则,并结合调查实施过程中有关情况的反馈,选出几个在态度、动机等方面最有可能存在明显差异的变量,而不必面面俱到。比如,许多调查问卷在基本情况(自变量)问题中设置了"性别"一项,但如果在实际调查中发现性别并不是造成被调查者对所调查的某一事物态度差异的原因,则在最后确定分类标准时,"性别"就可以不予考虑。

(3) 调查数据和资料的统计分析。调查报告撰写准备工作的最后一步,是对调查数据和资料的统计和分析。在调查数据和资料的统计上,人们常采用统计表、平均数、百分比等方式进行定量统计。这里的关键是,无论如何分类,每一项的统计综合和应该是100%(多项选择的问题除外)。如果统计结果发现某一项调查数据的百分比总和不到或超出 100%,则说明这一统计在操作上出了差错,必须返工重来,否则就无法引用在调查报告中。

在统计调查数据和资料的同时,就可以对统计结果进行一定的理论分析。其中,尤其应关注那些各种不同类别的被调查者(社会群体)看法和意见差别较大的调查项目,并和其他数据、资料相印证,分析造成这种差别的原因所在。事实上,在许多情况下,不同类别的被调查者(社会群体)对某一调查项目看法和意见的差异较大乃至截然不同,本身就已反映出了某些问题。如能抓住,就为调查报告的撰写提供了翔实的材料。

2. 调查报告的写作

调查报告的写作要在深入调查、作好上述调查报告撰写的准备工作、充分占有材料的基础上进行。

（1）分析材料，正确提炼主题。一篇调查报告质量的高低，价值的大小，其决定性因素就是能否提炼出深刻的、有价值的观点，找到带有规律性的东西，得出正确的结论。对调查得来的材料应做到：①要去伪存真。就是要舍弃事物中那些虚妄的、惑人的假象，只留下那些能反映事物本来面目的真实材料。就是常用来告诫人们的"不要听风就是雨"。②要去粗取精。就是要摒弃事物中那些粗糙的成分，只选取那些能反映事物内部规律的精要材料。这也是人们常说的"浓绿万枝红一点，动人春色不须多"。③要由此及彼。就是把已选好的材料连贯起来思索，找出事物之间的相互联系。这种"连贯"的方法，就是从"纵""横"两个方面入手。"纵"指的是历史发展过程，即事物的前后联系，通过纵的联系研究事物本身发展变化的规律。"横"指这一事物与那一事物之间的相互联系。通过横的联系，在比较中探寻出事物的内部规律。④要由表及里。就是要透过事物的表面现象去了解和认识事物的本质特征，从而抓住主流，确定主题思想。通过从分析事物的主流入手，抓住事物的本质，揭示出事物的本来面目。

（2）主次明确，恰当选用材料。调查报告的写作，要求观点和材料应有机地统一，就是指观点统率材料，材料说明观点、支撑观点、为观点服务。选用材料要做到繁简适度，详略相宜。即重要的、具体的、新的和人所难知的材料宜详；次要的、概括的、旧的和人所周知的材料要略。要注意以下三点。

① 要善于用事实说明观点。要求所写的内容都是真实的，把一个重要事件的全貌叙述出来，并鲜明地表明作者自己的观点。如毛泽东同志著名的《湖南农民运动考察报告》一文，文中列举了14件大事用来阐明农民运动"好得很"，极具说服力和战斗力。

② 要善于从比较中说明观点。如好典型同差典型对比；正面材料同反面材料对比；历史材料同现实材料对比；"点"上的材料同"面"上的材料对比。如《关于新台村的社会调查报告》在写家长对子女的书报投入时"只有35%的学生在书报方面投资，少的则每年20元，多的则200元。65%的学生在书报方面没有投入，只有学校发的课本。书报投资多的学生大部分知识面较广，思维敏锐；书报投资少的，大部分学生知识面狭窄，分析问题的思维较为迟钝。"通过两种书报投入方式的对比，效果迥然。

③ 要善于运用数字来说明观点。有的问题、观点用很多议论也难以表述清楚，而用一个数字、一个百分比，就可以使人们对事物的面貌和问题的实质一目了然。这样数字就具有很强的概括力和表现力。如《关于新台村的社会调查报告》在写母亲群体文化程度时"高中2人，占8%；初中4人，占18%；小学8人，占32%；脱盲6人，占24%；文盲5人，占20%。"运用这组数字说明了母亲群体在农村文化水平并不高。

（3）叙议结合，精心安排结构。调查报告以叙述、说明、议论为主要表达方式，其中，叙述是其主要的表达方式。陈述调查的经过、调查对象的基本情况和事实材料，都要用叙述，并辅之以说明等表达方式；而对实际情况和事实材料进行剖析、归纳，对经验进行总结，则要用议论。所以，写调查报告就是要做到叙议结合、夹叙夹议。当然，为了增强调查报告的可读性，在新闻媒体上发表或播出的调查报告可以根据需要穿插一些描写和人物的对话，以求生动、活泼、吸引人。一般来说，调查报告的基本结构方式是由标题、正文和落款三个部分组成。

①标题。标题是调查报告全文的眼睛、全文的精神。标题好,不但可以使读者深刻地理解调查报告的内容,而且可以吸引广大读者争先阅读。对调查报告标题的要求有六条:一要准确;二要鲜明;三要生动;四要新颖;五要简练;六要小化。调查报告的标题,一般有四种写法:一是文章式标题。这类标题,概括了调查报告的主要内容。如《一个经营有方的客栈》《湖南农民运动考察报告》。二是公文式标题。这类标题,提示了调查的对象或主要问题。明显的标志是使用介词结构"关于"。如《关于××学校乱收费的调查报告》《关于××厂整顿产品质量的调查》。三是提问式标题。这类标题,总结了某一项工作经验,或揭露了某一个问题。标志是使用疑问句。如《市一水泥厂是怎样扭亏为盈的?》《公路"三乱"何时休?》。四是正副式标题。这类标题,正标题揭示调查报告的思想意义,副标题标示调查的事项和范围。如《他山之石可以攻玉——关于我市开发区招商引资调查报告》《曙光初现——我州工业在西部开发中崛起调查》。

②正文。正文是调查报告的主体部分,是充分表现主题的关键所在。调查报告的正文,一般由前言、主体和结尾三个层次组成。

前言。这是指调查报告的一个自然段落,要求用简明而生动的文字,写出调查报告中最主要、最新鲜的事实,鲜明地揭示一篇调查报告的主题思想,引起读者的兴趣。导语的内容应根据调查目的来定,不能千篇一律。一般要说明以下几点内容:一是有关调查本身的概况。如调查的起因或目的、时间、地点、对象或范围、经过与方法等。二是有关调查对象的概况。如组织规模、背景、历史与现状、主要成绩或问题以及事件形成的简单过程等。三是有关研究结果的概说。如肯定意义、指出影响、提示结论意见或点出报告的主要内容等。

主体。调查报告的主体,是导语的引申展开、结论的根据所在。内容包括两大方面:一是调查到的事实情况,包括事情产生的前因后果、发展经过、具体做法等;二是研究这些事实材料所得出的具体认识或经验教训。按照内容,一般有三种写法:一是将说明主题的材料,按照事物性质归类,每类用小标题(即分论点)统率,然后用一定的内在联系的次序排起来。各个小标题之间是并列的,这样,能使文章条理清晰,观点突出。这种写法叫"并列式"。二是按照事物发生、发展、结局的先后顺序安排材料,分成相互衔接的几个层次,一层一层地把事情的来龙去脉报告清楚,这样,使人既了解全貌,又得到方向性、指导性的经验教训。这种写法叫"平叙式"。三是先将调查的结果、结论告诉读者,然后再叙述这一结果、结论的由来,从几个方面分析形成这个结果的原因。这种写法叫"因果式"。以上三种方式,无论采取哪一种,都要注意先后顺序,主次分明,详略得当,更好地表现主题。

结尾。结尾又叫"结论",是调查报告的结束语,是提出问题、分析问题和解决问题的必然结果。写得好的结尾,可以加深读者对主要事实的感受,得到更大的启发。如果说,调查报告的前言是"豹头",正文是"熊腰",那么结尾就是"凤尾"。结尾的写作,应当避免与前言雷同,写法有以下六个方面:一是小结式结尾。就是对调查报告的内容进行小结,使人更加明确调查报告的目的,增强报告的说服力和感染力。二是启发式结尾。就是不把话说完,指明发展趋势,使读者回味无穷,发人深思。三是号召式结尾。就是依托调查报告的事实,发出号召,激发情感,以唤起人们的响应。四是展望式结尾。就是由"点"到"面",做出展望,指出方向,以鼓舞人们的斗志,增强信心。五是分析式结尾。就是在肯定成绩的前提下,指出不足,然后提出解决的办法、措施、意见和建议。六是自然结尾。就是调查报告主体写完即告结束,没有单独的结尾。

③ 落款。落款,即具名和日期。它是调查报告的一个组成部分,内容虽少,却不能忽视。具名,是写作者的名。若调查者是调查组,要写明是什么调查组,以体现出权威性;若调查者是个人,也要写上姓名,必要时要注明是什么人,以示负责。日期,是指成文年月日,写明日期,以示时效。落款的位置一般放在正文末尾下一行右侧,有时也可以放在标题之下。

(4) 仔细阅读,认真修改全文。仔细阅读报告,认真修改全文是调查报告写作最后的一道工序,切不可马虎从事。报告起草好以后,要认真修改。主要是对报告的主题、材料、结构、语言文字和标点符号进行检查,加以增、删、改、调。在完成这些工作之后,才能定稿向上报送或发表。

课后练习

1. 小王是刚分配到某单位的大学生,正好赶上该单位要对职工进行一次满意度调查,领导就把设计调查问卷的任务交给了小王,如果你是小王,你如何设计这份调查问卷?

2. 王芳是某大型企业公共关系部经理,该企业总经理希望了解重要客户对该企业产品的意见,于是,要求王芳对几个重要客户进行访谈。在访谈时,王芳应采取哪些方法和技巧才能达到访谈的目的?

3. 撰写调查报告的前提是整理调查资料,你认为应该怎样整理调查资料,它包括哪些重要工作?请查阅有关资料,然后总结一下。

4. 小赵是刚刚分配到某公司公共关系部的大学生,公司刚组织了一次有关企业产品质量的调查,现在公关部经理把撰写调查报告的任务交给了小赵,请你告诉他调查报告的内容和格式是什么。

5. 新华酒店新设了一个公共关系部,开办伊始,就配备了豪华的办公室、漂亮迷人的公关小姐、现代化的通信设备……但该部部长却发现无事可做。后来,这个部长请来了一位公共关系顾问,向他请教怎么办。假设你就是这位顾问,请你和你的公关小组为该酒店制订一个调查方案,以便了解组织的公共关系状态,针对酒店的客户展开满意度调查工作,帮助该酒店收集客户信息和有价值的意见和建议,促进该酒店不断改进提高,最终为客户提供更优质的产品和更满意的服务。

6. 请阅读中国公关网(http://www.chinapr.com.cn)的"中国公共关系业 2014 年度调查报告",分析此报告写作的成功之处,并据此把握我国公共关系行业发展的状况。

评价考核

评价考核内容见表 8-3。

表 8-3　商务公关主体考核表

内　　容		评　　价	
学 习 目 标	评 价 内 容	小组评价 （5、4、3、2、1）	教师评价 （5、4、3、2、1）
应知应会知识	公共关系调查的含义		
	公共关系调查的内容		
	公共关系调查的程序		
专业能力	实施公共关系访谈调查		
	设计调查问卷、进行科学抽样并开展公共关系调查		
	撰写公共关系调查报告		
通用能力	分析问题能力		
	调研能力		
	解决问题的能力		
态度	强化公共关系意识、热爱公共关系工作		
努力方向：		建议：	

任务 9

商务公关策划

学习目标

- 明确公共关系策划的基本要求;
- 能够按照公共关系策划的程序进行公共关系策划;
- 把握公共关系策划要素,能创造性地进行公共关系策划;
- 能够撰写公共关系策划方案。

案例导入

伊利方舟工程

近年来,儿童安全事故频发,地震、火灾等自然灾害侵袭引起社会的关注。中央高度重视,并提出全社会关心青少年儿童成长,支持青少年儿童安全的工作方针,但国内目前尚未建立一套完善的儿童安全建设模式。为此,伊利集团发起全国首个以儿童安全为主题的大型公益项目"伊利方舟工程"。通过携手各行业专家进行安全知识教习、指导,开展系列安全教育专项活动,使广大青少年儿童树立安全意识,了解安全常识,学会自我保护,以此建立适应性、可持续的儿童安全建设模式。该活动具体公共关系策划如下。

1. 活动目标

打造伊利公益品牌,积累伊利集团品牌资产,打造国内最大规模的儿童安全公益项目,提升伊利品牌的美誉度。

2. 策略

(1) 引进科学的安全培训模式。联动全国各地安全类相关专家,亲临各校指导校园安全问题。研发探索符合全国各地环境特征的安全培训模式。研发符合学生特性的安全培训方法。引进日本安全背包等安全配套产品。

(2) 儿童安全"种子"培养。通过对全国各地学校校园工作者进行集中培训的形式,培养更多的教育工作者作为播撒儿童安全的"种子",并针对"种子"所覆盖的学校进行回访会诊,通过安全培训指导并帮助每所学校建立属于当地的儿童安全建设模式。

(3)打造"校园安全示范校"。针对我校、我师、我生和我家的特殊性,从最紧迫的安全问题着手,逐步形成属于每个学校的"我"的方舟,最终将覆盖的每所学校打造成为校园安全示范校,发挥其示范和辐射作用,以此提升周边校区的安全教育水平。

3.目标公众

5~12岁儿童、教育工作者和家长。

4.主要信息(形式创新)

(1)校园工作者集中安全培训。校园工作者作为"方舟种子",各有角色分工、合作互补,在培训结束后承担当地区县二级培训的职责。培训形式以授课讲解、观摩示范、经验交流为主。

(2)针对留守儿童首发"三联+两票"安全明信片。全国农村留守儿童数量超过了5800万人,有全国人大代表表示,关爱留守儿童的关键不是经济和物质上的援助,更多的是教育和心理方面的关爱。基于此,"伊利方舟工程"首次设计了针对留守儿童的"三联+两票"公益明信片,此明信片可在学校和留守儿童父母之间往返免费邮递,促进孩子、学校和父母三方的交流沟通。

(3)在中国西部开设第一堂"性别教育"课程。面对儿童性侵事件的频发,"伊利方舟工程"携手性别教育课程研发学校——上海理工大学附属小学开设"性别教育课",课程通过讲故事、看漫画、猜谜语、做游戏等多种形式开展,效果甚佳。

(4)用音乐传递安全知识。单一的安全培训形式,并不能让每个师生达到高效吸收的效果。"伊利方舟工程"邀著名音乐人常石磊加盟,亲自创作"儿童安全三字经"歌曲,并现场互动教学,教学效果显著。

5.传播策略

(1)打深度:通过杂志报道、图文报道等形式,深度挖掘伊利方舟工程背后的深意和故事。

(2)打广度:通过电视、报纸、网络的覆盖,广泛地影响受众。

(3)打高度:通过影响企业的杂志进行深度专题报道,树立伊利方舟公益品牌在"善的商业价值""企业社会责任"等方面的高度。

(4)打口碑:通过新浪微博、微信、APP、双屏互动、BBS、SNS等社会媒体的运用,打造良好的口碑。

6.媒介选择

大量运用新媒体及互动类媒体作为传播主导,如微博、微信、APP、论坛、博客等。同时传统媒体辅助扩散,如活动区域平面媒体、网站宣传等。

(资料来源:中国公共关系网(17PR)编委会.2014最具公众影响力公共关系案例集[M].北京:企业管理出版社,2015.)

问题:伊利方舟工程的公共关系策划有何创新之处?

🔍 任务设计

公共关系策划是公共关系工作程序的第二步,是指在公共关系调查的基础上运筹、制订方案,为公共关系计划的实施与公共关系评估提供依据。从某种意义上说,公共关系的竞争就是公共关系策划的竞争。因此,公共关系策划不仅处于公共关系工作程序的核心地位,而且是整个公共关系工作成败优劣的关键。公共关系策划能力无疑是公共关系人员的核心职业能力。

要成功地进行公共关系策划,重点是要提高公共关系策划的创新性和艺术性。这要求公共关系人员加强信息储备,多听、多看、多思考,掌握创造性的思维方法,熟悉公共关系策划的基本规律。这里,我们拟通过"设计公共关系策划方案"来完成本"任务"的学习。具体建议如下。

设计公关活动策划方案

实训目的:

(1) 锻炼学生的创造性思维能力。

(2) 了解学生对公关策划的理解情况。

(3) 锻炼学生对策划方案的写作能力。

实训内容:

请学生针对"家乐福"在华发展 20 周年制订公关策划方案。

实训的步骤:

(1) 将学生分为 5～6 人的小组,分配任务之后,给他们 20～30 分钟时间讨论、设计策划书。

(2) 请每个小组派一位同学作为代表将策划思路和设计的公关活动策划书讲述给全班同学听。

(3) 每当一个小组的同学讲述完毕之后,其他小组同学可以对其策划方案进行点评,指出做得好的地方和需要提升的地方。

(4) 教师点评各个小组的策划方案,并进行总结。

实训考核:

采用各个小组相互评分与教师评分相结合的方式,总分为 10 分。评分要点包括:策划方案的完整性、公关活动主题的新颖性、活动项目的创造性、策划方案的可操作性等。

一、公关策划的概念与原则

1. 什么是公共关系策划

公共关系主要是研究组织如何处理与公众的关系,研究如何为本组织塑造良好的社会形象。组织形象的塑造受到各种各样因素的制约,组织必须制定形象战略,并通过连续不断的公共关系活动去具体实现既定目标。因而,策划是公共关系工作中难度最大、层次最高、最引人注目的一项工作。所谓公关策划,就是指公共关系人员为实现商务组织形象战略目标,在公共关系理论的科学指导之下,对各类公共关系活动所进行的谋略、构思、设计和计划的过程。

2. 公共关系策划的原则

公共关系策划是企业公共关系工作的中心环节。一个企业形象能否良好地树立,能否很好地传播,在很大程度上取决于公共关系活动开展得好坏。公共关系活动开展得好坏又取决于公共关系策划的优劣。因此,公共关系策划人员应该遵循一系列基本原则,确保公共关系策划的成功。

(1)实事求是原则。实事求是是公共关系策划的一条最基本的原则。这一原则的含义是指:公共关系策划必须建立在对事实真实把握的基础上,向组织如实传递有关组织公众的信息,并根据事实的变化不断调整公共关系策划的策略和时机等内容。一位优秀的公共关系工作人员首先考虑的不是技巧,而是对事实的准确把握。他必须通过种种办法收集关于公众情况的资料,收集关于组织与环境的互补情况的资料,收集双方可能存在的不平衡、不协调的种种事实。只有掌握了足够的事实,他才能策划公共关系的行动计划。

公共关系策划人员在策划过程中,要平心静气,摒弃自己头脑中主观感觉的东西,认真调查,尊重事实,不要以自己的猜想、判断作为策划的依据。要用科学的方法去做相应的市场调查,要让数据证实自己的设想,换而言之,要把自己的设想建立在数据和事实的基础上。具体而言,就是要做到以下两点。

① 深入客观现实,认真调查实情。在进行一项公共关系策划工作之前,策划人员要对策划对象的现状进行深入的全面的调查,把自己头脑中的东西暂时埋藏起来,多竖耳朵少张嘴,尽量不带偏见地听听别人怎么想、怎么说,尽可能全面地、准确地、客观地了解策划对象,使自己掌握的资料尽量与实际情况相符合。

② 排除主观偏见,保证据实策划。策划中缺少了客观性,也就没有了科学性,策划也就不会成功。因此,要有坚定的决心和足够的勇气排除各种干扰、阻力甚至压力,保证据实策划。一是以科学的精神排除虚假因素的影响,把握问题实质。二是以对公众、对社会、对事业负责的精神,排除各种阻力和干扰,把握现实,据实进行策划和实施策划方案。

(2)公众优先原则。公众优先原则,即公众利益优先原则,是公共关系工作的重要原则,更是公共关系策划的重要原则。

作为公共关系策划主体的组织(尤其是企业),以公众认可为其生存的前提,以公众信任为其发展的条件。企业的发展有赖于公众对企业的认同和支持,有赖于公众对企业行为的参与回应。企业在其行动之前应该清楚地了解公众的利益倾向,企业所能做的事情就是顺应公众利益倾向,将自己行动的目的融在其中,在满足公众利益的同时达到企业自己的目的。公共关系策划者必须明确认识到:公众参与某些公共关系活动不是为了记住企业形象,也不是为了企业获取更多的利润,而是为了自己的利益才参与某项活动。企业的"获利"只能来自公众认为不重要的或公众觉察不到的方面,因此,在进行策划之前,一定要深入分析目标公众的利益所在,不要被表面现象所迷惑,不要以自己的心态去推测公众的心态。

　　一个好的公共关系策划方案不在于它能改变公众、强制公众。而在于它能很准确地满足目标公众的利益点,从而吸引公众参与某项公共关系活动,并在这项活动中传递公共关系主体的信息,让公众在不知不觉中接受策划主体发出的信息。

　　(3) 系统规划原则。公共关系活动相对于整个组织活动是一个子系统,因而公共关系策划也是组织活动策划的一个子系统。完成公共关系活动的各个环节又是公共关系活动的子系统,因而这些子系统的策划是公共关系策划的不可分割的组成部分。公共关系活动的每个子系统又是由众多因素组成的,公共关系策划必须使这些因素相互协调。组织活动总策划处在社会经济的系统中,又只是一个子系统。系统原则应用到公共关系策划中去,就是要如实地把公共关系策划作为一个有机整体来考虑,从系统的整体与部分之间相互依存、相互制约的关系中提示系统的特征及运动规律,实现整体最优。其基本思想有三点:首先,对系统统筹安排,确定最优目标,实行系统最优。因为系统具有不同于各组成部分的新功能,系统最优的核心要求是处理好局部优化和全局优化的关系,为使公共关系活动系统优化结构,协调稳步地前进,必须建立公共关系系统工程,实行系统运筹,通盘安排系统中的子系统及组成要素,使它们相互制约、互相促进,并且与外部环境协调起来;其次,协调公共关系活动要素与环境的关系,讲究整体的最佳组合的效应。公共关系的各子系统各自具有不同的特征与目标,各自又处在特定的环境中,在时间和空间上又是相互分离的。这就需要做好协调工作,在注意系统全局的同时,还要把握各个局部,使之同步、匹配地进行活动;再次,考虑到公共关系策划的有序性,还要使公共关系策划中的各项工作有步骤地进行,这是系统有序性的要求。

　　(4) 切实可行原则。公共关系策划者在策划活动之前,一定要做可行性分析,以确保公共关系活动目标的实现。可行性分析贯穿于策划的全过程,即在进行每一项策划时都应充分考虑所形成的策划方案的可行性。策划方案形成后,必须进行可行性分析,以便选出最优方案做最后的选择。进行可行性分析主要从四个方面进行。

　　① 利害性分析。分析策划方案可能产生的利益、效果、危害情况和风险程度,综合考虑、全面衡量利害得失。

　　② 经济性分析。考虑策划方案是否符合以最低的代价取得最优效果的标准,力求以最小的经济投入实现策划目标。

　　③ 科学性分析。它包含两方面的意思:首先看策划方案是否是在科学理论指导下,在进行了实际调查、研究、预测的基础上严格按照策划程序进行创造性思维和科学想象而形成的。其次分析策划方案实施后各方面的关系是否能够和谐统一,是否能够高效率地实施策划方案。

　　④ 合法性分析。考虑策划方案是否符合法律法规要求:一方面,策划方案要经过一定的合法程序和审批手续;另一方面,策划方案的内容及实施结果要符合现行法律法规的规定和政策要求。

　　(5) 谨慎周全原则。凡事都需用策,用策必求制胜。同时,以策制胜,慎之又慎。"老谋深算"在一定意义上反映了策划者设计、策划总是力求疏而不漏,周全稳妥。世界上本无十全十美之事,因为策划者所掌握的客观情况受到种种主观因素的制约,策划者的知识、胆略、思维方法等又各有长短,因此凡策划只能在慎重之中求周全。但是,周全是相对的,不周全是绝对的,于万变之中求不变,于不周全中求周全,才能立于不败之地。

怎样做到谨慎周全呢?一个公共关系策划方案的完成,首先要听取各方人士之高见,然后整理成文。此文还需交专家论证,在目标公众中测验,在小范围内试验,经过反复修改后才能定稿。作为公共关系策划人员,我们无法通过这样的程序化运作使某项公共关系策划方案达到最优,但我们可以通过这种方法避免产生最劣的策划方案。

(6)独特新奇原则。独特新奇原则,寓意奇正相生,以奇制胜。核心在"奇"。老子中有"以奇用兵"之语。《孙子兵法》中说:"凡战者,以正合,以奇胜。"对于奇正的概念,战国时的《尉缭子》中解释说:"正兵贵先,奇兵贵后。"曹操说:"正者为敌,奇兵从旁,击之不备也。"这些无疑把奇正的概念具体化了。

策贵用奇。"出奇制胜"是人们常常引用的一句成语,策划者无不十分推崇这一思想。奇在"出其不意,攻其不备",达成突然性,这也是策划的出发点和立足点。众人意料之中的计谋,也就无法称为策划。意外可以说是策划中最精彩也是最危险的领域。奇由正出,奇修于正。"修法而生法"正说明了这一点。先学法,后生奇。武术中的基本功,如同策划中说的"正"。"正"功练到家,临阵交战,才能运用自如、灵活多变、急中生智。用奇,在很大程度上是对"正"的应变。应变而奇,多变出奇,善变使敌不意。变法出自常法,"不知用正焉知用奇"。

唐代军事家李靖说得好:"善用兵者,无不正,无不奇,使敌莫测。故正也胜,奇亦胜。"这是说善于策划的人,没有不用"正"的,也没有不用"奇"的,或奇或正,使对方无以揣测,所以用正也胜,用奇也胜。讲奇正变化,就是讲策划的辩证法,使奇正互为对立、互为变化、互为统一。

需要补充说明的是:作为公共关系策划人员,要正确掌握奇的分寸,要明白"奇由正出"的含义,先学会别人都在做的事,再去想那些别人没有做的事情。

二、公共关系策划中的创造性思维

所谓创造性思维,即思维主体借助逻辑推理与丰富的想象,对概念、表象等思维元素进行组合加工,从而产生创造性思维成果的过程,也是策划者尊重科学、不断探索、打破条框、勇于创新的过程。它一般具有积极的求异性、敏锐的洞察力、创造性的想象、独特的知识结构、活跃的灵感等特性。而公共关系策划离不开创造性思维,公共关系人员在每一次公共关系策划中,面临的环境不同、公众不同,策划方案也不能总是以同一种面孔出现,必须打破思维定式、突破常规,策划出与众不同的、具有新意的活动内容和方式,去吸引公众、改变公众的态度和行为。

公共关系策划的新意源于公共关系人员的创造性思维方法,现列举如下。

1. 灵感的激发

在公共关系策划中,新形象新假设的产生往往带有突发性,是突如其来的闪电般的顿悟,它的产生往往借助外部信息的激发,与人们头脑中的知识信息突然碰撞,便产生了灵感。活跃的灵感在创造性思维中起着非常重要的作用,一般来说,人们在获得灵感时,思维异常活跃,也最富有创造力。而公共关系策划者要想在策划中出现灵感就要善于发现和利用各种信息,进行自我激发,并通过量的积累,触类旁通地闪现灵感,使公共关系策划产生新意。

2. 想象的突破

所谓想象是指策划者对记忆中的表象进行加工后,得到的一种形象思维。它是在对以往事物感知的基础上,创造出前所未有的对策划对象的想象力,是在观察思维等基础上的一种特殊形式的思维活动方式。在公共关系策划中,同样需要借助想象,公共关系策划者把对商务组织公共关系现状的认识和对商务组织未来的预测等各种感知,通过想象得以突破,不断建立和完善新的形象概念。因此,公共关系策划的成果,往往也是想象思维的结果。

3. 诸因素的组合

在公共关系策划中,从思维的角度而言,由目标的制定找到了相应的公众,从诸多信息中产生了主题,继而设计出各种计划和工作步骤,这是从思维展开角度而言的。而从思维展开后又必须从聚拢的角度来说,众多的因素又必须组合为一个有机的计划,这个创造性思维的过程,可以称为因素组合法。

4. 思维的碰撞

思维碰撞法又称头脑风暴法,它是1939年美国BBDO广告公司经理奥斯本创立的用于集体创造活动的创新技法。其基本要点是:针对要解决的问题,召集5～10人的小型会议。会议规定一些必须遵守的规则,以产生启发创造力的情境。与会者按照一定的步骤,在轻松融洽的气氛中,敞开思想、各抒己见、自由联想、畅所欲言、互相启发、互相激励,让创造性思想火花产生共鸣和撞击,以引起连锁反应,从而激发出大量的创新设想。在头脑风暴法中所要遵循的规则是:第一,构思的方向越多越好;第二,创想属异想天开,似天方夜谭也不许嘲笑;第三,彼此之间不批评对方着眼点的好坏;第四,可以从别人所想到的地方得到暗示,而自由附加想出新点子。

5. 逆向思维与类比启迪的运用

(1)逆向思维法。人们在进行思维时,往往喜欢按照习惯的思路去探求问题的答案,然而,这种解决问题的方法往往陈旧俗套、缺乏新意,问题也难以理想解决,因此,这就需要人们从与习惯思路相反的角度,来突破常规定式,做反向思维,以找到出奇制胜之道。

(2)类比启迪法。所谓的类比启迪法是指人们根据已知的事物或道理,比喻性地启迪我们以相类似的方法去解决未知的问题,这种方法,美国的创造学家称之为"提喻法",它是以不同知识背景、不同气质的人组成小组,相互启发、集体攻关。提喻法有两个重要的思考出发点:一是变陌生为熟悉,即进行拟人类比、直接类比、象征类比、幻想类比;二是变熟悉为陌生,以已知的各种事物,运用新知识或新角度来观察、分析和处理,其过程同样必须进行各种类比。最后,再通过特定的标准,对想象力产生的各种类比进行选择和判断,得出最佳的创造性思维成果。

三、公共关系策划的基本要素

进行公共关系策划时,应该重点把握以下基本要素和环节。

1. 目标确立

公共关系策划是一种大脑的思维活动,是一个积极寻求完美答案的思维过程。因而,公共关系策划应掌握一整套谋划的科学思路,或者说应当事前将公共关系策划的基本要素加以组合,在头脑里搭造一个严谨周密的思维构架,以避免凭经验和直觉办事的随意性和盲目性。

为此,就实现商务组织的总体目标看,我们在策划中应当首先关注商务组织在公共关系方面是否存在什么问题。

所谓问题,就是商务组织公共关系现状距离公共关系工作准则呈现出的偏差。所谓发现问题,就是根据公共关系工作准则比较商务组织公共关系实际而确定出差距的过程。在公共关系发展的历史中,任何一个成功的策划,都是肇端于发现和提出问题。

对商务组织外部环境的调查和内部资源的审定,实际就是对主客观条件的了解。通过了解,去发现商务组织的公共关系问题所在,并由此提出商务组织的公共关系目标,就是公共关系策划要素组合的第一步。在确立商务组织公共关系活动的目标时,我们应注意以下几点。

(1) 目标必须是具体的。目标不应是一个抽象的概念或空洞的口号,如"良好形象"或"真诚的奉献"。它应当是组织在内外环境条件下必须达到的实际结果,如"在某区域提升组织认知度 5 个百分点""与内部公众的和谐度提高 3 个百分点"等。

(2) 目标必须是可测量的。公共关系的知名度、美誉度这两大目标,均是可以测量的,因此,目标不应是模糊含混的。比如"使员工的参与意识得到极大提高"中,"极大"一词便是难以准确把握的,应是可以通过计算得到明确数据的结果,比如"使 80% 的员工参与到本组织的这次公关活动中来"。

(3) 目标应当是能够达到的。在确立目标时,必须考虑在组织现有条件下,能否解决问题、实现目标,能在多大程度上解决问题、实现目标。目标过高,必然导致失望和沮丧;不考虑自身条件的盲目蛮干,也只会以失败告终。

(4) 目标必须要有时间限制。组织公共关系活动要实现的目标,必须是在规定的时间里应当达到的结果,既非远不可及,又不应遥遥无期。

确立公共关系策划目标的思路,大约是这样一个过程:通过调查研究获得组织内外环境与资源的大量材料,以材料去推断组织的优势与劣势、机会与风险、资源与条件;通过对这些推断的分析,找出组织的公共关系问题所在。再根据问题的轻重缓急,排出解决问题的先后次序,并提出和界定首要的问题。然后通过对这一最重要问题产生原因的探索,找出问题的症结,根据商务组织的特质和商务组织的需要,最后确立商务组织公共关系策划的目标。

2. 主题提炼

主题,指公共关系活动中联结所有项目、统率整个活动的思想纽带和思想核心。提炼公共关系活动的主题,是公共关系策划过程中一个极其重要的环节,它好比确定一部大型交响乐曲的主旋律。我们听过《命运交响曲》、钢琴协奏曲《黄河》、小提琴协奏曲《梁祝》,它们或气势恢宏,或奔腾激越,或哀婉凄绝,之所以能在人们的脑海里留下深刻难忘的印象,就在于它们有风格各异、色彩鲜明的主旋律。能否提炼出鲜明突出的公共关系活动主题,主题能否吸引公众、抓住人心,可以说是公共关系策划成败的一个重要标志。因此反复揣摩、推敲、提炼,"语不惊人死不休",对于公共关系策划者来说,都是必要和值得的。

提炼主题,需要创意,但不能为提炼而提炼,故弄玄虚,故作高深。提炼和确定主题应当注意以下几点。

(1)与目标的一致性。提炼主题,是为了更好地凸现公共关系目标,主题必须与公共关系活动的目标保持一致,主题必须服务于目标。偏离目标的主题,会给公众造成错觉,从而起到误导的作用,策划者不可不慎。

(2)主题的实效性。好的主题,不在于辞藻华丽、技巧娴熟,而在于产生的实效。主题的实效一是表现在是否合乎公共关系活动的客观实际,不能话说得好听实际却做不到;二是能真正打动公众心扉,切中公众心愿;三是要考虑社会效果,一味哗众取宠、迎合低级趣味的主题是要不得的。

(3)主题的稳定性。主题一经确定,就应贯穿公共关系活动始终,不得半途而废、中途改换,以免造成公众感知的混乱。

(4)主题的单一性。一次公共关系活动,只应有一个主题,一般不得出现多个主题。对于大型的综合性活动,虽然也可设计一些次主题,但不能喧宾夺主,造成主题的杂乱无序。这犹如交响乐曲一样,无论主题如何变化,对比、发展、再现,所有的手法都是为了烘托和突出主题,而不是削弱和破坏主题。

(5)主题的客观性。公共关系活动的主题,要展示公共关系精神、体现时代气息,不可商业化十足,也不宜宣传口号味太重。一句话,主观性不要太强,以免招来公众的反感。

3. 认定公众

商务组织公共关系活动目标的差异性,决定了公共关系活动对象的区别性。在公共关系策划过程中,我们必须要在商务组织的广大公众群中,根据实现目标的需要,去认定哪些是该项公共关系活动必须关注、交流和影响的目标公众。认定目标公众的方法如下。

(1)以活动目标划定公众范围。跟达成活动目标无关的公众均不是该次活动的目标公众。

(2)以组织实力划定目标公众。在公共关系实践活动中,有时商务组织需要面对的公众面极广,面面俱到则深感人力有限、经费不足,应付不过来。这时就应将有关公众按与商务组织关系的密切程度、影响的大小程度、相关事情的急缓程度等因素进行排队,选出最为重要的"部分"作为目标公众。这种划分主要强调的是重要性。

（3）以组织需要决定目标公众。例如，当商务组织出现形象危机时，目标公众应当首指商务组织的逆意公众和行动公众，以防危机的扩散和加剧。这种划分主要强调的是影响度。其实，不同商务组织每次公共关系活动在确定谁为目标公众时，都很难有统一的标准，基本的原则便是考虑商务组织目标、需要和实力三个方面的因素，由各商务组织灵活决定。

4. 项目设计

所谓项目，即指围绕公共关系目标而确定的在不同时期进行的各种形式的活动。要实现公共关系目标，只有通过一个个公共关系项目的实施，去逐步接近，直至完成。没有公共关系具体活动的开展与公共关系项目完成，商务组织的公共关系目标就永无实现之日。

5. 时空选择

我国自古以来就有"机不可失，时不再来""机事之事，间不容发"的名言。"机"的含义很广，从普遍意义上看，凡牵涉事情成败的关键因素，都可以称作"机"。就公共关系策划看，也需要刻意去捕捉"天时""地利"，去充分地选择、运用时间和空间。

（1）时机的捕捉。时机，简而言之，就是时间变化所带来的机会。从传播学角度说，时机是策划水准最为重要的衡量标志之一。时机的选择或捕捉，有两层意思：第一是捕捉时机要准确；第二是把握时机要及时。前者指的是：对那些可以预先选定的时机，一定要选准其"时间区间"；后者则是说对那些预先不可选定、稍纵即逝的时机，要及时抓住，不可犹豫。

一般说来，商务组织可预先选定利用的时机有以下几种：①组织创办或开业之时。②组织更名或与其他组织合作、兼并、资产重组之时。③组织周年庆典或周期性纪念活动之时。④组织内部改组、转型、品牌延伸之时。⑤组织迁址之时。⑥组织推出新产品、新技术、新服务之时。⑦组织新股票上市之时。⑧国际国内各种节日和纪念日之时，等等。

商务组织需即时捕捉、稍纵即逝的时机主要有：①重大的社会活动和社会事件出现之时。②组织形象出现危机之时。③组织或社会突发性灾害爆发之时。④国家或地方政府新政策出台或新领导人上台之时。⑤公众观念和需求发生转变之时。⑥组织经营出现困难之时。⑦国际国内政治经济大环境大气候转变之时。⑧组织内部资源条件发生变化之时，等等。时机具有不可逆转性，公共关系策划必须抓住不可复得的机会，迅速果断地采取对策。时机又具有机会的均等性，它公平地赐予每一个组织和公共关系策划者，就看你能否抓住它。谁先抓住它，谁就会在竞争中获得先机，谁就可能获得成功。

那么，我们应当怎样去选择和捕捉时机呢？选择时机时，我们要注意：①尽量选择那些能够引起目标公众关注，又具有新闻"苗头"的时机。②要善于利用节日，去做可借节日传播组织信息的项目；但又要学会避开节日，如果是和节日毫无关系的活动项目不光不能借节日之势，反会被节日气氛冲淡效果。③尽量避开国内外重大事件。因为这时公众关注的焦点、热点是这些重大事件，组织的活动项目弄不好会毫不起眼。但国内外大事发生之时,又是组织借势之机,关键看你是否能借题发挥。④重大的公共关系活动不要同时开展两项以上,以免分散人们注意力,削弱或抵消应有的效果。⑤选择时机时,要考虑公众,尤其是目标公众参与的可能性,避开那些目标公众难以参与的时日。⑥选择时机时,要考虑媒介,尤其是大众传媒使用的可能性,避开那些因其他重要新闻而使组织信息上不了媒体的时日。⑦选择时机时,要考虑当时当地的民情风俗,尽量使组织的活动项目与这里的风土人情相吻合。我国是一个多民族国家,面对不同民族、地区的不同风俗习惯和宗教信仰,时机选择尤应慎重。

（2）空间的选择。公共关系策划,对于空间场景的利用非常必要。一方面应尽可能地考虑如何充分利用环境的有利条件,回避不利条件。比如对当地资源土特产利用、对地理和人文构成的旅游资源的利用、对特殊民俗风情的利用以及对恶劣气候条件的回避等。另一方面是尽量去选择利于公共关系活动实施的场所。

空间的选择具体应顾及以下几个方面:①空间大小:空间大小以活动参与者与活动所需物资的多少大小为转移。场地过大既浪费又无美感,会使活动气氛显得冷清;过小则显得拥挤、混乱,也易造成事故。②空间位置:活动空间的地理位置很重要,选择位置要与活动内容相吻合,大型活动还要考虑与机场、港口、车站的距离。③空间环境:主要指公共关系活动场地周围的建筑环境、交通环境、生态环境等。④空间条件:主要指组织活动场所应当具有的基本设施和基本条件。比如通信设施、医疗急救条件、卫生条件、治安条件、文化娱乐条件、购物条件以及食宿条件等。⑤备用空间:主要指为防止各种因素或条件的偶然变化,策划时应对空间作一些应急和临时性变动的考虑。⑥空间审美:指的是公共关系活动地点场所给人的感官审美印象。它包括建筑的造型、布局和结构;场地设施布置与环境装潢;实物摆设与商品柜台设计;橱窗展示、展品陈列以及活动宣传现场广告的张贴、悬挂、放置等。

6. 选择媒介

商务组织公关工作可供选择的媒介很多,但要选择恰当才能事半功倍,取得良好的传播效果。选择传播媒介的基本原则如下。

（1）根据商务组织公关目标选择传播媒介。各种媒介都有其特定的功能,能适合为组织形象塑造的某一目标服务。选择媒介首先应着眼于企业目标和要求。如果企业的目标是提高知名度,则可以选择网络媒介以及传统大众传播媒介;如果企业的目标是缓和内部紧张关系,则可以通过人际传播与群体传播,通过会谈、对话等方式加以解决。

（2）根据不同对象选择传播媒介。不同的对象适用于不同的传播媒介,要想使信息有效地传送到目标公众,就必须考虑到目标公众的经济状况、教育程度、职业习惯、生活方式及他们通常接受信息的习惯等。比如,对经常加班加点的出租汽车司机最好采用广播;要引起儿童的注意和兴趣,制作电视节目和卡通片效果最好;对文化较落后又没有电视的山区农民则采用有线广播和人际传播;对喜欢阅读思考的知识分子,应多采用网络专业论坛、专业杂志以及报纸等传播媒介。

（3）根据传播媒介特点和传播内容选择传播媒介。传播媒介的各种形式都有鲜明的特点和一定的适用范围,在选择媒体时必须首先了解各种媒体的优缺点。组织形象塑造过程中,应将信息内容和传播媒介的特点结合起来综合考虑。比如,内容较简单的快讯可以选择广播;对较复杂、需要反复思索才能明白的内容,最好选择印刷媒介,可以使人从容研读,慢慢品味;对开业仪式、大型活动的盛况,采用电视这种传播方式则更生动、逼真,能产生非常诱人的效果。还需要注意的是,只对本地区有意义的信息就不要选用全国性的传播媒介;只对一小部分特定公众有意义的消息,就没必要采用大众传播媒介;而对个别的消费者投诉,则只需要面约商谈或书信往来。

在社交网络时代,企业也可以通过博客、微博、微信等社交平台传播企业公共关系信息。媒体形态正发生着巨大的变化,自媒体时代的到来,移动互联网与社交网络相互作用,使企业在媒介选择上的自主性大大提高,企业几乎能够随心所欲地进行传播。这无疑为商务公共关系开拓出了一片大施拳脚的新天地。

7. 经费预算

公关活动策划阶段中一项重要的工作是对公关活动经费的预算,并编制预算书。任何公关活动的实施都需要有一定的人力、物力和财力来保障,尤其是大型公关专题活动则更为突出,因此,公关活动策划人员要有成本意识。搞好成本核算,可以促使商务组织节约使用资金,节约公关活动中的经费,从而降低公关活动的成本,使商务组织以比较少的耗费,取得较高的公关效益。

(1)编制公关活动预算的条件和原则。一般来讲,编制大型公关专题活动的经费预算必须建立在下列条件基础之上:首先是了解公关活动策划的项目计划,然后再根据项目计划的实际需要制订预算开支的计划。其次是预测和估算公关活动可以获得的资金和其他人力、物力的支持。最后还要对市场价格行情进行充分地调查了解,包括市场物料供应的价格、劳务的市场价格、项目制作的价格等。公关活动预算要坚持两个基本原则,一是提高预算的准确度;二是项目预算要实事求是,一切从客观需要出发。

(2)公关活动预算的主要内容。一项公关活动的实施需要有各方面的经费支持,其主要内容包括:一是人力支出。公关活动的实施主要靠人力,因而人力支出经常构成公关预算的主要部分。人力支出分为内部人力支出和外部人力支出两部分,这两部分的支出预算有所不同。内部人员支出指用于商务组织内部的专职人员和其他辅助人员如秘书、会计、招待员等人员的支出,这部分的支出主要与这些人员的工资水平相关。外部人员支出主要指用于为该项公关活动而外聘的公关顾问、摄制组等人员的费用。这些人员的费用通常以小时为单位计算,因而主要与他们工作时间长短有关。二是物资支出。即用于有关活动的各种物资的损耗。公关活动需要大量使用各种信息传播工具和媒介,才能有效地进行信息传播。这些工具或材料的使用费用,如邮费、各种印刷品的印制费、电子器材、展览设施、纪念品、照片、影视设备和材料、视听器材、美术装潢器材和材料等是经费预算的重要内容。此外,与公关活动有关的行政费用,如办公室的租金、取暖、电、水、清洁、电话、通信以及文具等费用也应该计算在内。三是活动费用的支出。即与某项公关活动直接相关的除人力和物资以外的费用,如参观、接待、广告、交通、住宿、膳食等方面的费用。这些费用有时是因临时活动安排而不可预知的,因此要做一定的应急费用预算,以确保整个公关活动在各个环节上都能有效衔接。四是其他费用支出。除了人力支出、物资支出、活动费用支出这些较为具体的支出项目之外，在预算经费时还要考虑到其他一些支出项目。例如一些连续性的公关活动常常是跨年度的，对于这一类的活动项目，公关人员在年度预算中需考虑适当增减。公关活动灵活性较强，往往一些突发事件的发生会改变或调整计划，公关人员在编制预算时，应事先设置临时应变费用，从资金上保证公关活动的应变之需。

（3）公关活动经费预算的方法。编制公关活动预算有多种多样的方法，组织可以根据自身的情况来选择使用。商业的本质是以较少资源投资换取较大的营收回馈，公关活动投资也是希望实现销售或利润的增长以及组织形象的提升。常用的公关活动预算方法主要有以下几种。

① 经费承包法。即按组织常年的公关实务活动算出一定量的经费作为公关活动使用，或是针对单项活动计划拨出专项经费，一旦划定了经费，就不能再增补和删减，而由组织的公关部门及人员在职权范围内使用。用这种方法编制预算的优点是简单迅速，但是用承包方式确定经费总额较为盲目，缺乏灵活性与针对性。

② 比例抽成法。即按组织的正常收入抽取一定的百分比作为公关活动的经费，使用这种方法的经费预算比较明确，而且可随商务组织的财力状况而调整。缺点是缺乏弹性，有时不能顾及公关活动的某种需要。

③ 目标估计法。即按商务组织确定的公关活动目标，逐项列出细目，计算出所需经费。这种方法计划性强，开支项目清晰，但有时会因预测不准而造成经费过多或不足。

三种方法比较而言，前两种方法常用于商务组织公关活动年度预算的编制，而第三种方法则更适用于某项公关活动经费的具体概算。当然，商务组织可以根据不同的需要单独或结合使用这些方法。

（4）公关活动预算书的编制。公关活动的预算费用一般是通过编制预算书来表现其具体内容的。大型公关专题活动经费的预算书也要编制得尽量详细、具体，切忌笼统含糊。下面我们举两个例子供参考。表 9-1 为年度预算书的模式，表 9-2 为记者招待会项目预算书的模式。

表 9-1　年度预算书

项　　目	预算/元
工资：公关经理、助手及秘书	
一般管理费：租金、地方税、照明、取暖、空调、清洁费、电话交换台等	
拆旧：家具和设备	
保险：汽车保险，为设备、旅行、养老金、医疗所有风险投保	
视听辅助手段：准备工作、制作、分发和保养影片、录像带、DVD 视盘	
新闻稿：准备工作和发稿	
服务：新闻简报的服务、对电视与广播监听和监视的服务	
新闻特写：准备工作和特写	
信息服务：配置职员和装备	
自办报刊：编辑和印刷	

续表

项　目	预算/元
教育性的文字：创作、印刷和制作	
赞助：奖品和报道、招待	
讨论会：物资用品、饮食、租赁费	
照片：摄影、洗印	
运输工具：小汽车和货车	
设备：照相机、放映机、录像机、视盘机、电视机、录音机、计算机等	
文具：专用信笺、新闻稿纸、照片说明文用稿纸、信封等	
邮资：电话、电报、检索、传真	
差旅费用：小汽车津贴、出租车、火车票或飞机票、旅馆住宿	
应急：按10%计	
总　　　计	

表 9-2　记者招待会预算书

序号	项　目	规格	数量	单价	金额/元
1	印制请柬、信封	19cm×11cm	100	15 元/套	1500
2	寄请柬所需邮资				
3	联系电话费				
4	场租				
5	录像机、幻灯机、电话机租用费				
6	放映员报酬				
7	自助餐费				
8	酒水费				
9	小费				
10	新闻稿				
11	资料袋印制				
12	印刷资料				
13	照片				
14	纪念品				
15	交通运输费				
16	场地布置费				
17	应急费用				
18	承办费				
	合　　　计				

8. 人员分配

再好的公共关系策划，最终是靠人去实施和完成的。因此，在策划时，就应对将来的实施人员作一个考虑和安排。对人员分配的策划，一般要考虑以下几个步骤。

（1）人员挑选。根据商务组织公共关系活动规模的大小、内容的繁简、层次的高低、经费的多少等因素，为达到活动开展的效果，首先要对活动实施的人员进行量和质的挑选。

（2）人员培训。对于选出的人，为保证策划方案的有效实施，在策划时便需要考虑如何对其进行培训，就策划目的、宗旨、方法技巧、应急措施等方面准备一套行之有效的培训计划。

（3）人员分工。策划中对于将来活动中的各个岗位，事先要对现有人才或培训人才作一个量才施用的考虑，尽量根据其过去的表现和经验，使人员分工能做到人尽其才，既能发挥特长，又能完成任务。

9. 应急程序设计

一个完善的计划，一定要有应急程序。一般来说，应急程序包括以下内容。

（1）保安措施。保安措施包括在活动期间所有人员特别是首长、嘉宾的保卫工作，与会人员的行为秩序以及人员和车辆的导流路线。行人坐立行走设施、高空架设物、用电设备、机械设备、易燃易爆物品的安全使用措施，每一项都不能掉以轻心，要有一个周详的安全使用计划。

（2）保健措施。公关活动，特别是大型活动一般参加的人员多，各人身体条件情况复杂，尤其是在有老人或小孩参加的时候，保护措施就尤其要考虑周全。常见的户外活动中经常发生中暑晕倒等情况，所以大型活动要配备医护人员及用于急救的车辆。保健措施现已基本列入公众活动的常见项。

（3）意外人员疏散计划。对于意外事故，设计应急程序时要充分做出预测，并制定好相应的应急措施。较大型的活动，一定要制订一套意外人员疏散计划，以防万一。

（4）防火措施。公关活动中，尤其是使用易燃易爆物品时，必须要事先制定好防火措施，做好充分的防火准备。

（5）户外雨天工作程序。假如是户外活动，预防雨天几乎成了必然面临的课题。活动开始之前，当然是要及时获取气象台的天气预报，做好相应的防范工作。但即使是有气象报告也不能掉以轻心，尤其是在天气不稳定的情况下，必须制定好雨天的工作程序。

四、公共关系策划方案的撰写

公共关系策划方案，指以书面文字形式确定下来的策划者头脑里的构思和创意。整个策划的思维过程，最终是以策划方案的形式加以条理化和系统化。所有的灵感和创意，都将在策划方案中被具体细化为可供施行的方法和步骤，就连公共关系活动的最后结果，也将预先在策划方案中进行展示。

1. 公共关系策划方案的构成要素

公共关系策划方案并无定式，策划者一般根据实际的需要和自己的文笔风格来撰写。但无论方案形式、内容有着如何的差别，理应包容的基本要素都不可或缺。

一份完整的策划方案应当具备 5W、2H、1E:

What(什么)——策划的目的、内容;

Who(谁)——策划组织者、策划者、策划所涉及的公众;

Where(何处)——策划实施地点;

When(何时)——策划实施时机;

Why(为什么)——策划的缘由;

How(如何)——策划的方法和实施形式;

How much(多少)——策划的预算;

Effect(效果)——策划结果的预测。

上述 8 个要素组合即是一份完整的公共关系策划文案应当具备的基本要素。针对不同组织不同内容与形式的公共关系策划方案,应当围绕着这 8 个要素,根据自己的需要去进行丰富完善和组合搭配,公共关系策划方案的创意与个性风格,就在于对要素的丰富完善和组合搭配的差异之中。

2. 公共关系策划方案的基本格式

公共关系策划方案的基本格式,大致包括下列五项。

(1) 封面。策划方案的封面不必如书籍装帧那样去考虑其设计的精美,但文字书写及排列应大小协调、布局合理,纸张只要略比正文厚些即可。封面内容一般包括:①题目。题目必须具体清楚,让人一目了然。②策划者单位或个人名称。方案如系群体或组织完成,可署名"某某公共关系公司""某某专家策划团"或"某公司公共关系部",对其中起主要作用的个人也可在单位名称之后署名,如"总策划某某某""策划总监某某"等。方案如是个人完成则直接署名:策划人某某某。③策划方案完成日期。写明年月日甚至时。④编号。比如根据策划方案顺序的编号,根据方案的重要性或保密程度的编号或根据方案管理的分类编号等。⑤在需要的情况下,可考虑在封面上简洁地加上说明文字或内容提要。⑥如策划方案尚属草稿或初稿,还应在标题下括号注明,写上"草案""送审稿""讨论稿""征求意见稿"等字样。如果前有"草稿",决策拍板后的策划方案就应注明"修订稿""实施稿""执行稿"等字样。

(2) 序文。并非所有策划方案都需加序,除非方案内容较多、较复杂,才有必要以简洁的文字作为一个引导或提举。

(3) 目录。这也如序文一样,除非方案头绪较多、较复杂,才有做目录的必要。目录是标题的细化和明确化,要做到让读者通过看标题和目录后,便知整个方案的概貌。

(4) 正文。正文即是对前述 7 个要素的表述和演绎。其主要内容有:①活动背景分析;②活动主题;③活动宗旨与目标;④基本活动程序;⑤传播与沟通方案;⑥经费概算;⑦效果预测。正文的写作需要周到,但应以纲目式为好,不必过分详尽地去加以描述渲染,也不要给人以头绪繁多杂乱或干涩枯燥的感觉。

(5) 附件。重要的附件通常有:①活动筹备工作日程推进表。②有关人员职责分配表。③经费开支明细预算表。④活动所需物品一览表。⑤场地使用安排表。⑥相关资料,这主要是提供决策者参考的辅助性材料,不一定每份方案都需要,例如完整的或专项的调查报告、新闻文稿范本、演讲词草稿、相关法规文件、平面广告设计草图、电视片脚本、纪念品设计图等。⑦注意事项。即将策划方案实施过程中应当注意的事项做重点集中的提示,比如完成活动需事前促成的其他条件、活动实施指挥者应当拥有的临时特殊权限、需决策者出面对各部门的协调、遇到特殊情况时的应变措施等。

以下是某集团赞助烛光工程公关活动策划,供参考。

某集团赞助烛光工程公关活动策划

封面(略)

前 言

烛光工程是一项帮助中国经济欠发达地区的农村贫困教师减轻生活困难、提高业务素质的民间社会公益事业。某集团股份有限公司创立于1981年,是目前中国最大的、全球性规模经营的消费类电子企业集团之一,旗下拥有三家上市公司。

本次集团希望通过一系列活动的开展,使集团品牌形象在目标受众心目中牢固树立,从而带动集团旗下的产业进一步地发展。

集团决定在9月教师节与烛光工程联合开展"美好人生,烛光点亮"的扶贫助教活动。活动有三个主要内容:集团与烛光工程联合开展"美好人生,烛光点亮"的扶贫助教活动启动仪式、企业文化展览、"烛光情、颂师恩"征文竞赛。

目录(略)

1. 市场分析

(1)企业宏观环境以及行业分析。2012年家电产业整体市场的收入攀升至214亿元,其增长速度达到50%,预计今后3年家电产业将会以高于20%的速度增长。

随着中国经济的发展,国内家电产业现有公司的数量逼近10万家,光在北京家电公司的数量就已经突破5000家,上海约4000家,广州约4500家,国内的家电从业人数已达200万。一大批家电国产公司在激烈竞争中脱颖而出,世界知名家电企业也纷纷通过合资、合作等方式进入中国的家电市场,使中国的家电企业不断向国际先进水平迈进。

(2)消费者分析。集团主要消费群体为家庭组合及有一定经济能力的个人,这类消费者更注重产品的经济实惠、实用性、品牌等。一般购买家电是在专卖店、网店、大卖场及超市。他们容易受品牌的影响力及公众好感度的影响来购买产品。

(3)竞争对手分析。贵州省有长虹、创维等畅销的家电产品,是集团的竞争对手。

长虹集团比较注重教育事业,2011年在成都锦江宾馆正式启动"快乐小乒乓"进校园活动,与中国乒乓球队签约战略合作,带领国球冠军走进小学校园,推广"快乐小乒乓"活动。

创维彩电集团2012年为帮助红军小学学生实现愿望,"创维全国红军小学健康圆梦行"大型公益活动在江苏淮安正式启动。

(4)了解企业公关现状的目的。集团一直大力支持中国体育事业与慈善捐助事业,2010年正式成为广州亚运会合作伙伴。集团重视培养与公众的良好感情,特此举办扶贫助教活动,从而大大提升集团的知晓度及美誉度。

2. 公关活动目标

某集团通过这次扶贫助教的活动,借助新闻媒介的广泛传播,扩大集团的知名度,能够让更多的社会公众认可,同时也在消费者心中树立起良好的企业形象,为提高销售额打下坚实的基础。

3. 公关活动主题。

"美好人生,烛光点亮"扶贫助教。

4. 公关活动对象

政府部门:教育局

媒体:京华日报、南方日报、贵州卫视等

大众:贵州农村贫困教师、教育家、慈善家、企业家

5. 公关活动时间和地点

2013 年 9 月 10 日

贵阳市红星路希望小学礼堂

6. 公关活动项目流程设计

活动一:集团与烛光工程联合开展"美好人生,烛光点亮"的扶贫助教活动启动仪式。

(1) 邀请嘉宾

政府部门:中国教育局局长、上海市市长等

媒体:京华日报、新民晚报、贵州卫视、南方日报、北京晚报等

大众:教师及学生、教育家、慈善家、企业家

(2) 布置会场

背景板:某集团与烛光工程联合开展"美好人生,烛光点亮"的扶贫助教活动启动仪式。

设备区:背景板两侧放置两台大屏幕电视,中间投影仪,旁边放电脑、调音设备。

接待处:摆放立牌"签到处"、签到簿、签到笔、礼品、宣传资料(背景主题、发言人姓名背景、报道提纲)。

会场环境:搭建一个台子,用蓝色地毯铺好;设主席台,并用蓝色妖姬玫瑰做点缀;嘉宾座椅简约大方,政府、媒体、大众座椅要区分开来,写上名字卡片;大门口摆放活动的宣传海报。

(3) 活动流程

① 开场舞,主持人上台。

② 公司总裁发言。

③ 烛光工程总负责人发言。

④ 歌舞表演《爱在烛光里》。

⑤ 总裁和烛光工程负责人一起开启"美好人生,烛光点亮"的扶贫助教活动启动仪式。

⑥ 记者提问(10 分钟)。

⑦ 主持人上台,启动仪式结束(播放企业宣传片)。

活动二：企业文化展览。

(1) 前期准备。挑选现场解说员进行企业文化、礼仪、个人形象的培训。

(2) 中期准备。企业的简介、宣传片、广告片、产品模型。

(3) 后期准备。把学校操场分成多媒体、通信、家电、网络四个模块，按照每个模块的特色及特点进行布置。

(4) 活动流程。

① 启动仪式结束，嘉宾观看企业宣传片。

② 安排接待员组织嘉宾来到展区。

③ 由解说员领导嘉宾浏览进行解说。

④ 展会结束，接待员组织嘉宾就餐。

活动三："乐翻天"知识竞赛活动。

组织成语接龙、接力赛、猜诗谜、欢乐转盘等游戏。第一名：TCL 空调一台，家电购物券 500 元。第二名：TCL 手机一部，家电购物券 300 元。第三名：TCL 数码相机一部，家电购物券 200 元。凡参加者均有家电购物券 100 元。

活动四："烛光情、颂师恩"征文竞赛。

在贵州地区针对社会各界人士举办一次"烛光情、颂师恩"征文竞赛活动，征文文体不限，主要能够讲述关于师恩的故事及情谊。

活动奖项设置：第一名：TCL 空调一台，家电购物券 500 元。第二名：TCL 手机一部，家电购物券 300 元。第三名：TCL 数码相机一部，家电购物券 200 元。凡参加者均有家电购物券 100 元。

7. 媒体宣传

本次活动邀请国内和省内知名的报社记者，如人民日报、京华日报、新民晚报、东方早报、南方日报、北京晚报的记者，同时邀请一些电视台，如上海电视台等，对本次活动进行全程关注。每次活动之后在各个网站发表。利用广告的力量来扩大企业的影响力。

8. 进度安排及物料准备

具体见表 1。

表 1　进度安排及物料准备

项目	内　容	进　度	负责部门	布置安排	所需物料
扶贫助教活动启动仪式	宣传准备：在活动前夕准备好宣传相关事宜	8月20日～9月8日	宣传部		海报、宣传资料、话筒、鲜花、背景板、地毯、两台大屏幕电视、投影仪、计算机、调音设备及企业宣传片
	嘉宾邀请	8月25日确认邀请嘉宾名单，8月26日～9月5日邀请嘉宾并确认到会人数，9月6日～9日进一步跟进	行政部	设计邀请函，分配好邀请成员以及到会嘉宾的陪同人员	

续表

项目	内 容	进 度	负责部门	布 置 安 排	所 需 物 料
扶贫助教活动启动仪式	布置会场	9月8日～9日	公关部	搭建一个台子,用蓝色地毯铺好;设主席台,用蓝色妖姬玫瑰做点缀;嘉宾座椅简约大方,政府、媒体、大众座椅要区分开来,写上名字卡片;大门口摆放活动的宣传海报	海报、宣传资料、话筒、鲜花、背景板、地毯、两台大屏幕电视、投影仪、计算机、调音设备及企业宣传片
	启动仪式	9月10日	工作人员	现场需要相关工作人员维护好现场次序	
企业文化展览	展览物料准备	9月1日～8日	宣传部		企业的简介、宣传片、广告片、产品模型
	解说员培训	9月1日～9日	销售部		
	场地布置	9月8日～9日	销售部	把学校操场分成多媒体、通信、家电、部品四个模块,按照每个模块的特色及特点进行布置	
"乐翻天"知识竞赛活动	相关问题准备	9月1日～9日	宣传部	主要准备企业产品相关知识	集团的空调、手机、数码相机及家电购物券
	现场安排	9月8日～9日	销售部	现场要求有奖品发放区	
"烛光情、颂师恩"征文竞赛	发布征文信息	8月1日～20日	宣传部	主要选择电台、报社、网络发布信息	相关奖品
	收集征文并评选	8月20日～9月8日	行政部	征文评选邀请教育部门相关人士进行评选	
	发布征文评选结果	9月10日	公关部	主要选择报社、网络发布信息	

9. 费用预算

具体见表2。

表2 费用预算

费 用 项 目	费用经费/元
活动人员费用	70000
扶贫助教活动启动仪式费用	60000
企业文化展览	80000
"乐翻天"知识竞赛	100000
企业纪念品	70000
备用金	20000
合 计	400000

10. 效果预测

通过集团与烛光工程联合开展"美好人生,烛光点亮"的扶贫助教活动,预期达到宣传企业文化及提高企业的知名度和美誉度的目的,在集团总销售额的基础上再提高40%。

(资料来源: http://www.smhaida.com/2016/cehuashu_0216/275615.html)

课后练习

一、实训题

1. "从农田到餐桌"——以家乐福在食品安全方面的努力与实践经验为背景,策划一整套推广家乐福食品安全理念及实践的年度整合传播方案。

2. "JD邀请你"——结合"京东校园招聘"的项目背景及特点,策划一套关于2015年京东校园招聘的创意项目方案。

3. "校园里的电商王国"——结合京东校园电商的战略,围绕"京东派"的主题策划创意推广方案,传播"京东派"的核心功能和整体优势,扩大"京东派"在大学生心目中的影响。

4. "美丽手艺人"——结合"美丽事业,美好人生"的项目背景及特点,策划一套针对贫困或就业困难年轻人的项目线上创意传播方案。

5. "美丽有sense"——结合青年群体消费行为,策划一套推广"可持续性消费理念"的线上线下整合传播方案。

6. 就通力百年基金会发起的流动图书车项目,请运用公关策划吸引其他公司、团体、个人加入这个行列中来关爱打工子弟的子女,帮助他们养成良好的阅读习惯。[①]

二、简答题

"情人节"虽然源于西方,但近年来已经以其浪漫的情调与甜蜜的氛围征服了中国的年轻人。在五彩缤纷的情人节礼品中,鲜花和巧克力是经久不衰的两个黄金选择。这个弥漫着浓情蜜意的节日也因此成为巧克力消费的旺季,成为各种巧克力品牌大显身手、逐鹿中原的特别时机。为了巩固自身的市场地位,进一步提升品牌的形象、扩大公司的影响,德芙巧克力制造商准备借情人节之际举办一次公共关系宣传活动。如果请你替德芙巧克力制造商策划这次活动,你准备怎么做呢?

三、案例分析

案例1 老鼠和猫

某地的一群老鼠,深为附近一只凶狠无比、善于捕鼠的猫所苦。这一天,老鼠们群聚一堂,讨论如何解决这个心腹大患。

老鼠们颇有自知之明,并没有猎杀猫的雄心壮志,只不过想探知此猫的行踪,早作

---

① 张景云.第五届大学生公共关系策划大赛选题特点评析[J].国际公关,2015(2).

防范。

有只老鼠的提议立刻引来满场的叫好声,说来也无甚高论,它建议在猫身上挂个铃铛,如此一来,当猫接近时,老鼠们就能预先作好逃遁的准备。

在一片叫好声中,有只不识时务的老鼠突然问道:"那么,谁来挂铃铛呢?"

(资料来源:http://www.foodmate.net/hrinfo/story/14227.html.)

思考与讨论:

请结合这一案例谈谈公共关系策划的原则。

案例2 脚印的承诺

在中国,有1731万盲人,导盲犬却只有67只。中国导盲犬基地每年培训60只导盲犬,其中仅有15只可以通过严格测试,毕业并服务于盲人。而即使是如此珍贵的数量,依然得不到人们的重视与理解。中国导盲犬事业的落后,导致普通民众并不了解导盲犬的性质,恐惧它们会伤人,更多场所甚至直接拒绝导盲犬进入。中国导盲犬基地困境重重,盲人出行更困难异常。

为了让社会广泛接纳导盲犬,关注盲人及盲人的出行,并进而了解和理解中国导盲犬基地,中国导盲犬大连培训基地(以下简称基地)开展了相关公共关系活动。

没有亲身经历过盲胞的生活,是很难体会到盲人们的困难处境的。但是又不能蒙上每一个人的眼睛,去强迫人们关注。如何让普通人感受到盲人的世界,这是活动策划创意最大的难点。最后基地终于发现了一个一视同仁的状况——黑暗!没有路灯,彻彻底底的黑暗。

他们想到,可以在黑暗中容易发生危险的地方,比如未盖井盖的井、容易忽视的台阶、泥泞的水坑旁等,喷上会发光的导盲犬的脚印。每当黑夜来临的时候,行人走过这些路段,就会看到导盲犬的脚印,带领他们避开危险。在这一过程中,行人们会充分体验到盲人的不易,并更加注意到导盲犬的重要性。

这项活动主要在北京和大连推广开来,时间为两周。他们寻找并仔细筛选出了几处地点,选择人流量较大的小区附近,一方面便于宣传,另一方面也间接地便利了大家的出行。在黑暗道路的尽头,我们设置了一台用三星电视改装的体感灯箱,有后台处理接收数据。行人走出黑暗,走过它身边时,它就会有所感应,然后播放我们的宣传视频。画面上走出一只导盲犬,告诉行人们刚才发生了什么和盲人们每天的处境,并号召他们,接纳导盲犬,帮助盲胞出行。人们可以通过手机扫描二维码,下载我们的爱心承诺书,张贴在他们可以做主的、愿意接受导盲犬的场合,以此来扩大盲胞的出行范围,并产生更广泛的影响。

同时,这个创意也在网络上得到了传播,很多网友自发地关注并传播基地的爱心承诺书,活动的影响越来越广泛。在北京、大连、湖南、江苏、义乌,都有人加入了基地的活动,那里的市民会自发地在其服装店、餐厅里贴上基地的爱心承诺书,然后活动的影响范围又进一步扩大。湖南的一些公交线路也张贴了基地的承诺书,大连的两百台爱心车队,也提出愿意免费接送盲人和导盲犬出行。甚至高铁的传媒公司,也愿意为基地免费宣传该案例,来帮助更多的盲胞便利出行。这些都说明此项公关活动意义非凡,它唤醒了人们身边的温情和美好。

两周内，1.9万名路人下载了网站中的"承诺书"，接受工作中的导盲犬。156余家公共场所，包括邮局、银行、餐厅、超市、商店……超过200辆出租车、39条公车线路以及高铁干线等，都接受了导盲犬。中国导盲犬训练基地网站访问量提高300%。

更多的人知道了大连导盲犬学校的存在，更多的人知道他们要去帮助盲人和导盲犬。活动最终如人所愿，最大化传递给社会一种正向能量，影响了社会的公众意识，并且从长远看，它开始给中国社会带来了一些改变。

（资料来源：http://doc.qkzz.net/article/e7e09a45-c5f3-4632-8eeb-ff3f61a210b2.htm.）

思考与讨论：

(1) 中国导盲犬大连培训基地开展的这项公共关系活动其创意的独到之处体现在哪里？

(2) 本案例对商务公共关系开展有何启示？

案例3　京东成功赴美上市的公关传播策划

2014年1月30日，农历大年三十，京东向美国证券交易委员会提交IPO（首次公开招股）申请，计划赴美上市，消息一出，立刻引发了国内外媒体的高度关注。2014年5月22日美国东岸时间9点，京东在纽约纳斯达克交易所正式敲响了上市的铃声，从此翻开了京东的新一页，也翻开了中国电商的新一页。京东是中国第一个成功赴美上市的大型综合性电商企业。虽然在中国市场享有很高的品牌知名度，但由于京东尚未有开拓海外业务，在海外投资者和用户中，京东的品牌烙印不够鲜明，如何利用上市的契机将京东良好的品牌形象和独特的商业价值在海外市场得到广泛深入的传播是京东公关团队面临的挑战之一。为此他们进行了周密的公关传播策划。

(1) 目标。借助上市活动迅速提升京东在海外市场的知名度和美誉度，充分展示京东的品牌故事与商业价值。进一步提升京东在中国市场的品牌形象，强化用户对京东未来发展的信心。引发正在开拓的3～6级县市的消费者群体的关注，吸引新的用户群体，为京东在这些区域的业务拓展打下良好基础。激发京东6万多名员工的自豪感、荣誉感，强化团队信心和凝聚力。

(2) 策略。包括以下几个方面。

① 媒体报道。组织规模庞大的媒体团赴美，安排媒体观摩上市活动、参加采访、与高管团队深入交流，使媒体获得关于上市的全方位的信息从而进行充分的报道。

在国内的传播不仅覆盖一、二线城市，更加深入三、四线，覆盖150多个城市。内容上结合即将到来的京东周年"618"大促，传递"京东成功赴美上市十亿红包回馈消费者"的信息，引起消费者的关心关注并有力地带动促销。

安排华尔街日报、CNBC、纽约时报等多家海外媒体对京东高管进行深度采访，传播京东独特的商业价值和品牌理念。

在敲钟仪式当天，安排京东9名高管首次集体在媒体前亮相，向京东各利益相关方传递京东的商业价值、愿景和战略方向，获得媒体极大关注。

② 广告。拿下寸土寸金的纽约时代广场数十块广告牌资源，紧急设计、制作精美的

京东品牌广告,IPO当天,京东凯丽的红色广告牌成为纽约时代广场最引人注目的一景。京东成为第一家在纽约时代广场投放广告的电商企业。同时活动协调《华尔街日报》为京东上市发布整版广告。

③ 大量使用新媒体。通过微博直播、微博互动活动、微信信息发布、微海报、信息化图表等形式第一时间在社会化媒体上围绕上市进行传播。微博#京东上市#标签下阅读量过亿,官方微信送达到万余人。13位来自IT、互联网、财经领域的KOL共发表14篇热门评论文章,产生90余条发布链接,直接受众超150万,覆盖人群超过千万。

④ 在北京、宿迁等地举行公司内部庆典仪式,数千名员工参加,大大激发了团队荣誉感。

(3) 目标公众。国内外普通消费者、京东合作伙伴、政府、行业、投资界、员工。

(4) 主要信息。包括以下方面。

① 京东模式成功的原因。

- 清晰而正确的战略方向:凭借对市场规律的敏锐洞察,京东意识到,只有使用户以更好的价格、更优质的服务买到行货正品,而不是靠集贸式收取租金,才是中国电商的出路。

- "京东式"管理模型:倒三角战略——团队,系统(物流系统、IT系统、财务系统),成本和效率,产品、价格和服务。

- 强大的执行力:有战斗力的团队、以诚信为核心的企业文化。

② 刘强东——从宿迁到华尔街。

- 简单——只做一件事(电商),把这件事做到极致。

- 执着——坚持走自己认为对的路:从批发到零售、从门店到电商、自建物流、扩大品类、上市。

- 冒险——敢于冒险,但不盲目,方向盘在我手上。

③ 京东的下一个十年。

- 下一个十年是PC电商向移动电商转移的时代,京东已经拿到了移动电商的船票(微信、微店)。

- 京东无与伦比的物流优势十渠道下沉将继续拉大与竞争对手的距离,难以追赶。

- 京东已经提前布局O2O战略,决战最后一公里,用户体验将得到颠覆式提升。

- 上市之后的京东在资金、管理、运营方面如虎添翼。

(5) 媒介选择。美国多家主流媒体与垂直媒体,包括路透社、CNBC、Fox Business Channel、《金融时报》《纽约时报》等。国内传统媒体数百家,包括35家赴美媒体和130家地方媒体都做了报道,13位KOL(关键意见领袖)发声。

(资料来源:中国公共关系网(17PR)编委会.2014最具公众影响力公共关系案例集[M].北京:企业管理出版社,2015.)

思考与讨论:

(1) 京东成功赴美上市的公关传播策划有何独到之处?

(2) 本案例对你有何启示?

评价考核

评价考核内容见表 9-3。

表 9-3　商务公关主体考核表

内　容		评　价	
学习目标	评价内容	小组评价 (5、4、3、2、1)	教师评价 (5、4、3、2、1)
应知应会知识	公共关系策划的概念与原则		
	公共关系策划中的创造性思维		
	公共关系策划的基本要素		
专业能力	策划商务公共关系活动		
	撰写公共关系策划方案		
通用能力	策划能力		
	解决问题能力		
	创新能力		
态度	强化公共关系意识、热爱公共关系工作		
努力方向：		建议：	

任务10

商务公关实施

学习目标

- 明确公共关系实施的基本要求；
- 能够设计公共关系实施方案；
- 克服公共关系实施障碍，保证其顺利实施。

案例导入

日产筑梦课堂

近年来，农民工子女的教育问题已成为社会热点话题，越来越被社会各界所关注。2010年，日产（中国）投资有限公司在北京蒲公英中学正式启动了"爱之行，享未来——日产（中国）农民工子女关爱行动"，旨在帮助改善农民工子女的教学环境，并为孩子们提供物质层面和精神层面的支持和帮助。之后的两年中，日产（中国）相继对北京、上海和广州的三所农民工子女学校进行了捐助。

在此基础之上，2013年11月6日，由日产（中国）投资有限公司及其在华合资企业东风日产乘用车公司、郑州日产汽车有限公司，与中国道路交通安全协会、中国扶贫基金会联合建立了日产"筑梦课堂"这一平台，将关爱对象扩大到贫困地区儿童。

"筑梦课堂"是日产汽车给孩子们提供的一个构筑梦想的平台。一方面是为农民工子女学校提供教学设备、设施支持，并开展志愿者支教和爱心活动，在帮助其改善教育环境的同时，还带给学生们丰富的课外知识，开拓了他们的眼界。另一方面，为贫困地区学校建立筑梦课堂课外活动中心，并配备了教学设施及文体用品等，还针对学生们的年龄特点，专门编制了系列教材，并设置了一系列课程，诸如，防灾安全教育、认知能力的培养、拓展课程以及社会情感的培养等，在培养学生们兴趣爱好的同时，为孩子们提供多方面的支持与帮助，引导他们拥有对未来的梦想，并能够自信、从容地实现梦想。截至2014年9月，日产集团已经在全国11所学校建立了"筑梦课堂"课外活动中心。此外，日产集团海外的公益课程——日产制造教室也在北京、上海、湖北、四川等地的多所小学开课,旨在帮助同学们了解汽车的构造和制造过程,学习到在工作或学习中,通过改善方法及通力合作,可以有效地提升效率、节省时间。

此项公共关系活动具体实施如下。

(1) 实施细节。2010 年日产(中国)投资有限公司在北京蒲公英中学正式启动了"爱之行,享未来——日产(中国)农民工子女关爱行动"。之后的两年中,日产(中国)相继对北京、上海和广州的三所农民工子女学校进行了捐助,旨在帮助改善教学环境,并为孩子们提供物质层面和精神层面的支持和帮助,让他们形成自信、乐观、求真的生活态度。

2013 年 11 月 6 日,由日产(中国)投资有限公司及其在华合资企业东风日产乘用车公司、郑州日产汽车有限公司,与中国道路交通安全协会、中国扶贫基金会鼎力合作,联合举办的日产汽车"筑梦课堂"在京举行了启动仪式。

2013 年 12 月 9 日,日产"筑梦课堂"活动走进了四川省雅安市汉源县。在政府及有关部门的大力支持下,当地 7 所学校建立的课外活动中心也正式启用。日产集团还为日产援建的大田乡向阳小学的学生举办了安全驾驶体验活动,通过仿真互动体验、安全知识问答游戏等寓教于乐的形式,为学生普及交通安全知识,以提高他们的交通安全意识。

2014 年 4 月 30 日,日产制造教室引入中国,先后为北京、上海、湖北、四川的小学生们呈现了一场妙趣横生的造车体验课程,令孩子们在初步了解造车过程之余,通过视、听、触等多重感官接触收获无限乐趣。旨在帮助同学们深入体会,在工作或学习中,通过改善方法及通力合作,可以有效地提升效率、节省时间。

2014 年,在四川崇州的 4 所学校建立了筑梦课堂,为当地孩子们提供了一个构筑梦想的平台,丰富知识、开阔视野,让孩子们更接近自己的梦想,为他们开启新的未来。

(2) 官方网站。在"筑梦课堂"各项活动如火如荼开展的同时,日产中国官网"筑梦课堂"的相关页面也在有条不紊地搭建。自 2013 年 11 月推广以来,官网上关于"筑梦课堂"和"制造教室"的页面和各新闻稿件的总浏览量达到 567902 次,独立访客浏览量达170801 人次。

(3) 微博平台。自日产"筑梦课堂"项目启动以来,日产各自媒体平台在配合活动深入开展的同时,也在不遗余力地进行推广。其中,以新浪微博为主要发力平台,日产中国发起的"筑梦课堂益起来"和"日产汽车——爱之行"的话题内容,以极具感染力和震撼力的内容,结合现场直播、采访、视频等丰富形式进行传播。与此同时,与网友进行积极互动,使得筑梦课堂项目在新媒体上产生了较为广泛的影响力。

(4) 控制与管理。与慈善机构合作,确保物尽其用。通过与中国扶贫基金会合作,对项目进行更加专业的管控。在第三方机构与大众的监督下,确保专款专用、物尽其用。

通过官网、官微直播活动,营造监督平台。日产(中国)官网、官微,实时发布活动信息,开放留言板,接受广大网友的监督与反馈,并与热心网友展开互动,积极采纳意见和建议,努力让活动做得更好。

(资料来源:中国公共关系网(17PR)编委会.2014 最具公众影响力公共关系案例集[M].北京:企业管理出版社,2015.)

问题:日产"筑梦课堂"公共关系活动的实施有何独到之处?

任务设计

公共关系实施是指商务组织为了实现既定公共关系目标,充分依据和利用实施条件,对公共关系创意策划实施策略、手段、方法设计并进行实际操作与管理的过程。公共关系实施是解决公共关系问题和实现公共关系目标的重点环节。只有通过扎实、有效的实施工作,才能直接地、实际地、具体地解决问题。即使是完美无瑕的公共关系策划,如果不经过实施,而是束之高阁,也只能是毫无意义的"纸上谈兵"。

这里拟通过组织校园公关活动来完成本任务的学习。具体建议如下。

组织校园公关活动

实训目的:

(1) 锻炼学生的公关创意策划能力。

(2) 锻炼学生的项目执行、宣传推广和分工协作能力。

(3) 锻炼学生的临场应变能力。

(4) 培养学生的团队意识和合作精神。

实训内容:

策划和实施一个校园公关活动,主题自拟。

实训步骤:

(1) 将学生分成5～6人的小组,每个小组策划一个小型的校园公关活动。

(2) 学生与教师交流想法和策划方案,教师给予学生指导,帮助学生敲定可操作的策划方案。

(3) 学生按公关策划方案做出实施计划和安排。

(4) 学生在校园内实施公关活动,教师到现场观摩。

(5) 活动结束后,学生分组汇报、交流经验。

(资料来源:朱晓杰,蒋洁.公共关系项目式教程[M].北京:清华大学出版社,2014.)

一、公共关系实施的特点

1. 艺术性

公共关系实施的艺术性包括两层含义,其一是公共关系实施要勇于创新。同一公共关系策划方案的实施策略、手段、方法很多,要突破常规、别具一格、标新立异、以奇制胜,设计出竞争对手意想不到的、传播效果最好的操作方式和方法。其二是公共关系实施在于攻心。目标公众具有不同的心理,比如性别心理、年龄心理、职业心理、专业心理、地域心理、血型心理、民族心理、宗教心理、情感心理等,要针对目标公众的特定心理来设计与操作实施策略、方式和方法。因此,公共关系实施的过程是创新与攻心的过程。

2. 文化性

公共关系实施的策略、手段、方法具有鲜明的、浓郁的文化色彩。许多传统文化和现代文化成为公共关系实施可利用的重要资源。随着社会进步和人们物质消费水平的不断提高,特别是随着知识经济时代的到来,物质文化化、消费文化化、生活文化化和经济文化化成为现代社会生活的一大趋势。从某种角度来说,现代物质消费就是文化消费,现代生活就是文化生活,因此,公共关系实施手段、方法要体现一种文化品位,迎合公众的文化追求,用文化的力量去感染公众。没有文化品位的操作方法和方式是低层次的公共关系实施行为。

3. 情感性

公共关系实施的过程常常表现为一种感情交流的过程,感情手段成为公共关系实施中基本的、常用的方式。要注意研究和利用公众的感情心理和感情倾向,重视感情投资,以情感人、以情动人、以情服人。让公共关系实施行为充满感情,这是公众的客观需要,也是公共关系的生命根基。

4. 形象性

公共关系实施的策略、方式与方法必须具有良好的公众形象和社会形象,以此赢得公众和社会的信任与喜爱。这是由公共关系注重塑造良好形象属性所决定的。

5. 关系性

公共关系实施以建立和协调组织与公众的良好关系为基础,一切有利于建立良好公共关系的协调方式、交际方式和游说方法均是现代公共关系实施方式与方法的重要内容。要建立、巩固与发展广泛的关系网,遵循"养兵千日,用兵一时"的关系网运作原则,使关系网成为公共关系实施的重要途径。要正确应用交际方法和交际方式,善于与公众打交道,以便顺利完成公共关系任务,实现公共关系工作目标。

6. 传播性

公共关系实施的过程就是组织与公众之间的双向信息沟通过程。各种传播媒介都是公共关系信息传播载体,各种传播方法都是公共关系实施的方法。要把人际传播媒介、组织传播媒介、大众传播媒介以及各种综合性传播媒介有机结合使用,熟练掌握其使用技法,以实现公共关系整合传播的最佳双向沟通效果。

二、公共关系实施的原则

公共关系实施是一个复杂而科学的过程,客观上需要有一套科学的实施原则作指导。公共关系实施原则是公共关系实施的工作准则,是公共关系管理者(领导者)和操作者在错综复杂的实施环境中,排除各种实施困难,完成公共关系实施各项工作,实现公共关系目标的成功法则。

1. 准备充分原则

在正式实施公共关系策划方案之前，必须做好各种实施准备。实施准备是公共关系实施成功的基础和前提条件。准备越充分，公共关系实施就越顺利，失误就越小。绝对不能打无准备之仗。在正式实施策划方案之前，要用足够的时间做好各种准备工作。公共关系实施的管理者、操作者要严格、准确地检查每一项准备工作。要建立"准备工作责任制"，把各项准备工作落实到具体的人，负责到底。

2. 策划导向原则

所谓策划导向原则，就是公共关系人员必须严格按照既定的策划方案进行工作。包括目标导向、策略导向和实施方案导向。目标导向要求公共关系人员在公共关系方案实施过程中，不断将实施结果与目标要求相对照，发现差距，及时改进，务必实现目标。策略导向要求公共关系人员必须按既定策略思路去执行实施方案。策略指导实施行为，是实施行为的主题思想。实施方案导向要求公共关系人员严格按照实施方案开展实施工作。各项具体工作内容的实施方法是公共关系策略和公共关系目标的实现目标，应当熟练掌握与应用，并在应用中创造出更有效的实施方法。

3. 控制进度原则

控制进度原则就是必须按照公共关系实施方案中各项工作内容实施时间进度的要求，随时检查各项工作内容的完成进度，及时发现滞后（或超前）的情况，搞好协调与调度，使各项工作内容按计划协调、平衡地发展，并确保按时完成。

控制进度的原则要求做好预测和及时发现各种可能影响实施工作进度的因素的工作，针对关键原因采取有效的预防和应急措施。

4. 整体协调原则

这是指在公共关系实施过程中，要使各项工作内容之间达到和谐、合理、配合、互补和统一的状态。公共关系实施是一项系统工程，各项工作只有相互有机配合才会达到整体最佳。各自为政，相互矛盾，只能增加内耗，严重时必然导致公共关系实施的失败。整体行动要一致，以保证实施活动的同步与和谐，做到统一意志、统一指挥、统一行动，提高工作效率与效果。

5. 反馈调整原则

反馈调整原则是指通过监督控制及时发现公共关系实施中的方法偏差甚至错误，并及时进行调整与纠正。由于各种因素干扰，或由于实施人员的素质问题，不按照既定工作方法实施的情况时有发生。由于策划设计错误，或由于实施环境突然发生变化，原来设计的实施方法无法操作，这些都是实施中的严重问题。要建立一种灵敏的监督反馈机制，快速发现问题征兆，并立即采取有效措施调整实施方法。

三、公共关系实施的方案设计

公共关系策划的主要成果是产生了一个(或一组)公共关系策略和点子(即公共关系创意),确定了主要的公共关系工作手段与策略(例如形象塑造手段与策略、传播沟通手段与策略、关系协调手段与策略),并进行了总体预算,但是没有详细操作方案,而这正是公共关系实施方案要解决的问题。公共关系实施方案又称公共关系技术方案或公共关系策划的实施方案。其核心内容是公共关系策略、点子的具体操作方法。同样的策略、点子,不同的操作方法可能产生不同的效果。因此,公共关系策略、点子的具体操作方法也需要进行精心策划与设计。

1. 设计实施内容

一种公共关系策略(或一个公共关系点子)的实施,往往要做多方面的工作。我们把"一个方面的工作"叫作一个工作项目,这是一级工作项目。一级工作项目又可分解为若干个二级工作项目(即更小的工作项目),二级工作项目同样可分解为若干个三级工作项目,直到不能再分解为止。我们把不能再分解的最后一级工作项目称为工作内容。

2. 设计实施方法

公共关系实施工作要求是指各项公共关系实施工作内容的操作目标、原则和注意事项,它对具体工作方法设计和实际工作过程具有重要的指导作用。因此,在公共关系实施工作内容设计完成后,就要对每项工作内容提出要求,根据这一要求设计具体工作方法。对工作项目只存在分解方法(分解为更小更细的工作项目的方法),而不存在操作方法。

公共关系实施工作方法的策划设计要符合以下原则:①工作方法的设计要具体、仔细、实在,工作量要小,尽量简单,具有较强的可操作性。②工作方法的形象要好,成本要低。③完成工作任务(内容)和实现策略(点子)的可靠性要高,防止"实现功能不足"。④必要时进行多种方法组合,有利于增加完成工作任务和实现策略(点子)的把握度,但要防止"实现功能过剩",以免造成实施成本增加。⑤要为有风险的操作方法设计备用方法,确保万无一失。⑥工作方法要符合目标公众心理,符合政策法律和各种社会风俗习惯、伦理道德。

从理论上讲,完成一项工作内容的具体方法很多,但实践中可寻找的方法却是有限的。要深入调查分析组织自身和实施环境所提供的各种实施条件和产生的实施制约,针对目标公众的公共关系心理,寻找和策划出多种工作方法,反复比较论证,从而确定出能圆满完成工作任务(工作内容)、达到甚至超过工作目标的相对最佳的工作方法。

3. 选择实施时机

这是指能够使公共关系实施获得最佳效果的开始工作时间和结束工作时间。在现代社会,时间就是金钱,时间就是生命,时间就是效率。不善于利用时机,事后即使投入更大的力气,也无法收到好的公共关系实施效果。

公共关系实施的最佳时机,有时表现为一刻、一时、一日,有时也表现为一个较长的时间段,如几日、几周甚至几个月等。这些时机,有的是日常性的,有的是固定的,而有的则具偶然性。一项公共关系创意的实施,往往有若干项工作内容,其中,与公众发生关系的工作内容的实施,开始与结束时间特别重要,必须准确把握,科学决策。

4. 确定实施进度

这是在确定公共关系实施时机后,对各项公共关系实施工作内容所需的时间规定并进行日程进度安排。必须保证在所确定的最佳开始时间启动有关工作,在最佳结束时间完成操作。实施时间进度安排,要充分估计各种因素的干扰,要留有余地。最直观的时间进度安排方法是拟出时间进度表。

5. 确立实施流程

公共关系实施各项工作内容之间存在着一种客观的分工与协调关系。只有合理分工,有机协调,才能保证各项工作的顺利完成。我们把公共关系实施各项工作内容之间的衔接、协调和配合关系及其有机组合的过程称为公共关系实施流程。它反映了各项公共关系工作内容之间的一种内在的联系规律,是公共关系实施作为一项系统工程的体现。

公共关系实施流程中的时间衔接、分工协调和有机组合关系通过流程图来表示,并配以文字说明。流程图的文字说明,主要是对各项工作之间的协作关系、责任关系进行规定,必要时形成一种制度。一定要防止彼此责任不清、相互扯皮、"踢皮球"等情况发生。否则,将严重影响实施工作进度和质量。

6. 实施预算

在公共关系策划工作中,已对所选择的传播媒介操作等活动经费做出了总体预算,这是进行公共关系实施工作预算分配的依据。将公共关系策划的总体预算经费合理分配到公共关系实施的各项工作内容中去,以保证各项工作开支需要,这就叫公共关系实施预算分配。

一般说来,公共关系策划工作中的经费预算只做到一级工作项目预算,也只能做到这一级预算。因为,这时的详细工作内容及其工作方法尚未策划设计出来,所以不可能做到具体预算。

公共关系实施工作预算分配的结果应表述于公共关系实施时间进度表右侧,这样一目了然,便于了解与管理。

需要提醒的是公共关系策划中的一级工作项目经费预算(或总体经费预算)是留有余地的,目的是防止意外工作增加或策划不周遗漏工作而造成经费不足。留有余地仍然是具体工作内容预算分配的原则,这主要表现在不要把一级工作项目预算的经费分配完,一般需要留下 5%～10% 的经费以备用。

7. 安排工作机构人员

商务组织的公共关系实施主体有三种:商务组织内部公共关系部(或相关机构)、公共关系公司和公共关系社团。不管是哪种操作主体,都必须建立项目公共关系实施机构,配备得力的实施人员(包括实施领导和操作人员)。实施人员的素质与能力十分重要,优秀的实施人员不仅能顺利完成工作任务,而且能修改完善实施方案,弥补实施方案的不足。

所谓公共关系实施机构,是指为完成某一项公共关系任务、实现公共关系目标而建立的专门组织。规模较大的公共关系活动实施,其机构具有多层级特点,从低级层次到高级层次,人数依次减少,权力依次增大,形成"金字塔"式的稳定结构。应按照精简、统一、节约、效能的要求来构建公共关系实施机构。一般应以领导中心机构为核心,下设智囊机构、执行机构、监督反馈机构。其中,领导中心机构是决策角色,人员要少而精,办事效率要高;智囊机构作为领导决策的参谋部门,其组成人员应具有科学分析问题的能力以及较宽的视野和战略眼光;执行机构作为实施方案的具体操作部门,其组成人员应具有较强的指挥、协调、组织、交际和操作能力;监督反馈机构作为保证和检查实施的部门,其组成人员要有敏锐的洞察力、实事求是的科学态度和强烈的责任观念。

公共关系实施机构设置的程序是:①明确指导思想,确定组建机构的目的和任务。②制订编制方案。根据领导机构的任务和工作量,确定部门、职务和人数,规定每个岗位的职责。③确定领导体系。明确纵向隶属关系和横向协作关系。④报批机构编制方案。⑤任命领导人和安排工作人员。

一定要将每一项工作内容落实到具体人员。一项工作内容安排两个以上人员操作时,要确定一个负责人,并进行相对分工。一个人负责多项工作时,要考虑工作之间的依存关系,使其运作起来高效、方便。每一项工作内容的实施人员姓名表述于公共关系实施时间进度表右侧。

8. 建立规章制度

要依据公共关系职业准则和组织中的有关规章制度,以及公共关系实施的具体情况,制定出各项公共关系实施的工作进度。

商务组织的公共关系部(或公共关系公司、公共关系社团)都建立有公共关系人员行为准则和公共关系实施制度,这是任何一次公共关系实施都必须遵守的工作制度。但就某一项公共关系活动来讲,其实施具有特殊性,应根据这种特殊性,制定出特殊的工作制度作为补充。这些工作制度涉及如下内容:①职业道德;②信息保密;③经济关系;④行政关系;⑤分工协调;⑥交际形象与礼仪规范;⑦请客送礼;⑧奖罚机制;⑨危机处理(紧急处理);⑩差旅出勤。

9. 实施人员培训

在公共关系方案实施之前,对实施人员进行一定的培训是很有必要的。这种培训的主要内容是实施工作制度教育和操作方法学习与研讨。

公共关系方案实施工作制度的教育,除了让大家明白各种规定及其意义外,特别要对特殊规定、容易违反的规定进行重点说明与强调。配合制度教育,反复灌输组织文化与理念,提高实施人员的思想与道德素质,增强其抵御腐蚀的能力。

要组织实施人员认真学习研讨公共关系方案实施工作内容的操作方法,反复体会,彻底弄懂,决不含糊。很重要的方法,可通过讲解、讨论、答辩、模拟训练来促使实施人员正确掌握。有使用风险的方法要反复做模拟演习,切实提高操作的把握度,把失误率降至最低限。很重要的工作内容的实施,除了第一工作方法外,还配有第二工作方法甚至第三工作方法作为第一工作方法失败时的备用方法。备用方法的启用规定及其操作技能必须重点掌握。重要工作内容的第一工作方法如果是两种以上方法组合,其相互配合关系也是学习研讨的重点。

四、公共关系实施的障碍分析

尽管公共关系计划实施方案是经过认真论证(可行性论证)的方案,但由于实施主体、实施客体和实施环境存在着许多意想不到的实施障碍因素,由于同一种实施方案要在多种实施环境(如不同区域市场、不同时间市场、不同社会条件等)同时或先后实施,公共关系计划实施常常会遇到意想不到的困难,严重时会使公共关系计划实施夭折。因此,较为重要、涉及范围广、影响大的公共关系计划实施,有必要对实施方案的实施障碍因素进行调查,并通过方案的局部(小范围)试验,进一步了解、认识实施障碍因素,寻找和设计排除障碍因素的途径与方法,取得成功实施的经验,以利于全面推广。影响公共关系实施的因素是众多而复杂的,一般说来有三种类型:实施主体障碍、实施过程的沟通障碍以及实施环境障碍。

1. 实施主体障碍

这是来自于实施主体自身的影响因素。产生这种障碍的主要原因是商务组织的人员素质、管理水平、策划与论证存在问题与失误。

(1)实施人员障碍。这主要有:公共关系计划实施人员违反实施制度,工作不认真负责,没有积极性,职业道德素质和工作能力欠佳;实施人员心情不愉快,身体健康状况差(甚至突然生病);实施人员之间关系紧张,工作不协调。排除来自于实施人员的障碍,关键是选择优秀的实施人员并进行严格培训,建立一套有效的激励机制和约束机制。

(2)公共关系策划的目标障碍。这主要有:目标不明确,不具体;目标过高或过低;目标的实现条件不具备;目标不符合目标公众和社会利益;公共关系目标之间相互矛盾;公共关系目标没有服从于组织总体目标;公共关系目标与组织内部其他工作目标矛盾;近期目标与长远目标矛盾。在做公共关系目标策划时,一定要征求各方面的意见,要形成目标共识;要对目标进行可行性论证(甚至进行不可行性论证),切实确立出正确、明确和具体的公共关系目标。

(3)公共关系策划的创意障碍。这主要有:公共关系策略、点子不符合公众心理需要和行为规律;策略、点子的传播力、感染力、冲击力和吸引力不够,难以打动公众之心;目标公众和竞争对手不明确;策略、点子的针对性不强;各种策略、点子之间难以耦合(存在矛盾或相互关系不密切);策略、点子的可操作性差,实施风险大。减少创意障碍,提高公共关系策略、点子的质量,关键在于提高策划者素质,充分利用组织内外策划专家,集思广益,应用创造技法。特别需要注意,如果公共关系调查工作失误,依据错误的调查结论来做公共关系创意,这样的策略、点子必然也是错误的。

(4)公共关系策划的预算障碍。这主要表现为经费预算不足,造成公共关系实施经费短缺。要了解开支标准,反复测算,并留有充分余地。尽管如此,有时也会出现超过"余地"的经费开支,只要是实事求是的、必要的,追加经费也是应该的。

(5)公共关系计划实施方案障碍。主要有:工作内容实施方法不正确;各种工作内容之间配合不好;公共关系计划实施时机决策失误;工作进度安排不科学;预算分配不合理;公共关系计划实施组织不健全,人员配备不合理;公共关系计划实施制度不完善、不具体。公共关系计划实施方案要由具有实施经验、实施能力强、管理能力强、责任心强、忠诚的公共关系人员来设计,要多征求各方面意见,力求实施方案科学、适用、有效、节约。

2. 实施沟通障碍

公共关系沟通指在商务组织与公众之间展开的某种程度的交流。它通过语言、文字或其他方式的交互作用,引起公众思想或观点的变化。但公共关系实施过程中的沟通并不是一帆风顺的,常常会出现各种不利因素使沟通受阻,从而形成沟通障碍。常见的沟通障碍大致有以下几种。

(1)语言文字障碍。语言文字与思维不可分离,是人类特有的表达方式。人们只有借助语言文字才能完整地表达情感、交流思想、协调关系,它是人类最重要的沟通工具。然而,语言文字又是一种极其复杂的工具,掌握和运用它也绝非易事。由语言文字所引起的沟通障碍随处可见。比如,一位非洲朋友来到一家中国民航的宾馆,他用法语表示他要求住一个单间,并说:"我是部长。"由于服务员只懂几句常用的法语,对"部长"这一关键性词语不熟悉,因而闹得很不愉快。这种语言上的差异,造成了沟通中的障碍。同样,语义上的差异也会造成这样的障碍。

同时,由于沟通者和沟通对象受教育程度的不同,在语言文字使用范围或表达上也会造成障碍。比如,在面向广大农民的产品使用说明书中,如果"之乎者也"地来一通,效果就会很差。

(2)习俗障碍。习俗是在一定文化历史背景下形成的具有固定特点的调整人际关系的社会因素,包括道德、礼仪和审美等。习俗虽不像法律那样具有强制力,但它往往迫使着人们要入乡随俗。因忽视习俗因素而导致沟通失败的事例也屡见不鲜。比如,你为西方来宾安排门牌号为 13 的房间,便会使其不满,因为 13 在西方人看来是不吉利的数字。又如,德国一位工程师到日本磋商合作问题,当他提出自己意见时,日本对手微笑频频点头。他回国后满怀期待地等了三周,却得到了意料之外的回声——他的意见遭到否定。他实在不知,日本人的点头微笑是礼貌的表示,决非同意的表示。

(3)心理障碍。当沟通对象对沟通者轻视、不信任或者紧张、恐惧时,就会拒绝接受或曲解所传递的信息的内容,从而影响沟通。比如,在谈判中,如果双方感情用事,为了各自的利益而争吵不休,就会使谈判破裂。又如,某地生产假酒曝光后,人们甚至对该地所在省的其他白酒也产生了怀疑,进而一度拒绝购买酒类产品。

(4)年龄障碍。不同年龄的人有不同的内心世界、不同的价值观、审美观和不同的要求,从而对事物形成不同的看法。年轻人愿意接受新事物、赶时髦,因此他们愿意接受有关新事物、新问题的信息;老年人对有关传统的事情、方法、手段的信息更乐于接受。从而形成了一种倾向:即人们乐于接受与其原有认识或态度相一致的信息,而回避或拒绝与其原有认识或态度相矛盾的信息。比如,年轻人喜欢具有现代感的组织形象,而老年人则喜欢"百年老店"。

(5) 观念障碍。观念由一定的经验和知识积淀而成,是一定社会条件下人们接受、信奉并用以指导自己行动的理论和观点。观念本身是沟通的内容之一,同时又对沟通有巨大作用。有的观念能促进沟通,有的观念则会阻碍沟通。比如,封闭观念就排斥沟通,因其观念源于小农经济,缺乏社会性。"酒香不怕巷子深"就是典型的一种。

3. 实施环境障碍

公共关系方案是在一种复杂多变的社会环境、市场环境中实施的,因此环境中各种因素会从正面(促进)和反面(制约)影响实施工作。公共关系实施环境障碍是指来自于实施环境的各种制约因素、对抗因素、干扰因素。这些障碍因素有如下类型。

(1) 政治环境制约因素。包括政府的有关政策、法规的管制,以及政治形势、政策变化的影响等。

(2) 经济环境制约因素。包括经济体制、经济政策与经济形势的影响等。

(3) 社会文化环境制约因素。包括传统的民族文化、区域文化、宗教文化以及各种现代文化的影响等。

(4) 科技环境制约因素。包括各种新知识、新技术、新工具、新材料、新产品、新能源等的影响等。

(5) 竞争环境对抗与干扰因素。包括竞争对手的知名度、美誉度、占有率以及开展的各种公共关系宣传活动等的影响等。

(6) 自然环境制约因素。包括地理条件、气候自然资源、生态等的影响等。

(7) 国际政治、经济环境制约因素。包括国际形势、外交关系、战争、国际市场与金融形势的影响等。

总之,在公共关系实施过程中要努力排除各种公共关系障碍,保证公共关系工作的顺利实施。

课后练习

一、简答题

在公共关系活动的实施中需要克服哪些障碍?

二、实训题

在你所在的机构中,组织一次"'××杯'公共关系基本原理知识竞赛",请写出策划方案,包括:活动主题、活动目的、活动内容、活动安排、活动组织工作、竞赛程序、竞赛规则以及竞赛题目等内容。如果你具体组织实施,请谈谈感受。

三、案例分析

案例 1　事 与 愿 违

某大型商场开业在即。为使企业开业伊始便有较高的知名度,企业策划了一个别出心裁的活动,以期引起当地媒体的关注。开业当天,在商场外搞抛发礼券活动,每张礼券 500 元,共抛售 1000 张。活动当天,先后有数万人参加了争抢礼券活动。受活动影响,商场周围交通被迫中断,结果导致市政当局和部分市民的不满。同时,活动本身秩序失控,导致一些人被挤伤。对此,当地几家媒体对活动所带来的问题进行了报道。尽管活动的开展客观上使企业有了知名度,但知名度带给企业的却是企业不希望看到的结果。

(资料来源:http://www.njliaohua.com/lhd_1d8tz6ccni9ersa9r17w_2.html.)

思考与讨论:

(1) 公共关系实施中应注意哪些问题?

(2) 用所掌握的公共关系知识对该商场的开业活动加以评析。

案例 2　罗德公关公司为奥迪A8上市的公关实施

罗德公关公司曾为奥迪A8上市作过一次大型公关策划。这是一个别开生面的新闻发布会,主题确定为“时空安静”,这四个字正好突出了奥迪A8的四个特性。在项目实施中,罗德公关公司克服重重障碍,不放过任何细节,认真组织实施,使新闻发布会的各个环节紧紧相扣,整个活动有序进行。

(1) 项目实施中遇到的困难。项目实施场地的选择是实施中遇到的最大的困难。项目实施的场地必须符合下列条件:该场地必须符合奥迪品牌高档豪华车的形象,高档、豪华;要有足够的试车空间;交通要方便,离市中心开车行程不超过 2 小时。寻找同时符合三个条件的场地非常困难。以寻找北京的场地为例,罗德公关公司花了半个多月的时间,走访了北京市区以及周边郊区所有可能适合以上条件的场地。可以说,在寻找场地的过程中,罗德公关公司花费了巨大精力。尽管如此,最后寻找到的场地,客户表示非常满意。

在举办活动的每个城市,罗德公司所选定的地点都是以高档和豪华著称。

北京:天下第一城,这是一座仿照紫禁城而设计的酒店,具有娱乐综合性设施,有城墙、瞭望塔、湖泊、佛踏、庭园和茶馆等景观,离市中心仅 50 公里。

上海:西郊宾馆,这是一座五星级宾馆,用来接待访华的国家元首和其他贵宾。

广州:海滨度假村,过去是广东省人民政府接待贵宾的宾馆。

准备时间异常紧迫是实施中遇到的又一大困难。当客户最终确认策划方案时,离项目实施的时间只有两个星期。罗德公关公司需在如此短的时间里完成各个实施细节,面临着巨大的挑战。罗德公关公司所有员工加班加点,最终在短时间里完成了所有活动实施的准备工作。

（2）项目实施细节。以北京活动为例，活动实施分为两站：先是在北京古老的皇史宬，参加试驾驶活动的记者都受到奥迪主要官员的迎候，并应邀观看一部有关A8轿车的录像带，由奥迪官员向他们简要介绍为该款轿车而提出的在中国的行销计划以及奥迪最新的市场销售情况。接着，记者们分别乘坐十辆配备专职司机的崭新奥迪A8轿车奔赴天下第一城。在行驶期间，车内播放由罗德公司事先录制的一组原创诗歌，这些诗歌在古典音乐的烘托下描述了A8轿车的各项主要特征（诗歌内容见所附CD唱盘）。抵达活动地点后，让记者们享受一顿精美的午餐。然后引导他们去参观四个互动式演示区。奥迪A8的特性被概括为"时·空·安·静"。大幅中文标题说明所要表达的各个主题。

空间优胜：由一位来自德国奥迪总部的产品工程师对A8轿车的主要特性进行全面而简要的介绍，包括该轿车所采用的全铝质车身结构、外观设计风格、内部配置特征、宽敞的座椅、最佳的人机工程设计等。记者可随意拍照和提问。

享受宁静：由一位琴师在古琴上演奏节奏柔美而幽婉的中国古典乐曲。记者们可一边品茗，一边赋诗，并由琴师当场为他们配曲演奏。在这种氛围下，记者由感性的古乐充分体验了"静"的境界；由感性的认识又联想到奥迪A8安静的魅力。

时间概念：由一对舞蹈演员在奥迪A8轿车和钟楼的背景下表演现代舞，以诠释时间的本质及其稍纵即逝的特性。

安全性能：由来自德国的奥迪驾驶学校的一位教练讲述并表演A8轿车的各项安全设施及其操作过程，包括四轮驱动系统、防抱死刹车系统和电子稳定程序（ESP），后者可防止轿车在湿滑路面上行驶时因车轮打滑而失去控制。该教练还表演了极其惊险的驾驶技术：将车加速到120公里/小时后立即刹车并转弯，原地旋转720°，以显示轿车在不使用ESP程序时的行为特征。然后他在使用ESP程序的情况下重复这个惊险动作，并且把两只手臂都伸到天窗外面，证明ESP程序如何有效地防止轿车失去控制。

最后由记者们在教练的陪同下亲自驾驶A8轿车在试车线路上行驶。整个活动在此刻达到了最高潮。

（资料来源：http://wk.yl1001.com/doc_3691346660005089_all.htm.）

思考与讨论：

（1）结合本案例谈谈公共关系活动实施如何才能取得理想效果？

（2）本案例对你有哪些启示？

案例3 京东成功赴美上市公关传播的实施

（1）2014年5月22日活动当天。京东创始人刘强东携京东高管团队、投资者关系团队、投资人等30多人站在了纳斯达克敲钟台上，成为中国第一家成功赴美上市的大型综合性电商企业。现场上百名嘉宾、数十家来自国内的媒体记者亲自见证并体验了中国第一家大型综合电商企业赴美上市的盛况。来自京东的年轻管培生王广巍主持了仪式。

随后，刘强东受纳斯达克主席之邀，参加了"纳斯达克金牛揭幕仪式"，纳斯达克首次为上市公司举办这样的仪式，充分展示了资本市场对中国电商企业的高度关注和重视。紧接着京东代表团一行来到时代广场，在巨幅京东广告前合影留念。京东可爱的小JOY

也来到现场,美国游客纷纷与 JOY 合影、互动。

揭幕仪式后,京东在纳斯达克现场举行了记者招待会,京东 9 名高管首次集体亮相。京东创始人兼 CEO 刘强东和京东商城 CEO 沈陆瑜就记者关心的京东模式、战略、物流理念、竞争策略等问题回答记者提问。

与此同时,在包括北京、宿迁等多个城市,京东上市内部庆典活动同期举行,数千名员工、当地政府领导参加,场面异常热烈。

当晚,京东在纽约举办了投资者、媒体答谢及庆祝晚宴,CEO 刘强东代表全体京东人感谢媒体和投资人的支持,以英文发表 20 分钟致辞。晚宴气氛热烈温馨。

(2) 实施重点媒体传播。上市当天新闻稿件内容透露出,如《京东今晚登陆纳斯达克确定发行价为 19 美元》《刘强东:京东上市融资用于开拓三至六线城市》《京东市值近 300 亿美元成中国第三大互联网企业》《京东赴美上市成功 10 亿红包回馈消费者》等。

搜狐、新浪、腾讯三大门户网站为京东上市专题发布《京东登陆纳斯达克》《京东正式登陆纳斯达克》《京东赴美上市》等专题报道。

央视一套、央视二套等电视媒体新闻实时播报。

发布区域报道,如《京东美国上市受追捧当日收盘上涨 10%》《京东赴美上市成功 10 亿红包回馈消费者》等。

沟通媒体发布京东的相关解读稿件,如《电商抢人大战:京东阿里全方位对决 IPO》《京东 IPO 上市 B2C 格局落定天猫面临更强冲击》《从京东上市看电商的下一个十年》。

协调《华尔街日报》《纽约时报》《金融时报》以及《经济学人》等海外媒体关于京东的战略、市值、模式等方面的报道。

京东 9 大高管团队亮相新闻发布会现场,回答媒体有关 IPO 发行、财务、京东发展战略及业务等方面的问题。随后,安排刘强东、黄宣德和沈陆瑜等高管接受媒体专访。

上市当天,纽约时代广场上有多达几十块大屏幕同时播放京东上市讯息,京东红耀红了时代广场的每个角落。

(3) 社会化媒体传播。官方微博:上市当天全程微博图文直播;有奖微博活动"说说这些年你和京东的故事";四幅微博海报"谢谢你""从中关村到华尔街"等。

官方微信:官方微信共计推送 4 条信息,包含内容为谢谢你海报、敲钟现场图片、高管阵容海报、刘总海报、总部庆典 Party 等。

第三方网络资源推转:潘石屹、周鸿棉、牛文文、北京国安俱乐部、微软 Intel 等名人名企转发。

KOL(关键意见领袖)文章:13 位来自 IT、互联网、财经领域的 KOL 针对格局、未来及任务发表评论文章。

(资料来源:中国公共关系网(17PR)编委会.2014 最具公众影响力公共关系案例集[M].北京:企业管理出版社,2015.)

思考与讨论:

(1) 京东成功赴美上市公关传播的实施有何特色?

(2) 公共关系活动的实施中如何利用好社会化媒体?

评价考核

评价考核内容见表 10-1。

表 10-1　商务公关主体考核表

内　容		评　价	
学习目标	评价内容	小组评价 (5、4、3、2、1)	教师评价 (5、4、3、2、1)
应知应会知识	公共关系实施的特点		
	公共关系实施的原则		
专业能力	制订公共关系实施方案		
	克服公共关系实施方案障碍		
	成功地实施公共关系活动		
通用能力	实施操作能力		
	解决问题能力		
	创新能力		
态度	强化公共关系意识、热爱公共关系工作、注重细节		
努力方向：		建议：	

任务11

商务公关评估

学习目标

- 做好开展公共关系评估的基础工作；
- 正确开展公共关系评估工作；
- 撰写公共关系评估报告。

案例导入

京东成功赴美上市公关传播活动的评估

上市当天,纽约时代广场上有多达几十块大屏幕同时播放京东上市讯息,此举为有史以来纳斯达克首次为中国上市企业提供的重磅支持。

传统媒体:京东上市发布会及后续专题、文章传播,传统媒体总计发布 739 次,其中电视台媒体 30 次、网络视频 5 次、平面 310 次、网络媒体 394 次;网络专题报道 10 家;除原发报道外,网络转载总计 1674 家。其中,正面话题约占总话题的 97％。截至 2014 年 6 月 5 日,传统媒体总计传播覆盖人群约为 55457 万人次。

社会化媒体:2014 年 5 月 22 日 21:30 至 5 月 23 日 20:30,这 23 个小时中,京东官方微博共发布相关微博 25 条,其中发布有奖微博活动 1 条(说说这些年你和京东的故事)。总转发量超过 15000 次,总评论量超过 5000 次,平均每条互动接近 400 条。并且在官微互动中,超过 85％以上评论转发为正面积极内容。截至 6 月 3 日 16:00,"京东上市"活动标签下阅读量 6485 万,讨论内容 30.3 万条,成功进入"新浪微博话题排行榜"。

京东官方微信账号推送的 4 条信息共送达 48 万人,创下京东微信有史以来最高打开率纪录。

海外公关:京东 IPO 吸引了大量国际媒体关注,IPO 当日媒体报道数量剧增,多达 324 篇。大量国际顶级通讯社如道琼斯、路透社、彭博社、美联社、法新社,主流纸媒包括《华尔街日报》《纽约时报》《金融时报》《经济学人》,美国最具影响力的电视媒体包括

CNBC、彭博电视、Fox 电视,以及极具影响力的金融及科技类媒体如《投资者商业日报》、Pando Daily、TechCrunch、Tech in Asia 等媒体均对京东上市作出了报道。并且各大国际媒体对京东上市计划的报道总体口风中性偏正面。尤其值得一提的是,活动在华尔街日报有整版的广告传播。

KOL(关键意见领袖):从 2014 年 5 月 20 日至 5 月 27 日,有 13 位来自 IT、互联网、财经领域的 KOL 共发表 14 篇有关京东 IPO 的热门评论文章,产生 90 余条发布链接,直接受众超 150 万,再加之比特网、网易、腾讯等大众媒体为之推转,覆盖人群预计超过千万。

(资料来源:中国公共关系网(17PR)编委会.2014 最具公众影响力公共关系案例集[M].北京:企业管理出版社,2015.)

问题:当今企业应怎样进行公共关系评估?

任务设计

公共关系评估是商务公共关系工作过程的最后阶段。由于公共关系工作的可塑性和弹性,对公共关系工作进行科学的衡量和评估存在着许多困难。不过,公共关系的正确评估有助于商务组织把握公共关系工作的效率和水平,有助于总结经验教训,并为新的公共关系活动提供背景材料。因此,它应该成为公共关系部门工作的重点内容之一。

公共关系评估在公共关系工作中占有重要的地位,因而公共关系评估不应是公共关系工作的附属物或公共关系工作的事后补救措施,而应是整个公共关系工作的重要组成部分和重要内容之一。

这里拟通过组织学生对自己亲身实施的校园公关活动进行评估,形成评估报告的形式完成本"任务"的学习。具体建议如下。

评估校园公关活动效果

实训目的:

(1) 让学生学会应用公关评估的方法和技巧。

(2) 锻炼学生的信息收集和分析能力。

实训内容:

设计校园公关活动效果调查问卷,进行公关活动总结和评估。

实训步骤:

(1) 针对之前实施的校园公关活动,请学生设计活动效果调研问卷。

(2) 学生开展问卷调研。

(3) 学生统计调研结果并进行分析。

(4) 学生找校内参与公关活动的权威人士(比如校领导、教师等)进行简单访谈,了解他们对公关活动的意见和看法。

(5) 学生将调研和访谈所了解到的反馈信息整理好,在全班进行分享和汇报。

(6) 教师给予点评。

实训考核：

教师可根据学生收集信息的全面性、客观性和学生汇报内容的翔实性等给学生评定成绩。

（资料来源：朱晓杰，蒋洁.公共关系项目式教程［M］.北京：清华大学出版社，2014.）

一、公共关系评估的程序

对公共关系工作来说，有效的评估不仅仅是事后的总结，还应贯穿于整个公共关系活动过程的始终。公共关系评估是商务组织对其公共关系活动以及结果的分析、评价和总结，它是公共关系工作最后一个不可缺少的环节，它有助于检查公共关系工作的效果，对公共关系活动进行控制，提高公共关系工作的科学性，争取本组织领导对公共关系工作的重视和支持，总结经验教训，提高公共关系工作的水平，并为今后公共关系工作的顺利开展奠定基础。可以说，公共关系评估在公共关系工作中发挥着十分重要的作用。

公共关系评估要在科学的程序下进行。公共关系评估的程序可以界定为评估从开始到结束工作安排的先后次序和具体步骤，合理安排评估的程序，有助于保证评估工作的顺利进行。笔者认为，评估工作必须安排以下一些具体步骤。

1. 明确评估的目的

进行公共关系评估，首先要明确评估的目的。因为公共关系评估是检查、分析和评价公共关系活动以及成效，所以公共关系评估的对象和内容是各不相同的。对评估的对象和内容来说，是选择项目的评估，还是整体的评估；选择个别过程的评估，还是全过程的评估，均需要根据公共关系评估的目的来确定。相反，如果评估目的不明确，评估工作盲目进行，就可能搜集许多无用的资料，浪费时间和精力，影响评估的效率和质量。因此，明确评估的目的，才能确定评估的对象、内容、重点、搜集资料的方式方法以及应该注意的问题，并保证评估工作的顺利进行。

2. 确定评估的主持者

公共关系评估从实践来看，一般可以分为自我评估、组织评估和专家评估三种形式。自我评估是由主持和参与公共关系工作的人员凭自我感觉评价工作的效果，这种评估既有反映工作真实状况的一面，也存在着不可靠的一面。组织评估是由组织负责人出面主持，由组织各部门的负责人或有关人员参加对公共关系工作进行评价，这种评估能全面反映组织成员对公共关系工作的认识。专家评估是由组织出面聘请外部公共关系专家或顾问对公共关系工作进行的评价，外聘专家能对公共关系工作做出较为客观的评价，并提出有价值的意见和建议。总之，公共关系评估的主持者既可以是商务组织内部的公共关系人员，也可以选择组织的领导人或外聘公共关系顾问和专家。评估究竟由谁主持，应根据评估的目的或视具体情况来确定。

3. 选择评估的标准

进行准确、有效的公共关系评估，必须选择适当的评估标准。由于公共关系的评估对象是公共关系活动及其成效,对这些不同的对象应考虑使用不同的评估标准来进行检查、分析和衡量。例如,对公共关系活动评估,评估的标准可以考虑采用公共关系计划,即公共关系活动是否按公共关系计划进行;对公共关系成效评估,评估的标准可以考虑使用公共关系目标,更具体的标准则对目标进行细分并具体化,以考虑公共关系活动的结果是否达到了组织期望达到的目标。因此,商务组织应根据公共关系评估的目的、对象和内容来选定可靠的公共关系评估标准,才能使评估工作顺利地展开,从而保证结果的准确可靠。

4. 确定搜集评估资料的方法和途径

商务组织公共关系工作要受多方面、多层次因素的影响,商务组织形象地位和公众态度的改变也是由多方面的配合所取得的,因而要准确评价公共关系的工作效果就比较困难。为保证评估结果尽量客观、公正和准确,不能单凭公共关系部门和人员的自我感觉和认识进行评价,还要采用科学的计量方法,使定性分析和定量分析相结合。为使评估更加可行,结果更加可信,在搜集评估资料的过程中,应根据评估的目的和所需资料的内容和范围适当选择调查的途径和方法。对一些评估项目,评估所需的资料应同样采用公共关系调查阶段所使用的渠道和方法搜集,以增加现时和过去公共关系状态和组织形象地位的可比性。

5. 开展评估

通过各种途径和方法搜集的资料,数量往往很多,其中有些资料可能杂乱无章,也有些资料可能是片面的和不真实的,对这些资料要根据评估的目的和内容,经过系统地整理分析才能获得活动结果的准确情况,这部分材料才能作为评估的材料和依据。在此基础上,再把公共关系的活动情况及结果与公共关系计划或目标进行对比分析,才能确定公共关系计划、目标完成和实现的程度及其原因,从而对整个公共关系活动过程及其结果进行全面准确的评估。

6. 评估结果的汇报

通过各种方法对公共关系工作进行评估后,必须把各种评估意见进行整理、分析和总结,接着还需要把公共关系的评估结果以书面报告形式向商务组织的管理层和决策层进行汇报。评估报告的基本内容应包括工作过程,目标完成情况,预算的执行情况,取得的成绩、仍存在的问题和差距以及采取的相应对策,下一阶段工作的任务、重点和评估的程序和方法等。通过评估结果的汇报,既可以充分说明公共关系工作的重要性,同时又有助于保证领导及时掌握情况,以便对组织进行有效的管理和控制。

7. 评估结果的利用

商务组织的领导人和公共关系人员必须对公共关系评估的结果给予高度的重视并加以妥善地利用。除了利用总结性评估说明公共关系工作的作用、影响和效果外,更主要的是要把公共关系的评估结果用于决策。因为公共关系评估在公共关系活动过程中是连续不断地进行的,并贯穿于整个过程的始终。这样才能及时在公共关系工作中发现和解决问题,调整和修订公共关系工作和活动,使制定的目标和计划更加完善,并减少实施过程中的偏差。另外,评估的结果又能为下一阶段公共关系活动提供背景性材料,使社会环境分析及问题确定更加准确,公共关系计划和目标的确定更加符合商务组织的实际和发展的需要。

二、公共关系评估的方法

1. 公共关系活动评估的方法

公共关系活动评估是一项过程性评估,它主要检测评价公共关系活动是否按预定的计划进行,其目的就在于控制和协调公共关系活动,努力实现既定的目标,以避免公共关系活动的失败。具体来说,公共关系活动评估可以分为公共关系调查评估、公共关系计划评估以及公共关系传播评估三种,因而公共关系活动评估的方法也可分为三类。

(1) 公共关系调查评估的方法

在公共关系调查中或结束后,应该对公共关系调查活动及其搜集的资料进行验证和分析,这一评估有利于发现调查中没有明确的问题,并提供及时补救的可能性。对调查计划和方案的可行性研究的主要方法是:逻辑分析,即用逻辑学的原理和方法对调查计划和方案的可行性进行检验和分析。经验判断,即用以往的实践经验对调查计划和方案的可行性进行分析和判断。试验分析,即通过小规模的实地调查对调查计划和方案的可行性进行检验和评价。

对搜集的资料的准确性和完整性衡量的主要方法是信度和效度评价。信度是指调查结果反映调查对象实际情况的可靠程度,效度是指调查结果反映调查所要说明问题的正确程度。因此,信度是针对调查对象而言的,它主要验证调查资料和结果的可靠性;效度是针对调查所要说明的问题而言的,它主要验证调查结果的正确性。信度评价有两种基本方法:其一是交错法或折半法。交错法是指调查人员使用设计项目表面不同而实质相同的两种同类调查手段,对同一调查对象进行调查验证的方法。折半法是指调查人员使用的调查手段中包含了设计属性相同的两部分调查项目对调查对象进行调查验证的方法。其二是重复检验法。重复检查法是指调查人员通过对同一调查手段的重复使用对调查对象进行验证的方法。而效度评价则是通过表面有效度、准则有效度和构造有效度三个方面来衡量。

(2) 公共关系计划评估的方法

公共关系计划评估主要是对公共关系目标、活动项目以及计划编制等内容进行评价和分析。这一评估的目的是预先发现漏洞,进一步审定或调整计划与战略,改进方案的实施过程,以增强信息说服力,避免宣传发生负效果,提高计划的可行性。

对公共关系计划评估的主要方法有:①经验判断。即用以往的实践经验对公共关系计划和方案的可行性进行检验和分析。如根据经验来评价分析公共关系计划中的语言文字的运用、图表的设计、图片及展示方式的选择等是否合理、新颖,是否能达到引人注目、给人印象深刻的程度。不过,经验判断没有完全客观的标准,易受到评估者主观因素的影响。②试验分析。即通过小范围的试验对公共关系计划和方案的可行性进行验证和分析,具体地说,试验分析的操作是将计划和方案在小范围或者样本公众中实施,并通过对公众调查或利用剪报、广播录音或录像对信息资料进行内容分析,取得经验后再进行调整,最后在大范围内实施。在公共关系计划评估中,应主要采用现场试验法。

(3)公共关系传播评估的方法

在公共关系传播中或结束后,也应对公共关系传播活动进行评价。对制作并发送信息数量的衡量,这一过程主要是了解所有信息资料的制作、发送情况以及其他宣传活动进行的情况。其主要方法是清点并统计制作、发送信息资料以及其他宣传活动的数量。

对信息曝光度的衡量,这一过程主要了解信息资料被新闻媒介采用的数量以及注意该信息的公众数量。评估信息覆盖面的最常用方法是:①搜集剪报,检查报刊索引和广播电视记录,以统计信息被新闻媒介采用的数量。②统计新闻媒介的发行量,推算可能阅读报刊或收听、收看广播电视节目的人数,以测定接触信息的公众数量。③统计展览、演讲、专题活动等的次数,也能反映组织开展活动的影响程度。

对信息准确度的衡量,这一过程主要确定目标公众接受信息的状况。评估信息准确度常用的方法有:①内容分析。通过对新闻媒介的系统分析,可以了解信息资料正被哪些新闻媒介采用;信息资料是否被重点地区的新闻媒介采用;这些新闻媒介采用最多的是哪些信息资料;通过这些媒介接收到信息的目标公众的数量。②对组织目标影响的检测。即测定新闻媒介传播的信息在多大程度上帮助这个组织实现它的目标是衡量新闻媒介是否准确传播信息要点的方法之一。③受众调查。通过选择小组座谈、个人访问及电话访问,或者问卷等方法来调查公众对信息的理解程度。④公众到席率。展览、会议、演讲或事件的到席率,可以说明收到某一信息的人数,到场的人数也可以作为评估宣传工作效果的依据。

2. 公共关系结果评估的方法

公共关系结果评估是一项总结性评估,它主要检测评价公共关系活动对目标公众的作用和影响程度,以及整个公共关系目标的实现程度,其目的就在于了解公共关系工作的效果,因而又称为公共关系效果评估。公共关系结果评估的主要方法如下。

(1)接受信息的公众数量的评估方法。对接受信息的公众数量的衡量,其主要方法就是水准基点研究,即事前事后测验法,它是对公众在开展公共关系活动前后对组织的认识、了解和理解等变量进行调查比较。采取的形式是,或者在开展公共关系活动前后对同一组公众进行重复测验,或者在一组公众当中开展公共关系活动,而在另一组公众中不开展这样的活动,然后将两组测验结果加以比较。

(2)转变态度的公众数量的评估方法。对转变态度的公众数量的衡量,比接受信息更难评估。一般来说,对态度转变进行评估的常用方法也是事前事后测验法,它是对公共关系活动前后的公众态度进行衡量,在图表上标出公共关系工作前后公众态度变化的百分比,并用方差分析说明公众态度变化与公共关系工作的关系。

(3)产生行为的公众数量的评估方法。公共关系工作的目标就是促使公众行为的产生和改变,实现组织的目标;对公众行为的评估经常利用的方法有:①自我报告法。这种方法由公众对象自己说明行为变化时的方向、程度和原因。使用这种方法的缺点是有的公众可能不真实地进行回答,尤其是向公众提出一些敏感性的问题时。②直接观察法。这种方法是公共关系人员在公共关系活动期间,根据确定的主题对公众的行为进行直接的观察,直接观察需要公共关系人员有较强的观察分析能力。③间接观察法,这种方法是公共关系人员利用仪器或有关部门的记录对公众行为进行的观察。

三、网络公关传播效果评估

随着互联网的快速发展,企业公关的媒体应用早已发生了巨大的变化。互联网的高速发展为信息的传播开辟了一条快捷、广泛、高效的路径,以此为基础,各类商务组织越来越多地投注于网络公关传播。鉴于网络传播短时间的巨大影响力,各类商务组织纷纷放弃传统公关传播方式,改用网络传播手段。在公关实践中,如何评估网络新媒体传播的效果是我们面对的新课题。网络传播效果评估的指标主要有如下几个方面。

(1) 网民初次参与度。网民初次参与度是指公关主体进行公关传播活动后不久,网民对于该公关活动的最初关注度和参与率。一般包括以下内容。

① 点击率。点击率是指网站页面上某一信息内容的被点击次数与被显示次数之比,即:

$$点击率 = 被点击数 \div 被显示数$$

点击率反映的是该信息内容(文章、新闻、图片等)受网民关注的程度。点击率越大,表明该信息内容受网民的关注度越高,在网民中的影响力也越大。

② 评论数。评论数是指网民在点击查看某一信息内容之后,经过思考对于该内容的反馈的数量。评论数较点击率更能显示网民的参与度和积极性,表明网民对于该网络传播活动具有较为深刻的印象并且与自身发生了较为深切的联系。评论数越大,表明网民对于该信息内容的关注度和参与度越高。

③ 转载量。转载量是指网民在浏览了某一信息内容之后发生思维活动并引起一定的共鸣或者产生不赞同的倾向而采取的一项网络行为的数量。网民转载该信息内容是为了让更多的网民看到并引起注意,转载可以扩大信息的覆盖率和影响力。转载量是评判网民初次参与度的一个重要参量。

(2) 网络传阅率。网络传阅率是指信息内容由于转载而引起的二次、三次阅读次数和刚发布时的一次阅读次数的比例。公式可以表示为

$$网络传阅率 = 再次阅读数 \div 一次阅读数$$

网络传阅率越大,表明该信息内容的扩散程度越大,可能引起的影响力也越大。发生传阅的情况有以下几种。

① 购物类信息的传阅。一些选购、测评、体验类的文章会对消费者购买起到决定性的作用,而这些文章往往都是网民通过搜索之后获得的。特别是当网民想在网上购买较为贵重的商品(如汽车、手机等)时,以一个消费者的角色参阅已购者对该商品的评价,作为自己购买前的参考是常见的例子。

② 搜索引擎。搜索引擎是当前查找网上不同种类的信息时,使用最广泛、最快捷的

一种方式。根据搜索引擎的搜索结果排名,也可以作为评估网络公关是否成功的指标之一。搜索结果的排名可以用来分析搜索该内容的数量、搜索该内容的年龄段、相关的词汇等。

(3)主流媒体发布的位置及媒体跟踪报道的情况。主流媒体对于网民的影响较大。在媒体上的不同位置对关注度也会产生不小的影响。商务组织作为公关主体虽然可以花费成本,将重要信息发布在主流媒体的主页上,但是如此做法并不一定能引起网民的好感。只有本身具有吸引力、能够打动网民的信息或者新闻才真正具有说服力和影响力。所以这个主流媒体发布的位置不能以公关主体花钱买的位置为标准,而要以各大媒体判断之后,再根据网民的反响做出的位置设置才能真正体现该信息的价值,才能用来评判该公关活动成功与否。

媒体跟踪报道的数量和深度可以体现网民或者社会对于该公关活动的关注度。媒体后期的跟踪报道数量之多,深入挖掘的程度之深,说明公关主体所做的公关传播是极具影响力的。

(4)网络口碑。网络口碑是指随着互联网的出现,网民作为一个消费者可以通过浏览网站信息,分享其他消费者所提供的产品资讯与主题讨论,并赋予顾客能力来针对特定主题进行自身经验、意见与相关知识的分享,形成对该产品的口碑。网络口碑主要是针对企业的产品来说的。从广义上说,还包括主体(企业、政府、民间团体等)形象、社会价值观、政府服务质量等。例如,淘宝上关于产品的评价形成的一个网络口碑,对于其他消费者的消费行为有着巨大的影响力。

(5)是否产生网络领袖。网络领袖,顾名思义,就是在网络领域具有相当知名度,且对大众具有一定影响力和号召力,能够引领整个网络舆论导向的网络人物。这个人物并不一定是实体,也不一定是真实存在的。网络领袖在很大程度上是商务组织为了网络公关传播的需要,自行编造的一个人物;但作为一个虚拟的存在,其在受众(网民)心目中是确实存在的。这里的网络领袖要区别于现实世界中的网络领袖。现实世界中的网络领袖一般是指在网络领域中具有较高知名度影响力的互联网企业家。这些企业家是实体的存在,与网络公关中的网络领袖存在很大不同。

在评估网络传播效果时,要考虑该网络公关是否产生出了一个新的网络领袖,并且这个网络领袖是挂靠于该公关主体的目标意志的。网络领袖的出现标志着网络公关的一大成功。当然,不是所有成功的网络公关活动都一定会产生网络领袖的。

总之,在进行网络传播效果评估的过程中,必须严格比照上述指标进行综合考量,不能片面化。同时,在针对不同的网络公关活动进行评估的时候要有所取舍,有所侧重。以上指标是一般情况下较为常用的评估指标,在遇到较为特别、较为复杂的网络公关案例时,还可以根据其他指标进行评估,例如新闻本身的流量、质量、公关主体与网民互动情况等。[①]

---

① 齐杏发.网络公关实务[M].上海:华东师范大学出版社,2014.

四、撰写公共关系评估报告

公共关系评估报告是提供给商务组织的一种正式的文体。它是通过文字、图表或相应的其他形式来体现开展公共关系工作的成绩、经验、教训、建议等评估工作的成果形式。它具有业务性强、理论性强、经验性强等特点。

撰写公共关系评估报告的主要意义,在于为公共关系评估成果的运用提供依据。通常,评估小组将公共关系评估报告分别提供给管理层领导,作为他们统筹管理和发布新决策的依据;送达各职能部门,作为各部门改善工作的参考;提供给全体员工,以利于员工了解外界的评价,提高士气,改善行为。还可以公开发表,供同行或其他商务组织参考与借鉴。通过撰写公共关系评估报告,商务组织对公共关系过程与绩效可以总结过去,积累经验;着眼现在,克服缺点;指向未来,指导工作。

到目前为止,我国许多商务组织仍然不太重视公共关系评估工作,能见到的公共关系专业评估报告甚少。他们也不太注重评估成果的运用,常常使公共关系工作带有盲目性和被动性,进而丧失了许多成功机会。

1. 评估报告撰写的准备工作

公共关系评估报告,顾名思义,就是对某一项公共关系工作(活动)进行评价而提出的研究报告。它所评价的对象,可以是某一项公共关系工作(活动)的全部过程和整体效果,也可以是公共关系工作(活动)中某一个重要环节,如工作(活动)的策划方案、准备阶段、实施过程、操作规范、传播效应等。在实际操作中,评估对象的确定,一般根据特定的需要或委托人的要求而定。

从公共关系实践来看,公共关系评估报告比较多地被用于对一项公共关系工作(活动)的整体评价。这种运用于整体评价的公共关系评估报告的撰写难度最大。一个毋庸置疑的事实:公共关系评估报告的撰写,必须建立在对一项公共关系工作(活动)准确地进行评价的基础之上。因此,在动笔撰写评估报告前,应先认真做好几项前期准备工作。

(1) 评估标准的最后确定。要对一个事物进行评价,事先必须确定一个参照系数,否则就会引起判断上的某种混乱。公共关系评估同样如此。比如,某企业通过一个年度的公共关系工作,企业在社会公众中的知名度达到80%,美誉度达到70%。对此如何评价?这就涉及了评估的标准问题,如果以该企业一年前社会知名度70%、美誉度65%作为参照系数,则同比提升了5~10个百分点,应当说是颇有成绩。但如果以该企业本年度公共关系工作要求达到社会知名度90%、美誉度80%的目标来衡量,则又明显不足。同样,一次公共关系专题活动的新闻发稿达到30篇(次),如果以该商务组织以往公共关系活动一般发稿只有15~20篇来看,这一活动在新闻传播方面已有明显进步,值得赞赏。但如果以其他商务组织同类公共关系活动的新闻发稿往往可达50~60篇(次)为标准,则30篇(次)实在算不上什么成绩,反而说明工作还做得不到家。所以,事先确立什么样的评估标准,直接关系到对一项公共关系工作(活动)的最后评价。

问题还不仅如此。因为,我们这里重点讨论的是对一项公共关系工作(活动)的状态评估。它涉及许多方面,需要确定多方面的评估参照系数,并要求这些参照系数之间本身具有某种逻辑联系,从而构成一个科学的、综合的评估体系。如果这一评估体系不能有效确立,评估工作自然无法开展,评估报告的撰写自然也是无从谈起。

要确定一个比较客观、科学的评估标准体系,最直接最省事的方法,是以某项公共关系工作(活动)的预期目标作为参照体系。任何一项公共关系作业或活动,在制订计划时,都会事先设定其工作目标。鉴于这一计划是经过批准才付诸实施的,因此,以计划中设定的工作目标为参照体系,并以这一工作目标最后是否实现以及实现的程度来进行评判,自然是最为公正的。但应该注意的是:由于种种原因,这类计划中的工作目标有时定得过低,有时则定得过高,乃至根本无法实现。更何况,公共关系评估内容中,本身就包含有对工作计划制订得是否合理这一项目的评价。所以,完全以某一工作(活动)的预期目标为依据来确定评估标准,难免失之偏颇,在逻辑上也会陷入某种悖论之中。

因此,在确定评估标准时,还必须参考其他要素来加以综合考虑。要考虑①这一组织公共关系工作和形象建设的中长期目标是什么? 本项工作(活动)是否有效地构成了其中一个不可或缺的环节,推进了这一目标的实现? ②这一商务组织以往同类工作(活动)的实施情况和实际效果如何? 本项工作在前期计划、具体实施和最终效果上是否有了明显提高? ③其他商务组织类似工作(活动)的实施情况和实际效果如何? 本项工作(活动)在同额费用投入的情况下,是否取得了比其他商务组织类似工作(活动)更好的效果? ④规范的公共关系工作(活动)应该如何运作? 本项活动是否达到了这一规范水准,等等。至于这些要素如何综合运用,则可根据实际情况灵活掌握,不必过于拘泥。

事实上,评估标准的确定,是在制订评估方案时就必须加以考虑的。但在某些情况下,随着评估工作的实际展开,这一标准会发生一些技术性的修正。所以,在撰写评估报告前,就应对这一标准进行最后确定。这一最后确定下来的评估标准,应明明白白地写入评估报告之中。

(2) 有关信息的全面搜集。根据评估的目的和要求,全面地搜集评估对象(某项公共关系工作或活动)的情况和有关信息,无疑是对评估对象做出准确评价的重要前提。一项公共关系(活动)的整体评估,一般需要搜集以下信息:①这一商务组织的基本情况、发展规划和公共关系形象建设目标;②这一商务组织以往公共关系工作(活动)的文献资料;③其他商务组织类似工作(活动)的大致情况;④本项公共关系工作(活动)设想和策划方案、实施方案;⑤本项公共关系工作(活动)策划方案和实施方案;⑥本项公共关系工作(活动)各环节具体实施情况和现场反应情况的记录资料;⑦本项公共关系工作(活动)的信息传播情况和信息的实际覆盖面;⑧本项公共关系工作(活动)的内外评价;⑨本项公共关系工作(活动)所引起的公众舆论改变的有关情况;⑩本项公共关系工作(活动)的经费预算和实际使用情况等。当然,如果仅仅是对公共关系工作(活动)中某一环节的评估,则只需要搜集与此相关的信息即可,不必面面俱到。

这些基本信息的搜集,可有多种方法,与公共关系调查所采用的方法大致相同。如:通过文献调查来搜集这一商务组织的基本情况、以往公共关系工作(活动)材料和本项工作(活动)的策划、实施方案,以及有关新闻报道资料;通过访谈调查来了解各类公众以及执行人员对本项工作(活动)的评价和感受;通过观察调查来实地考察本项工作(活动)的现场情况和参与者反应;通过问卷调查来把握本项工作(活动)的信息覆盖面和工作舆论变化情况,包括这一商务组织知名度和美誉度的实际提高情况等。这些计划信息资料,有些可由评估项目的组织者(或实施者)提供,有些则需要评估人员自行搜集。另外,对被评估项目的组织者(或实施者)提供的某些信息资料,在评估前还须作一甄别,看看其中是否有"水分"。否则,在评估时很容易发生偏差。

(3) 对评估对象的客观分析

完成了前两项工作,就可以考虑公共关系评估报告的撰写了。但在正式动笔之前,应对评估对象有一个全面、深入地了解,并做出客观地分析。这里的关键,是评估报告撰写者自身立场的公正:他必须依据某项公共关系工作(活动)的成败,切忌因某种考虑而故意迎合或打压被评估项目的执行机构或人员,也不能撇开有关数据资料而光凭主观印象随意臆测和判断。比如,对某项公共关系工作(活动)成功与否的评估,不能只看这项工作(活动)表面热闹,必须认真考虑其是否切实推进了组织形象建设和管理目标的实现,是否具有新的创意,是否做到了规范操作,是否达到了预期的传播效果,以及投入产出比的情况如何。如果一个投入经费50万元的活动,最终只达到其他同类组织20万元经费投入所产生的效果,则尽管这些工作(活动)初看颇具声势,但仍不能称之为成功。同时,在进行评价时,有时还得考虑客观环境的变化因素。不能排除这类情况:某公共关系工作(活动)从策划到具体实施均十分规范,却因客观环境发生不可预计的突然变化(战争、政府人事变动、致命性传染病流行等),未能达到预期效果。诸如此类问题,均是实际评估需要加以注意的。

2. 公共关系评估报告的内容

公共关系评估报告具有特定的目的。不同的目的,决定了评估的范围和对象不同。因而,公共关系评估报告书的内容就不完全一样。根据公共关系评估实践的总结,公共关系评估报告的内容主要有以下几方面。

(1) 评估的目的及依据。即为什么要进行公共关系评估,通过评估解决什么问题,以及评估所依据文件或相关会议要求之精神等。

(2) 评估的范围。公共关系活动涉及方方面面。为了突出重点,缩短篇幅,利于评估结果的运用,报告书必须明确公共关系评估的范围。

(3) 评估的标准和方法。在报告书中,应说明评估的标准或具有可测量的具体化的目标体系,以及评估过程所采用的方法。比如直接观察法、问卷调查法、比较分析法、文献资料法、传播审计法等。

(4) 评估过程。简要说明评估过程是怎样进行的,分哪些阶段。从阅读报告书的过程和采用的方法等可以判断评估是否科学、系统、规范、完整等。

(5) 评估对象的基本情况。在公共关系评估报告书中,必须明确评估对象本身的情况,包括活动或项目名称、开展时间、实施的基本情况与特点等。

(6) 内容评估、分析与结论。在评估报告书中写明被评估的公共关系活动、工作或项目的内容,对运行与执行以及效果、效益进行分析,进而得出客观、公正的结论。

(7) 存在的问题及建议。评估人根据掌握的实际材料、相关情况,有针对性地提出问题,并提出有利于解决问题的建设性意见。

3. 公共关系评估报告的格式

"文无定法。"公共关系评估报告书没有固定的结构格式。按照评估的目的与要求,公共关系评估报告的结构可以采用不同的格式,灵活安排结构。结构服从于内容表达的需要。通常,公共关系评估报告书的结构式如下。

(1)封面。封面的主要内容包括评估书或项目的题目、评估时间、评估人(单位名称)以及保密程度、报告书编号。题目要反映出评估的范围和对象。排版应醒目、美观。

(2)评估成员。反映哪些人参加了评估工作,负责人是谁。

(3)目录。用来方便阅读报告书的人。

(4)前言。反映评估任务或工作的来源、根据、评估的方法、过程以及其他特别需要说明的问题。也有的评估报告书把评估的方法、过程等写进正文。

(5)正文。正文是评估报告书最重要最主要的部分,也是评估报告书的主体。它包括评估的原则、方法、范围、分析、结构、存在的问题、建议等。

公共关系评估报告的正文撰写要注意:①一篇合格的公关评估报告,应突出"准确地对组织所进行的公共关系工作(活动)做出评价和判断"这一个性特点。与调查报告相比,在客观分析有关数据、资料和情况的基础上,评估报告主观评判色彩相对浓厚一些,结论性的意见也更多一些。②公关评估报告必须先按照评估对象的工作(项目)情况分阶段进行分析和评判,然后再做出一个总结性的整体评价,切忌不分阶段地混为一谈,并笼统地下一个结论了事。③公关评估报告的评判依据主要是有关数据资料(包括评估者所观察或听到的有关反映),也应尽可能以各种数据和资料说话,并巧妙地应用各种数据和资料的对比分析来做出评价。但在某种情况下,评估者的逻辑分析和经验判断,亦可以对有关结论起到相当重要的支持作用。④公关评估报告的结论性意见,尽管具有较多主观评判色彩,仍应力求科学、客观和公正。尤其在对某一工作环节的评判没有绝对把握的情况下,下结论时仍应该注意用词的委婉且留有一定余地。

还需要指出的是:一篇公共关系调查报告的正文,篇幅长者可达数万字。公共关系评估报告的正文则不同,一般篇幅不长,强调言简意赅。所以,在行文上,更应力求简明扼要,切忌啰唆和拖沓。

(6)附件。附件内容是对正文内容的详细说明和补充,是正文的证明材料。附件主要包括附表、附图和附文三部分。

(7)后记。主要说明一些相关的问题。比如报告书传播的范围,致谢参加人员及相关单位等。

(8)评估时间。由于公共关系活动处于动态的状态下,不同时间评估所得出的结论会不同。因此,评估报告书必须写明评估时间或评估工作开展的阶段。

4. 撰写公共关系评估报告应注意的问题

公共关系评估报告书的写作是有相当难度的。在写作过程中,既要求执笔人员客观、公正、全面,又要求报告可读、简洁、明了。为此,除格式方面的要求外,在写作过程中,还应注意如下问题。

（1）定量与定性相结合。通常，评估结论是定性的，但必须用定量的指标作说明。注意定量与定性的密切结合。

（2）建议与策略具有可操作性。只有切合实际情况的建议才具有可操作性。

（3）语言准确、精练。尽量用最少的文字、篇幅来说明问题，提出建议。切忌太多的学术词汇，让评估报告的阅读者难以理解。

（4）结论客观具体。评估结论要客观，既要看到成绩、效益，又要看到缺点和不足。在结论中，要避免"可能""大概""也许"等模糊语言。所有的结论都应该找到相应的材料作证明。

课后练习

一、实训题

1. 请步入社会了解一些社会机构所进行的公共关系活动是否成功，并予以评价。

2. 选择一家酒店，分别从酒店的外观、服务人员的工作质量、服务项目设置、酒店宣传等方面进行调查，针对酒店公共关系工作写出评估报告。

3. 每名学生各自找一篇有关企业的新闻报道，并对该报道做一次全面的新闻舆论分析，形成分析报告。

二、简答题

网络公关传播效果评估应从哪些方面入手？

三、案例分析

长安 CS 系列自在星空之旅第二季

长安首季自在星空之旅，在 2013 年以分站活动的方式完成了第一季，获得良好口碑并引发星空拍摄、观星热潮，至今仍在升温、发酵；作为星空之旅发起者，长安汽车进一步强化 CS 品牌与星空的关联，将星空元素打造成 CS 系列的专属资源。目前 CS 系列产品以 CS75 与 CS35 为主导，CS75 在上市初期便获得舆论强烈的关注，在北京车展期间被评为最受关注新车；CS35 销量节节攀升，在竞争激烈的紧凑型 SUV 领域站稳脚跟，跻身市场主流明星车型。

当前，CS 系列产品已颇具知名度，针对市场的推广重点应聚焦在打造品牌美誉度、提升品牌溢价上。

（1）项目调研

长安 CS 系列自在星空之旅第一季追星族以神奇天文景观为憧憬，远离城市，拥抱自然。以逃离束缚诠释自在精神；长安 CS 系列自在星空之旅第二季以圣湖为目的地，征途中领会圣湖的宁静、纯粹、圣洁，寻求心灵的净化，体悟身心空明的自在。经过实地考察疆北大通道和西部大回环组成的线路贯穿了中国境内大部分拥有神秘传说的圣湖，在这条路线上不仅拥有绝色美景和璀璨星空,更有大量人文历史故事值得探索。整条线路包括新疆路段和西藏路段,全长15000公里左右,预计行驶时间为45天。

在喀纳斯、班公湖、纳木错设置媒体探班路线,邀请媒体与星空客一同感受其自在。

（2）项目策划

① 目标:打造专属性——设定自在星空之旅专属活动形式,实现长安CS系列与星空元素的"占位性"关联,打造CS系列的年度性专属品牌活动;提升美誉度——全媒体领域甄选优质媒体平台,制作精品传播内容,深度阐释自在品牌理念,打造品牌美誉度,提升品牌溢价;实现社会效应——通过活动使参与媒体及嘉宾深刻感受自在理念,实现心灵净化,并树立典型形象制造正面社会效应,提升活动调动性和影响力。

② 策略:征集一群不同领域的人——打造属于自在星空之旅的星空客;开辟一条前所未有的探星路线——圣湖项链,疆北大通道与西北大回环;发掘对自在的深度阐释。

③ 目标公众:年轻上班一族,小型SUV车主为主要对象。

④ 传播策略:将自在星空之旅打造成长安CS系列专属品牌系列活动;实现长安CS系列与星空元素的"占位性"关联;扩展传播阵地,辐射影响受众,打造全网影响力;提升内容品质,深度阐释自在理念,打造品牌美誉度;与摄影、旅游、情感娱乐、汽车行业等领域顶尖网站合作,打造全领域网络影响力;邀请以网络为主的汽车行业内媒体探班活动,深度报道增强长安在车主群体中的品牌好感度;通过微博、微信、论坛等新媒体平台,结合创意内容实现活动信息的及时、扩散性传播。

⑤ 媒介选择:在汽车之家、天涯、乐途和蜂鸟网四大网站建立专题,进行招募、活动进展报道、活动综述全环节合作。

（3）项目执行

① 执行时间。2014年8月7日至9月16日。

② 执行内容。历时40天,行程15000公里,南北穿越新疆、西藏两省,跨越城市、荒漠、草原、高山、高原等多种地貌路况,成功穿越世界上平均海拔最高公路219国道,连续20余天行驶在平均海拔4000米以上的公路,最高海拔达5300米,完美经受住了考验;随着路途的逐步推进不断完善执行细节,在与三站星空客及三组创作团队的不断沟通中提升车队行进中的管控能力,在三站媒体探班——喀纳斯、班公湖、纳木错让媒体充分完全地自由试驾,让每一位参与者深度感受CS75与CS35的完美体验。

（4）项目评估

本次活动从汽车之家、乐途网、天涯网、蜂鸟网招募了共计22位星空客体验活动,分别覆盖旅行、摄影、汽车等多领域网络红人及意见领袖。这些原本与长安汽车甚至自主品牌无关的人通过本次活动对长安汽车产生了全新的认识,他们在网上的口碑效应也极大地提升了网络对长安汽车的关注与好评。

① 现场效果:自在星空之旅已经形成自身影响力,引发天文、星空摄影、摄影周边产业、手机APP推广、自媒体人微信推广5大领域的主动传播。

② 受众反应。一是完美品质打动车手——15000公里严苛路段零故障;二是惊艳油耗震惊媒体——CS35最低百公里油耗6.5L,CS75最低百公里油耗7.3L;三是优秀动力征服高原——轻松翻越十余座海拔5000米左右的雪山。

③ 市场反应：各位媒体与长安汽车用户一起感受 CS75 与 CS35，得到一致好评并作为身边购买同等价位汽车的首选。

④ 媒体统计：招募到有效报名人数 1003 人；实现点击量 1779695 人次；实现曝光量达到 581901169 人次。传统媒体辅助扩散：邀请 31 家行业内媒体进行活动探班，其中网络媒体 28 家，平面媒体 2 家，电波媒体 1 家，实现首页（频道首页）焦点图 21 家次，首页要闻区文字链 9 家次，电波连线 15 分钟。通过微信、微博、论坛等平台进行活动全程直播，其中，共发布微博 240 条，转发量 177223 次，总评论量达到 17768 次；微信发布 28 篇；论坛发布 20 篇，共发布 716 家，总点击量达到 2336177 次，总评论量 10689 条。

（资料来源：北京迪思公关顾问有限公司. 长安 CS 系列自在星空之旅第二季[J]. 国际公关，2015(2)；http://www.17pr.com.）

思考与讨论：

（1）请通过此案例体会完整的公共关系的四个工作步骤。

（2）长安 CS 系列自在星空之旅第二季公共关系活动的最大亮点是什么？

（3）当今体验式营销越来越受到青睐，长安 CS 系列自在星空之旅第二季活动是如何将产品功效与体验活动全过程进行有效融合的？

（4）本案例对你有哪些启示？

评价考核

评价考核内容见表 11-1。

表 11-1　商务公关主体考核表

内　容		评　价	
学习目标	评价内容	小组评价 （5、4、3、2、1）	教师评价 （5、4、3、2、1）
应知应会知识	公共关系评估的含义		
	公共关系评估的程序		
	公共关系评估的方法		
专业能力	评估公共关系活动效果		
	撰写公共关系评估报告		
通用能力	综合分析能力		
	解决问题能力		
	写作能力		
态度	强化公共关系意识、热爱公共关系工作		
努力方向：		建议：	

项目 4

一举成名天下知
——传播型商务公共关系

对于文明的发展来说,人类的任何能力都无法比搜集、分享和应用知识的能力来得更基本了。文明的发展只有通过人类的传播过程才能成为可能。

——[美]弗雷德里克·威廉斯

传播是公共关系的主要工作内容。传播型商务公共关系包括组织新闻发布会、制造新闻事件、公共关系广告和网络公共关系等。

任务12

组织新闻发布会

学习目标

- 能够悉心做好新闻发布会的会前筹备工作;
- 能够消除各种障碍,做好会场调控工作,保证新闻发布会的顺利进行;
- 能够做好新闻发布会会后的各项工作。

案例导入

"海蒂饮料进山西"新闻发布会

山西大正建设实业公司在山西太原的现代化体育场高档歌舞厅举行了"海蒂饮料进山西"新闻发布会。海蒂饮料是一种保健型天然饮料,具有营养滋补、益气养神、抗衰防老、解酒益肝等独特功效。大正建设实业公司想将此饮料引进山西市场,于是策划了一场新闻发布会。

(1)他们把省市主要电台、电视台、报纸杂志社的记者们作为邀请的对象,也把国家级的一些新闻机构驻太原办事处或记者站的记者作为邀请对象,提前发出了邀请信或请柬。

(2)布置了会场,在原豪华高档的舞厅风格上进一步设计处理,突出了自然、轻松、欢快的格调。

(3)安排了礼仪服务,包括迎宾、签名等,准备了水果,并把新闻发布会上的主角"海蒂饮料"作为会议上的招待饮品,加深记者对饮料的感受。

(4)确定了大正建设实业公司刘总经理为主要新闻发言人,公关部王小姐为主持人,规定的议程为:①总经理致辞,介绍了引进"海蒂饮料"的意义和过程。②福建东方保健品有限公司的代表董副总经理讲话。③中国医学科学院药物研究所专家作饮料保健功能科学报告。④观看饮料研制和功效及厂家情况介绍等内容的录像。⑤回答记者问题。

(5)准备了招待午宴和联谊舞会,一方面加深情感沟通和信息交流;另一方面使代表们能更好地体验饮料功能特别是解酒功效。

（6）为感谢记者的到来，准备了纪念品"海蒂饮料"。

新闻发布会顺利召开并取得了成功。通过新闻发布会，传播了企业的产品信息，初步打开了市场，塑造了企业形象，密切了企业同新闻媒体的关系。

（资料来源：http://www.doc88.com/p-9971835355911.html.）

问题：怎样成功地组织新闻发布会？

任务设计

新闻发布会是商务组织从事信息传播的一种十分正规和隆重的活动。它是企业在取得突出成绩或者面临重大变故时向新闻媒介公布信息的活动。其参与者是对社会发展有特殊影响作用的新闻记者。活动的成败事关组织机构发展的大计，不允许出现差错和失误。对此，公共关系人员要有十分清醒的认识。

要成功地组织一次新闻发布会，必须做好新闻发布资料准备、布置新闻发布会场、接待媒体采访活动并注意新闻发布会的程序和礼仪。

这里拟通过为苹果公司 iPhone6s 上市组织一次模拟新闻发布会来完成本"任务"的学习。具体操作建议如下。

模拟新闻发布会

实训目的：

掌握新闻发布会的组织技巧和要求，成功地组织新闻发布会。

实训内容：

通过为苹果公司 iPhone 6s 上市组织一次模拟新闻发布会。

实训步骤：

（1）全班同学分为 3 组，每组指定一个组长。由组长扮演苹果公司公共关系部经理，其他同学扮演苹果公司公共关系部的工作人员。

（2）请各公共关系部分别制定新闻发布会的程序，并挑选主持人和发言人；拟写发言提纲（可以从苹果公司网站了解这款新产品的特点）。

（3）其他各组扮演受邀的各新闻单位，并挑选记者，准备提问。

（4）由其中一组担任苹果公司公共关系部，举行新闻发布会，其他各组的成员担任记者，进行现场演练。

（5）各组对本次活动进行总结，指导教师进行点评。

一、新闻发布会会前的筹备

1. 突出一个主题

一场新闻发布会只能突出一个主题。主题必须鲜明集中，比如，欲想对一款新产品的性能作出解答,那么公关人员就要尽可能地从产品性能方面做文章,尽量挖掘其新闻价值,从其社会影响力和传播的预期效果下工夫。主题若含糊不清,容易引起记者的误解,主题多了,又会分散注意力,影响传播效果。主题一旦确定,就要通过各种方式加以强调。

2. 选择好时间和地点

一般情况下,企业的新闻发布会选定的时间最好不要和节假日或正在发生重大事件的日子相冲,如重要的会议、盛大的庆典、举足轻重的体育赛事等。不过,依据会议的主题,如与这些重要的日子相关联,可能会带来意外收益,对于这个(特例)应视情况而定。工作日中星期一上午不合适。会议开始的具体时间可安排在早上十点或下午三点。确定具体时间后,提前3~5天向记者发出邀请。给记者充分时间安排工作。

选择地点也一样。首先要考虑能给记者创造方便的采访条件,如视听器材、拍摄的辅助灯光等,同时还要考虑到交通问题,地点依会议主题而定,如单位的会议室,或租用宾馆、酒店,同时要考虑到规格、等级和品位。如果新闻发布会要解决的问题影响范围大到全国,则可到大都市租用会场举行,如2001年10月11日第三届中国国际高新技术成果交易会开幕的新闻发布会就选址在深圳市五洲宾馆国际会议厅召开。如果只侧重于介绍新产品或组织情况,在组织内部举行即可。总之,在地点的选择上,一切从实际出发。

3. 邀请对象,准备资料

企业召开新闻发布会的主题大小轻重决定了所邀请的记者范围。倘若只涉及当地的事件,邀请当地新闻记者出席便可;若事件的影响力涉及全国范围,那么必须要邀请到中央级新闻单位的记者参加。此外,邀请的记者(类别)要齐全,报刊、电台、电视台的新闻媒体皆覆盖,文字、摄影、摄像皆俱全。

在组织内部确定主题、统一口径后,公关策划人员要组织专门班子负责起草主要发言。同时准备好会议资料,口头的、文字的、实物的;录像、表演、图片、表格、地图都可作为会议资料。包括领导人的发言材料,组织的背景材料,组织对产品介绍的图文资料,或反映企业文化的录像和表演等。这些都有利于加强记者的感官印象和理解。资料可以书面形式提供,也可采用另外附电脑光盘、软盘的形式,也可采用实现上传指定网址、信箱等供下载。会前会后还可以安排现场参观。

另外,新闻发布稿要多从新闻的角度来写,语言简练准确,重点突出,有感染力。为了留下更多时间回答记者的提问,发言人将新闻发布稿发给记者后,就不再照本宣科,只是简明扼要地介绍发布的重点,有的甚至可以直接进入回答问题阶段。既节省时间,又能有利于发言人与记者更好地互动。

4. 发放请柬,布置会场

日期一旦确定就及时发送请柬,这项工作一定要细致进行,这便于新闻单位进一步询问和了解详情,最好派专人递送。请柬上应说明举办新闻发布会的目的,召开的时间、地点、单位名称、联系电话、召开的主题,主要发言人的姓名和职务等,请柬发出后在会议召开前一两天电话询问落实记者的出席情况。

　　一般情况下,会场要安静、和谐,有舒适的座椅。不过对于企业的新闻发布会会场布置可根据主题的需要倾向于活泼多样的风格。比如发布一项新产品,可根据发布的内容进行一些特殊设计,如布置舞台等,以增强发布的效果。话筒、照明设备、录音器材、电话、电传、电源插口插座、计算机网络、打印复印机等设备一应俱全。精心安排好宾客的座位,分清主次。安排翻译人员、接待和服务人员、发言人、主持人应佩戴胸牌。主持人胸牌上应标明职务。会议桌上应标明席位。主宾人员名单提前 10 分钟送给主持人,以便在会议开始时一一介绍。会前安排好会议记录者、摄影者、摄像者,以备将来的宣传和纪念之用。会场入口设立"签到处",派专门的公关人员接待引导记者入席。主持人和工作人员的着装也要讲究。一般情况下着正装,特殊情况下也可以着与现场气氛相吻合的服装。这些特殊着装本身也是产品信息发布的内容。企业的记者招待会会场可以不拘一格地布置,但会场所需的基本设备一样都不可少。

5. 选好主持人和发言人,提前预演

　　主持人和发言人必须具有相当好的口才,思维要敏捷,要顾全大局。还要有囊括玉宇的胸怀,遇到突发情况有及时应变、从容对之的泰然和风度,并有较高的文化修养和专业水平。这种要求决定了主持人一般由公共关系部门负责人担任,或者由单位副职担任;发言人一般应由单位正职担任。如果是公布某项新产品或新技术,相关方面的负责人和技术人员也应出席。发言人和主持人某种程度上是组织的"形象代表",所以要格外讲究,认真挑选。一名优秀的发言人,对本组织的情况应是了如指掌,面对记者的提问时能够应对自如、游刃有余。

　　青岛双星集团总经理汪海一次到美国考察,在记者招待会上,一位记者问"双星"的含义,汪海微笑答道:"一颗星代表东半球,一颗星代表西半球,我们要让'双星'牌运动鞋潇洒走世界。"当时在场的另一位记者立刻问道:"请问先生您脚上穿的是什么鞋?"这一尖锐的提问极易造成尴尬局面。如果汪海自己穿的不是"双星"怎么办? 这时汪海并不慌,自信地答道:"在贵国这种场合脱鞋是不礼貌的,但是这位先生既然问起,我就破例。"于是脱了自己的鞋并高高举起,指着商标处大声说:"Double star! Double star!"这一举动立即赢得场下雷鸣般的掌声。记者们争相拍下这一镜头。次日,美国纽约各大报纸在主要版面上纷纷刊登出关于这一幕的照片。这就是汪海作为发言人的智慧。他通过睿智幽默的言行,不仅抓住了记者的心,而且对本公司的产品作了一次巧妙地宣传。

　　组织新闻发布会,最好会前组织"模拟训练",有备无患。在新闻发布会举行前一天,从组织者到发言人,从接待人员到服务人员都要接受"模拟训练"。围绕主题,揣摩记者和受众心理,设想记者可能提出的各种问题,尤其是那些刁难的问题。这样有利于发言人有充足的临场准备,有利于更好地树立组织形象。

二、新闻发布会会中和会后工作

1. 新闻发布会会中工作

　　(1) 签到与就座。搞好会议的签到工作,然后按事先的安排把与会者引到会场就座。

（2）遵守会议程序。会议进程要严格遵守会议程序。主持人要充分发挥主持者和组织者的作用,宣布会议的主要内容、提问范围及会议进行的时间,一般不要超过两个小时。

（3）善待新闻记者。记者招待会应以记者提问为主,主持人及发言人讲话时间不宜过长,以便记者提问。对记者所提问题逐一予以解答,不可与记者发生冲突。如有外国记者参加,应配好翻译人员或者安排好同声传译。

（4）把握会议节奏。会议主持人要始终把握会议主题,维护好会场秩序。确保发布会现场的紧凑与连贯,并把时间严格控制在流程允许的范围内。另外,在做发布会流程时,工作人员要预留出一些时间,这样,即便是某个环节超出了预计的时间,也能够控制好整个发布会的进度。

（5）把握好提问回答环节。QA(提问回答)是发布会的"重头戏",确保此环节的万无一失是每个工作人员的职责。虽然在准备阶段,客户与公关公司已经根据此次发布会的意图和记者的兴趣点准备好了问题,但如果有可能,媒介人员要充分利用好发布会前的时间,与提前到场的记者进行沟通,并为记者提供准备好的提纲。

在 QA 环节,新闻发言人需要注意以下几点:一是灵活控制现场气氛,发言人或主持人要善于调动记者的情绪,保持顺畅而有激情的沟通。例如,在小型发布会时,可以让记者先做自我介绍,以此来拉动和谐、互动的气氛。如果提问异常活跃,那么主持人就要维持好会场的秩序。

二是根据议程要求,灵活控制发布会的时间进度,避免 QA 延时。如果预定时间已到,发言人要向那些想提问的记者表示遗憾,还可以与之预定下次采访的时间和地点等。有时,新闻发言人可能会忽略事先设计好的时间,这时,控制舞台效果的工作人员就要举牌示意。如果超时太长,在取得客户同意之后,要压缩其他的一些环节。例如 QA 的时间,可以从原本设定好的 20 分钟调整为 15 分钟或 5 分钟。那么如何能让到场的人更好地感受客户企业的特色呢? 在发布会的会前、会后要循环播放企业宣传片,以声、光、影的方式让到场的人直观地感受到企业的文化和风格,在新闻发布会结束之后,还可以配合会议的主题组织记者参观,给记者创造实地考察、采访和摄影的机会,使他们对新闻发布会有一个感性的认识。

2. 新闻发布会会后工作

善后工作的好坏将会直接影响到整个活动的传播效果。工作人员除了将收拾好的道具、会议资料以及相关物品入库以外,还要做好采集现场数据(活动情况、现场效果评价等)以及现场图片、影像资料的整编工作。尽快整理出新闻发布会的所有材料,以电子版的形式提供给记者。

制作活动评估报告,对会议的组织、布置、主持和回答问题等方面的工作进行回顾总结,从中吸取经验和找出不足。收集与会者对会议的总体反映,检查在接待、安排、服务等方面的工作是否有欠妥之处,以便今后改进。

进行媒体跟踪,统计各到会记者在媒体上的报道情况,进行归类分析,找出舆论倾向。同时,对各种报道进行检查,若出现不利于本组织的报道,应作出良好的应对策略;若发现不正确或歪曲事实的报道,应立即采取行动,说明真相;如果是由于自己失误所造成的问题,应通过新闻机构表示虚心接受并致歉,以挽回声誉。

三、新闻发布会应注意的问题

1. 办好报批手续

无论何种组织,在举办新闻发布会和记者招待会之前,都应征得所在地区新闻主管部门的同意,办理好报批手续。

2. 不违背相关法规

新闻发布会和记者招待会,无论发布什么新闻,都应充分地、慎重地考虑到它对社会的各种影响,不能违背国家的法律法规,以避免出现偏差。

3. 坚持实事求是的原则

发布会和记者招待会自始至终都应坚持实事求是的原则。无论是会上发布信息,还是会后与记者交谈,组织所发布的信息内容必须客观、真实,若发现与事实不符应及时纠正。

4. 注意厉行节约

举办新闻发布会和记者招待会还要注意经费预算,要考虑组织的经济承受能力,要视组织的财力、物力和人力而为,不可为追求规模和形式不顾一切,否则适得其反。

课后练习

一、实训题

1. 请组织一次旨在展示应届公共关系专业毕业生形象,为用人单位提供信息的新闻发布会,请写出具体方案并组织实施。

2. 假如你们班的一位同学发行了个人演唱专辑,你们决定举行新闻发布会,请你为发布会策划并模拟举行发布会。

二、简答题

1. 假如你以某公共关系公司工作人员的身份为一家商场联系当地报社进行报道,该怎么说话、做事?

2. 公司新品发布会正在进行到高潮部分,突然会场门口一阵骚乱,几个自称用户的人高举"反对××"的牌子进到会场,许多记者正在围观拍摄,遇到这种情况,你如何妥善处理?

3. 一家上市公司的新品发布会上,在 CEO 讲话环节,观众席一个人将手中不明物体掷向 CEO。遇到这种情况,如何妥善处理?

三、案例分析

"别致"的新闻发布会

在某公司举行的一次新闻发布会上,主持人面对全体记者说道:"'张记者''王记者''李记者'等记者朋友,欢迎你们参加今天的新闻发布会……"为了开好这次新闻发布会,公司领导非常重视礼节,专门安排了20名迎宾小姐,20名礼宾先生,聘请了大型乐队,记者们进场时,鼓乐齐鸣,彩旗招展,并且给每位记者披红戴花。

为了体现个性和特色,主持人和发言人对自己的仪表进行了精心装饰,女主持人穿了一件大红色的旗袍,盘起古典式发型,仪态万方。男主持人故意蓄起了又黑又浓的胡须,穿了一件对襟棉袄,戴了一顶礼帽,颇有绅士派头。

在发布会上,主持人和发言人为了显示自己的知识和口才,多次使用比喻、排比、对仗、夸张等手法,还与记者兜圈子,甚至油腔滑调地捉弄记者。为了营造活跃的气氛,他们毫无限制地让记者自由提问,但却对一些难以回答的问题多次使用"无可奉告"之类的外交辞令,让记者们哭笑不得。

(资料来源:http://jpk2007.sxftc.edu.cn/gggxylysw/jxnr0904.html.)

思考与讨论:

(1) 这次新闻发布会存在什么问题?

(2) 正确的做法应该怎样?

评价考核

评价考核内容见表12-1。

表 12-1　商务公关主体考核表

内　　容		评　　价	
学习目标	评价内容	小组评价 (5、4、3、2、1)	教师评价 (5、4、3、2、1)
应知应会知识	新闻发布会会前的筹备		
	新闻发布会会中工作		
	新闻发布会会后工作		
专业能力	积极进行新闻发布会的筹备		
	成功举办新闻发布会		
通用能力	组织能力		
	沟通交流能力		
	应变能力		
态度	强化公共关系意识、热爱公共关系工作		
努力方向:		建议:	

任务 13

制造新闻事件

学习目标

- 把握制造新闻的特点；
- 能够挖掘新闻，为制造新闻奠定基础；
- 善于制造新闻，增强传播效果。

案例导入

涂料老板制造新闻

1997 年的 10 月 8 日，一家名为富亚的涂料公司在《北京晚报》上打出一则通栏广告：10 月 10 日上午，在北京市建筑展览馆门前开展"真猫真狗喝涂料"活动，以证明该公司生产的涂料无毒无害。由于这一活动的新奇性，加上近年来"动物保护"意识已深入人心，因此广告一刊出，即在社会上引起轩然大波。

10 月 10 日上午，北京建筑展览馆门前挂起了"真猫真狗喝涂料富亚涂料安全大检验"的横幅，一猫三狗准备就绪，富亚公司请来的东城区公证处公证员也已到位。而展台前则拥满了观众，其中几位愤怒的动物保护协会成员发誓要阻挠此事，另外还有不少跑来"抢新闻"的媒体记者。上午 9 时，富亚公司总经理蒋和平开始向围观者宣传：1998 年，中国预防医学科学院就用小白鼠为富亚牌涂料做过无毒实验，结论是："实际无毒级。"开展这次活动，是请大家亲眼见识一下，毕竟"耳听为虚，眼见为实"嘛。

他的解释没能说服特意赶到现场来制止这一事件的动物保护主义者。北京市海淀区环保协会动物救助分会会长吴天玉向在场的观众和媒体发表了自己的看法："我认为这种做法是错误的，伤害了人类的朋友——动物。"她认为，涂料一定会损伤动物的肠胃功能。北京市保护小动物协会副秘书长赵羽和国际爱护动物基金会的吴晓京也是反应激烈，他们与同伴一起在现场举起标语"请不要虐待动物，孩子们看了怎样想？"要求立即停止动物喝涂料的实验，并几次强行要把正准备喝涂料的小动物带走。

现场秩序很乱,围观者越聚越多,眼见"真猫真狗喝涂料"活动就要泡汤。这时蒋和平摆出一副豁出去的架势,大义凛然地宣布:考虑到群众情绪,决定不让猫狗喝,改为人喝涂料,他亲自喝。

话音刚落,场内顿时鸦雀无声。在两名公证员的监督下,蒋和平打开一桶涂料,倒了半杯,又兑了点矿泉水,举在眼前顿了顿。在四周观众直勾勾的注视下,蒋和平咕咚咕咚喝下手中的一大杯。喝完后一擦嘴,还面带笑容。

蒋和平这一"悲壮"的行为赢得了极大的新闻效应。当时,新华社播发了一篇700字的通稿《为做无毒广告,经理竟喝涂料》,此后媒体纷纷跟风,"老板喝涂料"的离奇新闻开始像野火一样蔓延。不仅北京市的各大媒体竞相报道,全国各地的媒体也纷纷转载。当时有个细节可说明这一事件的影响力:北京电视台评选的10月份十大经济新闻,"老板喝涂料"赫然跻身其中,与"悉尼奥运会"等同列。事后有人做过一个统计,全国至少有200多家媒体报道或转载了这则消息。就在这样高密度的报道过程中,富亚的知名度越来越高。

(资料来源:http://news.pchouse.com.cn/dongtai/1010/40029.html.)

问题:怎样制造新闻事件,提高公共关系传播效果?

任务设计

所谓"制造新闻事件"是指制造具有新闻价值的事件和报道材料,即由公共关系人员以健康、正当的手段,以组织内部发生的真实事件为基础,有计划地推动和整理出来的既有利于组织,又使社会、公众受益的新闻。制造新闻虽然也是要以真实的事实为基础,但它带有浓厚的人为色彩。它需要公共关系人员具备广博的知识、丰富的想象力、一定的技巧和敏锐的观察力,即敏感的"新闻鼻",能在纷繁复杂的社会现象中迅速地发现新闻线索和发掘新闻素材。

这里拟通过"制造新闻事件实训"完成本"任务"的学习,具体操作建议如下。

制造新闻事件实训

实训目的:
善于创意,运用创造性思维,策划制造新闻事件。

实训内容:
为可口可乐公司(也可根据自身实际选择其他公司)策划制造新闻事件,旨在向高校大学生宣传其产品。

实训步骤:
(1) 将学生分成若干个小组,每组分别讨论,进行创意策划。
(2) 每组成员相互启发,共同研讨形成策划方案。
(3) 在课堂上交流策划方案。
(4) 对其中一致认为可行的而又富有创意的策划方案可联系相关企业共同组织实施。

实训考核：

师生共同对制造新闻策划方案进行评价。

一、制造新闻的特点

与一般新闻比较,组织有计划、有目的地制造的新闻具有以下特点。

1. 精心策划

制造新闻不是自发地、偶然地产生的,而是经过公关人员精心策划安排的。一般性新闻是在事物发展变化中自然而然发生的(如突发性的新闻事件),而制造的新闻是经过公关人员精心策划、推动、挖掘出来的。一般而言,新闻传播的主动权不在公关人员方面,而在新闻界人士方面,公关人员精心策划出来的新闻事件,因为奇特、有趣,具有较高的新闻价值,同样能引起新闻界人士的兴趣和跟踪追击,并加以报道,取得提高组织知名度的作用。

2. 富有戏剧性

制造的新闻比一般新闻更富有戏剧性,更能迎合新闻界及公众的兴趣要成功地制造新闻事件,吸引新闻界人士的注意和兴趣,就要使新闻事件更富有戏剧性,更具有新、奇、特的特点,要求公关人员独具匠心,富于创造。

3. 成效显著

能以较低的成本明显提高组织的社会知名度和美誉度。自然发生的新闻有的是对组织的声誉有利的,也有的是对组织的声誉不利的,而且一般而言,自然生活中出现的新闻不可以控制。而经过公关人员精心、周密策划的新闻活动、事件,则带有很强的目的性,都是围绕提高组织知名度和美誉度为中心而展开的。因此,成功地策划一个新闻事件能大大提高组织的知名度和美誉度。

低成本地制造新闻事件,吸引相关媒体的报道是营销界常用的一种"借鸡生蛋"的办法。由于前期对相关客户作了详细的调查,可以依据客户的特点人为制造新闻事件。新闻是媒体赖以生存的基础,只要新闻事件的策划周全,往往能起到事半功倍的效果,以最少的营销费获取最大的推广效果。例如脑白金在进入市场之初,采用的关键市场推广手法之一就是制造新闻。这种推广手法使其在短时间内以最低的成本占据了华东地区。

二、制造新闻的基础——发掘新闻

1. 提高新闻敏感性

新闻敏感性是指对新的事实中新的信息的发现和辨别能力、对有价值的新闻敏锐的认识能力和准确、迅速的反应能力。新闻敏感性是公共关系人员必备的素质,也是制造新闻的根本前提。新闻敏感性包括如下方面。

（1）对政治形势的洞察力，即迅速判断客观事实的政治意义以及预见可能产生的政治作用的能力。政治洞察力强，就善于从政治上考虑问题，善于鉴别和选择政治性强的事实进行报道，并能很好地体现党的政策。

（2）对实际工作的关注力，即判断某项工作在全局中的地位以及对全局工作影响大小的能力。关注力强，就会努力深入实际，熟悉实际工作的发展，对全局情况了如指掌。

（3）对公众兴趣的审视力，即判断某些事实能否引起公众兴趣的能力。对公众的审视力强，就能代表公众来观察，寻找他们欲知而未知的有趣的材料，从而满足他们的新闻欲。

新闻敏感性并不是某些记者、某些公共关系人员的天赋灵感，只有经过长期的努力，刻苦学习，不断积累和磨炼，才能逐步提高新闻意识，增强新闻敏感性。具备了新闻敏感性并不等于就可以发掘新闻、制造新闻了，还必须广泛地收集新闻素材。

2．收集新闻素材

在组织的生存和发展过程中，有可能成为新闻的事件很多，大致可以概括为以下几个方面。

（1）组织的经济效益和社会效益有明显的提高，工作成效显著，甚至在国内、国际、同行业、同地区处于领先地位，有可能成为新闻。

（2）组织在某一方面有了重大突破，比如某一企业产品质量提高、数量扩大、新的品种诞生，引用了新技术、新设备或者重要发明获取专利，新的科技成果通过鉴定，获得重要荣誉称号、重要奖励，或者为国家节约了大量能源，这些都有可能构成新闻。

（3）组织在深化内部改革、理顺关系、调动各方面积极性、提高劳动生产力方面有了新的经验、新的做法和新的措施；或是组织在人事方面有了重大变动，撤换了不称职干部，大胆重用了有能力的年轻人，顶住了来自各方面的压力等，这些都有新闻价值。

（4）组织的职工对社会和组织做出了重大贡献，涌现出富有时代精神、高尚情操的先进人物等也是重要的新闻素材。

（5）组织在参与社会公益活动、热心社会福利及慈善事业、承担社会责任方面有良好的表现。例如给残疾人捐款、捐赠生活用品，支持我国的体育事业、教育事业、希望工程、航天事业等，这些既能很好地塑造组织形象，也是很好的新闻素材。

（6）组织因被诬陷等原因导致组织形象受损，企业优质产品名牌商标被假冒，或者由于其他原因使组织声誉受损，也应作为新闻素材，通过新闻媒介传播予以澄清，恢复声誉。

（7）组织在经营管理上出现失误，在公众中造成不良影响，组织知错改过后也应及时通过新闻媒介向有关方面和社会公众表示歉意，并承担责任，赔偿损失，以挽回影响。

（8）组织举办各种专题活动，如奠基典礼、开业典礼以及各种有意义的纪念活动或庆祝活动。这些活动本身对组织的发展具有重要影响和深远意义，若能邀请知名人士参加则更能吸引新闻媒介的注意，从而达到提高组织知名度和美誉度的目的。

3．挖掘新闻线索

在广泛收集新闻素材的基础上，公共关系人员还必须探寻、挖掘有价值、有意义的新闻线索。探寻和挖掘新闻线索通常有以下途径。

（1）认真学习党和国家的一系列文件和有关领导同志的讲话，吃透精神。因为这些文件和讲话一般都集中概括了当前的政治、经济和文化生活中的主要情况和问题，以及政策动向和新的任务，既是进行新闻报道的思想依据，又直接预示着一个时期内将要发生的重要事情，能为人们提供大量的新闻线索。

（2）积极参与组织内部的各项活动。组织内部的有关会议和活动往往是情况、问题、意见和建议集中的场合，公共关系人员要尽量多参与，而参与的目的不能只是为了报道会议本身，而应通过会议中所反映的情况集中各方面的意见以及从会议就有关问题所作出的决定中去发现有意义的新闻线索。

（3）掌握动态，善于研究。公共关系人员要通过查阅有关报刊、剪贴和复印有价值的部分，将其分类汇编成册，并注意收听广播节目、收看电视节目，必要时还应录音、录像，以及时了解和研究各个特定时期新闻机构报道的动向、热点，从已掌握的各种情况中寻找线索；也可以根据报道的动向有意识地去收集材料，取得更多的新闻线索。

（4）广泛交往，开拓思路。我们每天都接触传播媒介，信息每天都像洪水一样涌来，稍加留意就会受用无穷；随意放过不但可惜，还可能给组织经营带来后患。所以，公共关系人员应在社会上广交朋友，并通过对周围的密切观察分析，从日常生活中挖掘素材，并在此基础上提出新问题、选择新角度、发现新线索。

（5）丰富知识，积累经验。公共关系人员应尽可能地多掌握生产知识、经济知识、科技知识和其他业务知识。只有熟悉这些知识，才能更深入地了解从事这些活动的人，更敏锐地发现新闻线索。

4．确认新闻价值

新闻价值是指某种事实得以实现传播从而产生效果的各种因素的总和。一般说来，无论是公共关系人员，还是新闻记者、编辑以及社会公众，他们衡量、确认、选择新闻价值的标准大致相同。确认新闻价值要注意以下问题。

（1）注重新奇性。新奇性是新闻价值构成的基本要素。它通常包含两个意思：一是指时间上要新。新闻报道与新闻事实发生的时间要尽可能接近，时间差越小，新闻价值越大；时间性越强，新闻价值越高。所以，新闻报道要有强烈的时间观念才能增强新闻的可读性和可信性。二是指内容上要新。现实生活中有许多为广大群众欲知而未知的新鲜事，如新情况、新成就、新经验、新风貌、新问题等。

（2）讲究指导性。新闻是否具有指导性也是衡量新闻价值的重要标准。在任何时候，新闻都要以指导性和思想性为尺度去衡量所观察到的一切事物，从而确定它的新价值，恰当地运用它。

（3）强调重要性。事物越重要、越显著，关心的人越多，新闻价值也就越大。有些事的重要性和显著性是一下子就能看出来的，有些却是淹没在大量的一般性事实之中，这就需要公共关系人员下功夫筛选、辨别。新闻事实与人们的利害关系越密切、涉及面越广、影响越大，重要性就越显著，也就必然引起人们的普遍关注。重要性与显著性常常是连在一起的。显著性是指那些著名的、非同一般的事物，比如邀请著名人士参加组织的重要纪念日活动等。这些事实知名度高、影响面广、吸引力强,最能激起人们的兴趣。

(4)考虑接近性。这是指新闻事实与公众在心理上、利益上、地理上、职业上的关联与接近。其关联接近程度越紧密,公众越关心,新闻价值也越高。如恰当地选择社区内的新闻事实予以报道有助于引起社会公众的兴趣,改善组织形象。

(5)注意趣味性。趣味性也是衡量、确认新闻价值不可缺少的标准之一。新闻从业人员都知道一句话,叫作"狗咬人不是新闻,人咬狗才是新闻",说的就是这个意思。但是,对趣味性不能做庸俗理解,不能做片面理解。公共关系人员在做新闻宣传工作的时候,不能有片面猎奇的小市民心理,专门去追求怪招、选奇闻、耸人视听。所以,新闻除了"新""奇"外,还应该从社会生活中人们所关切的具有积极意义的事情中去寻找。

公共关系人员在广泛收集新闻素材、挖掘新闻线索、分析和确认了新闻价值之后,就可以通过健康、正当的手段制造新闻了。

三、制造新闻的策划步骤

1. 市场分析

要做一个新闻策划,必须先对策划对象所在行业及相关情况有深入的了解。比如,行业的历史、行业的现状、行业发展的新特点、相关的法律配套等。了解得越详细,掌握的信息越多,就越有可能从中挖掘出有价值的新闻点。

2. 确定宣传目标

对新闻策划来说,主要需要确定的是宣传的范围和宣传的目标人群。宣传目标影响着后面新闻点的策划、媒体的选择和预算的编制等步骤。如果宣传范围只是地域性的,那么媒体只需选择地方性媒体就可以了,预算也会比做全国性宣传低得多。如果选择是针对年轻白领的,那么策划的新闻事件必须能吸引他们的关注,媒体也应有针对性地选择白领媒体。

3. 策划"新闻点"

这一步,需要策划出能达到宣传目标的"新闻点"。策划"新闻点"一般可以运用"借势"或"造势"两大基本方法。

(1)借势。即借助外部的条件和环境进行策划,如借助比企业更受人们关注的各种事物,与企业即将进行的公共关系营销活动结合起来,从而把新闻界及公众的关注点移到本企业方面,收到良好的效果。

(2)造势。这是指企业新闻策划者通过巧妙思维,利用某一个看来微不足道的契机,为企业与公众间关系的建立与发展造出一个有利趋向和势头来。造势是一种最简单,同时也是最复杂的策划。

4. 选择媒体

新闻策划都是通过媒体的传播来完成的,因此媒体的选择非常重要。一般根据产品的特性和宣传目标来选择媒体。比如,大众产品应选择大众媒体;如果客户目标是女性,则应该选择女性媒体;专业化的产品应选择专业化的媒体,像计算机产品最好选择计算机专业媒体和大众媒体中的计算机版面;而全国市场则应选择全国性媒体。

5. 编制预算

做宣传,要衡量投入产出比,对预算做到心中有数。但新闻策划和广告投放在费用上很不同,广告费用主要包括制作和媒体投放的费用,而新闻策划则主要是新闻事件的实施费用,优秀的新闻策划只需要少量的甚至不需要媒体费用。因此,新闻策划费用很难像广告投放那样在今年就可以计划好明年的投放量。

新闻策划不同,个案的实施费用往往会根据具体的策划而有所不同,因此应采用"目标任务法"来预算。先确定一个新闻策划的目标,然后估算出要达到这一目标所需的费用,包括新闻事件实施费用和新闻发布费用,这两项费用相加就是一次新闻策划的总费用。

6. 策划的实施和控制

这是新闻策划中的另一个重要环节。因为再精妙的策划也需要通过媒体进行传达。如果媒体不配合,新闻策划是不可能获得成功的。还有,现在不少媒体已出现"排他性"倾向,就是一条新闻如果其他媒体(尤其是竞争媒体)已经刊播了,就不再采用。这为新闻策划所需要达到的"大规模轰炸"效果提高了难度。这一情况下,需要策划人有很强的媒体运作和控制能力。

7. 衡量策划效果

对策划效果进行有效评估,有助于判断整个策划成功与否,也能对下一次策划提供有价值的参考。一般来说,新闻策划的效果可以通过以下几个标准来衡量。

(1)刊登播出数量。在策划实施后统计媒体刊登播出的新闻数量,衡量是否达到原先设定的目标。

(2)刊登播出质量。刊登播出质量主要指篇幅、字数、播出时间长度、刊登的版面(是否头版或其他重要版面)、播出的时间段(是否是黄金时段、知名栏目)、企业和产品的名称是否出现、产品性能是否介绍等事先设定的目标。

(3)市场反应。市场反应包括两个方面:一是销售业绩,只需对策划实施前后实际的市场销售情况做出比较就可以分析出策划是否推动了销售。二是看企业或产品的知名度是否提高,这需要在策划前后各做一次问卷调查。

(4)采用"比较法"。比较法就是与其他竞争产品的市场表现进行比较,从而对新闻策划的效果做出评估。

四、制造新闻的一般技巧

1. 联系热门话题

公众在不同的时期关心的话题不同。对公众兴趣审视力较强的公共关系人员,应该时刻关注这个问题,以便把握时机,成功制造新闻。比如,1988年汉城奥运会期间,广州健力宝集团就抓住时机成功地制造了一次很有影响的新闻。集团不仅向奥运会捐送、赠送产品,在奥运会结束后,总经理还专程向我国获奥运金牌的运动员赠送冠以"健力宝"名称的金罐。对这一活动,新闻界进行了大量报道。

2. 抓住"新、奇、特"

一个事件的新闻价值往往就在于它的"新、奇、特"上。在激烈的组织形象竞争中,要成功地制造新闻,公共关系人员必须独具匠心,使公共关系活动具备"新、奇、特"的条件。

咖喱粉覆盖富士山

日本一家咖喱粉公司的创举。日本一家生产咖喱粉的公司准备推出一系列以绿色环保为主题的活动,但直接推出,效果肯定不佳。于是,公司请来记者,宣称自己要租用直升机把洁白的富士山用咖喱粉将其染黄。记者闻听大惊,便大篇幅报道此消息。随后媒体关注,读者、观众关注,使得该企业成为社会焦点、热点。一个星期后,该公司又召开记者招待会,宣布放弃原计划,把钱投在绿色环保改造和相关活动上。媒体对此大加赞扬,大篇幅报道。这实际是企业的一次新闻制造。倘若不是企业的这般策略,媒体肯定不会把它当作重要的事情来报道的。现在这样一设计,形成了轰动效应,收到了奇效。

3. 进行心理铺垫

为了强化新闻的效果,应事先制造一些热烈气氛,使公众心理上有所准备。法国白兰地成功打入美国市场的案例中,法国白兰地公司就是通过给美国艾森豪威尔赠送两桶有67年酿造史的名贵白兰地,作为其67岁寿辰的贺礼,制造了有关白兰地酒的新闻。赠送仪式上白兰地酒的种种传说与趣闻成为华盛顿市民街谈巷议的话题,以至于到总统寿辰那天出现了万人空巷的现象,人们都集中在白宫前面等待这一赠酒仪式,新闻机构更是纷纷报道,造成了强烈的轰动效应。

4. 联系重要日子

制造新闻还要尽可能地与传统的盛大节日或纪念日联系在一起。每年的传统节日、纪念日往往都是新闻报道的重点。

妈妈,我向您致敬

几年前,南方某酒店以西方传统节日母亲节为契机,举办了以"妈妈,我向您致敬"为主题的征文比赛和表扬模范母亲的活动。他们精心评选出12位模范母亲,给予表彰,并向当地12～15岁的学生征集歌颂母爱的诗歌和文章,从中选出20篇优秀文章,在母亲节当日举办朗诵会。在舞台背景下,一群天真可爱的孩子们为母亲献上不同的节日礼物,母亲的眼中则流露出无比幸福和喜悦。朗诵会上,孩子们朗诵着自己的作品,倾诉着一颗颗童心和对母亲表达不尽的爱意。此次活动在获奖孩子将奖品献给母亲,表露母子、母女的亲情中落下帷幕。这样的结尾在无言中升华了此次活动的主题,一时间,该酒店的名字在当地家喻户晓。

5. 与媒体联合

制造新闻还应注意多与报社、电台和电视台等新闻机构联合举办各种活动，以增加本组织在传播媒介中亮相的机会。这是因为新闻机构自己举办的活动自然会在自己的新闻媒介上报道，组织也会因此得到与广大公众见面的机会。例如某家企业和某电视台联合举办青年大辩论活动，这家电视台一定会全力将这次活动制作成节目在电视上播放，于是这家企业在整个辩论比赛和发奖仪式上露面。可见，与新闻单位联手也是制造新闻的一个极好机会。

课后练习

一、实训题

组织一次去报社、电台或电视台的参观活动，了解其信息制作和发布的过程。

二、简答题

1. 有人说"制造新闻"是提高商务组织知名度的"灵丹妙药"，你认为呢？
2. 假如你以某公共关系公司工作人员的身份为一家商场联系当地报社进行报道，该怎么说话、做事？
3. 如果你是某大城市一家宾馆里的公关经理，宾馆设施、条件一流，但外人知晓不多。你恰巧得知国外某影星将到该城市来度蜜月。你将会如何去做？

三、案例分析

"九命猫"牌猫食名声大震

美国星闪食品公司的主打产品是"九命猫"牌猫食。猫的食品，技术含量低，怎样才能使自己的产品受到欢迎，让消费者乐于购买呢？美国星闪食品公司的做法如下。

（1）首先，为企业的产品创造一个猫的代言人"毛丽丝"，然后围绕它创造出了一系列有新闻价值的事件。

（2）在九个主要市场发起一场竞赛，寻找与毛丽丝"面目相似"的猫。然后将其照片刊登出来，并大量登载有关寻找面目酷似的猫的新闻报道。

（3）出版一本书：《毛丽丝——亲切的传记》，描写这只猫的各种冒险活动。

（4）设立令人垂涎的"毛丽丝"铜质雕像奖，奖给在地区猫展上评选出的猫的主人。

（5）倡议发起"收养猫月"。推出毛丽丝作为"猫的正式发言人"，敦促人们像毛丽丝曾经被收养那样收养迷路的猫。

（6）分发一本照管猫的小册子：《毛丽丝法》，告诉人们如何照管猫。

所有这些活动，使"毛丽丝"名声大震，也使它宣传的猫食成了著名品牌。

（资料来源：http://3y.uu456.com/bp-b7s8bb07q0c6qec3dsbb7se2-5.html.）

思考与讨论：

（1）美国星闪食品公司靠什么吸引了大家的关注，成为了民众的焦点？

（2）你还有什么点子使"九命猫"牌猫食更加出名？

评价考核

评价考核内容见表13-1。

表 13-1　商务公关主体考核表

内　　容		评　　价	
学 习 目 标	评 价 内 容	小组评价 （5、4、3、2、1）	教师评价 （5、4、3、2、1）
应知应会知识	制造新闻的含义与特点		
	发掘新闻的方法		
	制造新闻的步骤		
专业能力	成功地制造新闻		
	制造新闻的技巧		
通用能力	策划创意能力		
	组织实施能力		
	创新能力		
态度	强化公共关系意识、热爱公共关系工作		
努力方向：		建议：	

任务14

公共关系广告

学习目标

- 了解公共关系广告的概念和特性；
- 掌握公共关系广告的类型；
- 掌握公共关系广告的写作原则；
- 熟悉公共关系广告的制作程序，并能进行公共关系广告策划。

案例导入

别克品牌发起"中国好司机"公益行动

上汽通用与央视联合发起的"中国好司机"公益行动广告发布会在北京梅地亚中心举行,活动由著名主持人白岩松和北京交通台主播李莉主持。

当行进车辆遇到过马路的行人时,坐在方向盘后的你是选择减速、停车让行,还是不耐烦地鸣笛催促? 当车辆夜行对向相遇,你是否会关闭远光灯,为行车安全留出宽敞的空间……随着中国快步跨入汽车社会,交通环境的和谐与否不仅直接关系着人们的生命财产安全,也展现着驾驶群体的文明素质。上海通用汽车别克品牌携手中央电视台正式启动"中国好司机"公益行动,通过与行车之道相关的系列公益宣传片的打造和公益活动的推广,寻找、传递"中国好司机"的正面形象,倡导全社会关注行车文明,共同营建和谐交通环境。

通过一系列寓情于景的短片,"中国好司机"以富于感染力的形式,演绎出道路上"谦逊礼让"的君子风范,倡导驾驶者共建文明行车氛围。此外,围绕"中国好司机"的公益宣传,别克品牌还与央视联合发起"寻找中国好司机"公益活动,鼓励公众通过手机、行车记录仪等便携拍摄设备,记录并分享身边的"中国好司机"行为,以此弘扬崇德向善的传统美德,传递和谐交通正能量。

营建一个更加规范、有序、安全、高效的交通环境,已是全社会的共同愿景。借助"中国好司机"公益平台,上海通用别克品牌倡导广大驾驶者通过展现新君子之道,共同描绘和谐、文明的路上好风景,提升了上海通用别克的品牌形象。这就是一个典型的公共关系广告。

（资料来源：http://www.chinanews.com/auto/2014/03-17/5959242.shtml.）

问题：怎样利用公共关系广告提高公共关系传播效果？

任务设计

1903年,美国人艾维·李创办了第一家公共关系顾问事务所,开启了将广告活动融进公共关系思想的崭新时代。在当代社会,公共关系广告已经涉及行销活动、公益活动、社团活动、政界活动等诸多领域。面对铺天盖地的商业广告,公众对其的躲避行为越来越突出,而公共关系广告越来越受到各类组织的重视。因此,公共关系人员必须掌握公共关系广告这一重要的传播工具。

这里通过"策划公共关系广告"实训完成本任务的学习,具体如下。

策划公共关系广告

实训目的：

掌握公共关系广告策划的技巧,成功地制作一则企业公共关系广告。

实训背景：

某家房产公司计划于2016年1月推出一个新楼盘,为了更好地宣传企业形象,增加楼盘的销量,公司老总要求公共关系部策划一则本公司的形象广告。

实训设计：

（1）全班同学分成若干小组,每组5人左右并选组长。小组成员共同协作,通过互联网、报纸、杂志等途径收集相关资料(包括所选定的房产商的资料、房地产行业形象广告资料等)。

（2）小组讨论确定公关广告的主题、媒体策略、传播时机等,小组成员间集思广益,通过集体的智慧设计出优秀的公共关系广告。

（3）全班举行"某公司企业形象广告策划评比会",各小组分别展示,师生共同评选出最佳公共关系广告。

（4）教师总结、指导。

实训测评：

小组自我评分占20％；学生互评占50％；教师评分占30％。

一、公共关系广告的概念及特性

公共关系广告是为扩大商业组织的知名度、提高信誉度、树立良好的形象,以求社会公众对商务组织的理解与支持而进行的广告宣传活动。

所谓公关广告,就是一种设法增进公众对组织的全面了解,提高组织的知名度和美誉度,从而赢得公众信任和合作的广告。运用公关广告,可以起到塑造组织形象、强化品牌形象、宣传组织宗旨、引导公众观念等作用。公关广告产生于"买方市场"出现,市场营销观念已取代了推销观念的时代。它以传统的"强攻"转为"智取",采取"攻心为上"的策略,将广告活动从"推销式"转为"说服式"。

根据国外一项调查显示,公关广告对企业股票价格的正影响率为 2%。假定某公司拥有 2 亿元股票的话,上涨 2%,就等于增收 400 万元。可见,良好的公关广告可给企业或组织带来显著的经济和社会效益。为此,研究公关广告的写作规律与心理因素之间的关系,对提高公关广告的效果以及促进社会进步方面有着积极意义。

公共关系广告具有公共关系活动和广告活动的双重性质,它不同于一般的广告。其特殊性表现如下:

特殊的目的。商业广告的直接目的是促进商品的销售;公共关系广告从来不直接劝说人们购买,而是争取社会公众对组织的注意,激发社会公众的兴趣,争取社会公众的信任与好感。

为了推销商品,商业广告往往是直接列举商品的种种优点,而公共关系广告则是通过间接的手段让社会公众了解组织的情况。

商业广告注重的目标是满足社会的一些需求及顾客的需求,且注重的是短期效应;公共关系广告的目标是保证组织在健康发展的基础上实现其战略目标,即传播组织的形象,传播组织对社会的有用性。

二、公共关系广告的类型

1. 观念广告

通过提倡或灌输某种观念和意见,试图引导或转变公众的看法,影响公众的态度和行为的一种广告。

"香港双龙公司"广告

远古时期有两条龙,修炼得道后都想升天,但玉皇大帝只给了一颗升天珠,两条龙互相推让。感动了玉皇大帝,破格再送一颗升天珠,让两条龙一同升天。"双龙"名称即取义于这个久远的传说。这则广告体现了双龙公司的精神:"与其炫耀自己,不如敬重别人;与其急进求先,不如稳步向上。"

2. 信誉广告

通过公众对其优质产品、优质服务的良好信誉以及在国内外评优获奖情况进行宣传的广告。

锦江集团跻身世界前 30 强

锦江国际集团是中国规模最大的综合性旅游企业集团之一,以酒店、餐饮服务、旅游客运业为核心产业,并设有酒店、旅游、客运、地产、商贸、金融、食品、教育八个事业部。注册资本 20 亿元,总资产 168 亿元。"锦江"商标为中国驰名商标,列"中国500 强最具价值品牌排行榜"第 40 位、上海市第 4 位。

锦江国际集团投资和管理 150 家酒店、3 万余间(套)客房,在全球酒店集团300 强中排名第 35 位,列亚洲第一位;拥有上海国旅、锦江旅游、华亭海外等 5 家国际旅行社和锦江汽车 7000 辆中高档客车;合资经营麦德龙、肯德基、新亚大家乐、吉野家等著名品牌;控股锦江酒店、锦江旅游、锦江投资 3 家上市公司;合资组建锦江国际 BTI 商务旅行有限公司、锦江国际理诺士酒店管理学院、锦江国际 JTB 会展有限公司等。

锦江国际的战略发展目标是:通过 3~5 年努力,成为全国"酒店业第一、餐饮服务业第一、旅游客运业第一",跻身世界酒店业 30 强,建成世界著名国际酒店管理集团和亚太地区著名的酒店管理学院。

3. 谢意广告

节日、纪念日之际,或商务组织举办某种活动圆满结束时,向消费者公众或社会各界公众表示衷心的感谢。商务组织的表达谢意之举,更加增进其与公众的情感交流,维系了与公众的关系,烘托了友谊的氛围。

三周年致谢

值此周年庆典之际,××公司全体工作人员向多年来对我们工作给予帮助、关心和支持的社会各界朋友们表示衷心的感谢。公司成立三年来,一直秉持着立足长远、服务公众的宗旨,不断追求、不断进步,取得了一个又一个令人惊喜的成绩。这一切离不开您们的支持、信任与帮助。未来的日子里,我们会再接再厉,追求完美,并希望得到您们更多的关怀与支持,再一次深深地感谢您们的合作。

4. 祝贺广告

向公众贺喜,或在兄弟单位开业庆典时表示祝贺,可以增加一份亲情;向公众表示与公众携手合作、献上爱心的心意。

有了您,太阳才有今天的辉煌

秋风起时,老师,您又要为新学年操劳了!春去秋来,往复一年。老师,您用您羸弱的肩膀,撑起一片没被污染的天空,让今天的太阳依然焕发出红色的辉煌,而您,却只在日渐憔悴的额头,留下又一道岁月的印痕。

老师,您好吗?您的身体是否依然安康?多少次梦回母校,却只能在今天——您的节日,衷心道声:老师节日快乐!

5. 致歉广告

就自身工作不足之处或自身过错向公众致歉,表示诚意,或以致歉的方式表达已获得的进展和进一步发展,以退为进,出奇制胜。

对不起，社区的朋友们

社区的各位朋友们：

　　对不起！

　　前几天，我们为了赶制一批出口产品，夜晚加班，机器的轰鸣声影响了你们的正常休息，我们在此向你们致以诚挚的歉意。

　　几年来，我们在良好的社区环境里共同生活，和睦相处，鱼水情深，难于言表。我们会牢记你们对我们的支持与帮助，全体××人将以百倍的热情给予回报，我们会为社区的建设与发展继续贡献我们的力量。

　　让我们共同携起手来，建设我们共有的家园。

×××公司总经理：×××
2016 年 1 月 18 日

6. 倡议广告

　　发起一项对社会有重要意义和影响的活动，或倡议一种新观念，显示其社会责任感、理论道德观、创新精神等，显示其良好的社会风范，显示其率先开拓、领导潮流、敢为天下先的胆识，为公众所瞩目和称道。

倡 议 书
——向损害公物者宣战

敬爱的广大市民们：

　　近来，市内主要街心广场的新建公共设施屡遭破坏，修不胜修，其损坏程度令人痛心，其受损频率让人诧异。我们每一个有责任心的人都不能容忍这样的事件再蔓延下去。因此，我们向全市人民发出倡议，向损坏公物者宣战：

　　第一，各新闻单位用道德和舆论的力量，强烈谴责损坏公物的不道德行为。

　　第二，各有关部门采取积极有效措施，防止类似事件的再度出现。

　　第三，人人都要有主人翁意识和强烈的社会责任感，爱护公物，讲究社会公德，促进良好的社会风气的形成。

　　让我们共同努力，去消除这种损害公物的现象，一起来营造一个美丽的城市——我们温馨的家园。

××公司全体员工
2016 年 1 月 19 日

7. 公益广告

　　公益广告是对社会良好风气、公众良好言行进行赞美、表扬，对社会陈规陋习、公众错误言行进行批判、规劝的广告。这种公共关系广告内容不一定与组织直接相关，但与社会公共事务有直接关系。企业做公益广告可以表达对社会公益的热心，体现社会责任感，简要宣传商务组织的形象。

新格小家电与母亲节

　　台湾的一则公益型公共关系广告以"母亲的伟大及母亲的爱——世上最伟大的爱"为主题,将广告画面分为上半版和下半版。上半版是包括泰戈尔、林肯、孙中山在内的世界24位伟人的照片,广告语是"在妈妈心中,他们只是孩子";下半版是神态各异、天真可爱的24位婴儿的照片,广告语是"在妈妈的心中,他们都是伟人"。

　　本任务"案例导入"中的"上海通用"别克品牌发起"中国好司机"公共关系广告就是公益广告。

8. 纪事广告

　　通过故事、报告文学、电视专辑等形式,选查组织的历史、发展状况和对社会的贡献,让公众了解组织,对组织的决策和行为有一个全面的认识和正确的理解,有利于形成良好的舆论氛围,形成良好的成长环境。

"上菱小子"历险故事,您听说过吗?

　　故事之一:一件不幸的触礁事故发生在东海上,浙江象山石浦医药公司的一艘水泥帆船,载着十几台上菱冰箱,倾斜着船身浸泡在海水里整整一昼夜。原以为冰箱不能使用了,可是打捞清洗后,出乎人的意料,一切都完好无损,至今性能良好。

　　故事之二:杭州梅家坞发洪水,一台上菱冰箱被汹涌的洪水冲出2500米之远,被用户找到后,经清洗调试,仍能正常运转,让人简直不敢相信这是真的。

　　故事之三:1991年7月,无锡连降暴雨,洪水泛滥。广益新村吴玉芬家的一台上菱冰箱来不及搬走,浸泡在深2.5米的洪水中长达14天。洪水退后,被无锡市家用电器维修中心的员工意外发现,稍稍烘干后,未更换任何零件,冰箱就正常运转起来了。

三、公共关系广告的原则

　　公共关系广告应遵循的原则有如下方面。

1. 实事求是原则

　　公关广告应避免弄虚作假,要真实地、客观地进行公关广告设计、编写与制作,以争取得到更多的社会公众的信赖。

2. 系统性原则

　　公共关系广告的系统性原则,要求从系统工程的观点出发把公共关系广告的策划作为一个有机的整体系统来考虑,以实现最佳的广告效果。系统性原则的具体运用主要有以下要求。

　　(1) 公共关系广告与产品广告相统一。要把产品因素看作组织形象的重要因素之一,在产品广告中体现公共关系广告的因素,在公共关系广告中包容产品广告的内容。

（2）公共关系广告与公共关系活动相统一。在开展公共关系活动时，要考虑发布公共关系广告，在发布公共关系广告时，考虑配合相应的公共关系活动。

（3）公共关系广告与组织的重大举措相统一。公共关系广告的策划与发布不是随意的，而往往要配合组织的重大行为、举措来进行，如在组织的新产品投放市场之际、组织向新的领域进发之时。

（4）公共关系广告与外部环境相统一。公共关系广告的策划一般应考虑外部的大环境，如与政治生活的大走向、经济发展的新趋势等因素相统一，公共关系广告往往就可望获得事半功倍的效果。

3. 有利时机原则

选择有利时机是公共关系广告很重要、很具有技巧性的问题。时机选择得合适，可以起到事半功倍的效果。一般来说，公共关系广告，如果是有益于社会、有益于公众的内容，最好避开重大节日、重大活动，因为这时不会引起公众的最大关注。如果是赞助活动，则应选择同一时期大家集中关注的活动。

4. 富于创新的原则

富于创新的原则，即要求公关广告在具体内容、分析角度、运用手法等方面，新颖别致、富于创新意识，给社会公众以一种清新的活力和奇特的美感。

5. 避免商业痕迹的原则

避免商业痕迹的原则，即公关广告必须避免与商业广告雷同，应体现出公关活动的特点，应从维护社会公众利益的角度出发，树立组织或企业的形象，以给组织或企业发展带来长期的社会效益。

6. 注重效果的原则

注重效果的原则，即公关广告必须注重效果。这里的效果是指商誉目标的实现、企业或组织自身的发展和社会整体效益的扩大。

四、公关广告的制作程序

1. 确定主题

制作公关广告时要根据其内容确定主题，明确公关广告的目标。以建立企业信誉为主题的公关广告，其目的在于追求企业的整体形象更好、更美；以公共服务为主题的公关广告，其目的在于扩大企业的知名度，让社会公众相信企业的经济实力和高尚的社会风格；以经济贡献为主题的公关广告，其目的在于加深社会公众对目前经济情况的了解，说明企业经济活动的成就以及对国家、对社会的贡献；以追求特殊事项为主题的公关广告，其目的在于引起广大公众、社会有关人士和新闻机构的兴趣与好感。

2. 选择媒体

公关广告应用的主要媒体是报纸、杂志、广播、电视。选择广告媒体的目的,在于求得最大的经济效益和最好的社会效益,即依据媒体的量与质的价值与广告费用之比,力争少花钱、多办事、办大事,并求得传播信息的最大量和传播效果的最大范围。

(1) 媒体的性质。不同的广告媒体有不同的性质与特点。公关广告媒体选择合适,公共关系活动效果就会显著;反之,会弱化公关活动的效果。

(2) 广告内容的特性。公关广告所涉及的具体内容,应依据不同公关广告内容选择不同的广告媒体,以保证特定的社会公众能够看到、听到、读到。

(3) 社会公众的习惯。不同的社会公众在工作职业、兴趣爱好、文化程度、知识结构及生活习惯等方面各具特色,从而形成了对媒体的不同接触习惯。企业在选择公关广告媒体时,要根据特定目标公众对媒体的接触习惯,选择他们愿意接触和接受的广告媒体。

(4) 广告目标的要求。企业在选择广告媒体时,必须要考虑公关广告目标与企业社会活动及经济活动的结合。

(5) 企业自身的实力。各种广告媒体,其费用支出不尽一致,企业在选择公关广告媒体时,应量力而行。可行的办法是依据企业自身的财力来合理地安排公关广告活动,选择适当的传播媒介、适当的刊播时间、适当的刊播空间。

3. 构思写作

公共关系广告的写作需要很高的公共关系技巧。公关广告的结构一般分为三大部分,即标题、正文和结尾。

(1). 标题。公关广告对标题的要求是:醒目、通俗、自然、亲切、吸引人。公关广告标题切忌双关语、文学典故或晦涩文字的出现。

(2) 正文。正文是公关广告的主题,广告所要表达的一切意思都寓于正文之中。公关广告对正文的要求是:开门见山、直截了当、具体真实、热情友好、易于记忆、富于魅力。

(3) 结尾。更多的公关广告是没有结尾的,只有少数特殊的广告才有结尾。作为公关广告,如果有一个漂亮的结尾,将会使人们回味无穷。

课后练习

一、实训题

1. 某木材公司每年采伐大量的木材,遭到生态平衡保护组织的抗议。该公司为了宣传自己采伐又种植的保护生态平衡的思想,特别制作了几组色彩亮丽、景色迷人的风景照片广告,并冠以"我们崇拜自然"的标题。广告张贴散发后,极为有效地改善了企业形象。请根据此实例给的条件,充分发挥你的创造能力,制作一组"我们崇拜大自然"的风景照片广告。教师要做讲评和指导,并进行评比。

2. 请为你的学校设计一则以报纸为媒介的公关广告,反映学校的硬件设施、师资力量以及取得的成绩等。

3. 请看下面两则电视公益广告。

(1) 电视画面：一个水龙头在哗哗地流水，走过的人们无动于衷。

画外音：水是人的生命，我们要爱惜它。

(2) 电视画面：一对青年男女吃着香蕉，走在公园里，随手将香蕉皮丢在地上。一个可爱的小男孩跑过去，拾起香蕉皮，向垃圾箱跑去。

画外音：让我们都来学学孩子，讲究社会公德，保护社会环境。

参照上面的实例，教师拟定几个公益广告主题，让学生们任选其一进行电视广告创意，有条件的拍摄成录像片，供教学使用。

二、案例分析

案例 1　"麦当劳"的两则广告

第一则：室内，窗前有一个摇篮在摇，摇篮中的婴儿很有规律地笑一声，哭一声，笑一声，哭一声，然后镜头拉开，观众可以看见，随着摇篮摆动的节奏，摇篮摇起来时，婴儿看见窗外麦当劳的大"M"标志，高兴得直笑，当摇篮落到最低点时，婴儿就看不到"麦当劳"的标志，这时候婴儿就哭了。

第二则：一家三口——年轻的爸爸妈妈带着一个婴儿，来到麦当劳柜台前，笑容可掬的服务员用甜美的声音向其推荐"照烧猪柳汉堡"套餐，并说仅售"16.80"，父母亲都惊讶其物美价廉，分别用惊喜的语气重复："16.80？""16.80！"这时，妈妈怀中显然尚未学会说话的婴儿也突然用惊奇的语气说："16.80？"

（资料来源：荣晓华.公共关系学[M].大连：东北财经大学出版社，2015.）

思考与讨论：

(1) 这两则广告之间有何区别？

(2) 哪则广告属于公共关系广告？

案例 2　英国石油公司的道歉广告

据美国媒体 6 月 6 日报道，英国石油公司（BP）为墨西哥湾漏油事件制作的"道歉广告"播出一周以来遭到美国各界批评。虽然公司首席执行官在广告中一脸诚恳地向公众认错，但事实证明，如果不能尽快堵住这口每天漏油万桶的深海油井，多么花哨的"危机公关"策略都无济于事。在电视宣传片中，BP 公司首席执行官托尼·海沃德站在干净美丽的海边，背景天空有海鸟划过。海沃德面对镜头说："墨西哥湾漏油事件是一场不该发生的悲剧。我向受此影响的人们和家庭深表歉意。我们将尽一切努力不让悲剧重演。"广告中出现了志愿者手提垃圾袋清理海滩的画面，最后打出 BP 网址，海沃德向公众承诺："我们将妥善处理，我们将把事情做对。"（图 14-1）

美国总统奥巴马批评 BP 公司现在不该把钱花在广告宣传上，而应该用于堵住漏洞、清理污染、赔偿沿岸渔民和中小企业的损失以及防范未来可能发生的危害。专家也认为，BP 的当务之急是让新的堵漏方案尽快奏效，这才是最好的广告宣传。

图 14-1　英国石油公司人员和志愿者清理被污染的海滩

本想"赚些"恻隐之心，却招致一顿批评，BP 公司向美国媒体大呼冤枉。公司发言人罗伯特 5 日发表声明表示，用于堵住漏洞和赔偿受害者的开销一分也没有挪作他用，公司 6 月将拨款 8400 万美元补偿受损个人和单位。

尽管这样，美国民众对"道歉广告"也不买账，一名墨西哥湾沿岸的音乐家针对海沃德的宣传写了一首歌，歌词中唱道："'对不起'远远不够，不要再隐瞒真相；你们省钱，我们遭殃；我们不会答应，直到你们把这里擦干净。"

（资料来源：http://news.sohu.com/20100607/n272609791.shtml.）

思考与讨论：

（1）美国民政为何对这则道歉广告不买账？

（2）企业在刊播公共关系广告时应注意哪些问题？

评价考核

评价考核内容见表 14-1。

表 14-1　商务公关主体考核表

内　　容		评　　　价	
学习目标	评价内容	小组评价 (5、4、3、2、1)	教师评价 (5、4、3、2、1)
应知应会知识	公共关系广告的概念和特性		
	公共关系广告的类型		
	公共关系广告的原则与制作程序		
专业能力	创意公共关系广告		
	策划公共关系广告		
通用能力	策划能力		
	创意能力		
	设计能力		
态度	强化公共关系意识、热爱公共关系工作		
努力方向：		建议：	

任务 15

网络公共关系

学习目标

- 了解网络公共关系的特点；
- 把握网络公共关系的运作原则；
- 能够开展网络公共关系，实现组织的公共关系目标。

案例导入

"我爱中国的 N 个理由"有奖征集活动

"我爱中国的 N 个理由"为 2013 年 CCTV 网络春晚主题活动的总主题。"我爱中国的 N 个理由"有奖征集活动于 2013 年年初开始，是主题活动中的线上征集、线下活动和主题晚会的一部分。征集活动面向全球华人，征集"爱的理由"。活动取得了不错的反响，不仅借此提升了网络春晚的知名度、关注度和参与度，并且唤起了普通民众心中的爱国之情与认同感，增进了中华民族的团结，也提高了凝聚力。

"我爱中国的 N 个理由"有奖征集活动以新浪微博为官方平台，并且发起同名的微话题，鼓励网民参加。网民只需要编辑"♯我爱中国的 N 个理由♯＋微博内容"，就能轻松进行参与。活动每天将会抽取若干名符合参与条件的幸运网友，送出年意浓浓的奖品，包括网络春晚的吉祥物。暖人心的征集话题，恰当的具有互动性的媒体平台，网络春晚官方网站的活动宣传，加上契合节日气氛的奖品，使有奖征集活动取得了不错的反响。截至活动结束，微博平台上已有 84383 条相关讨论，网民参与踊跃。

有奖征集于 2013 年 1 月 18 日结束，但网络春晚主办方成功地将征集成果与主题晚会及其线下活动结合起来。征集结束后，央视网络春晚导演组通过网友投票、专家评审、决策组终评评选出"我爱中国的十大理由"，在 2013 网络春晚晚会上对征集活动进行盘点，并发布"我爱中国的 N 个理由"主副榜单，讲述身边平凡而感人的故事，受众反应良好。

（资料来源：http://www.chinadaily.com.cn/hqgj/jryw/2012-12-06/content_7699074.html.）

问题：网络给公共关系带来了哪些影响？

任务设计

网络时代的到来进一步提升了公关的作用和地位，给公关人员提供了一个长袖善舞的发展空间。网络时代是公关业充满希望和机会的时代。网络为公关业带来了又一个春天。网络世界中的一些著名品牌，如阿里巴巴、腾讯等都在短时间里建立起来，和可口可乐等传统品牌一个世纪才建立起来的知名度相比，不能不说其中有网络公关的功劳。

网络公关（Public Relations On Net）或者称作 E 公关，是适应时代要求，以互联网为手段，沟通企业内外部信息，加强企业与社会公众的交流，从而提高企业的知名度和美誉度，塑造良好的企业形象的新型公关活动。网络公关是数字环境下的公共关系，是传统的公关活动在网络中的新发展。

这里拟通过撰写企业网络公共关系考察报告的方式完成本任务的学习，具体建议如下。

撰写网络公共关系考察报告

实训目的：
掌握网络公共关系的特点、原则和活动基本方式等。

实训步骤：
（1）把全班同学分成若干小组，每组6～8人。
（2）每组上网搜集和归纳网络公共关系的表现形式，并指出各自的利弊。
（3）每组针对一家企业开展网络公共关系的情况考察，撰写一份网络公共关系考察报告。
（4）在全班交流各组的考察报告。
（5）教师点评、总结。

一、网络公共关系的特点

1. 互动互通性

首先，因为网络具有互动互通的特点，使得信息传播的交互性大大增强，从而使网上公关主体拥有了在传统公共关系（这里指通过报纸、杂志、电视、广播等传统新闻传播形式进行的公共关系）中所没有的主动性，使网上组织在公共活动的几乎所有环节中都能发挥主动作用。这一特征是网络公关与传统公关相比更具优势的根本原因所在。

在传统的新闻传播中，编辑、记者、导演等人往往充当了"守门员"的角色，他们决定组织的新闻、消息是否能见诸报纸、杂志或电视，他们甚至还决定这则消息的表达风格和隐含内容等。与传统新闻的这种局限相比，网络的加入给组织的公关活动提供了巨大的机会。网络使企业可直接面向消费者发布新闻而不需要其他媒体作为中介成为可能，这是一个极为重要的革命。这项革命克服了传统新闻传播中存在的消极人为因素，使组织能有效地掌握公共关系的主动权，能对公众产生直接影响。

同时，网络即时互动的特性使网上公关还具有创建组织和公众"一对一"关系的优势，增加了组织和公众间的直接交流与沟通，使组织能及时、充分地接收公众的反馈信息，了解公众的个性化需求，把握公众对组织的评价，维护公众和组织的良好关系，从而提高了公关活动的时效性。

2. 即时性

"给我两分钟，我让全世界找到你。"这是一家网络公司的广告词，形象地说明网络公关的跨越时空性，网络信息传播的高速度使得组织的公关活动具有即时性的特点。传统传播媒介有一定的发行周期，如一般报纸和杂志每天或每月才发行一次，而在网上可以全天 24 小时随时发布消息，且可随着形势的发展随时更新消息，公众也可以全天候不拘时地进行点击。比如"蓝色巨人"IBM 公司购买 Lotus 后即在其首页上发布了这则消息，比当天的报纸要早几小时。网络的这种特点对组织公关活动的开展既是机会又是挑战，组织有了机会随时发布消息，但也使公关工作的节奏大大加快，一些不利于组织形象的负面信息可能因为在网上曝光，几分钟就传遍世界各地，这就同样需要公关人员利用网络的即时性对事件做及时而有效的处理。

3. 广延性

首先，网络的全球互联性使得网络公共关系在空间上拥有了传统公共关系所没有的广延性，组织公关活动的受众无限扩大，全世界 160 多个国家和地域的上网公众都有可能接收到组织在网上发布的新闻。克服了传统公共关系活动在地区上的限制。同时，网络给组织的公共关系活动提供了巨大无比的活动空间，组织可以通过网络论坛、当地电子公告板（BBS）、新闻组、网络会议、网络广播台及节目、网络电视台等各种形式向公众发布新闻或开展其他公共关系活动，从而扩大了组织活动的范围。

此外，网络公共关系还具有自主性、多媒体性、低成本性、多形式和效果显著等特点。

二、网络公共关系运作的原则

1. 诚信

"公关之父"艾维·李早已提出"对公众讲真话"的公共关系原则，网络公共关系低成本易行，故企业在使用后会有很多方便，而最大的方便即在于自主性。在这种情况下，要搞好企业组织与社会公众之间的关系，关键在于企业对待公众和社会的态度，以及如何对待利润和效益。因此，企业在一定的生产经营条件下，加强管理，提高产品质量和服务质量，真心实意为消费者和社会服务，就是价值最大、最成功的公关策略，而不能以网络是虚拟空间为借口、以网络匿名性为掩护，对公众进行欺骗。网络公共关系管理必须要把树立诚信美德放在重中之重的位置，如果稍有闪失或过错，就会在网络广阔的空间里迅速传播,致使企业形象受到极大打击。如果说,欺骗在传统公共关系中还可能得逞,那么在网络公共关系中,组织的一言一行都会受到监视,欺骗成为最不明智的选择。公众在网上很容易核查组织言行的真实性。而且网上公共关系在内容上又十分透明化,即使细微出入也容易被人发现。

2. 快速

这体现在两个方面:一方面,组织要利用网络这一有力工具及时将有关信息发送给有关的媒体,因为信息时代昨天的"新闻"即旧闻;另一方面,则是指组织的有关信息必须及时更新,随时把自己的最新动态挂到主页上或有关网站上是企业进行网络公共关系最起码的要求。但不少组织在制作好主页后即认为万事大吉,不再注意更新,这容易给人造成一种印象,即该企业重形式轻内容、做事拖泥带水、管理者没有责任心等。

3. 创新

建立自身的主页是企业利用网络开展公共关系的起点,而建立长期有效的网络公共关系则要采用多种多样的方式,要注意创新。譬如,组织可以在网上一个知名公共论坛上邀请该领域的著名专家与网友进行交流。其话题不一定专门围绕该企业产品,但在交流中有些言谈,会为企业亲近受众搭造平台。

4. 安全

为了保证网络安全,要谨防受到攻击。这主要源于三个方面:一是来自于竞争对手在网上暗中的恶意中伤;二是来自于一些顾客的指责;三是来自于黑客的攻击。如果说前两种情况的实施主体是有意识的,那么来自于黑客的攻击往往是无意识的。黑客通常只是出于好玩或是露一手的目的,而在组织的主页上随意进行涂改。其中既有让人哭笑不得的恶作剧,如在主页上画一只小乌龟;也有让人措手不及的恶性攻击,如使企业的服务器瘫痪等。要解决网上受到攻击的风险问题,一方面组织要加强管理、提高技术水平;另一方面政府要加强立法执法,使网络公共关系保持在稳定发展的轨道之中。

三、网络公共关系的方式

1. 建设公关型的企业网站

企业网站是帮助企业树立形象的最佳工具之一。网站上的企业背景资料、商标、广告语、经营理念、企业视觉形象识别系统等公关信息元素可以源源不断地向公众进行传播。公众也可以通过网站提供的联络方提出自己的疑问、咨询及投诉,并快速地得到企业的答复。以上的过程使公关活动的本质即组织和相关公众之间的双向信息传播和沟通得到最好的诠释,这也要求企业在设计网站时充分考虑网站的公关功能,不仅把网站作为一个销售平台、服务平台、采购平台、广告平台,也要把其作为企业公关活动的平台,使网站融入企业的文化、精神和理念。在利用网站公关的过程中,企业公关人员必须明确两个问题。

首先,网络公关的对象包括客户、供应商、经销商、投资者、企业内部员工、媒体、金融机构、政府机关、社会团体等,这些公众对企业的经营管理活动都会产生直接或间接的影响,需要受到企业的重视。其次,网站需要根据这些公众的特点为其提供各种信息服务。企业的背景资料、组织结构、管理技术水平、新闻是向上述全体公众提供的,此外企业也应该注意提供针对特定公众的特定信息服务。

2. 借助网络媒体发布新闻稿

以新闻传播为重要任务的网络媒体发展速度惊人。新浪、搜狐、网易等站点在新闻传播方面的影响力已经丝毫不亚于一些传统的电视、报纸、杂志媒体。通过这些网络媒体来发布关于企业的新闻,无疑是行之有效的公关方法。不仅如此,如果企业网站有足够的访问量,网站本身就可以在一定程度上代替传统媒体的新闻发布功能。企业还可以通过公共论坛、与企业业务相关的新闻组来发布这些新闻,同样也可以达到较好的效果。网上新闻稿的制作应注意以下几点。

(1) 注意稿件的链接问题。网上新闻稿的制作不同于现实生活中的新闻稿。在现实世界中,新闻稿通常不超过两页,因为有这个限制许多信息只好删去。在网络上则没有这种限制,而且还可将新闻链接到其他相关信息上,使得公众在搜寻信息时可以从中寻找更有用的信息,既方便了公众又大大增加了组织的信息发布量。因此,在进行网上新闻稿的制作时要特别注意稿件的超链接问题,应创建新闻稿与各种相关信息的链接,如创建新闻稿与站点中过去的新闻稿及相关信息的链接,使公众能获知事件发展过程的概貌及更多的信息;创建新闻与其他站点中相关信息的链接;创建新闻稿与有关图片的链接,使公众有可能获得相关的图片资料。

(2) 注意稿件的形式问题。为了提高公众对组织网上新闻稿的浏览率,新闻稿的形式应力求生动、活泼、富有新意,能抓住网上公众挑剔的眼睛。形式千篇一律、语言枯燥乏味的新闻稿在任何时候都是无人问津的,在强调“注意力经济”的网络时代尤其如此。因此,为吸引公众对组织新闻的注意,组织在设计网上新闻稿时,公共关系人员可运用Flash 动画、音乐等多媒体技术,增强新闻发布形式的趣味性,从而加深公众对新闻的印象。

(3) 加强新闻稿的互动性。网络区别于传统媒体的一大特征是它的互动性,在制作新闻稿时也应充分增强它的互动性,从而使组织及时得到公众的反馈信息,为组织的下一轮决策提供依据。首先,应该在新闻稿页面的顶部或底部添加联系信息,使公众一旦有疑问,能和公司的公关人员取得快速的联系,实现公众与组织公关部门的即时互动;其次,应在新闻稿后设立专门的评论区或设立常规性的电子论坛,使公众可以自由发表自己的读后感,参与讨论。

3. 刊登网络公关广告

公关广告是企业推销自身形象的一种特殊手段,是一种特殊形态的广告,亦是一种特别的公关活动方式。而网络广告所具有的超时空、低成本、内容可扩展等优势,无疑使它成为一种理想的公关工具。在网络上做的形象广告、公益广告、观念广告,都能有效加强公众对企业的理解,融洽企业与公众的关系。

4. 赞助公益事业

在网上赞助有益的公益事业,可以在推动公益事业发展的同时为企业赢得良好的声誉,是一种有效的网络公关手段。

5. 开展网上社会服务活动

在网上举办各种专项社会服务活动,无偿地为相关的公众提供服务,以活动和实惠吸引公众的兴趣,获得公众对企业的好感,也是一种较好的网络公关活动方式,如举办网上公众代表座谈会。企业在做出影响相关公众利益的政策决定之前,需要了解相关公众对此项政策的详细意见或是企业在相关政策实施一段时间以后,想收集公众对此项政策的态度和反映,都可以通过网上公众座谈会的方式来进行。在操作过程中可以通过各种途径,如电子邮件、企业网站、电话等发布邀请函,其中应注明座谈会的时间、网址、参会人员、讨论主题等重要信息。

6. 召开网上新闻发布会

在传统公关活动中,新闻发布会是组织和公众沟通的例行方式。它是一种两级传播,先将消息告诉记者,再通过记者所在的媒体告知公众。企业将这种方式放到网站上,通过聊天系统或视频会议系统进行,将大大降低新闻发布会的成本,提高其效益。

7. 网上软件搭载发布

通过网上 OICQ、Foxmial、Netants 等绿色软件的搭载形式完成对新闻稿的发布。绿色软件的下载率非常高,因此,组织可与这些软件的生产商联系,以搭载的形式发布新闻稿,从而扩大组织的最新动态、产品资料等信息的受众面。在发布工作完成以后,组织还有一系列相应的善后工作需要做,如给有关记者打电话告知新闻稿的发布情况、认真回复公众或记者读完新闻稿后的疑问等。

四、博客公共关系

1. 博客的概念和特点

学界一般将博客(Blog)描述为:一个 Blog 就是一个网页,它通常是由简短且经常更新的 Post 所构成;这些张贴的文章都按照年份和日期排列。Blog 可从有关公司、个人、新闻,或是日记、照片、诗歌、散文,甚至科幻小说中发表或张贴。许多 Blogs 是个人心中所想之事情的发表,其他也有非个人的 Blogs,那是一群人基于某个特定主题或共同利益领域的集体创作。Blog 好像是对网络传达实时信息。撰写这些 Web log 或 Blog 的人就叫作 Blogger 或 Blogwriter。简单说来,Web log 是在网络上的一种流水记录形式,所以也称为"网络日志",或简称为"网志"。

最初的博客出现于 20 世纪 90 年代，1993 年发布了博客软件工具的测试版；1999 年，网络日志被正式命名；2002 年，国内最早的博客服务提供商开始出现，博客中国与 BlogCN 相继建立；到 2006 年左右，博客作为一种新的媒体现象，其影响力大有超越传统媒体之势。博客的发展如此之迅速，这与其突出的个性特点是分不开的。博客有如下几个方面的特点。

（1）零进入壁垒。博客是"零进入壁垒"的网上个人出版形式，"零进入壁垒"主要是指满足"四零"条件，即"零技术、零编辑、零成本、零形式"。

（2）共享性强。对博客而言，分享是博客赖以存在的基础。当每个博客以自己的网页组成博客们的共同主题时，博客们便在这个虚拟的空间中共享观点、思想、知识、信息。此时便体现出"梅特卡夫定律"即网络的价值随着用户数量的平方数增加而增加，或者说信息共享的价值是以博客数量的平方来计算。

（3）交互性。在博客中，Blogger 通过自己发布的日志来同读者进行交流，读者通过在博客中发布评论与其他读者或者 Blogger 进行沟通。这样便形成了一个围绕着博客与博客，博客与读者，读者与读者间交互的开放的沟通圈。

（4）可信性。或者说是"权威性"，一个受欢迎的、点击率很高的博客，往往在大众心目中具有较高的权威性，其发布的内容具有可信度。因为一旦其发布虚假信息被大众察觉，失去了可信性，该博客的大众访问量就会大大降低。

（5）个性化。在博客中由于没有上司领导，没有工作要求，没有内容主题和文体的限制，博客们在毫无思想压力的轻松状态下畅所欲言，将自己认为最有价值的东西以个人的独特方式展现出来，让公众尽情感受以"个人大脑"作为网络搜索引擎和思想发源地的魅力。

（6）信息形式多样。博客作为一种网络媒体，可以记录各种形式的信息，也可以随时查询，具有档案的作用。而报纸虽然能够记录文字信息，被人们多次浏览，但却记录不了视频和声音；电台和电视台能够播放声音和视频，但很难记录下来，人们看过一遍想看第二遍就得等重播。博客则不然，文字、声音和视频都能记录下来，无论什么时候想要查询都很容易办到。因此，博客传播的速度和效率在很多时候能超越传统媒体。

2. 博客公关的概念和目的

博客的出现，打破了原有传播体系中媒体导向占据主导地位、用户反馈和参与占从属地位的局面。而当受众真正参与到企业传播体系中后，企业传播方式也开始了全新的构建。

所谓博客公关，就是利用博客的"口口"传播功能，将公关消息病毒式传播出去，并且利用博客宣传公司的观点，降低公关成本，提高信息的传递效果，从而达到公关的目的。

博客公关应用的最根本的依据是博客的聚合效应，也就是我们所说的"圈子"概念，即具有相同的爱好、相近的职业领域或相似的生活背景的人所形成的一个人际关系联结的群体。相对于这个群体而言，写作者是一个意见领袖、一个意见发布的核心，他们对于特定商品、服务乃至特定企业的看法，对于这个小群体而言具有相当的辐射与渗透作用。博客圈子的蓬勃发展使口碑效应愈发加速和放大。

博客公关的主要目的有两类：第一类是利用博客传播的特点，迅速建立和组织当事人的博客，快速将企业动态及相关事件的内容传播给受众，以消除猜疑和负面消息，建立起正面引导；第二类是通过建立起切实可行的博客作者检测机制，对博文和博客进行有重点、有目的地检测，以避免负面、误解的信息在网民和博客中扩散，从而达到维护企业形象的目的。

博客公关随博客的发展和众多企业博客的开设，其威力和价值也逐渐体现出来，并得到国内外公司的关注和重视。自2005年6月开始，一名叫Jeff的戴尔笔记本用户在其博客上讲述了自己使用戴尔笔记本的遭遇，并对戴尔的售后服务不断地发布不满的评价，戴尔公司忽视了博客传播的威力而采取不作为的举措，最终被证明是该年度商业公司最大的公关失误之一。相较而言，互联网业界的先锋Google则显得很有远见。在澄清关于李开复与微软之间的失实报道事件中，Google使用了"Google与李开复博士"这一博客作为唯一信息发布平台和公关媒体，成功地避免了一场诚信危机，同时也扩大了Google在中国的影响力，造就了国内第一个具有广泛影响力的博客公关案例。

3. 博客公关的基本形式

（1）官方博客。官方博客是发布公司的讯息与评论的官方发布平台，可以雇用专门的（咨询、公关）人员为其写作和管理，或者由企业公关部门的员工来运作，其目的是及时地、透明地反映公司情况，避免外界负面的或误解的信息。这是企业掌握话语主动权的第一步。

（2）高管博客。根据最近的一项调查表明，CEO的个人声誉占整个企业形象和信誉的48%。CEO开博客本身就是一种很有效的公关行为，可以利用自身的个人魅力起到宣传作用，还可以拉近与员工、消费者的距离，塑造CEO更具亲和力的形象，为公司带来更多的公关话题，从而树立企业的形象。CEO可以通过博客把企业的文化、价值观和经营宗旨等向外界表达，相比一个实体，个人更容易表达和吸引注意力。

除此之外，CEO开设博客也是组织内部公关的有效手段，除了拉近与员工的距离，员工也可以通过博客留言给上级提供建议或投诉，这也从根本上改变了以往上传下达的企业内部沟通方式，下情可以迅速准确上达，为组织的内部管理和组织决策提供可靠依据。

（3）员工博客。IT行业比较多见的企业员工博客，例如Google的很多员工，一直都是积极的博客作者。一方面，他们是这一项新技术的开发者和试验者，对于技术和产品的讨论一直是这类型博客的主要话题。除了技术性的文章，也有个人生活和情绪的释放。企业员工通过建立个人博客增进同事间的交流与理解，也达到协调工作和外部沟通的作用。

（4）草根博客。大多数影响公众的博客不是企业官方博客也不是员工或高管博客，而是非本企业成员，对于行业有着深厚背景知识的专业草根博客。这一类博客作者，基本上是有着丰富经验和学识的专业人员，对于本行业或本领域有着浓厚兴趣，且写作水平高，博客更新频繁，内容可靠。这一类的博客，由于是组织之外的成员，能够更加客观公正地对企业做出评价，其认知和意见代表了大多数网络民众，且能令网民信服。他们凭借专业学识和诚恳交流成为博客圈子里的意见领袖。

4. 博客公关的应用价值

博客在企业公共关系中的应用涉及了包括从协调组织内部关系、发布信息、处理公共事务，到获取消费者反馈信息、促进投资者关系、辅助危机公关，再到企业形象的塑造等诸多公共关系领域。博客公关的应用，可为企业带来相当可观的有形和无形收益。博客公共关系的应用价值表现为如下几个方面。

（1）协调内部关系。一个企业要获得自身的发展，最重要的是要协调好企业与员工以及员工与员工之间的关系。博客很好地扮演了企业与员工、员工与员工的"关系居间者"的角色，在企业与员工、员工与员工之间架起了一座沟通的关系桥，为企业实行以人为本的软管理提供了一个良好的平台。

首先，博客加强了员工之间的情感交流，为员工的情绪释放提供了平台。现代企业管理必须重视人的感情、情绪等软因素。据心理学分析，一个人当他处于不顺利的时候，紧张的情绪往往会压抑理智的思考。只有让他发泄出来，才能恢复理智，正常思维。在信息技术不发达的时候，企业采取了各种方式帮助员工调整情绪，如设立专门的健康管理室、出气室、聘请心理医生等。而随着网络科技的发展，一些企业利用专门的网站空间为本企业员工搭建博客平台，员工在此建立自己的博客，形成一个企业员工博客群。员工既可以利用自己的博客发泄心中对工作、对生活的不满，释放情绪，也可以利用博客同组织内的其他同事相互沟通和交流，联络感情，协调工作等。

其次，博客有效地实现了企业组织"人性化"管理。在企业管理中，大多数企业都体现出科层管理体制的等级制、非人格化特性，上层官员与下层员工的交流是自上而下式地传达命令和任务，容易导致管理人员与员工关系不和谐，员工之间关系冷漠。为了克服这种管理体制的弊端，企业纷纷实行"人性化"管理，企业不仅通过传统的形式对员工实行人文关怀，还充分利用企业博客营造和谐、温馨、轻松的企业氛围，并且企业允许员工在企业博客中真实而自由地表达自己对企业的看法和建议，探讨企业的决策和发展前景，通过博客树立员工的主人翁意识。

（2）减少公关成本。首先，企业可以利用博客影响意见领袖而降低公关成本。新的品牌和服务推出，广告到达率较低，而通过意见领袖或媒体的公关影响力传播则会引起大众的关注，收到很好的传播和营销效果，而且成本低廉。某葡萄酒厂家由于受资金限制，没钱投广告，因此他们就创造出一种崭新的传播方式：2005 年，他们开始给英国、爱尔兰和法国的博客中坚人士（长期坚持写博客的人）送去了 100 多瓶免费的葡萄酒，收到酒的博客作者们对此颇感意外，于是纷纷在自己的博客上撰文谈及此事以及品尝酒后的感受。因为这些博客本身具有相当的影响力，而且博客与博客之间又有大量的链接与互访，他们之间的交流便辐射到更广泛的博客群体。在不到一年的时间里，某葡萄酒的销量便陡增一倍。

其次，企业可以利用博客提高搜索引擎收录而减少广告投放成本，从而达到减少公关成本的目的。公共关系对目标对象发生作用的前提是企业信息得到目标对象的关注，在人们把越来越多的目标投向互联网时，搜索引擎对于人们检索信息的重要性便凸显出来，在搜索引擎上取得优先排名位置成为企业取得地位的不可或缺的手段。一些企业通过购买关键词或者投放广告的形式争取排名位置。由于博客在技术上较好地融合了搜索引擎,因此为企业节省了一笔不小的开支。

最后,企业可以通过博客做线上产品市场调查、测试而降低公关活动成本。市场调查是企业满足消费者个性化需求增强竞争能力的有效途径。众多企业面临的困惑,都是不了解顾客的需求,所以无法有针对性地开发、营销产品。市场调研机构可以量化相关需求,但在一些急需个性化设计的产品领域,及时得到客户反馈至关重要。与传统的定性研究如访谈、座谈相比,通过博客做线上市场活动不但成本低廉,而且信息准确。

(3)强化公众沟通。企业通过博客可以与公众,尤其是目标消费者公众进行密切沟通。企业公共关系的一个重要途径就是使"零关系"转化为"弱关系",使"弱关系"转化为"强关系",而关系转化的关键是信息的沟通与交流。企业博客的兴起为消费者和企业搭建了一个交流与沟通的平台,企业可以通过博客与消费者对话,了解消费者对产品的反馈以及需要,解答消费者的疑问,这些形式可以保持甚至巩固企业与特定消费者的关系。此外,还可以通过博客做市场前期调查、新产品测试,对于企业来说,这不仅是十分方便的方法,而且能节约时间和资金。

(4)提升企业形象。"新媒介即关系",博客这一媒介传递的不仅是信息,还传递着传播者与受众相互信任的关系。在企业建立的企业博客中,博客的写作人员很多是本企业的员工,他们对本企业的产品与服务更了解,有一定的专业性。因此,他们的发言具有权威性,受众在心理上会认为企业博客值得信任,这就是为何受众会很容易地接受企业博客上发布的商品信息的原因。例如谷歌的企业博客——"Google黑板报"上就有不同的部门员工在上面介绍产品的特点与优势,为本企业的产品做广告宣传,而且博客作为个性化的社会化媒体,比较容易影响互相关联的社会群体,博客通过博客文章、超级链接、搜索引擎等方式形成一个跳转联系的传播,这可以最大限度地超越关系网中的"结构洞",为更大消费群网络的建立架起关系桥。另外,有些从事企业博客写作的是企业的高管甚至老板,由于博客作者身份的特殊性,博客往往不仅代表个人观点,也可以视为企业官方新闻的补充,因而具有更大的影响力。正因为如此,精致的企业博客往往可以很好地强化企业信息流通和品牌传达,以提升企业的美誉度和品牌形象。

(5)强化新产品推广。在品牌或产品推广上,博客往往能起到润物细无声的作用。通常,拟人化或拟物化的切入点更容易使消费者引起共鸣。宝洁"Secret Sparkle"系列的身体喷雾产品就成功地使用博客进行线上传播。这款产品在推广过程中采用的电视和平面广告的形象都是四个各具个性的女孩来代表四种香型。宝洁根据对目前青少年的网络行为方式的研究采用了博客的网络传播方式。每个香型以一个女孩为外在表现,在博客上用代表她们鲜明个性的语气进行沟通。在专门为这"四个女孩"开辟的博客上,每个"女孩"的写作和表达方式都十分接近青少年的表达方式,包括各种促销信息、明星八卦、时尚等话题,也同时推荐诸多优秀的网络资源,起到实际的"门户"作用。对于小规模的商户,博客也是性价比很高的传播手段。

(6)化解企业危机。企业在发展过程中总会出现潜在的或现实的危机,而危机的出现往往是因为信息的流通不畅造成的。博客对企业危机的预防和处理,以及改变企业危机中出现的不良状况都发挥着重要作用。一方面企业不仅可以从本企业开设的博客上了解本企业员工和产品消费者对自己的评价,还可以在企业博客的搜索引擎上输入本企业或者相关产品或服务的名称迅速地搜集连接到博客中的大众的评论,通过对这些评论的分析找到企业的危机所在,从而在企业决策中采取措施加以预防。另一方面博客具有很好地呈现事实真相并对之进行快速散播的特性,这对于企业在出现危机之后掌握话语权,化被动为主动大有益处。沃尔玛堪称是成功利用博客化解危机的典范。据报道,"由于工资低以及员工医疗待遇问题,沃尔玛在美国国内受到前所未有的抨击。为了应对空前的批评并改善形象,沃尔玛将目光投向主流媒体之外,开始直接向博客们提供沃尔玛正面新闻资料,邀请博主们访问其公司总部"以此博得博主们的好感与支持。沃尔玛这一做法成功地得到了博主们的回应,很多 Bloggers 开始在自己的 Blog 中为沃尔玛说好话,从而帮助沃尔玛重新获得了舆论的支持。

五、微博公共关系

据 2015 年微博发布的第三季度财报中显示,截至 2015 年 9 月 30 日,微博月活跃用户数(MAU)已经达到 2.12 亿人,较上年同期增长 48%。微博已发展成为 1/3 中国网民使用的重要互联网应用。微博越来越成为人们获取信息、参与社会制度建设的重要渠道。微博实名制政策已出台,如何有效规范微博上的信息传播秩序成为政府十分关注的问题,这些监管措施的落实将会对微博的未来发展产生重要影响。

在微博上,除了名人新闻和娱乐消息外,还有不少主流话题讨论,这是推动微博业务快速增长的主要因素。微博具有使用简单、投入成本少、传播速度快、关注人群多、时效性强等优势。微博给网民尤其是手机网民提供了一个信息快速发布、传递的渠道,同时也为组织制造新闻事件、快速吸引公众关注提供了最佳平台。微博是口碑传播的重要途径,每一个微博后面,都是一个用户的真实体验,可以帮助组织更大程度地传播品牌,扩散美誉度,培养忠实的用户。因此,微博日益成为网络公关重要的沟通方式。组织善用微博就能有效地提高知名度和推广品牌。正确使用微博开展公关传播沟通应注意以下问题。[①]

1. 开展人性化沟通

组织的微博必须做到人性化的沟通,互动化的交流,及时回应,关怀到每一个人。有关调查显示 32% 的网民如果没有得到及时回应,就会产生负面的情绪,导致负面信息快速传播。一个组织需要开设几个微博分担不同的功能。例如,中国电信官方微博大概有5000 多名粉丝,主要面对的是媒体和一般日常意见领袖的沟通,中国电信最大的微博是中国电信客服微博,要解决大量网络上的客服问题,这个客服微博有 20 多万名粉丝。

2. 分享有价值信息

信诺传播顾问集团总裁兼 CEO 曹秀华谈到有一家著名企业在微博上一天发布100 多条广告消息,招致许多非议。不应该在微博上片面使用广告进行强制性的信息灌

①　方莉玫,熊畅.公共关系实务[M].北京:机械工业出版社,2013.

输,而应在微博上,应根据网民的喜好,通过与网友分享有价值的信息来推广组织或产品。

3. 挖掘品牌故事

组织在微博管理方面,应充分挖掘品牌故事并制造容易引起关注的话题。所发布的信息要既专业又有趣,既要与组织相关,又要符合公众需要。例如,某保险公司在微博上画了一个奥巴马座驾汽车分析,提供一些与汽车保险相关的信息,以此推广业务。同时,还要有意见领袖参与,以此吸引关注。

4. 设立专门的官方微博

应该为公关活动设立专门的官方微博。所设计的活动互动性强,微博互动与现场互动相结合;活动周期要短;在活动的各个阶段均设置奖品,刺激网友不断参与,并不断公布获奖信息,树立公信力;活动要有意见领袖参与;在活动中整合各种营销手段,如秒杀、团购等;安排专人及时解答网友疑问。

5. 强化企业领袖微博的管理

企业领袖开设微博需要制定策略。由于企业领袖的身份特殊,其与企业品牌的天然链接,注定其微博与企业品牌深度关联。如果企业领袖的微博取得了广泛良好的社会影响,不但对个人品牌的打造可起到事半功倍的作用,而且对企业声誉的提升也会大有裨益。反之,则会使企业领袖个人和企业品牌双重受损,事关企业和个人的双重声誉,应慎重对待。企业领袖开通微博后,专业而严谨的管理就成为重中之重。没有管理的微博,注定不会是优秀的微博,甚至还会对企业声誉和个人声誉造成不良影响。

六、微信公共关系

手机微信作为一种新兴的传播沟通工具,因其迅即、方便、共享等传播特点,成为许多大中型企业开展微信公关、宣传和共享企业文化及信息的重要途径。微信的出现对企业公共关系策略的改革有着极大的推动作用,微信信息的即时性和高效的双向沟通性,使公共关系出现了富有活力与创新的新策略。微信为企业公关提供了一个高效的传播平台。企业运用微信公众号进行公关传播的活动正在蓬勃展开。在这样的传播方式下,企业发布的每一条微信都会得到固定用户的浏览、评论以及转发,任何一个细节的疏忽都可能引起强烈的公众反应。因此,研究微信公关非常重要。

1. 微信的传播机制

微信等社会化媒体最大的特点是依靠人与人之间的强关系进行信息传播。在这样的传播方式之下,社会化媒体需要把各个要素有机地结合起来,使传播过程成为一个有机的整体。微信传播过程呈现出点面结合的特点。

（1）点对点的传播过程。点对点的传播更类似于传播方式中的人际传播——这是社会活动中最直接、最常见的、最丰富的传播现象,也是人与人社会关系最直接的体现。对于社会化媒体而言,点对点的传播方式依旧是最常见的,并且也成为用户最初选择和使用社交软件的动因之一。以微信为例,微信最初的问世就是代替了长久以来的手机短信功能,提供了流量计算的信息交流模式。在微信的交流平台上,用户之间可以在交流之前互相确认身份,这样降低了人际交流的风险。同时用户具有的"主动选择权"可以控制信息传播的私密性,控制用户间关系的强弱。这种一对一、点对点的传播方式,传播形式简单,但是传播内容的针对性极强,同时也具有较强的私密性。微信自 2011 年面世以来,发展迅速,2014 年年底突破 5 亿用户,近两年来微信正在以每个季度新增 5000 万用户的节奏稳步增长,2015 年年底微信公众号已经突破 1000 万的规模,微信用户达到了 7 亿人。

（2）点对面的传播过程。微信等社会化媒体还具有点对面的传播方式,这种传播方式类似于大众传播。但是根据大众传播的定义（专业化的媒介组织运用先进的传播技术和产业化手段,以社会上一般大众对象而进行的大规模的信息生产和传播活动）来看,社会化媒体间的社会化传播只是一种基于用户间强弱关系的弱大众传播。因为,作为社会化媒体,传者和受者的界限不分明,受者更有主动关注和选择信息的权利,这样的特性导致信息只在一定的范围内流动,不能够像传统媒体那样大面积地"铺开"。同时,由于传者也能够在社会化媒体中选择传播的范围,故而某一信息的传播范围可以被双向控制。这就是社会网络带来的变化:社会网络是经由友情关系、亲情关系或认识的关系而形成的,网络分析的视角引发了社区概念的变化,社区不再是空间上被界定的地点,而是由网络成员们自己根据归属感和集体认同来划定边界并可以朝任何方向延伸的社会网络。通过社会网络,人们在特定的领域实现聚合、分离、排斥或包容。

"受者主动选择"的情况:以微信的公共主页为例,某一个特定的公共主页中的更新内容,只会出现在关注该公共主页的人群中,而那些没有关注这些公共主页的人则不会接收到信息。

"传者主动控制"的情况:以微信朋友圈为例,信息发布人可以挑选该信息的发布范围,即对所有好友"可见",或者仅仅对某一分组内成员"可见",或者是选择对某些人"不可见",甚至可以做到仅仅对本人"可见"。同样的情况还出现在微博中,即微博发布选择"公开""好友圈""私密"等。

由此看来,微信与很多社会化媒体一样,存在"选择性"的优势——这些社会化媒体在发布范围、接受范围上存在可选择的余地,即用户可以选择接收或不接收某些内容的权利。在一定程度上,这也是通信技术发展更加"以人为本"的体现。[①]

2. 企业微信公关的特点

（1）友好沟通性。微信公关属于非常个性化的双向传播沟通方式,它通过公众服务号、微信订阅号建立特定的朋友圈,既可以向公众传播企业想要让公众知晓的信息,同时公众也可以对企业的有关信息提出看法或质疑。企业可以根据公众对信息的反馈区分不同的公众,制定不同的个性化服务。同时,微信的信息载体具有语音、文字、视频、图片等各种呈现功能,综合了各种传统公关载体的功能和特点,带给大众新奇的视觉与听觉冲

---

① 程果.社会化媒体传播机制和传播特点探析——以微信为例[J].新闻研究导刊,2015(4):194.

击,富有亲切感和友善性,从而与公众达到友好沟通的效果。著名的市场调研机构尼尔森的全球调查报告显示:约有90%的消费者相信朋友或熟人推荐的产品,70%的消费者信任网络上的顾客的观点。这正是微信公关友好沟通的依据和前提。友好沟通性强调企业通过微信将信息真诚、善意地传递给公众,并诚恳地接受公众的愿望或建议,即时解释或消除对企业的不利信息,增强公众对企业的信任感,使双方的沟通既直接又人性化,达到良好的双向沟通效果。

(2)双向互动性。企业微信关注者类型广泛,微信圈可能包含了各行各业的人群,而且在微信迅速发展的情况下,每一个人都是"自媒体"企业的公关对象,既是受众又是主体,可以与不同层面的其他人物进行沟通交流。公众对象还可以直接参与到企业公关活动中,甚至发挥公关主体的作用。双向互动性的特点要求企业微信公关人员,要高度关注微信公关的艺术与技巧,要非常了解微信的这一特点,避免主观性言论。只有这样,才能顺利高效地开展微信公关活动。即使企业在微信公关主动性比较强的情况下,也必须认真对待每一则微信的发布,谨言慎行。从主题到形式以及相关附件与链接的各个方面,既要控制微信圈公众的舆论导向,更需要与公众建立良好的双向沟通互动关系,为公众创造良好的舆论环境,也为企业营造良好的公关氛围。

(3)即时送达性。由于微信平台发布的信息具有强大的即时性,企业的公关信息一旦通过微信发出,所发布的信息便立刻显示在企业微信公众圈中,并通过微信圈公众的浏览、转发等,将企业信息传播给更多的公众。所以微信公关传播,能够迅速、快捷、即时地让关注企业微信的公关对象及时了解企业的第一手信息,也表明了企业对微信关注者的尊重。

(4)专业运作性。企业微信公关需要专业的微信公关运作团队科学规划。这一特点要求企业在发布微信公关信息时一定要根据本企业的规模状况、企业文化、公关目标以及具体公关事项的实际运作情况等,全面考察本企业实施微信公关的可行性、可靠性与合理性,科学设计微信公关的目标、发布原则、主题、形式以及评估的各个方面,否则可能会导致企业微信公关的失败,影响企业公关的总体效果。

3. 企业微信公关的开展

企业微信公关能够扩大社会影响,提升企业的社会知名度,塑造良好的企业形象。能够帮助企业长久维持微信固定圈里的重要客户,增强投资者信心,促进企业的良性生存和可持续发展。优秀的企业微信公关还可以协调、沟通企业内外部各个不同方面的关系,为处理各方关系建立良好平台。企业官方微信号或订阅号往往既是产品营销的渠道,也是防止负面消息或进行辟谣的工具,同时还是提供售后服务及与消费者互动沟通的利器。企业的微信公关行为要想获得成功绝不是一朝一夕的事情,不能临时抱佛脚,也不能急功近利,一定要树立可持续发展的意识,从以下几个方面着手。

(1)建立专业的微信公关运作团队。微信属于熟人之间的社交方式与强互动,对于企业微信公关来说,强互动前提下的每一条微信都会成为关注者公众对企业的第一印象和深刻印象。所以每一条微信都是有目的、有内容、有形式、可视、可听、可看的艺术作品,更体现了企业公关的整体思想。因此,必须要有专业的微信公关团队进行运作,专业的科学的微信公关团队能够充分利用微信公关艺术达到企业公关的总体目标。

科学专业的微信公关运作团队一般应由三类人员构成：一是专业的策划团队，专业的策划包括微信公关方案制订、微信公众分析、微信公关效果评估等；二是专业的微信编辑或写作人员；三是专业的微信制作技术人员。以上三类人员各负其责，相互协调。策划团队主要负责分析企业微信公关的整体策划，从目标制定到公众分析以及方案的制订与实施；专业微信编辑或写作人员以及微信技术人员的职责是将微信公关目标方案，用具体的微信内容和微信技术译制成可视、可听、可看的具体作品进行表现。只有在一个完整团队良好合作的前提下，企业微信公关才能够达到预期效果，实现企业公关目标。

（2）合理编辑设计微信信息。要想在微信空间里实现公关目标的最大化，需要精心设计与规划微信信息。包括微信公众号的名称设计、主题规划、形式设计、附属内容设计等。优秀的微信设计可以帮助企业有效展现微信公关的方向和目标，还可以有效地引导关注者、阅读者关注企业微信号，让公众真正了解，并且能从这个微信公众号里获取需要的信息。

微信设计技巧主要表现在：一是微信公众号名称设计上，要符合公众心理，要与企业名称、产品名称或企业理念等联系在一起，以引起共鸣效应。二是微信内容设计上，要严格围绕微信公关目标定位进行设计，每一篇微信公关信息的发布都要和企业的公关目标、目标公众的心理需求密切契合。三是发布时间和主题的设计上，可根据目标公众的生活规律和其他特点，在不同的时间段分别发表不同的内容，还要将不同时段的微信确定一个鲜明的栏目话题或主题。这种方式，不仅可以让阅读者有条理地去欣赏微信内容，更会潜移默化地给阅读者形成一种阅读习惯，即到了某天某个时间段或者想起某个相关的话题，就自然想起某个企业的微信话题。四是在微信发布技巧上，企业在微信里要注意使用强烈刺激信号，刺激公众的感知器官，使微信关注者记忆深刻，过目不忘，时时想起。同时，要注意把握刺激的程度，让公众瞬间记住的必须是企业公关美好意愿的体现，且不引起关注者的反感。五是要注意制定合理的审核发布制度，保证发送专业性强、质量优质、关注度高的微信，这样才能吸引更多的关注者阅读并转发。

（3）精心选择微信公关的时机。微信信息的发布要有固定的频率与相对集中的内容话题，在不同的微信设计中，还要注意与企业公关的总体目标相一致，要根据企业不同的公关需求选择不同时机进行发布。

首先，根据企业的不同发展阶段选择不同的微信发布策略。如企业成立发展初期、新产品问世时，都需要利用微信发布大量的关于企业产品、文化等方面的信息，形式要活泼、生动、新颖，内容要有趣味性、哲理性以及可探讨性，引导和启发微信圈公众对企业的关注和兴趣。在企业稳步发展期间，通过微信开展维持性公关，持续不断地向公众传递相关信息，使微信关注者在不知不觉中成为企业的顺意公众。当企业有了一定的知名度，微信有了较大数量、固定群落的关注者之后，必须持续发布微信信息，促使微信关注者对企业微信的关注成为一种习惯。当企业遇到风险或形象遭受损毁时，一定要利用微信及时发布问题原因、解决方案、解决结果，并针对有关信息做出回应，使公众了解企业的态度，使危机事件的真相在舆论传播的臆测和无序中得到关注者的认识和理解，也使公众对企业的态度有一个全面客观的判读，尽快消除不良影响。

其次,根据国内外政治经济方面的大事、公众普遍关注的体育赛事、企业有关纪念日、传统节假日等选择不同的企业微信发布策略,设计大家有兴趣探讨的话题,引发圈内公众的共鸣和讨论,加深微信公众对企业品牌的注意,提升对企业产品的好感。

最后,在企业微信的具体发布时间上下功夫,信息发布的时间一定要妥当,可以考虑周一或周末的工作日以及重要节假日等特殊情况,选择在一些适宜探讨话题的时段,这样既能保证公众及时刷新阅读微信,又不会让信息迅速淹没在大量冗杂的信息里。

(4)科学运用微信公关技术。不同的企业不同的运作团队开展微信公关的活动手段与公关技术不大相同,活动效果好的就是好的活动,可以选择下列活动手段之一或集成组合运用:一是为某项公关活动设专门的官方微信号,以保证专项公关活动的成功运作;二是举办的活动要接近微信关注者的心理偏好,以吸引关注者的眼球,提高转发率,尽可能扩大影响;三是根据有关企业文化方面的故事,制造容易引起关注的话题,使得关注者爱不释手,不得不看,不得不转;四是设计的微信公关活动互动性要强,线上线下相结合,让更多的公众参与进来;五是微信公关活动的周期要短,不能久拖不止,要保持微信活动的鲜活力;六是可有奖参与,不同阶段有微信红包或其他奖品,刺激圈内好友不断参与,并不断公布获奖信息,树立公信力;七是邀请有关方面的权威人士或公众意见领袖参与,以增加活动的权威性和可信性,其产生的晕轮效应与蝴蝶效应可以加强微信公关活动的传播效果;八是各项微信相关活动要有专业人士或专人及时解答微信关注者提出的各种问题,显示微信公关的参与性、可信性与亲和性,以加强传播沟通的持续效果。[①]

课后练习

一、实训题

1. 通过上网收集和归纳网络公共关系的表现形式,指出各自的利弊。

2. 把全班同学分为若干个小组,每组设计一个虚拟的组织网站,策划网上公共关系活动。

3. 登录中国博客网、博客网、赛我网、全球企业博客网、中国企业博客网,了解一下企业借助这些第三方博客网络平台开展了哪些富有特色的公共关系活动。

4. 请登录 SOHO 中国的潘石屹、万科董事长王石的博客,并谈谈他们为什么能够获得巨大的声誉和网络影响力。

5. 请为自己建立一个博客,并与同学分享一下作为博客一族的体会。

6. 以下是网上流传的《腾讯公关手册》中总结的新旧媒体的 9 个不同,请阅读并谈谈你的看法。

(1)明星。20 年前媒体明星是电视和报纸杂志,10 年前是互联网和 BBS,今天是微博和微信,比如@李开复、@任志强。

(2)渠道。传统时代信息渠道是统一、强有力的,舆论危机通过统一且强有力的渠道

---

① 于建华.企业微信公共关系策略研究[J].河南工业大学学报(社会科学版),2014(4).

发起,企业则通过统一渠道回应。现今环境下,攻击是碎片化的,就如一百万发散弹铺天盖地袭来,再用冷兵器时代的打法已经防不胜防。

(3)话语权。传统媒体时代的传播力和公信力已经风光不再,但其伤害力依然存在。始于传统媒体的负面信息通过各种社会化媒体迅速扩散。但不要因此惧怕媒体,在新媒体时代,即使不向媒体妥协,你也有翻盘机会。

(4)话术。传统媒体时代,媒体需要正确地说话,保持它"伟大、光荣"的形象。新媒体时代则不再遵守,吐槽、隐喻、反讽等个性化表达,各种不按牌理出牌不求高大全,却能引发追捧和共鸣。

(5)角色。传统媒体时代,媒体扮演"我说你听"的权威角色,公众全然相信媒体的白纸黑字。新媒体时代则是"所有人对所有人的传播",信息碎片化、真伪莫辨,提升了公众的怀疑精神和辨识能力。

(6)势能。传统时代媒体把持传播渠道、占据舆论制高点,企业处于弱势地位。新媒体时代,情况发生逆转,社会普遍的同情弱者心理已经令强势成为天然缺陷。

(7)形式。传统媒体时代主要依靠文字表达、理性分析,新媒体增加了声音、视频、链接、图片图表等更丰富的表达方式,字数限制的规则被打破,公众对于信息接收从理性深入转向感性和跳跃。

(8)信息对称。传统媒体时代,公众只能听到来自媒体和官方的声音,媒体和公众的信息不对称。新媒体时代,即时网络的分享和互动参与,将来自各方的不同信息和观点暴露在阳光下,媒体不再具有优势。舆论的走向也变得更加难以预测和控制。

(9)戏剧效果。传统媒体时代,"正确"是判断的唯一标准。新媒体时代,公众还需要"戏剧性"。正确而乏味令人敬而远之,局部正确但个性鲜明反而受欢迎。

(资料来源:http://study.ccln.gov.cn/fenke/xinwenchuanboxue/xwxmt/127691.shtml.)

二、简答题

1. 如何利用微博强化企业公共关系传播?
2. 什么是微信公共关系?请设计一个方案,通过微信推广校园附近的某家礼品店。

三、案例分析

案例1　大众汽车的网上推广策略

大众汽车为了推广2000辆最新款式甲壳虫系列——亮黄和水蓝,决定在网上发布销售信息。公司花了数百万美金通过电视和印刷媒体大做广告,推广活动的广告语为"只有2000,只有在线"。推广活动从5月4日到6月30日,根据大众公司商业部经理Aragones的介绍,网站采用Flash技术来推广两款车型,建立虚拟的网上试用驾车,将动作和声音融入活动中,让用户觉得他们实际上是整个广告的一部分。网上试用驾车使得网站浏览迅速上升。网站的每月平均流量为100万人。在推广的第一天,就有超过8万的访问量。在活动期间,每天独立用户平均为47000人,每个用户花费时间翻了1倍,达到19分钟,每页平均浏览1.25分钟。

网上试用驾车得到更多的注册用户,用户能够在网上建立名为"我的大众"的个人网页。在推广期间,超过9500人建立了自己的网页。他们能够更多地了解自己需要的汽车性能,通过大众的销售系统检查汽车的库存情况,选择一个经销商,建立自己的买车计划,安排产品配送时间。推广活动产生了2500份在线订单。

(资料来源:http://www.a.com.cn/,2007-03-14,有改动。)

思考与讨论:

(1) 试分析此次网络公共关系活动的成功之处。

(2) 试分析网上推广策略与大众传播媒介推广策略的异同点。

案例2　华普汽车借"天涯网"成名

天涯社区曾经产生过这样一个热点,那就是上海华普汽车的老总徐刚和一名天涯网友的对辩。事件源于这名ID为"四海一家99"的网友,针对华普汽车在经营以及市场策略、车型上的质疑公开在天涯经济论坛发帖,帖子名称就叫《给上海华普汽车总裁徐刚的一封信》,文中措辞激烈,对华普大肆贬低。帖子一经发表,在天涯经济论坛上立即引起不小的反响,点击量一路走高。一周后,华普汽车老总徐刚以"华普徐刚"一名郑重出面回应,帖子题为《给"四海一家99"网友的回信》,两个帖子一先一后在天涯热点了半月之久,经过天涯主版的推荐,更是处在天涯头条的位置,一时间吸引了大量网民的关注。

姑且不论两个帖子的内容如何,但看这件事情的本身,上海华普通过这则事件可以说收益颇多。"四海一家99"的原贴在天涯上创造了四万条的点击量,华普徐刚的回帖点击量为四万四千多条,以天涯社区的网民注册量20多万来计算,大致可以估算出有1/5的网民关注过华普事件,这一数量还不包括两个帖子之外其他引出来的副帖,其点击量也非常可观。同时,华普老总徐刚的博客点击量也飞升,在百度上面搜索"华普天涯",依然会有48万多的信息量,这些数据加总在一起,足见两个帖子所创造出来的巨大价值。

(资料来源:http://www.kavin.com.cn/blog/post/c-sma.html,2011-08-17.)

思考与讨论:

(1) 华普汽车是如何借"天涯网"成名的?

(2) 本案例对企业开展网络公共关系有何启示?

案例3　英国小葡萄酒厂的博客公关

美国有一家规模较小的葡萄酒厂叫Stormhoek,该厂家的葡萄酒在英国很多商场均有销售。企业发展初期,由于Stormhoek是家小企业,资金不足,没有资金在英国投放广告,而且尝试利用不可进行网络营销。它的策略是:只要博客满足以下两个条件就可以收到一瓶免费的葡萄酒,其一是住在英国、爱尔兰或法国,此前至少三个月内一直写博;其二是已到法定饮酒年龄。于是在2005年它送出了100瓶葡萄酒。此次试验取得了非常好的成效。2005年6月,用Google搜索这家公司只有500条记录,而9月8日就达到了20000条。这几个月中,估计有30万人通过Blog获知了这家公司。在不到一年的时间里,Stormhoek 的葡萄酒销量翻倍,达到了"成千上万箱"的规模。

（资料来源：李鸿欣,等.公共关系理论与实务[M].北京大学出版社,2011.）

思考与讨论：

（1）Stormhoek 的博客公关有何特点？

（2）本案例对企业开展博客公关有何启示？

案例 4 微博公关成为必争之地

许多企业都开设了微博并巧妙地运用微博传播企业和个人形象。在 2010 年春节期间,恒信钻石董事长李厚霖关注到北漂网友"dou 小 dou"的微博愿望："北漂族买不起房,买不起车,只奢望能有一个钻戒,不要是全裸结婚就好。有人能满足我一下这个新年愿望吗？"李厚霖真的送给她一枚钻戒和一个钻石吊坠。这件事无疑为李厚霖个人以及恒信钻石创造了良好的口碑和企业形象。

被称为京东"饿狼"的京东商城 CEO 刘强东就成功地通过微博进行了一次公关。2010 年引起普遍关注的笔记本计算机艳照门案,他通过微博发出回应："京东的进货渠道可以确保产品不会有任何问题。只要该笔记本艳照确在产品售出之前存在,老刘我当即赔偿他 10 万元现金！同时给所有看到本微博的网友赠送一把剃须刀。"随后,刘强东通过新浪微博开展微访谈,有效化解了这场舆论危机。

（资料来源：杨为民.微博公关成为必争之地.中国公关网.）

思考与讨论：

（1）结合本案例谈谈微博公关的作用。

（2）本案例对你有何启示？

案例 5 招行信用卡——商户微信公关的先行者

"如果你是持卡人,可快捷查询信用卡账单、额度及积分;快速还款、申请账单分期;微信转接人工服务;信用卡消费,微信免费笔笔提醒。如果不是持卡人,可以微信办卡！"——"招商银行信用卡"(以下简称"招行信用卡")的自我介绍。"招行信用卡"在微信公众平台推出伊始便根据该平台特性,注册认证成为服务号,并且推出了与后台数据信息绑定的功能,提出了"轻 App"的概念,使微信公众平台被公认为可以作为无数"轻 App"的集合地。同时,该账号提供的服务也着实让消费者受益,无时限无地点限制,即实时在线查询个人账号。未来,"招行信用卡"还将考虑把网上消费与改公众账号联动,形成更大更完善的生态圈。

招商银行作为微信公共关系第一个吃螃蟹的人,在此次行动中收获了巨大的声誉,吸引了大量新用户。在这个互联网蓬勃发展的时代,每个企业都可以考虑如何利用这些工具为企业、为客户创造价值。

（资料来源：齐杏发.网络公关实务[M].上海：华东师范大学出版社,2014.）

思考与讨论：

（1）招行的微信公共关系有何特点？

（2）进一步了解招行微信公共关系还有哪些新的方式？

评价考核

评价考核内容见表 15-1。

表 15-1 商务公关主体考核表

内 容		评 价	
学 习 目 标	评 价 内 容	小组评价 （5、4、3、2、1）	教师评价 （5、4、3、2、1）
应知应会知识	网络公共关系的特点		
	网络公共关系的方式		
专业能力	开展博客公共关系		
	开展微博公共关系		
	开展微信公共关系		
通用能力	策划能力		
	IT 应用能力		
	创新能力		
态度	强化公共关系意识、热爱公共关系工作		
努力方向：		建议：	

项目5

留连戏蝶时时舞
——专题型商务公共关系

一旦问题被确认并且提出解决的方案之后,则下面的问题就是行动和传播。

——[美]斯各特·卡特利普

专题型商务公共关系,即商务公共关系专题活动,是指商务组织为了实现公共关系目标而开展的各类专题会议、庆典活动、展览活动、赞助活动、参观活动。

任务 16

组织专题会议

学习目标

- 能够悉心进行会议活动的筹备工作；
- 能够做好各项会议活动的安排；
- 能够做好会议准备阶段、召开阶段和结束阶段的各项工作。

案例导入

供应商大会

某超级市场有限公司因迅速扩张造成资金链的高度紧张，导致供应商货款不能及时支付，供应商为了不承担更多的压力，纷纷开始停止供货，导致超市各大卖场出现断货现象，为了扭转这种恶性循环状况，该企业决定召开一次大规模的供应商大会，让更多的供应商对企业的发展坚定信念，告知他们企业的现状只是暂时的，让供应商和企业一起发展成长。

会议的细节成为塑造新形象的关键，有鉴于此，该企业公关部制订了细致周密的会议组织方案，并取得了圆满的成功。

供应商大会后，大量货物又源源不断地陈列在这家企业的各大卖场。

问题：企业应该如何组织各类专题会议？

任务设计

会议是指三人以上参加、聚集在一起讨论和解决问题的一种社会活动形式。人们通过会议交流信息、集思广益、研究问题、决定对策、协调关系、传达知识、布置工作、表彰先进、鼓舞士气等。随着社会的发展，人们已经难以想象"没有任何会议"的情形。有一项调查表明，大多数商务人士有 1/3 的工作时间用于开会，有 1/3 的时间用于商务旅行。正如深圳万科公司的老总王石曾经说过的一句非常形象的话："我如果不是在开会,就是在去往下一个会议的路上。"因此,虽然会议可能会带来资源、人力、物力的巨大耗费,但是谁都不得不承认,会议是一种非常有效的商务沟通方式和手段,因为面对面的交流可以传递更多更及时的信息,尤其是需要各方面协作的工作更应通过会议这个纽带来进行协调、安排与推进。

出席会议与组织会议是完全不同的两码事,会议开得是否成功,不仅取决于与会人员的态度与智慧,更取决于会议组织工作。会议组织得法,可以使组织与内外公众很好地沟通,并在与公众接触中树立良好的组织形象。

通过会议组织的学习,使学生能够掌握会议组织的程序及注意事项,并能够积极配合其他组织者,共同搞好会议组织工作;能对会议实施有效指挥和控制,提高会务服务的能力。

这里,我们通过模拟情境中超级市场有限公司。组织一次供应商大会活动的方式,来完成本"任务"的学习,具体操作要求如下。

组织召开供应商大会

实训目的:
能够筹备和组织会议活动,在会务活动中提供良好的服务。

实训步骤:
(1) 将全班学生分为三组。
(2) 一组学生负责确定大会议题、大会通知拟写、与会人座次的安排工作。
(3) 一组学生负责供应商大会会场布置工作(要求:根据活动内容主题布置会场,会标、台幕、标语、桌签、座签和席台的布置,要符合会场布置要求)。
(4) 一组做会议流程制定及相关物品准备工作。

实训总结:
(1) 各组对本次实训进行总结。
(2) 指导教师进行点评。

一、会议活动的筹备

筹办、主持或者参加一次有效的会议对于公共关系人员来说是十分重要的。在筹办会议时,各方面都要考虑周全。主持会议要体现出会议主持人员对整个会议的良好的控制能力;出席会议时,仪态、精神都要与会议的内容、主题吻合。一个重要会议的举行往往是公共关系人员才华显现的机会,又是其礼仪修养和礼仪业务水平的表演舞台,所以应特别留心。

筹备一次会议活动,就必须对会议的礼节要求、仪式过程了如指掌,如邀请哪些人员与会、会议通知如何措辞、会议的标题、口号、徽记怎么设计、仪式顺序怎么安排、会场怎么布置、礼品奖品怎么颁发、照相时怎么安排位置、怎样调节会议节奏、怎样对外宣传会议、怎样做好会后扫尾工作等。只有了解了这些会议礼仪工作的基本内容,才能在每次会议召开之前,有条不紊地做好充分准备。会议活动筹备有以下基本要求。

1．周全考虑

在酝酿会议时，对会议活动过程中的各个环节、各个细节都要作全面的考虑，以防差错和闪失。大型的会议活动的通知一旦发出后，所有准备工作都进入倒计时状态，倘若没有事先的周全考虑，是无法应付可能发生的紧张忙乱的。

周全考虑，不仅指对会议的各项议程的考虑，还包括对一切可能影响会议顺利举行的因素作充分的考虑，如天气状况就是一个重要因素。天的阴晴、气温的高低，对在室外举行的会议的影响当然十分大。雨水可能将事先准备的会标、鲜花、旗帜淋坏；与会者也会因天气原因而产生人数、纪律等方面的混乱；雨中的节目表演难以进行；雨中的扩音设备易出故障等。如果室外气温过高，会议参加者中可能会出现中暑昏倒，会场秩序由此也许会引起骚动混乱。即便是在室内举行的会议，天气也是影响其正常进行的重要因素，太冷、太热、太闷都不利于会议顺利召开。天气因素还可能影响交通顺畅，与会者因此可能没法准时到会。所以，根据天气情况，充分考虑会议期间可能发生的天气变化，是会议礼仪所要考虑的一个重要方面。把各种可能发生的情况都充分考虑到了，才能对会议期间的复杂忙乱状况应付自如。

会议的场所定在哪里，也是应重点考虑的一个方面。选择的场所要适宜于开会、不受干扰、便于集中。虽然目的地选得不错，如果忽略了交通的便利，这也是考虑不周的表现。

在会议出席者的安排上更要考虑周全。有些会议往往是对与会者一种资格、权利和待遇的体现。如股东大会、理事会等，倘若考虑不周邀请了不该邀请的人员，或者把重要的人员遗忘了，虽然可能是偶然的疏忽，但是却会引起很大的麻烦，甚至导致会议进程受阻或者决策无法及时做出。

因此，在安排会议工作时，一定要从客观条件、主观因素等诸多方面来考虑会议的礼仪工作，以确保会议圆满成功。

2．周密安排

在周全考虑的前提下做出细致安排，努力使会议开得顺利。首先体现在会期和会议内容的安排上，既要张弛结合，又要紧凑高效。与会者参加会议，总是放下手头的日常工作而来的，如果不考虑会议的主题，在会议过程中安排过多的游览、宴请等活动，这种安排是不科学、不合理的，是违背会议宗旨的；但一个报告连着一个报告，一个讨论连着一个讨论，又会使与会者感觉疲劳，从而影响会议效果。如果会期太长，与会者可能会因疲劳退场；会期太短，则又来不及反映有关情况，信息得不到充分的交流与反馈。所有这些都说明，只有周密安排会议才能确保会议目标的实现。

周密安排还体现在会议准备工作是否做得充分上。与会者来了，筹备者却发现未给与会者准备足够的文件袋；会议临开场了，发现代表证未配好别针，没法佩戴；表决投票之后，计票结果迟迟未能公布，让场内与会者空等；会议开始了，才发现文件袋内少了一份昨晚刚赶出来的文件，与会者必定会心生埋怨……一切安排的不周，都会影响会议的气氛和与会者的情绪。

怎样安排与会者的入场和退场、怎样接送与会者、怎样安排与会者就座，这些都需事先周密安排。

怎么休息,也是应该周密安排的方面。会场布置中的安全通道的位置、工作人员工作区和记者席的位置,都要便于其工作的展开。一些庄重的仪式性会议,其仪式所需要的各种用品、设备,事先都应做充分检查,以防发生故障。会议中需要使用的多媒体幻灯片、录音、录像等,都应在正式使用之前先试放一下。而对特别重大的活动,则应事先做一下演练。

3. 周到服务

保证会议圆满完成各项议程,保证每个与会者精神振奋、情绪饱满地参加会议,保证与会者的安全,是会议服务工作的出发点和最终目的。

会议的服务对象主要有与会领导和贵宾、普通与会者、采访会议的新闻工作者等。进行会议服务时,注意针对不同的服务对象要有不同的服务内容,使会议的主题不仅在会内得到体现,而且在会外得到延伸。

领导是会议的灵魂。会议服务首先要为领导提供服务。应根据会议的主题、目的,为领导准备好相关材料,提供可靠翔实的数据,引证真实充分的事实。在会议进行期间,秘书人员要妥善安排领导的其他工作,或由别人代理,或延期改期,或取消。当然,这一切安排都必须在领导同意批准之后才能实施。打搅干扰领导出席会议的事情要尽量少做,在会议进程中发生的各种情况应及时报告给领导,使领导始终能够从统领全局的高度参与会议,而不是和普通与会者一样,被会议既定议程牵着走。

与会贵宾的身份特殊,他们的到来往往是一种会议礼仪的需要。他们不一定有正式与会者的全部权利,然而却享有比正式与会者更高的待遇。他们可能是上级、前辈、功臣、协作方。会议过程中为贵宾服务,要本着敬重、照顾的原则,使他们也能够被会议的气氛所感染,从而在精神上融入会议,真正为会议锦上添花。

对普通与会者应提供实实在在的服务,从发会议通知开始,直到将与会者送走,按时下发会议纪要,让与会者对会议的精神、目的了然于心;解决会议期间所有工作和生活的不便,从而使与会者安心开会、行使权力、有所收获。

商务会议经常需要邀请新闻媒体的相关人员参加,以扩大会议影响。因此,会议开始之前,会议组织人员就要与领导商量对会议报道到什么程度,以便做到统一口径对外发稿,以免与新闻宣传方面发生矛盾,进而影响会议形象、破坏会议气氛。

二、会议活动的安排

1. 会场选择

大型会议的会场选择对会议主题的深化有密切关系,对与会者参会的情绪也有很大影响。举办会议首先要选准会场会址。要考虑交通便利、设施齐全、环境安静、停车方便、大小适中、费用合理等因素,使与会者能够方便地到会,安心地开会。

2. 会场布置

对于一般的小型会议,会议室只要清洁、明亮,有足够的桌椅让与会者方便地看文件、做记录、讨论发言就行了。而大型会议的会场准备则比较复杂,需要体现会议的主题,应注意会场内座位的布局、主席台的布置以及其他可以渲染和烘托气氛所做的装饰等,一定要讲究科学性、合理性和艺术性。

(1)会标。会标即会议全称的标题化。应将会议全称用大字书写后挂在主席台的正上方,一般用红底白字,也可以用红底金字。这是会议礼仪十分重要的、点睛的一点。它能增强会议的庄重性,揭示会议的主题与性质,使与会者一进会场就被会标引导,容易进入会议状态。

(2)会徽。会徽是体现或象征会议精神的图案性标志。要选择具有强烈感染和激励作用的图案,重大会议的会徽可向社会征集,也可在单位组织内部征集。会徽图案要简练、易懂、寓意丰富。

(3)标语。标语当然是会议主题的体现,会场上的气氛往往就是被恰到好处的标语、旗帜等渲染起来的。标语在准备会议文件时就应拟就,并报请领导批准。会议标语要集中体现会议精神,使其简洁、上口、易记,具有宣传性和号召力。

(4)旗帜。会议的旗帜包括主席台上悬挂的旗帜和会场内外悬挂的旗帜。主席台上的旗帜应围挂在会徽两边,显得庄严隆重;主席台的两侧插上对应的红旗或彩旗,又可增添喜庆气氛,而会场门口和与会者入场的路旁插上红旗或彩旗,使会议的热烈气氛洋溢在会场内外,以衬托会议的隆重。

(5)花卉。花卉是会议不可缺少的重要道具,在会场上,花卉还能起到解除与会者疲劳的作用。选用花卉应突出中华民族的文化特色,以梅花、牡丹、菊花、兰花、月季、杜鹃、山茶、荷花、桂花、水仙十大名花为代表的中国原产花卉,早已被赋予浓重的文化色彩,以这些花为主构成的花卉艺术品,如插花、盆景等都能以无声的语言向人们传播中华民族的文化,表现民族精神。因此,越是重大的会议,越应选取有代表性的中国原产花卉作为摆放的主体花卉,并将中国传统艺术花卉的插放造型作为会议花卉的礼仪形式。

(6)灯光。会议场所的灯光应该明亮、柔和,既给人适宜的照明,也可减缓因会议时间过长而带来的身体或精神上的疲劳。大型会议的会场灯光应设计几套,以便于会议颁奖、照相、演出等多种需要。

(7)座位。会场内座位的布局要根据会议的不同规模、主题,选择合适的摆放形式。"而"字形的布局格式比较正规,有一个绝对的中心,因此容易形成严肃的会议气氛,参见图 16-1。一些小型的、日常的办公会议以及座谈会等通常在会议室、会议厅进行,可以根据需要将座位摆放成椭圆形、圆形、回字形、T 字形、马蹄形和长方形等,这些形式可以使参加会议的人坐得比较紧凑,彼此面对面,容易消除拘束感,参见图 16-2。座谈会、小型茶话会、联谊会等多选择六角形、八角形或者半圆形等布局形式。①

3. 主席台布置

主席台是会议的中心,也是会场礼仪的主要表现位置。主席台布置应与整个会场布置相协调,并作强调突出。

---

①　杨海清. 现代商务礼仪[M]. 北京:科学出版社,2006.

图 16-1　"而"字形会议室布局

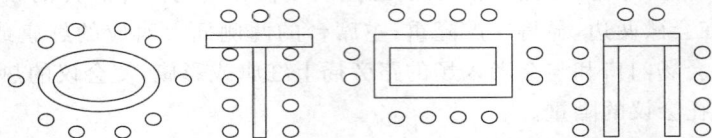

图 16-2　椭圆形、T 字形、回字形、马蹄形会议室布局

（1）座位。主席台座位要满座安排，不可空缺。倘原定出席的人因故不能来，要撤掉座位，而不能在台上留空。主席台座位若有多排，则以第一排为尊贵。第一排的座位以中间为贵，依我国传统一般由中间按左高右低顺序往两边排开，即第二领导坐在最高领导左侧，第三领导坐在最高领导右侧，以此类推。如果人数正好成双，则最高领导在中间左侧，第二领导在中间右侧，以此类推。但目前国际上流行右高左低，因此安排涉外会议时，也要灵活依据有关规矩。时下一般处理方式为：开会以左为尊，宴请以右为尊。每个座位的桌前左侧要安放好姓名牌，既方便入座，也便于台下与会者和新闻采访人员辨认熟悉有关人士。主席台座位不要排得太挤，桌上也不要摆放鲜花之类，以免阻碍视线，但要便于主席团成员打开文件、做记录、翻阅讲话稿，并放置笔、茶水、眼镜等物。

（2）讲台。主席台的讲台应设于主席台前排右侧台口，讲台不能放在台中央，使主席团成员视线受妨碍。讲台上主要放话筒，也可适当放上一盆平铺的花卉。讲台桌面要便于发言者打开讲话稿或摆放相关材料。整个主席台的台口可围放一圈花卉，但要选低矮些的绿色品种。

（3）话筒。发言席和主席台前排座位都应设有话筒，以便于发言者演讲和会议主持人或领导讲话。一般发言席和主持人话筒专用，其他主席台前排就座者合用两三个话筒，并且一般置放于主要领导面前。

（4）后台。一般在主席台的台侧与后台，应设为在主席台就座领导和与会者的休息室，以便安排他们候会，并尽可能在后台排好上台入座次序，以免造成混乱。有时会议也许会发生了一些小意外，后台还可以供有关人员作商量对策、排除困难之用。主席团成员开会也可利用后台休息室。所以,秘书人员切不可忽视后台的作用。

4. 会议其他用品

为方便会议进行,秘书人员应为会议准备各种工作文具用品,如纸、笔、投影仪、指示棒、黑白板、复印机、计算机数据库以及投票箱等。不同会议有各种不同的需求,满足与会者的需求是有关人员在安排会议、布置会场时必须考虑的。

三、会议活动中的服务

1. 会议准备阶段

(1)时间选择。开会时间选择要合适。大型会议尽可能避开公众节假日。同时注意会期不能安排太长,否则会影响与会者的日常工作,当某些紧急事件发生时,可以取消或延期举行的会议。

(2)邀请对象。对出席会议的对象的选择要考虑各种因素,与会者既要有与会资格,又要有参与能力和水平修养。如果被邀与会者不能完成会议的有关任务,会感到痛苦或尴尬,使与会成了一次不愉快的经历,对会议组织者来说,这也是礼仪考虑不周的表现。

(3)详尽通知。会议通知的发送要做到:发得早——既便于与会者安排手头工作,又便于与会者为会议内容做准备;内容细——会议名称、届次、主要议题议程、出席范围、与会者应递交什么材料或做哪些准备、会期、会址等都应明明白白告知,便于与会者有备而来,从而提高会议效率;交代明——食宿如何安排、费用多少、交通线路怎样,都要交代清楚,以免造成麻烦。对特邀贵宾的通知,应派专人登门呈送,以示郑重。

2. 会议召开阶段

(1)接站。一般会议都规定了报到日期。在报到日期应安排好接站。在车站、码头、机场等主要交通站点,用醒目的牌子标明"××会议接站",使与会者一下交通工具就看见接站牌而安心。对所接到的与会者要表示欢迎,并慰问其旅途劳顿。

(2)登记。对到达报到地点的与会者,首先要做好签到、登记、收费、预订返程票、发放会议资料、发放会议身份证件等工作。这一过程应尽量在登记处一揽子解决,并应迅速办理,让与会者早点到客房休息。登记时,对与会者的合理要求应尽量予以满足。大型会议的东道主应在会议召开前一天晚上,到会议各住宿地看望与会者,尤其是特邀贵宾和与会领导。

(3)联络。会议进行期间要注意与各小组联络,不要使一位与会者有被冷落的感觉。会议简报要对各小组相对均衡报道,不要只将视点聚焦于有大人物、有热点的小组,使其他小组产生不愉快。

(4)安全。要确保每一个与会者的安全,包括其人身安全、财物安全以及食品卫生。涉密会议还必须强调文件安全。秘书人员要尊重每一个与会者,但涉及机密时,必须按章办事。

(5)娱乐。若会期较长,在会议期间可安排一些影视放映和文艺演出,以调剂精神。也应鼓励与会者主动参与文体活动。可组织一些自娱自乐的卡拉OK演唱或球类、棋牌活动等,活跃会议气氛,调节与会者情绪。还可适当组织与会者参观游览,使会议节奏张弛得当。

3. 会议结束阶段

(1)照相。如果会议有照相一项应早作安排,免得个别与会者提前离开而不能参与。早安排也可使与会者在离会前拿到照片。

(2)材料。发给与会者的材料要有口袋,以便于集中携带。如需收回的材料要早打招呼,发现有人未交,应尽早查问。不一致的意见不要写到会议的决议或纪要中去。要乐于为与会者提供复印材料、邮寄材料或其他物品等有关服务。

(3)送客。将与会者所订票交给其本人时,要仔细核对车次、航班或船期,并仔细向与会者交代。若有不对或不周处,应主动承担责任。如果有人需要照顾而影响到了其他人,应向其他人解释,以争取大家谅解。在每一个与会者离开时,都要热情相送,对集中离开的与会者,要尽可能准备车辆送他们去车站、机场或码头,对贵宾则必须送至机场登机处。

课后练习

一、简答题

1. 你组织或者参与组织过会议活动吗？有何体会？

2. 小王是某集团公司的办公室主任,公司董事会决定在北京举行年度股东大会,小王负责会议筹备和接待服务工作。请问小王应从哪些方面着手组织这次会议呢？

3. 某职业技术学院为了推荐毕业生就业,专门邀请了 10 家企业的领导进行座谈。请问应如何开好这次座谈会？

二、案例分析

案例 1　会议议程表

某电子有限公司将举行销售团队会议,研究销售工作下一季度的目标以及人员招聘、选拔等问题。秘书小张编制了一份会议议程表。

三星电子有限公司销售团队会议议程表

公司销售团队会议将在 2016 年 1 月 22 日星期五上午 9∶00 在公司总部的三号会议室举行。

(1)讨论销售二部的经理人选。

(2)东部地区销售活动的总结。

(3)讨论上次会议记录。

(4)销售一部关于内部沟通问题的发言。

(5)讨论下季度销售目标。

(6)公司销售人员的招聘和销售队伍重组。

思考与讨论：

（1）你认为小张编写的这份议程表是否有问题？

（2）如果你是该公司秘书，你将如何来编写？

案例 2　焦头烂额的小李

某公司的新产品发布会即将开始，总经理秘书小李正站在会议大厅入口处，她一边做着最后的检查，一边等着嘉宾的到来。她检查主席台上放置的名签时，发现有问题，一位嘉宾因故不能前来，名签却没有撤掉，而另一位嘉宾刚才来电话说要来参加新产品发布会，名签却没有准备。这时她的手机又响了，原来是接电视台记者的汽车在路上抛锚了，重新派车已经来不及了。同时会议秘书组的人员来报，宣传材料不够，此时嘉宾已陆续到来。

（资料来源：http://www.njliaohua.com/lhd_978n60vh1e05ej21u7yr_1.html.）

思考与讨论：

（1）如果你是秘书小李，你将如何处理上述工作问题？

（2）根据以上案例，分析如何才能有条不紊地做好会中各项工作。

评价考核

评价考核内容见表 16-1。

表 16-1　商务公关主体考核表

内　容		评　价	
学习目标	评价内容	小组评价 （5、4、3、2、1）	教师评价 （5、4、3、2、1）
应知应会知识	专题会议的含义		
	专题会议的作用		
专业能力	细心筹备会议活动		
	精心安排会议活动		
	会议活动中提供良好的服务		
通用能力	策划能力		
	组织能力		
	创新能力		
态度	强化公共关系意识、热爱公共关系工作、服务意识、细心		
努力方向：		建议：	

任务 17

组织庆典活动

学习目标

1. 能够进行庆典活动的策划；
2. 能够细致地做好庆典活动的各项准备工作；
3. 能够保证庆典活动顺利实施。

案例导入

海口·恒大外滩周年庆典

海口·恒大外滩房地产项目,位于海口市龙华区外滩地带,周边万绿园、世纪公园、滨海公园三大主题公园环伺,且位于国贸、金贸、友谊三大商圈的叠加区域,扼守世纪大桥、渡海路,交通便利。项目定位为刚需,推出了 77～145 平方米海景房,且所有户型均含装修;与此同时,为了满足客户一站式生活需求,社区内部还设有 2 万平方米生活商业街、1200 平方米国际标准泳池运动场、2.2 万平方米热带风情园林和 280 平方米运动健身休闲广场等各类生活配套,真正为居者生活改善提供全方位的悉心呵护。海口·恒大外滩近一年来狂销 10 亿,逆势飘红。2016 年 1 月 25 日是项目开盘一周年纪念日。为感谢近千户业主的全力支持与厚爱,恒大·外滩于 1 月 23～24 日在营销中心举办了"一个外滩,一个时代"主题庆典活动,邀请业主一同回味一年以来成长的点点滴滴,通过缤纷好礼、精彩表演、趣味活动、精致美食等环节打造全方位庆典盛宴,与到场客户共享美好时光。同时项目还倾情推出了特惠六重好礼,感谢新老客户一年来风雨同行。

届时凡到访客户均可收到由萌宠皮皮猴送出的好礼——水蜜桃一个,用一份甜美享受编织出猴年的美好祈愿。不仅如此为庆祝恒大外滩开盘岁满一周年,项目还特别准备了一个生日 Party,到场宾朋尽可畅享美味生日蛋糕共享佳节欢乐。盛事庆典自是少不了美食相佐,但更少不了视听巅峰享受。凡光临的嘉宾既可倾听唯美钢琴曲,感受音符的曼妙,收获满屋浪漫曲调;更可欣赏到外滩精心准备的歌舞表演及杂技表演,优雅民族舞、动感电光舞、车技、口技、顶碗等精彩表演,足以让客户纵情狂欢。盛事来临时欢乐也属于每一个小朋友,活动现场还准备了诸多趣味闯关游戏,如打地鼠、活力投篮、水上乒乓球、趣味射门等,可供到访客户与家人和孩子畅玩欢乐时光,更可赢取精致礼品。

风雨同行,盛事共享。为庆祝项目开盘一周年,项目特别推出了6重豪礼敬献广大置业人群。1月25日~31日,凡购房客户均可享受重礼:特价房源十套、特惠折扣直降30万、家电礼包、粮油大礼包、新品88折、赠送高达9万名品家私六重厚礼。

(资料来源:http://hn.house.qq.com/a/20160121/046126.htm.)

问题:庆典活动应如何创新?

任务设计

庆典活动是某组织为庆祝某一重大事件而举行的一种公共关系专题活动,举办庆典活动可以向社会宣传组织的存在与发展,为组织创造良好的形象,因此庆典活动是组织中比较重要的公共关系专题活动。

通过引导学生模拟组织庆典活动,使学生掌握庆典活动的筹备方式、议程安排及庆典的规范服务,了解庆典活动的类型,理解庆典活动的整体策划、组织,并能熟练应用与庆典活动相关的技能。

这里我们通过为某企业模拟组织一次庆典活动的方式来完成本"任务"的学习,具体操作要求如下。

模拟组织庆典活动

实训目的:

通过组织引导学生模拟庆典活动,使学生掌握庆典活动的筹备方式、议程安排及庆典的规范服务,了解庆典活动的类型,理解庆典活动的整体策划、组织,并能熟练应用与庆典活动相关的技能。

实训步骤:

(1)将全班同学分为3组,每组进行不同分工。

(2)假设其中一组是某企业的公关人员,请拟出参与庆典活动的重要领导和来宾名单。

(3)另一组则编写一份庆典活动的仪式程序。

(4)第三组同学模拟演示庆典仪式的大会场景,要求学生分别扮演接待人员、重要领导、来宾,要求各司其职。

实训总结:

(1)各组对本次实训进行总结。

(2)指导教师进行点评。

一、庆典活动的策划

组织庆典活动是所有公共关系活动中"表演"色彩最为浓厚的活动。要把庆典活动开展得有声有色,引起社会公众的广泛注意,公关人员应做好以下策划工作。

1. 明确庆典活动的主题

庆典活动首先要明确主题,应围绕主题来安排活动内容。确定庆典活动的主题,也是选择活动内容和形式的一个基本依据。从公关角度看,每个庆典活动本身的名称只是标明了形式上的主题,比如说它传递的是某一组织的精神、实力、业绩等。作为公关人员应该努力挖掘与本组织事业发展有本质联系的东西,这样才会把活动的表现形式与内涵主题有机地融合起来。

2. 确定形式规模

组织的性质、特点、经济实力和公共关系目标等因素,是确定举办庆典活动的形式和规模的重要依据。一般而言,与公众日常生活密切相关的服务性企业的庆典活动,最好选择能使社区公众最大范围地知晓该组织的庆典形式。如果业务性质是具有广泛影响的商务组织,策划最好采取具有轰动效应的庆典活动形式。规模的大小可以根据组织的经济实力、场所的条件和实际需要来决定。

3. 确定举办时间

在现实生活中,实际没有一年、一月、一周、一天是没有特殊的事件可供纪念的,任何事件都有其一周年、五周年、十周年……都是可以庆贺的庆典活动。但是举办时间选择,一定要结合组织特点,如军队的立功、授勋仪式通常可以选择在"八一"建军节;经营妇女儿童用品的商场,开业典礼时间可以选择在"三八"妇女节、"六一"儿童节;模范教师的表彰可以选择在教师节;以名人姓名命名的基金会,庆典活动宜选择在名人的诞辰纪念日等。

4. 确定举办地点

根据庆典活动的形式、规模、出席人数和一些附加活动等因素选好庆典活动的场所。

5. 明确职责分工

要拟定庆典活动的程序,落实有关任务,明确职责分工。庆典活动一般都比较盛大,工作任务繁重,需要组织内部有关人员密切配合,共同完成。要做到有条不紊、忙而不乱,就要确定庆典活动的程序,并按照典礼规格确定主持人,按照有关活动内容将任务具体落实到人。尤其是后勤工作和组织工作一定要有专人负责。

二、庆典活动的准备工作

虽然庆典活动形式并不复杂,所需要的时间也不长,但庆典活动却是一项系统工程。俗话说"台上几分钟,台下十年功"。因此要把庆典活动搞好,准备到位、精心筹备是关键。

1．发放请柬邀请来宾

庆典影响的大小,往往取决于来宾身份的高低与其数量的多少。在力所能及的情况下,要力争多邀请一些来宾参加典礼。地方领导、上级主管部门与地方职能管理部门的领导、合作单位与同行单位的领导、社会团体的负责人、社会贤达、媒体人员,都是邀请时应予优先考虑的对象。为慎重起见,应认真书写请柬,并应辅之以精美的信封,由专人提前送达对方手中。发放请柬的时间一般至少要提前一周,便于被邀请者及早安排准备。活动前3天再电话核实,看有无变动,贵宾在活动前一天还需要再核实一次。

2．确定主持人

庆典活动主持人可以是相关政府部门领导,也可以是本组织领导,还可以是有一定影响的电视台主持人。一般主持人应仪表大方、口才良好、反应敏捷等。

3．会场布置

应以隆重、热烈、大方、得体为原则来布置会场。主席台及主宾位置应放在会场前方突出显眼的部位,并根据庆典活动的需要放置桌椅、台布、摆置鲜花和茶具,并在场地四周悬挂横竖条幅、标语、气球、彩带,或张贴主题词、宣传画等。此外,还应该在醒目之处摆放来宾赠送的花篮、牌匾。来宾的签到簿、本单位的宣传材料、待客的饮料等,必须提前准备好。对于音响、照明设备,以及典礼举行之时所需使用的其他用具、设备,必须事先认真进行检查、调试,以防在使用时出现差错。

4．宣传工作

要由专门公关人员负责活动的对内和对外宣传,设计制作组织标识、宣传品、招贴画、广告词、主题词、条幅等,营造良好的氛围。落实摄影摄像、摄像印制、美工制作、广告设计、乐队调音、国歌光盘、烘托喜庆气氛的唱片、录音带、新闻报道资料的准备和与记者联络等。

5．文稿、材料编写

文稿主要是指邀请信、演讲、致辞、报告和讲话稿等,撰写这些文稿应言简意赅,符合庆典活动的要求。材料是指宣传材料和新闻通讯材料,如向来宾提供反映庆典主题、活动内容等的相关材料。对来采访庆典活动的记者,除了提供这些材料之外,还要提供较详细的背景资料等,以方便记者撰写新闻稿件,对庆典活动进行宣传报道。

6. 安排接待

对所有来宾,都应热情接待,耐心服务。对重要来宾,要由组织领导亲自接待;他们的签到、留言、食宿均应由专人负责。此外还包括参观、游览、考察、娱乐的安排。

7. 其他物品的准备和礼仪小姐的安排

如剪彩用的彩带、剪刀、托盘等,表彰用的奖品、奖金、荣誉证书;奠基、植树用的铁锹;收受礼品用的登记簿;赠送客人的纪念品;供公众提意见、建议用的留言台(簿)等。礼仪小姐的妆容以及佩戴的具有开业或庆典的各种标志等。

8. 设计庆典程序

组织庆典活动安排程序应当事先印制好,宾客人手一份,以便了解掌握活动安排。正式庆典活动程序一般是:①主持人宣布活动开始;介绍重要来宾,或者宣布来宾名单;②宣读重要单位的贺信、贺电,或者贺信、贺电单位名单;③致辞,组织领导人或重要来宾分别致辞;④剪彩(或者揭牌、揭幕、颁奖等);⑤宣布庆典活动结束,安排其他活动。如参观、座谈会、观看表演和宴请招待等。程序的安排要求紧凑、连贯而细致周密,程序的安排是否合理关系到活动的成败。

三、庆典活动的实施

宾客来到后,应有接待人员请他们签到。签到簿以红色封面、内部纸张以装饰美观的宣纸为宜。并将相关的组织宣传材料和本次庆典活动的相关材料分发给来宾,以扩大组织的知名度。此外,还可以准备两个小盒子,一个放单位领导或公关部经理的名片,另一个放来宾的名片,这样便于今后联系或制作通讯录。

宾客签名后,礼仪小姐为其佩戴胸花,由接待人员引到备有茶水、饮料的接待室,让他们稍事休息并相互认识。本组织人员应在此陪同宾客进行交流,可以谈一些本组织的事情,或者说些对宾客到来表示感谢的话语。

如果是大型工程破土动工奠基仪式、工程竣工仪式、公司成立、商场开业等庆典活动,一般要进行剪彩。这时,礼仪小姐手托托盘,将用彩带扎成的花朵相互连着放在托盘上,可以放置红色方口布,口布上面放花朵及剪刀,同时配以热烈的音乐。当主持人出场时,音乐停止,主持人进行简单致辞,宣读到会来宾,并表示谢意。

剪彩仪式正式开始后,首先由主持人宣布剪彩人员的单位、职务、姓名。主席台上的人员一般要位于剪彩者身后约 1~2 米外。待剪彩完毕后,由主客双方领导或代表致辞。无论是开幕词、贺词、答谢词,均应言简意赅、热烈庄重,切忌长篇大论。

典礼完毕,宜安排些气氛热烈的节目,如敲锣打鼓、舞狮子、放飞信鸽、放飞气球,合唱歌曲、播放喜庆音乐等。在允许燃放鞭炮的地区,还可燃放鞭炮、礼炮等,制造喜庆气氛。此外,还可以请军乐队演奏。当然配套节目可以灵活地穿插在各环节中。

主持人宣布仪式结束,即可引导客人参观工程、组织、公司或商店。可介绍主要设施或特色商品,以融洽与同行的关系,也可以举行短时间的座谈或请来宾在留言簿上签字。通过座谈、留言形式,广泛征求意见,并综合整理、总结经验,还可以安排舞会、宴会答谢来宾。如果是企业、公司或商场"××周年"庆祝活动,可以准备纪念品赠送自己的员工和来宾,使员工感受到主人翁的优越意识,使来宾们有受到尊重的感觉,以此达到情感的交流;还可以进行职工文艺表演,以示庆祝;也可以举行大型促销活动;还可邀请来宾题词,以作为纪念。

四、庆典活动注意事项

1. 准备要充分

庆典是一种规模较大,十分正规的活动,因此,在举办前,尽量做到设想周到,事事落实。只有准备充分,才能有备无患,应付自如。

2. 形成轰动效应

要选择好时机(时间与机会),制造新闻,造成轰动效应。上海一家商厦试营业时,一位顾客不慎摔碎了大型导购灯箱。据说,修复灯箱需要 6000 元费用,可是,这家商厦的经理却提出只需这位顾客赔偿一元人民币,其余部分由商厦承担。这种做法不但使顾客深为感动,而且造成了强烈的社会反响和轰动效应,引得报界、电台等新闻机构纷纷报道和采访。这是一个极好的例子。

3. 组织有序

庆典活动参加人员多,场面热闹,但如果组织不好,容易出现混乱。所以,组织者事先必须要对整个庆典活动进行整体构思、策划、领导、协调,并适时地检查各部门和各环节的工作的落实情况。要点:在活动前,一定要建立有效的联络系统,从上到下,保持通畅的联络。

庆典是一种传播活动,要想收到好的效果,必须创造一种和谐热烈的气氛,使参加者情绪受到感染,在不知不觉中接受传播者的宣传。为了达到此目的,鼓动是最好的方法。组织者应具有敏锐的观察力,调动大众情绪,不断把气氛推向高潮。

课后练习

一、简答题

1. 假如你是某一公共关系公司人员,某一学术刊物恰逢创刊 30 周年纪念,你将如何操作此次公共关系活动?

2. 某酒店开业前,对如何进行开业庆祝活动,酒店公关部进行了热烈的讨论。大家议论纷纷,出了不少点子,归纳起来有五种方案:

第一种方案,主张开业那天要把气氛搞得越热闹越好:鸣放礼炮,进行大型军乐演奏,请著名演员登台献艺,大造声势,吸引各方民众。

第二种方案,主张除搞些演出活动外,关键还要请来省市领导,搞好剪彩仪式,请主要领导讲话,给予高度评价,产生轰动效应。

第三种方案,主张进行开业大酬宾,通过抽签选出幸运观众,进行500人的宴请品尝活动。这样既增强吸引力,扩大影响面,又使品尝者得到实惠,使之赞不绝口,将此次活动传为美谈。

第四种方案,主张举行隆重的开业典礼,播放喜庆音乐,请劳动模范剪彩,然后召开顾客与酒店领导座谈会,为酒店出谋划策,中午便餐招待。

第五种方案,主张召开简单的开业典礼,把省下的资金捐献给希望工程,请记者参加采访,形成材料,通过媒体传播产生广泛影响。

对以上策划方案,请你品评一下,你认为哪一种比较好?请提出意见。也可以利用或创造条件,提出更好的方案。

二、案例分析

案例1　"上帝"剪彩与同庆生日

青岛星火家具大世界开业之际,举行了一场别开生面的开业仪式。开业仪式上,既听不到震耳欲聋的鞭炮轰鸣,也看不到成群结队的领导光临,伴随阵阵悠扬悦耳的军乐声,商店工作人员向在场的第一批顾客散发了20束鲜花,然后由得到号码8、18的两位顾客当众为公司剪彩。

此时此刻,此情此景,人们感到顾客就是"上帝"已不再仅仅是商店里装点门面的标语条幅。

长沙友谊华侨公司选在这年元旦开业。他们邀请广州乐华电子联合有限公司为联办单位,赶制了一批精巧的生日纪念卡和小礼品,接着在报纸和电视上打出广告,邀请市内历年元旦出生的人趁"友华"重新开张之际,来店同庆节日之喜。

一位81岁高龄的老人闻讯后,高兴地说:"我活了81岁,从来没有看到过商店为顾客过生日的,今天看到了。"他特地打发60岁的儿子到店里代他受喜。进得店来,这位花甲老人替父亲领了生日纪念品后,又被琳琅满目的商品所吸引,边看边买,出店时,大包小盒提了一大串。下午两点钟,一名男子手持医院证明来到店里,说他女儿当天上午10点钟才降生。经理代表公司向他表示祝贺,并向他女儿赠送礼品,他激动地说:"你们给顾客带来了生日的乐趣,把'友华'的美好情意送到了顾客心里。"到下午5点钟,共发出生日礼品千余份,而商店的客流量也已超过20万人次,销售额达100万,相当于上年度日平均数的十几倍,创该店历史上的最高纪录,并为以后扩大销售奠定了良好基础。

（资料来源：http://gggx.lszjy.com/Article/jakj/bzja/200905/12.html.）

思考与讨论：
(1) 分析案例中两家企业开业庆典活动的成功之处在哪里?
(2) 两家企业的庆典形式对其社会形象有何影响?

案例 2 纪念爱迪生的"灯光佳节"活动

1929 年 10 月 21 日晚,爱迪生的家乡威肯斯庄园里,明亮的灯光把漂亮的葡萄架照耀得分外美丽,这里正在举行庆祝爱迪生发明电灯泡 15 周年的"灯光佳节"活动。在人群里,人们注意到,当时的美国总统以及其他的一些政界人物、社会名流都在其中。这项活动就是现代公共关系之父——伯内斯精心策划的,爱迪生作为美国伟大的发明家,被视为美国独立精神和科学创造精神的代表,纪念他当然是大家极愿参加的事情。

盛宴至晚上 9 点 30 分,庆祝活动达到了高潮:所有的灯光一下子全部都熄灭了,露天里的人们在漆黑的晚上看到的是微弱暗淡的星光。为了纪念爱迪生,全世界的许多公用事业公司都在同一时间切断了自己的电源,为时一分钟。在这一分钟里,淹没在黑暗中的人们真切地感受着伟大的发明家爱迪生带给人们的福祉。

"灯光佳节"纪念活动举办得如此成功,以至于美国邮政总局专门为此发行了一枚两美分的纪念邮票。这个活动被人们盛赞为"和平时期里美国所举行的宣传活动"。

(资料来源:http://www.docin.com/p-1152871645.html.)

思考与讨论:

(1)伯内斯组织的纪念爱迪生的"灯光佳节"活动取得了怎样的公关效果?

(2)试搜集伯内斯的经典公关活动并进行分析。

评价考核

评价考核内容见表 17-1。

表 17-1 商务公关主体考核表

内 容		评 价	
学 习 目 标	评 价 内 容	小组评价 (5、4、3、2、1)	教师评价 (5、4、3、2、1)
应知应会知识	庆典活动的类型		
	庆典活动的注意事项		
专业能力	策划庆典活动		
	精心准备庆典活动		
	成功实施庆典活动		
通用能力	策划能力		
	组织能力		
	创新能力		
态度	强化公共关系意识、热爱公共关系工作、细心		
努力方向:		建议:	

任务18

组织展览活动

学习目标

- 能够策划展览会，并制订相关方案；
- 能够成功地组织展览会；
- 能够进行展览会效果检测。

案例导入

福田汽车成功举办首届汽车展览会

2015年1月5日，福田汽车集团 & 福田戴姆勒汽车 2015 中国山东汽车展览会在山东济南舜耕会展中心隆重开幕。此次活动为期三天，集福田汽车全系车型及周边展品展示，客户大型体验活动，政府、媒体和社会公众参观等多重功能于一体，旨在向社会公众集中展示企业全系产品实力，提供汽车时代的城市建设和美好生活解决之道。

伴随多款乘用车型的亮相，福田汽车已经可以提供涵盖城市生活和建设的全面解决方案。如萨瓦纳、拓陆者提供越野生活解决方案；伽途V3提供7口之家幸福跃级解决方案；拓陆者、G7、蒙派克 S 提供城市专业车辆解决方案；图雅诺、蒙派克 S、蒙派克 E、萨瓦纳提供商务出行解决方案；图雅诺、G7 提供电商物流解决方案；欧曼、雷萨泵送、雷萨起重器等提供城市建设解决方案；欧曼、雷萨、欧马可、奥铃等提供城市保障运输解决方案；欧辉客车提供"绿色出行解决方案"等。

此外，"福田汽车互联网营销转型主题论坛暨战略签约仪式"也于1月5日隆重举行，这是商用车企首次以互联网为主题召开的大型对话论坛，此次论坛以互联网思维为引领，为企业及经销商在互联网环境下的发展与转型出谋划策，并最终形成相关项目的战略合作。

（资料来源：http://auto.hexun.com/2015-01-07/172128921.html.）

问题：企业应如何成功组织展览活动？

任务设计

展览会是指商务组织通过集中的实物展示和示范表演,配之以多种传播媒介的复合传播形式,来宣传产品和组织形象的专门性公共关系活动。

展览会有多种类型:按展览性质可分为贸易展览会和宣传展览会;按展览的内容范围可分为综合性质展览会和专题性展览会;按展览举办场地分为室内展览会和露天展览会;按展览规模可分为大型展览会、小型展览会及微型展览;按展览的时间可分为长期固定展览、定期更换内容展览和一次展览。

展览会作为一项较为重要的公共关系专题活动,以极强的直观性和真实感,给观者以极强的心理刺激,不仅会加深参观者的印象,还会大大提高组织和产品在参观者心目中的可信度。同时,展览会还可以吸引众多新闻媒介的关注,由记者将展览会的盛况传向社会,取得更大的宣传效果。

这里我们通过为某汽车集团模拟组织一次展览会的方式来完成本“任务”的学习,具体操作要求如下。

模拟组织展览会

实训目的:

通过组织引导学生模拟展览会的学习,使学生能够增强感性认识,熟练掌握展览会组织的注意事项,提高动手能力和组织能力。

实训步骤:

通过为某汽车集团模拟组织一次展览会的方式来完成本任务的学习,具体操作要求如下。

(1) 将全班同学分为 3 组,每组进行不同分工。

(2) 将其中一组假设是情景中公关顾问公司的公关人员,为该次展览会进行主题策划。

(3) 另一组则拟写展览会的具体组织实施方案。

(4) 一组同学模拟参观者,并总结参观过程需要注意的问题。

实训总结:

(1) 各组对本次实训进行总结。

(2) 指导教师进行点评。

一、展览会的策划

展览活动是一种综合性的活动,要耗费大量的人力、物力和财力。因此举办展览活动是一项比较复杂的工作,需要公关人员用自己的聪明才智对其进行策划和实施。为保证展览活动的成功举办,公关人员需要做好以下几项工作。

1. 分析参展的必要性和可行性

展览会是大型的综合性公关专题活动,需投入较多人力、物力、财力,如不对其必要性和可行性进行科学的分析,就有可能造成两个不良后果,一是费用开支过大而得不偿失;二是盲目举办而起不到应有的作用。所以应对展览会的投入与产出进行详细计算,然后决定是否举办展览会。

2. 明确展览会的目的和主题

举办任何一个展览,都必须首先明确这一展览的主题和目的,并在此指导下精心确定内容,制作展览的实物、图表、照片、文字等,使之更有针对性,主题要围绕展览的目的而定,并写进展览计划,成为日后评价展览效果的依据。

3. 确定参展单位

大型展览会,主办单位或承办单位可以通过广告、新闻发布或者邀请等形式联系可能的参展单位,并将参展时间、地点、项目、类型、收费标准要求和举办条件等情况告知联系的单位,一方面通过采取各种公关技能吸引参展单位;另一方面为可能的参展单位提供决策所需的资料。

4. 预计参观者的类型和数量

展览会在策划阶段必须考虑所针对的公众,参观者的类型将影响到信息的传播手段的复杂性和多样性。如果参观者对展出项目有较深的了解和研究,就需要展览会的讲解人员也是这方面的专家,介绍的资料要较为专业、详细、深入;如果参观者只是一般消费者,则应采用通俗易懂的语言进行直观的普及性宣传。参观者的数量将直接影响展览地点的选择,展览地点的空间应足以容纳参观者。

5. 选择展览的时间和地点

展览会时间的选择一般按组织需要而定,有些展览则要顾及季节性,如花卉展览等。在地点的选择上,首先要考虑的是方便参观者的因素,如交通、易寻找等;其次,要考虑场地的大小、质量、设备等;再次,展览会的地点周围环境是否与展览主题相得益彰;最后要考虑辅助设施是否容易配备和安置等。

6. 成立专门的新闻发布机构

展览会中会产生很多具有新闻价值的信息,需要展览会公关人员挖掘,写成新闻稿发表,扩大展览会的影响范围和效果。专门机构要负责新闻发布的计划和组织实施计划,并负责与新闻界进行联系的一切事务。

7. 准备资料、制定预算

准备资料是指准备宣传资料,如设计与制作展览会的会徽、会标及纪念品,说明书、宣传小册子、幻灯片、录像带等音像资料,包括展览会的背景资料、前言及结束语、参展品目录、参展单位目录以及展览会平面图等资料的撰写与制作。举办展览会要花费一定的资金,如场地和设备租金、运输费、设计布置费、材料费、传播媒介费、劳务费、宣传资料制作费、通信费等。在做这些经费预算时,一般应留出5%～10%作准备金,以作调剂之用。

二、展览会的组织

一般的展览会,既可以由参展单位自行组织,也可以由社会上的专门机构负责。不论组织者谁来担任,都必须认真做好各项具体工作,力求使展览会取得完美的效果。根据惯例,展览会的组织者需要重点进行的具体工作如下。

1. 参展单位的确定

一旦决定举办展览会,邀请什么样的单位来参加,通常是非常重要的。在具体考虑参展单位的时候,必须两相情愿,不要勉强。按照商务礼仪的要求,主办单位事先应以适当的方式,发出正式的邀请或召集。

邀请或召集参展单位的主要方式为:刊登广告、寄发邀请函、召开新闻发布会等。无论采用何种方式,均须同时将展览会的宗旨、展出的主题、参展单位的范围与条件、举办展览会的时间与地点、报名参展的具体时间与地点、咨询问题的方法、主办单位拟提供的辅助服务项目、参展单位所应负担的基本费用等,一并如实地告诉参展单位,以便对方做出决定。对于报名参展的单位,主办单位应根据展览会的主题与具体条件进行必要的审核,切忌良莠不齐。当参展单位的正式名单确定以后,主办单位应及时地以专函进行通知,令被批准的参展单位尽早有所准备。

2. 展览内容的宣传

为了引起社会各界对展览会的重视,并且尽量地扩大其影响,主办单位有必要对其进行大力宣传。宣传的重点,应当是展览的内容,即展览会的展示陈列之物。对展览会尤其是对展览内容所进行的宣传,主要有以下方式:

举办新闻发布会;邀请新闻界人士到现场进行参观、采访;发表有关展览会的新闻稿;公开刊发广告;张贴有关展览会的宣传画;在展览会现场散发宣传性材料和纪念品;在举办地悬挂彩旗、彩带或横幅;利用升空的彩色气球和飞艇进行宣传等。以上方式可以只择其一,也可多种同时使用。在具体进行选择时,一定要量力行事,并且要遵守有关规定,注意安全。

为了搞好宣传工作,在举办大型展览会时,主办单位应专门成立负责对外宣传的组织机构。其正式名称可以叫新闻组,也可叫宣传办公室。

3. 展示位置的分配

对展览会的组织者来说,展览现场的规划与布置,通常是其重要职责之一。在布置展会现场时,基本的要求是:展示陈列的各种展品要围绕既定的主题,进行互为衬托的合理组合与搭配;要在整体上井然有序、浑然一体。

展品在展览会上进行展示、陈列的具体位置,称之为展位。所有参展单位都希望自己能够在展览会上拥有理想的位置。但凡是理想的展位,一般都处于展览会较为醒目之处,除了收费合理之外,应当面积妥当,客流较多,设施齐备,采光、水电的供给良好。

在一般情况下,展览会的组织者要想尽一切办法充分满足参展单位关于展位的合理要求。假如参展单位较多,并且对于较为理想的展位竞争较为激烈的话,则展览会的组织者可依据展览会的惯例,采用下列方法之一对展位进行合理的分配。

一是对展位进行竞拍。由组织者根据展位的不同制定不同的收费标准,然后组织一场拍卖会,由参展者在会上自由进行角逐,由出价高者拥有位置好的展位。

二是对展位进行投标。由参展单位依照组织者所公告的招标标准和具体条件,自行报价,并据此填具标单,然后由组织者按照"就高不就低"的行规,将展位分配给报价高者。

三是对展位进行抽签。组织者将展位编号分别写在纸上,由参展单位的代表在公证人员的监督下进行抽签,以此来确定其各自的具体展位。

四是按"先来后到"的惯例进行分配。所谓"先来后到"就是以参展单位提交正式报告的时间先后为序,谁先报名,谁便有权优先选择自己所看中的展位。

不管采用哪种方法,组织者均须事先广而告之,以便参展单位早做准备,尽量选到称心如意的展位。

4. 展厅的布置

根据展览会的主题与内容,构思展览会场的整体结构,画出总体设计图,列出设计要点,必要时可以事先制作展区的展品、展板布置小样,然后根据设计图制作与布置参展的图表、实物或模型。要注意统筹美术、摄影、装修、灯光装饰技术,实物展品进场后要有必要的装修,并加强安全保卫工作。在展厅入口设置咨询服务台和签到处,并贴出展览会平面图,作为参观指南。展览会布置应考虑角度、方向、背景和光线等综合因素,要使展品展出后整齐、美观、富有艺术色彩,给人以美感。

5. 展览会的工作人员培训

展览活动既是组织产品、服务的展示,也是组织员工精神面貌的综合素质的展示。展览活动工作人员的素质和工作技能对整个展览的效果影响很大,特别是一些专业性较强的展览,如果没有一定的专业知识,展览的组织、洽谈、解说、咨询等工作就会受到影响。此外,工作人员的公关素质、接待、礼仪、讲解的技巧,都影响着展览活动的成败。因此就应在举办展览活动之前,精心挑选所有工作人员并对其进行必要的专业知识和公关技能培训。培训内容包括:各项目内容的专业基础知识;各自的职责及对各种可能发生的突发事件的处理原则和方法;公关知识、接待礼仪方面的训练。

6. 展览会辅助服务项目

主办单位作为展览会的组织者,有义务为参展单位提供一切必要的辅助服务项目。否则,不单会影响自己的声誉,还会授人以柄。由展览会的组织者为参展单位提供的各项辅助性服务项目,最好能事先告知参展单位,并且对有关费用的支付进行详细地说明。

由展览会的组织者为参展单位所提供的辅助性服务项目,通常包括下述各项:展品的运输与安装;车、船、机票的订购;与海关、商检、防疫部门的协调;跨国参展时有关证件、证明的办理;电话、传真、电脑、复印机等现代化通信设备的提供;举行洽谈会、发布会等商务会议或休息时所用的适当场所;餐饮以及有展览时使用的零配件的提供;供参展单位选用的礼仪、讲解、推销人员。

三、展览会的效果检测

展览会后,要对展览会的效果进行检测,了解公众对产品的反映,以及对组织形象的认识和对整个展览会兴办形式的看法等,检测是否达到展览的预期效果。展览会的效果检测主要方法如下。

1. 举办有奖测验活动

公关人员可根据展览内容,有重点、有选择地确定试题,答题方式以填空、选择、判断为主,当场解答,当场发奖。参观者踊跃应试,不仅能活跃展览会气氛,而且能为测定展览效果提供统计依据。

2. 设置公众留言簿

公关人员在展览厅出口处可设置公众留言簿,主动征求公众的意见,将其作为日后测定效果的依据。

3. 召开公众座谈

公关人员还可以召开公众座谈会,随机地找一些公众进行座谈,了解他们对展览会的观后感,讨论一些主要问题,并提出自己的看法。

4. 借助记者采访

在展览会期间,组织公关人员可邀请一些新闻记者参加,让他们对公众进行采访,并做好录音或记录,以备组织测定效果之用。

5. 开展问卷调查

展览会结束之后,公关人员可根据签到簿上掌握的公众名单邮寄出问卷调查表,或登门访问使其填写问卷调查表,以了解展览的实际效果。

四、展览会应注意的问题

组织举办展览会,一方面可以开展促销活动,宣传产品;另一方面可以开展公关活动,宣传组织、塑造形象。为提高展览效果,应注意以下问题。

1．利用好展览会的时机

保持组织信息网络渠道的畅通，及时了解展览信息和其他相关信息，正确决策、充分准备、利用好展览会时机宣传组织和产品。

2．与新闻机构紧密联系

一旦展台场地的合同签订完成，马上同展览会的新闻发布机构人员取得联系；预先提供组织关于展览的详细情况，至少也应提供有关该组织的情况和展出的主要内容。借助展览的组织方对组织及产品进行宣传。

3．提高组织声望

提早了解清楚官方揭幕者或剪彩者的身份，预先直接同其接洽，争取在正式开幕仪式举行时参观组织展台。这对于提高组织声望极为重要。

4．参展者突出自身形象

参展者应利用"CI"企业形象设计原理，使用系统的视觉识别材料。有可能的话在展台或布展上进行特殊装修或对样品进行特殊安排，以增加其独特性和新鲜感。

5．加强新闻报道，提高展览效果

展览期间，组织重要人物出席或邀请知名度极高的社会名流来展台。参观者既可以直接邀请新闻记者，在展台旁边组织记者招待会；也可以通过展览会新闻发布机构的新闻报道或信息发布进行宣传。展览会上，如果有大宗买卖成交或接待了一位重要的参观者，或者是一种很有潜在价值的新产品将要展出等，都是新闻媒介注意的重要题材。参展方公关人员应注意挖掘这种素材甚至可以制造独特新闻，来引起新闻界和社会公众的注意。参展者应审时度势，在展览期间抓住或制造机会，如借助公益赞助等其他公关活动来促进产品的销售和塑造组织形象等。展览会结束后，应争取记者给予报道，或者通过努力使本组织的展览成为有关的广播和电视节目构思的内容。

课后练习

一、简答题

1．某车展开幕，本次车展来了许多知名宾客进行参观，你作为本次车展的解说员，将为知名的宾客进行解说，你将如何开展工作？

2．请发动同学收集一些不同产品的商标，然后说明如何组织一次商标展览会。

3．四海电器股份有限公司为了推广自己的新产品，与一家超市达成协议，拟定在超市门前广场举办电器新产品展览会。在活动方案拟定后，由公司的公关部承担本次活动实施的筹备工作。请问，应该从哪些方面入手？

二、案例分析

案例1 车展上的公关绝招

在第四届北京国际汽车展览会上,国内外近千家厂商到场参展,气氛火爆异常。展厅里,一辆辆靓车光彩夺目,赢得满场人潮涌动。更为精彩的是,各参展厂商公关高招迭出:法拉利跑车旁有"法拉利小姐"的狂歌劲舞和歌星签名;绅宝车前有异国淑女迷人的微笑;福特公司则让金发碧眼的姑娘,与活泼可爱的中国儿童同台演出……所有这些,均令观众耳目一新。

强中更有强中手,奥迪厂家破天荒地使出了绝招——所有奥迪展车,欢迎观众试坐。只见一个个试坐的观众喜形于色,乐不可支;打方向,踩刹车,点油门,揉离合,俨然就是车主,实实在在地过了一把车瘾。更多的围观者则看得眼热心跳,跃跃欲试。一时间,观众对奥迪厂家的做法赞美有加,纷纷前去试坐,奥迪车展台前成了展览的新闻热点,各路记者纷至沓来,奥迪车随之声名鹊起。

(资料来源:朱晓杰,蒋洁.公共关系项目式教程[M].北京:清华大学出版社,2014.)

思考与讨论:

(1)结合本案例谈谈如何提高展览会的公关传播效果?

(2)你参加过展览会吗,请观察一下各参展商都运用了哪些公关绝招?

案例2 化展位死角为神奇

美国实业界巨子华诺密克,在参加一年一度在芝加哥举行的美国商品展览会时,运气仿佛不佳。根据抽签的结果,他的展位被分配到了一个极为偏僻的角落处。所有员工都为这个结果倒吸一口冷气,这个地方很少有人光顾,更别说看他们的样品了。

鉴于他的运气"糟透了",替他设计展位的装饰工程师萨蒙逊劝他放弃这个展览,别花那些冤枉钱了,等待明年再来参展。华诺密克却不以为然,反而对萨蒙逊说:"问你一个问题,你认为是机会来找你,还是由你自己去创造呢?"萨蒙逊回答说:"当然是由自己创造了,任何机会都不会从天而降!"华诺密克愉快地说:"现在摆在我们面前的难题,将是促使我们创造机会的动力。萨蒙逊先生,多谢你这样关心我。但我希望你将关心我的热情用到设计工作上去,为我设计出一个美观而又富有东方色彩的展位。"

萨蒙逊先生与他的公关部同仁开始冥思苦想,果然不负众望,设计出一个古阿拉伯宫殿式的展位,展位前面的大路变成了一个人工做成的大沙漠,当人们从这经过时,仿佛置身于阿拉伯世界。华诺密克满意极了,他吩咐后勤主管让新雇来的那254个男女职员一律穿上阿拉伯国家的服饰,特别要求女职员都要用黑纱把面孔下部遮盖住,只露出两只眼睛,并立即派人从阿拉伯买来6只双峰骆驼来做运输货物之用。同时还派人做了一大批气球,准备在展览会上使用。当然,所有这一切都是秘密操作的,任何人不得泄露出去,否则,一律开除。

华诺密克的阿拉伯式展位一经做成,就引起了人们的种种猜想,不少人在互相询问"那个家伙想干什么"。更想不到的是,一些记者对这种异想天开的独特造型拍照进行了报道,这更引起了人们的兴趣。

　　开展后,展览会上空飞起了无数色彩斑斓的气球。这些气球都是精心设计过的,升空不久后便自动爆破,变成一片片胶片纷纷撒落下来。有人好奇地捡起一看,只见上面写着:"当你捡到这枚小小的胶片时,亲爱的女士或先生,你的好运气开始了,我们衷心祝贺你! 请你拿上这枚胶片到华诺密克的阿拉伯式展位前,换取一枚阿拉伯的纪念品。谢谢你。"这下,华诺密克的展位前人头攒动,人们纷纷跑过去争相领取纪念品,反而冷落了处于黄金地段的展位。第二天,芝加哥城里又升起了不少华诺密克的气球,引起更多市民的关注。45天后,展览会结束了,华诺密克公司共做成了2000多宗买卖,其中有500多宗的买卖都超过了100万美元,大大出乎华诺密克最初的预料。而且,据组委会统计,他的展位成了全展览会中光顾游客最多的展位。他的这一"鲜"招,狠狠地挤兑了一回那些因处于黄金地段而多掏管理费的展位。

　　在有些人的眼中,华诺密克抽到了"下下签",是个"倒霉鬼",可能因此陷入绝境。可华诺密克偏偏从这个绝境"死里逃生",既然好运气没有垂青他,那就自己谋划吧。生活中,往往就有很多这样的绝境,再坏一点,便是希望的开始,只要你善于谋划自己的运气。

　　(资料来源:http://www.zh-hz.com/dz/html/2012-08/10/content_64509.htm.)

思考与讨论:
(1) 面对偏僻的展位,华诺密克在展览会上运用了哪些公关技巧?
(2) 本案例对你有何启示?

评价考核

评价考核内容见表18-1。

表18-1　商务公关主体考核表

内　　容		评　　价	
学习目标	评价内容	小组评价 (5、4、3、2、1)	教师评价 (5、4、3、2、1)
应知应会知识	展览会的类型		
	展览会的注意事项		
专业能力	精心策划展览会		
	成功举办展览会		
通用能力	策划能力		
	组织能力		
	创新能力		
态度	强化公共关系意识、热爱公共关系工作		
努力方向:		建议:	

任务 19

组织赞助活动

学习目标

- 明确赞助活动的类型；
- 能够进行赞助活动策划；
- 能够组织实施赞助活动。

案例导入

乐卡克的赞助活动

法国是乐卡克品牌的发源地，是其最重要的品牌文化输出的地方。其法语名 Le coq sportif 意为活跃的公鸡，公鸡在法国人的心目中是吉祥物的象征。如图 19-1 所示，Logo 中的三角形表达一种亲子间的温馨关系，而放在中间的公鸡就好像朝阳照耀着一家人。

一个是拥有 132 年发展历史的运动品牌，一个是创立体育运动界 101 届竞技项目的环法自行车赛，两者经过五十年的携手合作，已经达到了一种互相信赖的紧密关系。环法自行车赛诞生于 1903 年的 7 月 1 日，至 2015 年，已经成功举办了 102 届，而作为环法赛运动服装赞助商的乐卡克诞生于 1882 年，至今已有一百三十多年的品牌历史。1951 年乐卡克成为环法赛事的赞助商。2010 年乐卡克对位于法国总部制作

图 19-1　乐卡克的 Logo

环法骑行衫的老工厂进行改造，设立针织品研发中心。2012 年，乐卡克再度为环法赛提供领骑衫并赞助了 ASO 公司组织的所有赛事。

环法自行车赛上，几乎每一个环法冠军王身上都能寻找到乐卡克品牌的足迹，每一件黄色领骑衫上都有环法赛的朝气与拼搏精神，乐卡克已然成为环法自行车赛象征性的标志。

（资料来源：http://mt.sohu.com/20150512/n412911672.shtml.）

问题：如何使赞助活动收到良好的公关效果？

任务设计

　　赞助活动是常见的一种公共关系活动形式。它是指商务组织无偿提供资金或物质支持某一项社会事业或社会活动，以获得一定形象传播效益的公共关系专题活动。商务组织通过赞助兴办文体、福利事业和市政建设等，来承担一定社会责任，通过活动，可以扩大组织的知名度与美誉度，树立美好形象。

　　这里我们通过海尔集团组织的一次关爱农村留守儿童的赞助活动来完成本"任务"的学习，具体操作要求如下。

组织关爱农村留守儿童赞助活动

实训目的：

通过学习，使学生掌握赞助的类型及赞助活动的实施方法，并能够从树立组织形象的角度帮助组织成功地策划和实施赞助活动。

实训步骤：

（1）将全班同学分为 3 组，每组不同分工。

（2）假设其中一组是情境中海尔集团公司的公关人员，请拟出此次赞助活动的活动方案。

（3）第二组则拟写此次赞助活动的程序设计。

（4）第三组同学需做出整个赞助活动的效果测定，并写出该活动操作规范及必须要注意的问题。

实训总结：

（1）各组对本次实训进行总结。

（2）指导教师进行点评。

一、赞助类型

1. 赞助体育活动

　　这是赞助活动最常见的形式。由于体育比赛活动拥有众多的观众，而且往往是新闻媒介热衷报道的对象，对公众的吸引力大，因此，商务组织常常赞助体育运动，以增强对公众施加影响的广度和深度。赞助体育运动常见的形式有赞助体育训练经费或物品、赞助体育竞赛活动、设立体育竞赛奖励项目等。

2. 赞助文化事业

　　文化生活是公众社会生活的主要内容之一。商务组织积极赞助文化事业，不仅增进组织与公众的深厚感情，而且可以提高组织的文化品位和知名度。赞助文化事业的方式主要有赞助拍摄与商务组织有关的影视片、资助文艺演出队伍、赞助文化演出活动等。

3. 赞助教育事业

商务组织赞助文化教育事业,既可以促进学校教育事业的发展,又可以为组织树立关心社会教育事业的良好形象。赞助教育事业的方式有捐资建立图书馆与实验室、设立某项奖学金制度、资助贫困学生、捐资希望工程等。

4. 赞助社会福利事业

赞助社会福利事业,既是商务组织向社会表明其履行社会义务的重要手段,也是商务组织改善社区公众关系、政府公众关系的重要途径。如为孤寡老人、残疾病人、福利院儿童提供物质、经费帮助,开展服务活动等。

5. 赞助社会公益事业

商务组织出资参加市政公共建设,如修建马路、天桥、公园、路标等,一方面可以为政府减轻建设压力,赢得政府公众的信赖;另一方面又能为广大市民公众带来方便,赢得市民公众的称赞。

6. 赞助学术理论活动

商务组织赞助学术理论活动,包括提供开会地点、资助会议经费、设立学术研究基金等,既可以利用学术理论活动在公众中的影响提高商务组织的知名度,又能直接得到专家的指导和建议,从而改进商务组织的生产、经营、管理等工作。

7. 赞助公共节日庆典活动

商务组织利用自己的产品或服务项目赞助公共节日庆典活动,增加节日气氛,让公众在心情舒畅的气氛中享受商务组织的祝贺与便利,也能收到良好的公关效果。

8. 赞助建立职业性奖励基金

有经济实力的企业组织,可资助或者组办某种职业奖励基金,通过冠名或者参与能获得很好的社会效益。国内一些地区有一些名目不同的奖励基金,如某教育基金等,用于奖励在相应领域中的卓有成绩者。

二、赞助活动策划

策划社会赞助活动,可以从以下几个方面考虑。

1. 赞助要符合本组织的特点

一般来讲,性质不同、特点不同的组织,应选择不同的赞助内容。例如,专营民间乐器的商店最好选择赞助民间艺术展览;专营图书的书店最好选择赞助图书展览;生产文具的工厂最好选择赞助残疾儿童等。

2. 赞助活动要适时,并与其他专题活动结合进行

适时进行赞助活动,结合其他专题活动开展赞助活动,有利于提高活动的有效性。例如,赞助儿童事业,最好选择"六一"儿童节;赞助老人活动,则最好选择在"重阳节"。结合组织的开业、周年庆典、新年节庆,或者在组织受奖之时进行公益赞助活动,也更容易引起公众的注意。

3. 切忌盲目赞助

组织的赞助活动应以组织所面对的社会环境为出发点,制定出切实可行的公共关系政策、方针和策略。对有争议的社会活动和社会事件,要慎重赞助。

4. 突出赞助的独特性

策划赞助活动最忌千篇一律、人云亦云,公关人员要敢于占先、独辟蹊径,只有创新,才能出奇制胜。

三、赞助活动的步骤

组织参与社会赞助活动是一项深得人心的善举。为了使赞助活动收到应有的公关效果,公关人员必须精心策划,认真实施,重点做好以下工作。

1. 前期调查研究

组织参与社会赞助活动有两种形式,一种是企业主动对某些组织予以支持,另一种是根据某些组织的请求提出申请,予以赞助。大多数企业都依据后者进行赞助。如果企业想获得更好的信誉投资,就应该采取第一种主动的赞助形式。但不管是选择哪种形式都应该首先对其可行性进行详细、周密、科学的调查与论证,这是赞助活动成败的关键环节。

首先要研究自身的有关情况,从经营政策入手,分析本组织的公共关系政策和目标,是否通过某项赞助活动来塑造形象,并以此作为社会赞助活动制定政策、选择方向、决定赞助金额的基础。

其次要调查赞助对象的有关情况,包括赞助对象的社会背景、业务内容、经济状况、经济实力、社会信誉、公众关系、面临的问题、公众的评价、该项目对社会与公众的影响力、公众对其可能出现的心理反应、操作实施中可能出现的困难与问题及对该项目赞助的条件等因素。总之对活动项目的一切细节及其社会效益、经济效益调查论证得越周密,就越有利于活动的操作,就越有助于活动成功。

再次为了保证活动的成功,通常要成立一个专门的组织,负责研究活动的各项事宜,包括调查了解、成本、效益分析、撰写可行性报告给领导层及负责实施全过程操作与协调工作,确保社会和组织同时受益。

此外还要在调查研究的基础上,优先考虑对各种慈善事业、社会福利事业、公共设施、教育事业的赞助。这样,既表明企业对社会的责任和义务,也比较容易获得社会各界的普遍好感。

2. 制订赞助计划

在调查研究的基础上,根据组织的赞助政策和方向,制订出赞助计划。赞助计划的内容应该具体翔实,应对赞助目的、赞助的对象、赞助的形式、赞助的费用预算、为达最佳赞助效果而选择的赞助主题和传播方式、赞助活动的具体实施方案等都有所计划,应做到有的放矢,同时应考虑应变方案。赞助计划是赞助研究的具体化,借助于赞助计划,负责人可以控制赞助范围,防止赞助规模超过组织的承受能力,尽量杜绝浪费,并注意留存一部分机动款项,作为遇到临时、重大活动时的备用。

例如《××企业2015年赞助计划》可以包括如下内容:

(1) 赞助目标;

(2) 赞助对象;

(3) 赞助形式;

(4) 赞助金额;

(5) 重点传播对象;

(6) 选择传播方式;

(7) 具体实施方案。

3. 赞助活动的具体实施

经过前面的工作步骤后,赞助机构派出专门公关人员负责落实赞助事宜,与受赞助组织联系,有的赞助还需签订赞助协议书或合同(如奥运会、亚运会、全运会的赞助)。在实施的过程中,公关人员应该充分运用各种有效的公共关系技巧,使企业尽可能借助赞助活动扩大其对社会的影响。

赞助活动实施之际,往往需要举行一次赞助会,将有关的事宜向社会公告。在赞助活动中,尤其是大型赞助中,赞助会大都必不可少。赞助会一般由受赞助者操办,也可由赞助者操办。

(1) 场地的布置。赞助会的举行地点一般可选择受赞助者所在单位的会议厅,也可租用社会上的会议厅。会议厅要大小适宜,干净整洁,灯光亮度要适宜。赞助会会场的布置不可过度豪华张扬,略加装饰即可。

(2) 人员的选择。参加赞助会的人员。要有充分的代表性,但数量不必过多。除了赞助单位、受赞助者双方的主要负责人及员工代表之外,赞助会应当重点邀请政府代表、社区代表、群众代表以及新闻界人士参加。所有参加赞助会的人士,与会时都要身着正装,注意仪表,个人动作举止规范,与赞助会庄严的整体风格相协调。

(3) 会议的议程。赞助会的会议议程应该周密、紧凑,其全部时间不应超过一小时。其议程如下。

① 宣布会议开始。赞助会的主持人,一般应由受赞助单位的负责人或公关人员担任。在宣布正式开会之前,主持人应请全体与会者各就各位,保持肃静,并且邀请贵宾到

主席台上就座。

② 奏国歌。此前,全体与会者须一致起立。在国歌之后还可演奏本单位标志性歌曲。

③ 赞助单位正式实施赞助。赞助单位代表首先出场,口头上宣布其赞助的具体方案或具体数额。随后受赞助单位的代表上场。双方热情握手。接下来由赞助单位代表正式将标有一定金额的巨型支票或实物清单双手交给受赞助单位的代表。必要时礼仪小姐要为双方提供帮助。在以上过程中,全体与会者应热烈鼓掌。

④ 双方代表分别发言。首先由赞助单位代表发言,其发言内容,重在阐述赞助的目的与动机;与此同时,还可将本单位的简况略做介绍。然后由受赞助单位代表发言,表达对赞助单位的感谢。

⑤ 来宾代表发言。根据惯例可以邀请政府有关部门的负责人讲话。其讲话主要是肯定赞助单位的义举,呼吁全社会积极倡导这种互助友爱的美德。该项议程,有时也可略去。至此赞助会结束。

⑥ 会后,双方主要代表及会议的主要来宾,应合影留念。此后,宾主双方稍事晤谈,来宾即应告辞。

(4) 效果检测。赞助活动结束后,还应对参加赞助的效果进行评价。一方面依据媒介报道和广告传播的情况测定组织在活动中的地位、作用、角色如何,公众对组织以及整个活动有何反响,组织的形象在多大程度上得到了改善等。另一方面要对参加赞助的全过程进行回顾和总结,看一看组织参加的这次赞助与赞助目标和赞助规划是否相符,落实赞助的公关人员的公关技巧和能力如何,本单位是否适宜用这样的方式赞助这种性质的活动等。评价总结的结论应写成书面报告,一份送交有关领导,另一份归档储存,为以后的赞助研究提供参考。

四、赞助活动应注意的事项

赞助活动的策划组织实施是一门艺术,并不是组织的任何赞助活动都会取得预期的效果,因此,在具体实施赞助活动时,接待和礼遇方面需要注意以下几点。

① 在准备阶段,要经常向赞助企业提供筹备信息,征求他们的意见,以示尊重;确定双方的固定联系人;根据协议向赞助企业提供各种免费沟通条件;积极配合赞助企业与新闻界建立密切的联系,为他们之间的友谊推波助澜,这样赞助企业会由衷地表示感谢,产生好感;针对赞助企业的个性、喜好、期望和愿望,尽量予以满足;及早向赞助方主要负责人发送参加活动的书面邀请。

② 在整个活动期间派有影响的人物(如著名运动员、教练员或其他名人)陪伴赞助企业;在吃住方面尽可能地给予较高规格;邀请对方感兴趣的人物(明星、商家、官员)陪同叙谈;邀请赞助企业出面主持某些公开活动,如授奖、晚会、新闻发布会等,并予以最大限度的曝光;尽可能地让赞助企业享受某些特权和优待,如领导人会见、显眼的贵宾席和停车位置、贵宾接待室等。

③ 活动结束后再次感谢赞助企业的支持,赠送纪念品如奖杯、照片、剪报、录像等。

课后练习

一、实训题

1. 某化妆品公司为了提升企业形象，决定对《同一首歌》栏目进行赞助，但是赞助企业太多，并且其中的许多企业实力更强，名气更大，若增加赞助金额，又会在财力方面捉襟见肘，请你帮助该公司提出解决问题的办法。

2. 联想集团一直热衷于社会公益事业，最近，公司董事会决定对我国养老事业进行赞助，请结合赞助活动相关知识，写出该赞助活动的程序和注意事项。

3. 清泉饮品股份有限公司一直热心于社会公益事业。最近，公司董事会决定赞助2014年南京青奥会。请结合本次活动说明组织社会赞助活动应注意哪些问题。

二、案例分析

百威英博的赞助活动

中国青少年发展基金会2015"挑战8小时"大型公益徒步活动于9月12日在北京西山国家森林公园开走，三千余人参与。世界领先的啤酒公司百威英博是此次活动的冠名赞助爱心企业，不但企业员工组队参与了活动，他们还将在中西部乡村小学建设10个百威英博"希望工程快乐体育园地"。

"挑战8小时"是中国青基会发起的大型公益徒步活动，今年的"挑战8小时"设立两个组别，家庭组（3～4人）与挑战组（4人），团队成员须在8小时内共同完成15公里（家庭组）、30公里（挑战组）徒步的挑战，并发挥创意与热忱，向亲朋好友寻求"打赏"，筹集的善款将用于"希望工程1+1"和"快乐体育园地"项目。

"挑战8小时"意味着徒步和筹款的双重挑战，它让所有参与者共同体验"运动＋公益"的生活方式。除了参加徒步筹款活动，参与者在日常生活中也可以不断挑战自己，实现自我突破，让公益融入每个人的生活之中，收获健康和成就他人的快乐。

自2012年至今，"挑战8小时"已成功举办了三届，有近三千人报名参加，两千多名志愿者参与服务，累计筹集善款2291173.82元，援建"希望工程快乐体育园地"20个，捐赠图书10余万册，直接受益学校达到112所，直接受益学生超过三万人。百威英博从第一届"挑战8小时"开始就是活动的积极参与者，每年都有更多的员工志愿者用自己迈出的步伐助力希望工程的建设。

百威英博亚太区法律及企业事务部副总裁王仁荣表示："与青少年发展基金会合作，在百威英博企业足迹所到之处援助希望工程和周边社区，是我们履行企业公民责任的重点项目。通过参加"挑战8小时"这种创新公益活动，我们希望唤起更多人对希望工程的关注和支持，一步步实现百威英博'携手你我，酿造更美好世界'的梦想。"

百威英博至今已经在中国建立了11所希望小学，并且还与中国青少年发展基金会合作为百威英博希望小学捐建了5个"百威逐梦"足球场，促进孩子们的全面发展。在物质捐赠之外,百威英博每年都会组织全国各地员工,与当地政府和社区一起开展志愿走访活动,以实际行动关爱希望小学的孩子们。仅 2015 年"六一"儿童节当天,百威英博的员工就贡献了超过 1440 小时志愿时长。

（资料来源：http://www.9998.tv/news/118236.html.）

思考与讨论：

（1）百威英博的赞助活动有何独到之处？

（2）百威英博的赞助活动的公共关系成效表现在哪些方面？

评价考核

评价考核内容见表 19-1。

表 19-1　商务公关主体考核表

内　容		评　价	
学习目标	评价内容	小组评价 (5、4、3、2、1)	教师评价 (5、4、3、2、1)
应知应会知识	赞助活动的含义		
	赞助活动的步骤		
专业能力	精心策划赞助活动		
	成功实施赞助活动		
通用能力	策划能力		
	组织能力		
	创新能力		
态度	强化公共关系意识、热爱公共关系工作		
努力方向：		建议：	

任务20

组织参观活动

学习目标

- 明确开放参观活动的类型；
- 能够制订开放参观活动方案；
- 能够成功地组织开放参观活动。

案例导入

伊利开放工厂夯实品牌底蕴

作为中国乳制品行业的知名品牌,伊利乳业于2013年4月6日全面启动"伊利工厂开放之旅"活动,结合"态度决定品质"的年度传播主题,伊利诚邀消费者走进工厂,接受社会各界的监督,充分保证消费者的知情权和监督权。以务实获得信任,靠开放寻求发展。伊利向社会表态:率先自律,坚实的品牌底蕴将通过实干得来,行业公信力要通过卓越的产品品质树立。

"伊利工厂开放之旅"有三大亮点,即"全年""全国""全民"。

"全年"——参观活动自4月6日起启动,将持续贯穿2013年全年。

"全国"——北至黑龙江肇东,南至广东佛山,西起宁夏吴忠,东到江苏苏州,本次开放的伊利工厂基本实现了全国性覆盖。

"全民"——全国各地的消费者只需上网搜索"参观伊利",或登录伊利官网按照页面提示,选择距离最近的伊利工厂,简单几步即可完成预约。伊利公司将在工厂所在城市或临近城市,提供免费专车接送,并全程配备专业的讲解员,一一解答消费者对于伊利产品的各种提问。

在首日的"伊利工厂开放之旅"活动中,通过讲解员的专业讲解,消费者了解到,伊利在产品的生产过程中,引进了国际领先的设备,采用先进的机械化挤奶技术。在原奶运输环节中,全程采用GPS监控,确保牛奶安全到厂。整个生产环节,采用真空灌装技术,确保全程无菌、密闭。

　　此外，活动当天还有一位特殊的消费者来到伊利工厂，她就是伊利品牌代言人、著名女子网球运动员李娜。在活动现场，李娜变身"导游"，亲自带领来自全国的热心消费者走进伊利。李娜直言：参加此次活动，拉近了我与"粉丝"的距离，更切身感受到伊利与消费者之间的"零距离"。现场参与的消费者也普遍反映，在"零距离"接触过程中，一些细节让人倍感宾至如归。特别是工厂内每一位伊利员工的微笑和问候，专业讲解员的一路陪同和细致入微的解说，都让他们感觉到作为"公众质监员"，他们已经成为伊利大家庭的一分子。

　　务实和开放，是伊利成就品质的态度，更是伊利成就梦想的基石。这不仅仅是伊利人肩负的使命，更是千千万万伊利的消费者，甚至是所有的中国老百姓对安享"放心食品"的期待。

　　"伊利工厂开放之旅"用诚恳的态度，表达了伊利"成为世界一流的健康食品集团"的信心，也验证了伊利"态度决定品质"的品牌主张，为整个中国乳制品行业重塑公信力创造了一个良好的开端。

　　（资料来源：http://city.ifeng.com/cskx/20130409/359450.shtml.）

　　问题：企业如何成功地举办开放参观活动？

任务设计

　　开放参观是指商务组织为了让公众更好地了解自己，利用某个契机或定期或不定期地将组织内部有关场所和工作流程，向组织内外公众开放，以增强内部凝聚力、扩大组织知名度、塑造组织形象，从而不断提高该组织美誉度的一种公共关系活动。其主要作用是加深公众对商务组织的了解，引起公众对商务组织的兴趣，解除公众对商务组织的误解或者扭转公众对商务组织的不良印象。

　　这里我们通过为你所在的学校模拟组织一次"校园开放参观日"活动的方式来完成本"任务"的学习，具体操作要求如下。

组织"校园开放参观日"活动

实训目的：

掌握开放参观活动的操作步骤，成功地组织开放参观活动。

实训步骤：

（1）将全班同学分为3组，第一组制订"校园开放日活动"方案，方案应包括参观主题、内容、时间、地点、宣传、接待等内容。

（2）第二组请拟出"校园开放日活动"的接待细节。

（3）第三组同学扮演来访考生、家长以及接待人员，模拟参观现场。

实训总结：

（1）各组对本次实训进行总结。

（2）指导教师进行点评。

一、开放参观的类型

1. 专题性参观和常规性参观

专题性参观是有特定的目的、围绕一个专门确定的主题而进行的。常规性参观一般没有特定的主题,是组织常规工作的一项内容。

2. 特殊参观和一般参观

特殊参观就是对特定公众对象开放的参观。如上级部门领导人的视察,组织学生来单位参观等。一般参观就是对公众对象不加限制的参观。这种参观应事先通过"安居民告示"或其他传播手段广泛宣传开放参观的目的、时间及参观须知,争取尽可能多的参观者来组织进行参观。

二、开放参观活动的组织实施

开放参观不仅是提高组织知名度、美誉度以及争取社会各界理解与合作的重要手段,而且是激发本组织成员的自豪感与凝聚力的有效措施。因此,许多商务组织将成功地开展这类活动作为组织进行公关策划经常选择的方式。要使开放参观活动取得良好效果,需把握以下环节。

1. 确定主题

开放参观活动是一项细致而复杂的工作,涉及组织内部和外部的各种因素,一定要明确开放参观的目的是什么,解决组织什么问题,达到什么样的目标和效果,只有在此基础上,才有可能进一步策划和组织好参观活动,使整个活动有的放矢地进行。

开放参观的主题主要有以下四个方面:一是扩大组织的知名度,提高美誉度;二是促进组织的业务拓展;三是和谐组织与社区的关系;四是增强员工及其家属的自豪感。

2. 安排参观内容

要根据主题来安排开放参观的内容。参观的内容一般包括:①情况介绍:事先准备好简明生动、印刷精良的宣传小册子。②现场观摩:让参观者参观现场。如生产经营设备和工艺流程;厂区环境或营业大厅;员工的教育和培训设施;组织的科技开发(实验)中心;组织服务、娱乐、福利、卫生等设施。③实物展览:参观组织的成果展览室;可以陈列资料、模型、样品等实物。此外,参观活动内容的确定还要考虑到参观者的需要和兴趣。

3. 选择参观时间

开放参观活动时间,主要是针对公众开放参观的时间,应尽可能安排在一些具体有特殊意义的日子,如周年纪念日、开业庆典活动等,使参观者有充足的时间和兴趣来参观,同时要避开一些重大政治事件、新闻事件和节假日。此外还要考虑季节和气候因素,太热或太冷都不宜安排开放参观。要尽可能为开放参观活动留有足够时间做准备工作,较大规模的开放参观活动一般需 3～6 个月的准备时间,更大规模地或极为特殊地开放参观活动则需要更多时间。另外,由于工作需要,一些部门负责人、党政要员、专家学者、社会名流、外商等的开放参观可以没有时间限制,可根据他们的需要,随时组织参观。

4. 安排参观路线

开放参观的线路由参观的内容来确定,组织是全局开放还是局部开放,由组织的决策部门审定。在此基础上再确定开放参观的路线,并在开放参观路线的拐角处设置路标,有利于参观者按路线有顺序地进行参观。开放参观活动不是一种自由随便的活动,不能任由参观者随意参观,要提前拟好开放参观路线,制作向导图及标志,标明办公室、餐厅、休息室、医务室、卫生间等有关方位。如有保密或安全需要,应注意防止参观者越过所限范围,以免发生意外的伤亡事故影响正常的工作程序。

5. 落实参观者

组织应根据参观活动的目的和主题选择相应公众。对参观公众的邀请,可以通过广告发布信息,还可以向有关公众发出邀请信(函),邀请既要重视目标公众,又要充分考虑一般社会公众,尽可能邀请一些党政要员、社会名流、明星来参观,以制造新闻点。同时还要考虑组织的接待能力,邀请参观的时间不要太集中,应分期分批安排。要编制来宾名册,对参观者进行签到、留言,以便为事后统计做依据。

6. 培训工作人员

开放参观活动要有一些具有一定素质的接待人员和导游从事接待组织工作。要组织专门的接待人员和导游接受培训,使他们不但充分了解组织的情况,具有一定的专业知识,还应具有一定的公关素质,特别是演讲口才、接待礼仪等,这样才能把开放参观活动开展得生动、活泼、有声有色,给参观者留下深刻的印象,为组织树立良好的形象。

7. 准备辅助设施和纪念品

辅助设施有停车场、休息场所、会议室等。参观场所应设路标,对特殊参观者还应根据参观对象进行特别的准备,如用餐、用车等。另外还要准备好象征组织的产品,代表组织形象的小型纪念品。如果是外宾,应多选择一些有地方或民族特色的产品作为礼物。

8. 做好宣传工作

为了配合开放参观活动的有效进行,要积极做好传播宣传工作,尽可能邀请新闻记者参加,为他们的采访报道提供便利条件。此外,还应准备各种有关的宣传材料,如广告、关于组织和产品的说明书、画册、纪念册,配备有关的视听材料供参观者播放。

为了使开放参观活动起到应有的效果,说明书或宣传材料应简单、通俗易懂。在开放参观之前,可以先放录像片或幻灯片进行介绍,帮助参观者了解组织的主要概况。然后再由向导陪同参观,沿开放参观线路作进一步解释和说明。一般最好将参观者分成十人以内的一个小组,这样既便于组织,又能让参观者听清讲解。公关人员的解说词要写得简明扼要,主要配在图表、数字、模型、样品下方,标语一般写在前面或后面,还可用照片来增加展览的形象性,为小组参观者留下好印象。

9.搞好接待工作

开放参观接待工作是针对接待任务进行总体安排并予以执行实施的过程,一般包含以下几项内容:一是为开放参观活动所做的安排、协调、引领、衔接工作。这包括制订总体接待方案;联系协调相关部门,下达和分配具体接待任务;按照方案调度车辆,搞好宣传讲解,确保开放参观活动高效、有序运转。二是礼仪工作,包括迎送、陪同、会见、纪念性礼品赠送等,旨在通过礼仪向公众表达尊重和友好。三是生活安排及其他有关服务,包括住宿与餐饮的安排;返程票务订购;物品托运等。旨在通过生活服务,方便参观者活动,进一步体现对参观者的关心和友爱。

10.参观后工作安排

参观活动结束以后,还需要进行一系列的公关活动,比方说,致函向来宾道谢、登报向各界鸣谢、召开参观者代表座谈会等。目的是听取各方意见和建议,以便有利于改进日后管理。

三、开放参观的注意事项

组织对外开放参观活动虽然是件很繁杂的工作,但又是一项很好的公关活动。为了使开放参观活动收到应有的公关效果,在组织开放参观活动时,必须注意以下事项。

1.结合参观者的要求和组织的自身情况

组织公众参观活动,既要有针对性,又要适合参观者的兴趣爱好。要恰如其分地介绍组织情况,在不泄露机密的前提下,使参观者对组织有较为深入的了解。

2.注重细节安排

要妥善安排参观活动的每一个细节,防止出现不必要的失误。要虚心征求参观者意见和建议,积累经验,使开放参观活动产生更加积极的效果。在开放参观过程中,如果参观者提出特殊要求,工作人员要注意先与有关管理人员或负责人商讨后再作答复,以免妨碍正常工作或发生意外问题。

3.安排适当的休息时间

如果开放参观活动的时间较长,注意中间要安排适当的休息时间。如果参观人员远道而来,企业还要搞好食宿交通等后勤保障工作。

课后练习

一、实训题

上海大众集团将对力帆集团进行为期四天的参观考察,假如你是力帆集团的公关人员,请拟订参观接待方案。

二、简答题

1. 小杨是某企业的公关部经理助理,一批客人要来公司参观,他将承担接待工作,请问,他至少应做好哪些准备工作?

2. 兄弟院校的领导和老师要来参观你所在职业技术学院的实训室,如果你来接待客人参观,你将如何做好这项工作?

三、案例分析

案例 1　丰田汽车展楼

日本丰田公司以参观活动作为树立公司形象、推销产品的重要手段,它不仅欢迎顾客参观公司,而且想办法招揽参观者。为此,公司专门盖了一栋楼房。一楼陈列公司的各种资料、零件和成品;二楼、三楼有冷暖设备,是放电影的大礼堂;四楼、五楼则为套房,给最近 10 年买过公司汽车的参观者免费住宿。这样一来,丰田公司顾客盈门,那些想买丰田汽车的人不辞劳苦,前来公司参观,了解各种型号汽车的性能、优缺点,以便做出最佳选择。

(资料来源:http://club.autohome.com.cn/bbs/thread-c-872-22859881-1.html.)

思考与讨论:

(1) 日本丰田汽车公司此做法对其产品的促销有何意义?

(2) 试用所学相关公共关系知识分析此案例。

案例 2　家属参观电视台

年底,某电视台举办了一次开放参观活动,邀请的参观者就是员工家属。电视台台长十分重视这次活动,不仅组织人员做了大量的准备,如印发通知、安排会场、准备茶点等,而且亲自向家属介绍电视台的历史和现状。台长充分肯定了家属们对电视台工作的支持,并致以衷心的感谢;家属们被邀至各摄影室,并获得了在电视中露面的机会。这一系列的活动安排虽然花费了许多精力,但却使许多员工家属得到了满足。他们觉得平日为家务操劳,今日得到了认可和感谢,从而也会更加支持家人的工作。

(资料来源:http://www.360doc.com/content/10/0325/12/1057007_20190031.shtml.)

思考与讨论:

(1) 电视台为何要搞这次参观活动?他们的目的达到了吗?

（2）对电视台的这次公关活动,你有什么认识?

评价考核

评价考核内容见表20-1。

表 20-1　商务公关主体考核表

内　　容		评　　价	
学 习 目 标	评 价 内 容	小组评价 (5、4、3、2、1)	教师评价 (5、4、3、2、1)
应知应会知识	开放参观的作用		
	开放参观的类型		
专业能力	策划开放参观活动		
	组织与实施开放参观活动		
通用能力	策划能力		
	组织能力		
	创新能力		
态度	强化公共关系意识、热爱公共关系工作		
努力方向:		建议:	

项目6

此生何处不相逢
——交际型商务公共关系

所谓以礼待人,即用你喜欢的别人对待你的方式对待别人。

——[英]查理德·菲尔

交际型商务公共关系是指仅借助于人际沟通媒介,通过人与人之间的交往,开展公共关系社交活动。交际型商务公共关系包括:商务接待、商务拜访和商务宴请。

任务21

商务接待

学习目标

- 做好接待客户的准备工作；
- 到交通工具停靠站迎宾符合礼仪规范；
- 接待客户的过程中,讲究陪车、引导客人、奉茶等礼仪；
- 陪同客人旅游符合礼仪规范；
- 送别客户符合礼仪规范。

案例导入

如 此 接 待

一天上午,惠利公司前台接待人员小张匆匆走进办公室,像往常一样进行上班前的准备工作。她先打开窗户,接着,打开饮水机开关,然后,翻看昨天的工作日志。这时,一位事先有约的客人要求会见销售部李经理,小张一看时间,他提前了30分钟到达。小张立刻通知了销售部李经理,李经理说正在接待一位重要的客人,请对方稍等。小张就如实转告客人说:"李经理正在接待一位重要的客人,请您等一会儿。"话音未落,电话铃响了,小张用手指了指一旁的沙发,没顾上跟客人说什么,就赶快接电话去了。客人尴尬地坐下……待小张接完电话后,发现客人已经离开了公司。

（资料来源：http://www.gdld.org/viewthread.php? tid＝5403,2010-09-12.）

问题：怎样利用商务接待赢得公众认可,尤其是客户对企业的支持？

任务设计

商务接待是商务公关中的一项经常性工作。随着全球经济一体化,各企业形象意识的增强,商务接待工作也更加讲究规范。商务接待已经成为决定企业营销成败、公关成败的因素之一。

　　做好商务接待工作,要求商务人员有良好的组织能力、协调能力、沟通能力和应变能力,从商务接待的准备工作,到商务接待过程中的迎送的礼仪规范,需要每位商务人员认真对待并熟练掌握。严谨、热情、周到、细致的商务接待工作,会给客人留下深刻的印象,大大加强客户对公司的了解,从而增强与公司合作的信心,促进双方业务的开展,全面提升公司在客户心目中的形象地位。在上面案例中接待人员小张说话随意,忽视客人,甚至对其置之不理,使客户不辞而别,失望而去。作为商务人员要吸取其中的教训,做好商务接待工作。

　　为了完成本项任务的学习,建议在班级举行一次"商务接待模拟训练",具体如下。

商务接待模拟训练

实训目的:

熟悉商务接待的有关礼仪规范,能够正确运用这些礼仪规范。

实训准备:

办公家具、茶具、茶叶、热水瓶或饮水机、企业宣传资料等。

实训方法:

一部分学生扮演来访客户,一部分学生扮演某企业的商务人员接待客户,模拟演示以下情景:

(1) 在门口迎接客人;

(2) 引导客人前往接待室;

(3) 与客人搭乘电梯;

(4) 引见介绍;

(5) 招呼客人;

(6) 为客人奉送热茶;

(7) 送别客人。

演示完毕后,可两组人员角色对调,再演示一遍。

一、做好商务接待的准备

　　商务接待,是给客人以良好第一印象的最重要工作。在商务接待工作中,把迎宾工作做好,对来宾表示尊敬、友好与重视,客户就会对东道主产生良好印象,从而为下一步深入接触打下基础。在商务接待工作中,要注意做好以下前期准备工作。

1. 掌握客户基本状况

　　商务人员一定要充分掌握客户的基本状况。这些情况有:来访客户的人数(包括几男几女)、身份、所搭乘的交通工具,甚至还包括饮食习惯、民族和一些宗教信仰。这样可方便安排接待、用餐和住宿。如果来访者中有身份很高的客户,商务人员要考虑请公司相关领导出面参与接待。如果来宾尤其是主宾曾经来访过,则在接待规格上要注意前后一致,无特殊原因不宜随意升格或降格。客户如报出自己一方的计划,比如来访的目的、来访的行程、来访的要求等,应在力所能及的前提下满足其特殊要求,尽可能地给予照顾。

2. 制订具体接待计划

为了避免疏漏,一定要制订详尽的接待计划,以便按部就班地做好接待工作。根据常规,接待计划至少应包括迎送方式、迎送规格、交通工具、膳宿安排、工作日程、文娱活动、游览、会谈、会见、礼品准备、经费开支以及接待、陪同人员等基本内容。对于客户来访可能讨论到的问题要有充分准备,客户谈什么、怎么谈,承诺什么、怎么承诺,询问什么、怎么询问等问题,要做到心中有数,提前预演。这样一来,当谈到这些问题的时候,才能迅速、规范地做出反应,以免被动。

3. 确认客户抵达时间

有时候,客户到访时间或因其健康状况,或因紧急事务缠身,或因天气变化、交通状况等的影响,难免会有较大变动。因此,接待方务必要在对方正式启程前与对方再次确认一下抵达的具体时间,以便安排迎宾事宜。

4. 做好客户住宿安排

如果接待方要替客户安排住宿,就要问清楚客户需要多少房间,住宿的标准要求,对住宿有无特殊要求。接待方承担住宿费用时,要充分考虑交通、环境、饮食、气温、朝向、宗教信仰、生活习惯等因素,为客户选择一个适宜的住宿地点。如果是外国客户,应尽量安排在国际连锁酒店,这样无论是语言还是饮食,都符合他们的习惯。安排住宿时,如果是多位客户,订的又是双人标准间,则应该由客户方自己自由组合。

二、商务接待的具体礼仪

1. 交通工具停靠站迎宾礼仪

(1)迎宾人员。一般来说,迎送人员与来访客户的身份要相当,但如果乙方当事人因临时身体不适或不在当地等原因不能前来迎送也可灵活变通,由职位相当的人士或由副职出面。遇到这种情况,应从礼貌出发向对方做出解释。另外,迎宾人员最好与来访客户专业对口。

(2)迎宾地点。来访客户的地位身份不同,迎宾地点往往也有所不同。一般情况下,迎宾的常规地点有:交通工具停靠站(机场、码头、火车站等),来宾临时住所(宾馆),东道主的办公地点门外等。在确定迎宾地点时,还要考虑以下因素:双方的身份、关系及自身的条件。

(3)迎宾时间。到车站、机场去迎接客人,应提前到达,绝不能迟到让客人久等。客人刚下飞机或下车就能瞥见有人等候,一定会感激万分;如果是第一次到这个城市,还能因此获得一种安全感。若迎接来迟,会使客人感到失望和焦虑不安,还会因等待而产生不快,事后无论怎样解释都无法消除这种失职和不守信誉造成的坏印象。

(4) 迎宾标识。如果迎接人员与客人素未见面,一定要事先了解一下客人的外貌特征,最好举个小牌子去迎接。小牌子上尽量不要用白纸写黑字,这样会给人晦气的感觉;也不要写"××先生到此来",而应写"××先生,欢迎您!""热烈欢迎××先生"之类的字样;字迹力求端正、清晰,不要用草书书写。一个好的迎宾标识,既便于找到客人又能给客人留下美好印象——当客人迎面向你走来时会产生自豪感。在单位门口,不要千篇一律地写上"Welcome"一词,而应根据来宾的国籍随时更换语种,这样会给来宾一种亲切感。

(5) 问候与介绍。接到客人后,切勿一言不发、漠然视之,而要先与之略作寒暄,比如说一些"一路辛苦了""欢迎您来到我们这个美丽的城市""欢迎您来到我们公司"之类的话。然后要向客人介绍自己的姓名和职务,如有名片更好;客人知道你的姓名后,如一时还不知如何称呼你,你可以主动表示:"就叫我小×或××好了。"其他接待人员也要一一向客人作自我介绍,有时可由领导介绍,但更多的时候是由秘书承担这一职责。在作介绍时,态度要热情,要端庄有礼,要正视对方并略带微笑,可以先说"请允许我介绍一下",然后按职务高低将本单位的人员依次介绍给来宾。对于远道而来、旅途劳顿的来宾,一般不宜多谈。

(6) 握手。握手是见面时最常见的礼节,双方相互介绍之后应握手致意。握手时,要注视对方,微笑致意,并使用"欢迎您"等礼貌用语。迎接来宾时,迎宾人员一定要主动与对方握手。

(7) 献花。有时迎接重要宾客还要向其献花,一般以献鲜花为宜,并要保持花束的整洁、鲜艳。在社交场合,献什么花、怎么献花,常因民族、地域、风情、习俗、目的的不同而有所区别。一般情况下,应注意从鲜花的颜色、数目和品种三个方面加以考虑。

(8) 为客代劳。接到来宾后,在走出迎宾地点时应主动为来宾拎拿行李,但对来宾手上的外套、坤包或是密码箱等则不必"代劳"。客人如有托运的物件,应主动代为办理领取手续。

2. 陪车礼仪

来访客户抵达后从交通工具停靠站到住地以及访问结束后由住地到交通工具停靠站,有时需要主人陪同乘车。

主人在陪车时,应请客人坐在自己的右侧。有司机的时候,后排右位最佳,应留给客人。上车时,应主动打开车门,以手示意请客人先上车,自己后上。一般最好让客人从右侧门上车,主人从左侧门上车,以免从客人座前穿过。如客人先上车坐到了主人的位置上,则不必请客人挪动位置。

在接待客人时,客人一般会对将要参加的活动的有关背景资料、筹备情况、有关的建议,当地风土人情、气候、物产,富有特色的旅游点,近期本市发生的大事,本市知名人士的情况,当地的物价等感兴趣。所以,接待人员要向客人就上述信息做必要的介绍。

3. 宾馆入住与探访

将来访客户送至宾馆,要主动代为办理登记手续,并将其送入房间。进入宾馆房间后,应告知来访客户餐厅何时营业,有何娱乐设施,有无洗衣服务等以便客人心中有数。来访客户一到当地,最关心的就是日程安排,所以应事先制订活动计划。来访客户到宾馆后,应马上将日程表送上,以便其据此安排私人活动。根据活动安排,来访客户将与哪些人会面与会谈,也应向其作简略介绍。为了帮助来访客户尽快熟悉访问地的情况,还可以准备一些有关这方面的出版物给客人阅读,如本地报纸、杂志、旅游指南等。考虑到来访客户旅途劳累,主人不宜久留,应让其早些休息,分手前要说好下一次见面的时间和地点,并留下自己的地址和电话号码,以便来访客户有事时联系。

从客户入住,到来探访的时间不宜太长,太长了会显得不礼貌;也不能太短,太短了,也许客户还没来得及整理行李,有的女士还要换一下服装,洗脸后略施淡妆。一般在客户入住至少一个小时之后来探望比较合适。对于这一点,也应该事前让客户知道,以便让他们有所准备。如果客户身份比自己高,最好请公司相关领导与自己一同探望,以显郑重。

4. 引导客人的礼仪

(1)向客户行鞠躬礼。15°的鞠躬行礼是指打招呼,表示轻微寒暄;30°的鞠躬行礼是敬礼,表示一般寒暄;45°的鞠躬行礼是最高规格的敬礼,表达深切的敬意。在行礼过程中,不要低头,要弯下腰,但绝不能看到自己的脚尖;要尽量举止自然,令人舒适;切忌用下巴跟人问好。

(2)引导手势要优雅。男性接待人员在做引导时,应该是当访客进来的时候,需要行个礼,鞠个躬,手伸出来的时候,眼睛要随着手动,手的位置在哪里眼睛就跟着去哪里。如果访客问"对不起,请问经理室怎么走",千万不要口中说着"那里走",手却指着不同的方向。女性接待人员在做指引时,手就要放下来,否则会碰到其他过路的人,等到必须转弯的时候,需要再打个手势告诉访客"对不起,我们这边要右转"。打手势时切忌五指张开或表现出软绵绵的无力感。

(3)注意"危机"提醒。在引导过程中,要注意对访客进行危机提醒。比如,在引导访客转弯的时候,熟悉地形的接待人员知道在转弯处有一根柱子,就要提前对访客进行危机提醒;如果拐弯处有斜坡,就要提前对访客说"请您注意,拐弯处有个斜坡"。对访客进行危机提醒,让其高高兴兴地进来,平平安安地离开,这是每一位接待人员的职责。

(4)上下楼梯的引导方式。引导客户上楼梯时,假设接待者是女性,应请客人先走,客人从楼梯里侧向上行,引导者走在中央,配合客人的步伐速度引领;而引导客户下楼梯时,引导者应走在客人的前面,客人走在里侧,引导者走在中间,边注意客人动静边下楼梯。

(5)在走廊和电梯的引导方法。在走廊,接待人员应在客人的左斜前方,距离两三步远,配合步调。若左侧是走廊的内侧,应让客人走在内侧。引导客人乘坐电梯时,接待人员先进入电梯,等客人进入后关闭电梯门,到达时,接待人员按"开"的钮,让客人先走出电梯。

(6)注意开启会客室大门。会客室的门分为内开和外开,在打开内开的门时不要急着把手放开,这样会令后面的宾客受伤;如果要开外开的门,就更要注意安全,一旦没有控制好门,很容易伤及客户的后脑勺。所以,开外开门时,千万要用身体抵住门板,并做一个请的动作,当客人进去之后再随后将门轻轻地扣住,这是在维护客人的安全。

(7) 会客室安排和客厅引导方法。正常情况会客室座位的安排:一般会客室离门口最远的地方是主宾的位子。假设某会议室对着门口有一个一字形的座位席,这些位子就是主管们的位子,而与门口成斜角线的位子就是主宾的位子,旁边是主宾的随从或者直属人员的位子,离门口最近的位子安排给年龄辈分比较低的员工。特殊情况时会客室座位的安排:会客室座位的安排除了遵照一般的情况,也要兼顾特殊。有些人位居高职,却不喜欢坐在主位,如果他坚持一定要坐在靠近门口的位子时,要顺着他的意思,让客人自己去挑选他喜欢的位置,接下来只要做好其他位子的顺应调整就好。当客人走入客厅,接待人用手指示,请客人坐下,看到客人坐下后,才能行点头礼再离开。如果客人错坐下座,可提醒客人改坐上座,但不要勉强。

5. 奉茶的礼仪

在商务接待中,人们容易忽略奉茶中的一些小细节,从而扼杀了合作的良机。注重奉茶的细节和礼仪,才能给客户留下良好的印象,并营造出和客户商谈的融洽氛围,顺利实现企业的营销目标。奉茶要注意以下礼仪。

(1) 多准备几种茶叶。对于茶,不同的客户有不同的喜好,有人喜欢绿茶,有人喜欢红茶,有人喜欢花茶……要想让客户满意,不妨绿茶、红茶、花茶、乌龙茶等各类常见茶叶都备上一点,因人而异,投其所好沏茶。

(2) 茶具要专业。现在,许多人为了方便,常常用一次性纸杯沏茶。生活中这无可厚非,然而在客户接待中,却显得对客户不太尊重,也让客户自此会轻视你。为客户奉茶,最好备有专业茶具,且茶具不能有破损和污垢,要洗干净、擦亮,这样才能更好地发挥茶的作用,营造商谈的和谐氛围。

(3) 奉茶有讲究。奉茶多是在主宾交谈之时,这时为了不打扰客户商谈的情绪,尽量从客户的左后侧奉茶,条件不允许时也可从右后侧奉茶,切不可从其正前方奉茶。

在给客人奉茶时,杯内的茶水倒至八分满即可,不可倒满,免得溢出来溅洒到客人身上。茶水冷热也要控制好,千万别烫着客人。茶水要清淡,除非客户主动提出浓茶要求。端送茶水最好使用托盘,既雅观又卫生;托盘内放一块抹布更好,以便茶水溢出时擦拭。端茶时,有杯柄的茶杯可一手执杯柄一手托在杯底或单手执杯柄;若茶杯没有杯柄,注意不要用手握住茶杯,以减少手指和杯沿部分的接触,更不可把拇指伸入杯内。

奉茶时可以按由右往左的顺序逐个奉上,也可按主要宾客或年长者——其他客人、上级领导——其他客人这个顺序敬奉。

(4) 上茶不多三杯。中国人待客有"上茶不过三杯"的说法,第一杯叫敬客茶,第二杯叫续水茶,第三杯叫送客茶。如果一再劝人用茶,却又无话可讲,则有提醒来宾"打道回府"的意思。在面对较为守旧的客户时切忌多次劝茶和续水。

6. 陪同旅游

对远道而来的客户,特别是重要客户,如果第一次来这个城市,陪同客户旅游也是常用的公关手段。具体包括以下方面①。

（1）事先安排。如果想安排客户在本地旅游,首先要看客户的行程安排是否允许。如果不知道,可以将陪同游玩的设想及日期告诉客户。征得客户的同意后再将旅游线路(含主要景点简介)、所需时间等信息,告诉客户方,以征求其意见和建议。从日期上来说,应该是处理完公务以后。游玩路线安排上,景点不在多,重在著名、安全、健康、有特色、有纪念意义等。游玩之前要安排好交通工具,如果随旅游团旅游,就要事先在正规的旅行社办好手续。在游玩当天,还要带上充足的饮料、零食、纸巾等物品。

客户方如果只有两三个人甚至一个人,自己一个人陪同就可以了;客户方有身份较高者时,就应酌情再邀请公司身份和对方差不多的同事一起陪同,当然如果自己和对方很熟,也可以自己陪同。客户方人数较多的话,陪同人员就不宜一人,否则也不方便照顾。

（2）注意事项。既然是旅游,而且是陪同客户旅游,应该本着"舒适、尽兴、安全"的原则,所以无论是交通安排上,还是饮食或者旅游具体项目的选择上,一定要保证质量和档次。在景点买票时,安排好客户稍事休息,自己去排队;如果有比自己身份低的同事在,可以请同事去买票,自己陪客户聊天,以免冷落客户。

陪同游玩时,应向客户介绍景点,特别是一些有趣的典故更要介绍。自己不清楚的话,就应事先查阅相关资料,做足功课。还有本地的特色小吃,游玩过程中应该特别安排品尝。

当地特色的旅游纪念品,商务人员应该主动人手一份地替客户买好。如果还有没一起来的、自己也认识客户单位的其他人,特别是领导人员,应该购买后托来访的客户捎回。即使客户再如何要求,都不能让客户自己付用餐、交通、旅游项目上的费用。游玩本就是一项"体力活",所以旅游期间要安排好餐饮、休息,不能疲劳地连轴转。

7. 送别礼仪

俗话说:"出迎三步,身送七步。"送别,是留给客人良好的最后印象的一项重要工作。不管你前面的接待工作做得多么周到,如果最后的送别让来访客户备受冷落,整个接待工作就会功亏一篑。做好送别工作,关键在于一个"情"字。具体而言,送别时应注意以下礼仪。

（1）提出道别。在日常接待活动中,宾主双方由谁提出道别是有讲究的。按照常规,道别应当由来访客户先提出来,假如主人首先与来客道别,难免会给人以厌客、逐客的感觉。

（2）送别用语。宾主道别,彼此都会使用一些礼貌用语表达对对方的惜别之情,最简单、最常用的莫过于一声亲切的"再见!",除此之外,"您走好!""有空多联系!""多多保重!"等也是得体的送别用语。

（3）送别的表现。一般来访客户告辞离去,商务人员只需起身将其送至门口,说声"再见"即可。如果上司要求你代其送客,则应视需要将来访客户送至相应地点:如果对方是常客,通常应将其送至门口、电梯门口或楼梯旁、大楼底下、大院门外;如果是初次来

① 未来之舟.销售礼仪[M].北京:中国经济出版社,2009.

访的贵客,则要陪伴对方走得更远些。如果只将来访客户送至会议室或办公室门口、服务台边,则要说声"对不起,失陪",目送客户走远;如果将客户送至电梯门口,则宜点头致意,目送来访客户至电梯门关合为止;若将来访客户送至大门口或汽车旁,则应帮来访客户携带行李或稍重物品,并帮客户拉开车门,开车门时右手置于车门顶端,按先主宾后随员、先女宾后男宾的顺序或客户的习惯引导其上车,同时向其挥手道别,祝福旅途愉快,目送客户离去。在送别的过程中,切忌流露出不耐烦、急于脱身的神态,以免给客户匆忙打发他走的感觉。

三、商务接待时的注意事项

1. 主动热情接待客户

在来访客户到达本单位时,参与接待的相关领导和工作人员,应该前往门口迎接。进入办公室或会客室时,接待人员一般应起身握手相迎,对上级、长者、客户来访,应起身上前迎候。如果自己有事暂不能接待来访者,应安排秘书或其他人员接待来访客户,不能冷落来访客户。正在接待来访客户时,有电话打来或有新的来访者,应尽量让秘书或他人接待,以避免中断正在进行的接待。

2. 要保持亲切灿烂的笑容

笑是世界的通用语言,笑是接待人员最好的语言工具,访客接待的第一秘诀就是展现亲切笑容。当客户靠近的时候,接待人员绝对不能面无表情地说"请问找谁?""有什么事吗?""您稍等……"这样的接待会令客人觉得很不自在,相反地,一定要面带微笑地说"你好,请问有什么需要我为您服务的吗?"

3. 注意使用温馨合宜的招呼语

当接待来访客户时,最好不要或者尽量减少使用所谓的专业术语,多使用顾客易懂话语。比如医学专业术语、银行专业术语等,许多顾客无法听懂那些专业术语,如果在与其交谈时张口闭口皆术语,就会让顾客感觉很尴尬,也会使交流受到影响。所以,招呼语要通俗易懂,要让顾客切身感觉到亲切和友善。同时,应尽量使用简单明了的礼貌用语,比如"您好""大家好""谢谢""对不起""请"等,向顾客展现自己的专业风范。另外,还应该尽量使用生动得体的问候语。比如"有没有需要我服务的? 有没有需要我效劳的?"这样的问候语既生动又得体。切忌不要使用类似"找谁? 有事吗?"这样的问候语,会让客人感到不舒服,甚至会把客户吓跑。

4. 妥善处理来访客户的意见或建议

对来访客户的意见和观点不要轻率表态,应思考后再作答复。对一时不能作答的,要约定一个时间再联系。对能够马上答复的或立即可办理的事,应当场答复,迅速办理,不要让来访者无谓地等待或再次来访。对来访客户的无理要求或错误意见,应有礼貌地拒绝,不要使来访者尴尬。

课后练习

一、简答题

1. 小王做销售工作多年,积累了不少经验。近日,领导让他给新来的小张介绍一下接待客户的经验,如果你是小王你应怎样介绍?

2. 在你所在学校的"校园宣传日"里,要接待到校参观的学生家长和当年准备参加高考的考生,如果由你负责这项接待工作,你准备怎样做? 请列出接待方案。

二、案例分析

案例 1　小张错在哪里?

小张大学毕业后在扬州昌盛玩具厂办公室工作。中秋节前两天办公室陈主任通知他,明天下午三点本公司的合作伙伴上海华强贸易有限公司的刘君副总经理将到本市(昌盛玩具厂的出口订单主要来自华盛贸易公司),这次来的主要目的是了解昌盛玩具厂是否有能力、有技术在60天内完成美国的一批圣诞玩具订单,昌盛玩具厂很希望拿到这份利润丰厚的订单,李厂长将亲自到车站接站。由于陈主任第二天将代表李厂长出席另外一个会议,临时安排小张随同李厂长一起去接刘副总经理,小张接到任务后,征得李厂长同意,在一个四星级宾馆预订了房间,安排厂里最好的一辆轿车去接刘副总经理。

第二天上午,小张忙着布置会议室,通知一家花木公司送来了一批绿色植物,准备欢迎条幅,又去购买了水果,一直忙到下午2:30,穿着休闲服的小张急急忙忙随李厂长一起到车站,不料,市内交通拥堵,到车站后发现,刘副总经理已经等待了十多分钟,李厂长不住地打招呼,表示抱歉,小张也跟着说,厂子离市区太远,加上堵车才迟到的,小张拉开车前门请刘副总上车说:"这里视线好,您可以看看我们的市容市貌。"随后,又拉开右后门请李厂长入座,自己急忙从车前绕到左后门上了车,小车到达宾馆后,小张推开车门直奔总台,询问预订房间情况,为刘副总办理入住手续,刘副总提行李跟过来。小张将刘副总送到房间后,李厂长与刘副总交流着第二天的安排,小张在房间里转来转去,看看是否有不当之处。片刻后,李厂长告辞,临走前告知刘副总晚上6:00接他到扬州一家著名的餐馆吃晚饭。

小张随李厂长出来后,却受到李厂长的批评,说小张经验不够。小张觉得很冤枉,自己这么卖力,又是哪里出错了?

(资料来源:杜明汉.商务礼仪——理论、实务、案例、实训[M].北京:高等教育出版社,2010.)

思考与讨论:

(1)小张的接待准备工作充分吗?

(2)小张在礼仪上有什么不足?

(3)小张接到这份接待工作后,应该怎样做更合适?

案例 2　亲自送客的李嘉诚

很多知名企业家也很注意送人的礼节。一位内地企业家在接受电视采访时谈到了他去李嘉诚办公室拜访李嘉诚的经历。

那天,李嘉诚和儿子一起接见了他。会谈结束之后,李嘉诚起身从办公室陪他出来,送他到电梯口。更让人惊叹的是,李嘉诚不是送到即走,而是一直等到电梯上来,他进去了,再举手告别,等到门合上。

身为亚洲首富的李嘉诚肯定是日理万机,可他依旧注重礼节,亲自送人,没有丝毫的怠慢。这位内地企业家面对着电视机前的亿万观众动情地说:"李嘉诚这么大年纪了,对我们晚辈如此尊重,他不成功都难。"

(资料来源:http://www.ledu365.com/a/redu/766.html.)

思考与讨论:

(1) 送客应讲究哪些礼仪?

(2) 本案例对你有哪些启示?

评价考核

评价考核内容见表 21-1。

表 21-1　商务公关主体考核表

内　容		评　价	
学习目标	评价内容	小组评价 (5、4、3、2、1)	教师评价 (5、4、3、2、1)
应知应会知识	商务接待的作用		
	商务接待的注意事项		
专业能力	做好商务接待的准备		
	商务接待符合礼仪规范		
通用能力	策划能力		
	人际沟通能力		
态度	强化公共关系意识、热爱公共关系工作、礼貌、注重细节		
努力方向:		建议:	

任务 22

商 务 拜 访

学习目标

- 能够做好拜访前的各项准备工作;
- 能够灵活运用预约的方法、预约拜访的时间和地点;
- 拜访过程符合礼仪规范,给对方留下美好印象。

案例导入

如 此 拜 访

小王和小李是大学同学。大学毕业后,各奔东西。如今,小王在 A 公司当业务员,小李在 B 公司当经理。A 公司正好准备与 B 公司做一笔买卖(第一次),而小王得知此事后,便自告奋勇,一来想去探望一下十多年没见的朋友,二来也想提升一下自己在公司的地位。这天下午,小王便去了 B 公司的经理室,结果在门口被秘书拦下。经过一番解释,秘书告诉他李经理不在,并将公司的电话号码给了他。

隔了几天,小王打电话给 B 公司,预约成功,定于星期三下午 3:30 见面。结果由于堵车,小王晚去了一个小时。到了以后,经打听,经理还在,就推门进去。老朋友相见,十分欢喜。小王马上冒出一句:"小李,这几年过得不错啊!"李经理感到有些尴尬。接着两人寒暄了几句。小王便在沙发上一坐,跷起了二郎腿,掏出一支烟递给小李,李经理不抽,自己便大口大口地抽起来,整个经理室顿时烟雾笼罩。李经理实在觉得不适,就打开窗户,说:"我这几天咽喉发炎,闻不得烟味儿。请原谅。"小王不情愿地掐灭了香烟。

(资料来源:何爱华,张学娟.实用商务礼仪[M].北京:人民邮电出版社,2011.)

问题:怎样的商务拜访才能赢得公众好评?

任务设计

拜访是社会活动中一件经常性的工作，是最常见的社交形式，同时也是联络感情、增进友谊的一种有效方法。要使拜访做得更得体、更有效，更好地实现拜访的目的，就要重视和学习拜访的礼仪。

公关活动、商务活动中总免不了有各种拜访和约见，特别是登门拜访式的商务赴邀，一定要做好各项准备工作，注意自己的言行举止，做到客随主便。特别是在办公场合，哪怕跟对方比较熟悉也应约束一下自己的行为，尽量不给主人添麻烦。案例中的小王不符合礼仪规范的种种行为，都有失一名公关人员、商务人员的素质。

根据经验显示：能力相同、业务相似的两位业务员，如果其中一位拜访客户的次数是另一位的两倍，那么这位业务员的成绩也一定是另一位的两倍以上。所以，要成为优秀的公关人员、商务人员，一定要学会利用时间把拜访客户列为第一要务，其次是联系客户约定拜访时间，最后是整理客户的资料。若果真能照着这样做，是一定会取得成功的。

这里拟通过"拜访场景模拟训练"活动完成本任务的学习，具体操作如下。

拜访场景模拟训练

实训目的：

熟练、规范地运用拜访的各种礼节进行交际。

实训准备：

拜访场景、名片若干张。

实训方法：

3～5 人一个小组，每组设计一个营销拜访场景，将拜访的相关礼仪连贯地演示下来，学生对各组的表演进行评价，最后教师总结。表演之前，每组应就设计的场景和成员的角色进行说明。

一、商务拜访前的准备

拜访是获得商务交往成功的重要一环，公关人员、商务人员必须重视，并认真做好拜访前的准备工作。

1. 了解客户信息

选择客户的标准包括客户的年收入、职业、年龄、生活方式和嗜好。客户来源有三种：一是以现有客户提供的新客户资料；二是从网络、报刊上的人物报道中收集的资料；三是从职业分类上寻找客户。

拜访客户之前，必须首先了解客户的需求及公司财务状况，了解客户的渠道很多，包括和客户沟通时他们自己的介绍，第三方的叙述，媒体的报道等，目前最快捷的方法便是通过网络查阅受访公司的相关资讯，可以登录客户方的网站将其资料下载，了解客户公司的组织者、经营者的姓名、公司产品及销售网,甚至包括公司的最新发展等。最重要的是,要了解客户的商业模式或是赚钱模式,知道客户的原材料上游供应状况及下游的经销体系,甚至主要客户是谁等都必须了如指掌,将来在面对客户时,才能完整、清楚地为客户说明,让客户感受到自己的产品对他们的重要性。

在拜访客户前,一定要先掌握客户中对订货有决定权或有影响力的人物的姓名、性格、兴趣、嗜好与经历等信息。

了解客户,还要了解客户公司在行业、领域内的地位。竞争对手的情况掌握包括:他们的年度或月份销售量、他们的理念、最近新闻及营销策略、和自己同类商品的对外报价,他们与客户之间的关系,等等。

2. 做好行程安排

准备充分之后,行程的安排就很重要。若是从事国内销售业务,一般行程在安排上不成问题;但若是在国外的话,要注意的事项较多,尤其是文化上的不同,行程安排最好能以他们的习惯来做调整。还有必须确定行程的目的是什么,例如接单、客诉、例行拜访等所需准备的行头就各有不同。拜访客户时准备礼物不需太贵重,否则会被怀疑另有企图;另外,对于受访客户国家的历史、土地、国情最好都能有基本的认识,尤其是西方国家或较小国家,这将会让他们有不同的感受。再者,建议用该国语言牢记客户名字。在国外出差时尽量与客户拍照,方便做完整的记录,以便下次其他同事出差时能知道客户的名字、称谓,这些做法会让他们感觉很亲切。

3. 制订拜访客户计划

拜访客户是要有计划的。首先,先把一天当中所要拜访的客户都选定在某一区域之内,这样可以减少来回奔波的时间。利用半小时左右的时间做拜访前的电话联系,即可在某一区域内选定足够的客户供一天拜访之用。利用不去拜访客户的日子,从事联系客户、约定拜访时间的工作,同时,也利用这个时候整理客户的资料。记得要把拜访的对象集中在某一个区域内,以减少中途的往返奔波,达到有效利用时间的目的。

4. 做好充分的预演

对于拜访客户的面谈,要实现明确客户是什么态度,是积极、主动,还是在公关人员、商务人员运用了约见技巧后勉强为之;这次访谈客户是什么样的意图,也就是客户为什么面谈;是想了解价格还是想知道商品性能、特点,或是仅想先谈谈看。对以上这些事情要事先做好充分的预演,以成竹在胸,提高面谈成功的概率。

5. 准备有关资料

客户拜访,要准备的资料包括商品说明书、宣传材料、报价单、样品(或模型)、有关认证材料、本单位中资历证明、媒体的正面报道资料、自己的名片,还有自己基于对客户的了解而做的预案、针对可能出现的情况事先拟订的解决方案或应对方案以及一些小礼品等。制订需要的其他材料也准备好。这些文件要事先经过整理,尽量是打印的,看起来干净整齐,并分类装订好。

6. 注意仪容和服饰

仪容、服饰事关拜访者自身的职业形象和所代表的机构形象,也体现出对被拜访者的尊重。所以,拜访前对仪容的修饰和服饰的斟酌与选择马虎不得。

二、商务拜访的预约

拜访前,应事先联络妥当,尽可能事先告知,最好是和对方约定一个时间,以免扑空或打乱对方的日程安排,不告而访,做不速之客是非常失礼的。

1. 约见时间的安排

约见时间的安排,直接关系到销售员计划的成败,但在约见时间的确定上,销售员一般没有主动权,客户会根据自己的工作日程,安排适当时间约见销售员,这样,既可以节约时间,又可以满足销售员约见的要求。具体约见时间的确定会因约见对象、约见事由、约见方式、会见地点等的不同而不同。这就要求销售员在约定会见时间时还应注意以下四点。①

（1）根据约见对象的特点来选择最佳拜访时间。只有客户或准客户最空闲的时刻,才是最理想的拜访时间。

举例来说,一般的商店在上午 7:00～8:00,是最理想的拜访时间,因为此种商店的生意一大早最清闲。较晚关门的商店大约在深夜才兴旺,大都在中午以后才开始营业,所以适当的拜访时间是下午两点左右。鱼贩与菜贩是一个较特殊的行业,大清早出门采购,不仅整个上午忙碌不堪,就是下午 16:00～18:00 也是生意兴旺,所以最适宜的拜访时间是在下午两点左右。

医生是特殊的行业,大概从上午 9:00 开始,病人就络绎不绝,因此上午 7:00～8:00 应该是适宜的拜访时间。

拜访公司职员,如果去公司应该在 11:00 以前;若是家里适宜在 18:00～20:00 之间。

拜访值班人员大概在晚上 19:00～21:00 之间。这里列举的都是第一次拜访的理想时间。由于你第一次拜访时已与准客户建立了亲密的关系,所以第二次拜访,你可以更改时间。原则上你都应选在下午三点钟左右拜访,这时客户一般较清闲,且通常一个人工作了一天,到了下午三点左右,工作大约告一段落,觉得有点疲倦,心情也较松懈,内心正企盼有个聊天的对象,公关人员、商务人员在这一时刻出现不会干扰客户的工作,较容易顺利沟通。

时间就是金钱,作为公关人员、商务人员必须用心安排自己的拜访时间,以免因择时不当而浪费时间。

（2）根据约见事由来选择最佳拜访时间。以正式销售为事由的,应选择有利于达成

---

① 水中鱼.销售金口才[M].武汉:华中科技大学出版社.2010.

交易的时间进行约见;以市场调查为事由的,应选择市场行情变化较大或客户对商品有特别要求时进行约见;以提供服务为事由的,应选择客户需要服务的时间约见,以期达到"雪中送炭"的效果;以收取货款为事由的,应先对客户的资金周转状况作一番了解,在其账户上有余额资金时进行约见;以签订正式合同为事由的,则应适时把握成交信息及时约见。

（3）根据会见地点来选择最佳拜访时间。一般来说,会见地点约定在家中,则公关人员、商务人员就要考虑客户的工作时间表,最好让客户来安排约见时间。而一旦确定了约见地点和约见时间,商务人员就应提前几分钟到达,一方面表示对营销工作的重视;另一方面遵守时间可以给客户带来好感,提高商务人员自身的信誉。

（4）根据约见对象的意愿合理利用拜访时间。在一般情况下,拜访客户的时间不宜太长,当拜访目的基本达到而客户对结束约见又有某些暗示时,商务人员应尽快考虑以圆满的方式结束约见,以免使客户产生反感。如有未尽事宜,可以再行约见。"马拉松"式的会谈,既达不到拜访目的,又可能导致客户再行约见困难,从而失去客户。

如果双方有约,应准时赴约,不能轻易失约或迟到。但如果因故不得不迟到或取消访问,一定要设法在事前立即通知对方,并表示歉意。

此外,约见的事由、对象不一样,约见的地点也应有些讲究。一般可以选择在客户的工作单位、家里、社交场所和公共场所等。具体选择在哪里,应视情况而定。有的客户出于某种需要,不便在工作单位或家中接待销售员的来访,就利用公共场所进行约见。

2. 预约客户的方法

在商务工作中,学会预约,才能开启异常成功的商务拜访之旅。然而,许多时候,人们预约客户都会被拒绝,这不一定是客户对商务人员的提议没有兴趣,而多半是商务人员预约技巧不佳的缘故。常用的预约客户的方法有以下几种。

（1）利益预约法。联系客户时,不要急于预约拜访时间,而是要迎合大多数客户的求利心态,简要说明商品的利益,突出销售重点和商品优势,引起客户的注意和兴趣,这样有助于很快达到预约客户的目的。

（2）问题预约法。抓住客户的关心点进行提问,引起客户的兴趣,从而使客户集中精力,更好地理解和记忆商务人员发出的信息,为激发购买欲奠定基础并顺利预约。

（3）赞美预约法。每个人都有喜欢别人赞美的天性,商务人员可以利用人们的这种天性来达到预约客户的目的。赞美一定要出自真心,恰如其分,切忌虚情假意、无端夸大。

（4）求教预约法。虚心求教的态度能轻松化解客户一开始的反感。一般来说,人们不会拒绝登门虚心求教的人。销售员在使用此法时应认真策划,把要求教的问题与自己的销售工作有机地结合起来,以期达到约见的目的。

（5）好奇预约法。人们都有好奇心。销售员可以利用动作、语言或其他一些方式引起客户的好奇心,以吸引客户的兴趣。

（6）馈赠预约法。商务人员可以在预约拜访之前,先赠送客户一些小礼品或公司的样品,以咨询客户反馈意见的名义,进而实现预约客户的目的。

（7）调查预约法。商务人员可以利用调查的机会预约客户,这种方法隐蔽了直接销售商品这一目的,比较容易被客户接受,也是在实际中很容易操作的方法。

（8）连续预约法。"精诚所至，金石为开"，在一次预约拜访失败后，销售人员千万不要灰心，而要消化客户信息，寻找新的亮点，多次与客户交流，最终顺利达到预约拜访的目的。实践证明，许多营销活动都是在商务人员连续多次预约客户后，才引起了客户对其的注意和兴趣，进而为以后的销售成功打下了坚实的基础。

三、拜访过程中的礼仪

1. 准时到达

拜访一定要准时到达，要充分考虑到交通堵塞等情况，出发时有充分的提前量，不要迟到。一般以提前 10～15 分钟到达为宜，这样可以从容调整自身状况，整体感受所拜访公司的环境，感受公司文化和人员的精神面貌，为顺利拜访奠定基础。

2. 做好与前台的沟通

在进入客户单位之前最好先从头到脚地检查一下自己的着装、仪容是否存在不符合礼仪规范的地方，如有，一定要及时整理好。如果是重要的拜访对象，要事先关掉手机或调整到静音状态，这体现了对拜访对象的尊敬，对访问事宜的重视，然后面带微笑、从容不迫地走向前台，礼貌地致意、问好，然后告诉前台自己来自哪个单位，要约见什么人，见面预约的时间，恳请前台予以安排。

一般拜访客户单位身份较高者，当前台没有查到预约记录但又不敢贸然拒绝时，前台会问来访者的来访目的，如"您找王总有什么具体事吗？"这时，商务人员可以用间断、抽象性的字眼或用一些较深奥的技术专用名词向前台说明来意，让他觉得你的来访很重要。也可以含糊地说："上次见面的时候和王总聊过合作的事情，王总让我过来再详细沟通一下。"

拜访客户一定要注意和前台处理好关系。第一次来访可以赠送一些小小的礼品，礼品应价格不贵但很精美实用。这样前台对商务人员印象不错，一回生，二回熟，拜访就变得很容易了。

3. 到达约定地点礼仪

到达拜访地点后，如果对方因故不能马上接待，可以在对方前台人员的安排下在会客厅、会议室或在前台安静地等候。如果等待时间过久，可以向有关人员说明，并另定时间，不要显出不耐烦的样子。有抽烟习惯的人，要注意观察该场所是否有禁止吸烟的警示。即使没有，也要问问工作人员是否介意抽烟。如果接待人员没有说"请随便看看"之类的话，就不要随便东张西望，到处窥探，那是非常不礼貌的。

到达被访人办公室时，一定要事先轻轻敲门，进屋后等主人安排再坐下。后来的客人到达时，先到的客人应站起来，等待介绍或点头示意。对室内的人，无论认识与否，都应主动打招呼。如果与对方是第一次见面，应主动递上名片，或作自我介绍。对熟人可握手问候。如果你带其他人来，要介绍给主人。进门后，应把随身带来的外套、雨具等物品搁放到对方接待人员指定的地方,不可任意乱放。

注意言谈举止。要以优雅得体的言谈举止体现素质、涵养和职业精神,赢得对方的好感和敬重。在客户没有邀请入座之前不要随便坐下。被邀请入座时应表示感谢。如果客户也是站着的,则不要先于客户就座。

落座后要由商务人员先开口寒暄。谈话时开门见山,不要海阔天空,浪费时间。最好在约定时间内完成访谈,如果客户表现出有其他要事的样子,千万不要再拖延,如未完成工作,可约定下次拜访时间。在交谈过程中,即便与客户的意见相左,也不要争论不休。要注意观察客户的举止神情,当有不耐烦或有为难的表现时,应转换话题或口气,避免出现不愉快或尴尬的场面。

接茶水时,应从座位上欠身,双手捧接,并表示感谢。吸烟者应在主人敬烟或征得主人同意后,方可吸烟。和主人交谈时,应注意掌握时间。

对拜访过程中接待者提供的帮助要及时适当地致以谢意。若是重要约会,拜访之后给对方寄一封谢函或留一条短信,会加深对方的好感。

4. 不能会面情况的处理

拜访客户时,即使事先已经约好,自己应约而来时仍然会碰到对方不在的情况。这时可以向前台转达自己来访未遇;也可以在自己名片的空白处写上:"×月×日×点应约来访未遇,改天来访"的简短消息,请前台转交。如果对方在单位但没有出面接待,可能是:"这会儿正忙""正在开会"等。遇到这种情况不要死缠烂打,而应该说:"好,那我改日再来。"并说明什么时候再打电话预约下次见面时间。如果再三恳求说:"两分钟也行,务必要见一面。"这种精神虽然可嘉,但并不恰当,很容易引起对方反感,反而得不偿失。过于匆匆地见面不如下次再见面。

有时客户正在与其他客户谈话,甚至在你苦等了很久之后却说:"改天再谈吧!今天没有时间了。"也有的时候眼看比自己晚来的客人,一个接一个地被客户接待却不理睬你;有时好不容易轮到接待自己了,客户却临时有事就走开了。这时候虽然受到了委屈,但千万不要气馁,在和客户本人或者前台约好下次拜访的时间后,礼貌、大度、精神抖擞地和前台或者其他接待过自己的人告别,让客户方看到你良好的修养和风度。[1]

5. 适时礼貌地告辞

拜访中,即使谈得再投机也有结束的时候。作为拜访者,适时礼貌地告辞不仅是风度,更是智慧。拜访结束时彬彬有礼地告辞,可给对方留下良好的印象,同时也给下次的拜访创造良好的氛围和机会。所以,及时告辞、礼貌告辞这一环节相当重要。

面谈什么时候结束呢?拜访时间长短应根据拜访目的和客户意愿而定,通常宜短不宜长,适可而止,一般拜访时间应把握在1小时左右为宜,届时双方主要事宜都谈完了,就要及时告辞。此外,谈到快要就餐或休息的时间,也要起身告辞。或者事情谈得差不多了,又有其他人拜访客户,也应尽快告辞,以免给客户的接待造成不便。

① 未来之舟.销售礼仪[M].北京:中国经济出版社,2009.

当客户有结束会见的表示时,应立即起身告辞。如客户反应冷淡、交谈话不投机甚至客户不愿意搭理商务人员,或者客户不时地看表、有起身的动作等情况下,商务人员都要"知趣"而退。

准备告辞时不要选择在客户说完一段话之后,因为这会使其误以为商务人员听得不耐烦。应在自己说完一段话之后。同时告辞前不要有打哈欠、伸懒腰、看手表等表示疲倦、厌烦的举止。

告辞前商务人员要对客户的热情接待予以肯定和感谢。说完告辞的话就应起身离开座位,不要久说或久坐不走。告辞时要同客户和其他客人一一告别。

如果客户出门相送,主动与客户出手相握,以请客户留步,并热情地说声再见。

拜访客户中途因特殊情况不得不离开时,无论主人在场与否,都要主动告别,不能不辞而别。

课后练习

一、实训题

1. 假如你明天要拜访一位重要客户,请列出你需要做哪些形象准备和资料准备。

2. 进行拜访礼仪实践。学生 2～4 人为一组,利用业余时间,到亲朋好友家进行拜访。拜访的目的可以是社会调查、礼节性拜访或是请教问题等。拜访结束后,每个人写出详细的拜访过程,在教师的指导下,在全班进行拜访总结。

二、案例分析

麦克拜访客户的秘诀

麦克具有丰富的产品知识,对客户的需要很了解。在拜访客户以前,麦克总是能掌握客户的一些基本资料。麦克常常以打电话的方式先和客户约定拜访的时间。

今天是星期四,下午 4 点刚过,麦克精神抖擞地走进办公室。他今年 35 岁,身高 6 英尺,深蓝色的西装上看不到一丝的皱褶,浑身上下充满朝气。

从上午 7 点开始,麦克便开始了一天的工作。麦克除了吃饭的时间,始终没有闲过。麦克五点半有一个约会。为了利用四点至五点半这段时间,麦克便打电话,向客户约定拜访的时间,以便为下星期的推销拜访而预做安排。

打完电话,麦克拿出数十张卡片,卡片上记载着客户的姓名、职业、地址、电话号码资料以及资料的来源。卡片上的客户都是居住在市内东北方的商业区内。

麦克选择客户的标准包括客户的年收入、职业、年龄、生活方式和嗜好。

麦克的客户来源有 3 种:一是现有的顾客提供的新客户的资料;二是麦克从报刊上的人物报道中收集的资料;三是从职业分类上寻找客户。

在拜访客户以前,麦克一定要先弄清楚客户的姓名。例如,想拜访某公司的执行副总裁,但不知道他的姓名,麦克会打电话到该公司,向总机人员或公关人员请教副总裁的姓名。知道了姓名以后,麦克才进行下一步的推销活动。

麦克拜访客户是有计划的。他把一天当中所要拜访的客户都选定在某一区域之内，这样可以减少来回奔波的时间。根据麦克的经验，利用45分钟的时间做拜访前的电话联系，即可在某一区域内选定足够的客户供一天拜访之用。

麦克下一个要拜访的客户是国家制造公司董事长比尔西佛。麦克正准备打电话给比尔先生，约定拜访的时间。

做好拜访前的准备工作使麦克成了一名优秀的业务员。

（资料来源：http://bbs.qjy168.com/d_155194.html.）

思考与讨论：

（1）麦克拜访客户有哪些秘诀？

（2）本案例对你有何启示？

评价考核

评价考核内容见表22-1。

表22-1　商务公关主体考核表

内　　容		评　　价	
学 习 目 标	评 价 内 容	小组评价 （5、4、3、2、1）	教师评价 （5、4、3、2、1）
应知应会知识	商务拜访的作用		
	选择客户的标准及来源		
专业能力	做好商务拜访的准备		
	做好商务拜访的预约		
	商务拜访过程中符合礼仪规范		
通用能力	交往能力		
	沟通能力		
态度	强化公共关系意识、热爱公共关系工作		
努力方向：		建议：	

任务23

商务宴请

学习目标

- 能够根据宴会的种类和形式的不同，选择合适的赴宴方式；
- 熟悉宴请的程序和规范，遵守中、西餐宴会礼仪规范；
- 遵守自助餐、酒会、喝咖啡、喝茶的礼仪规范；
- 与客户进餐符合礼仪要求。

案例导入

宴　　请

经过两个多月的努力，韩风终于约到了余处长，请余处长在当地一家高等特色酒店"小坐一会儿"。余处长是这次价值近三百万元的空调采购计划的关键人物。

韩风事先打听到了余处长对饮食文化有研究，爱品葡萄酒，韩风特意点了两瓶高档葡萄酒。韩风端起斟得快要溢出的酒杯"先干为敬"，在连续干了几杯葡萄酒后，余处长明显有点不痛快了。酒过三巡，菜过五味，韩风眉飞色舞地聊起了街头巷尾热议的某名人绯闻，还抖出了不少"独家猛料"。余处长在韩风营造的热烈"氛围"中，话反而越来越少，宴会还没有结束，就借故提前离开了。

令韩风郁闷的是，事后他再也联系不上余处长，更不要说拿下这宗大单了。

（资料来源：未来之舟.销售礼仪[M].北京：中国经济出版社，2009.）

问题： 商务宴请中应遵守哪些礼仪规范？

任务设计

我国是一个注重"民以食为天"的国度，餐饮礼仪历来倍受重视。在餐桌上，得体的礼仪可以无限拉近交往双方的距离，使陌生人变成熟人，使熟人变成朋友。

　　餐饮礼仪因为宴会的性质、目的、地区、国度的不同而有较大的差异,如果不加以了解,就会阻碍正常的交际应酬,甚至像本任务"案例导入"中的营销员韩风那样给客户留下不好的印象,使营销活动归于失败,不但影响个人形象,甚至影响到公司的效益和形象。因此,在商务活动中必须高度重视餐饮礼仪。

　　这里拟通过"组织商务宴请活动"来完成本"任务"的学习,具体操作建议如下。

组织商务宴请活动

实训目的:

　　通过商务宴会的组织,掌握商务宴请的组织和相关细节,桌次和座次的安排,赴宴的礼节和席间交流等礼仪规范,展示良好的形象和素质,赢得客户的满意。

实训背景:

　　A公司和B公司是合作伙伴。B公司李董事长,销售部吴部长,东北地区销售处刘处长,秘书小刘、小吴一行到A公司进行商务洽谈,A公司张总经理,财务总监马先生,技术总监刘先生,总经理秘书小苗、小孙负责接待。

实训准备:

　　设置一个宴会的环境。要有一张圆桌或数张圆桌。桌椅摆放要符合营销宴请位次安排的礼仪。

实训方法:

　　将学生每10人为一组,分别扮演A、B公司的人员。每组演示宴会的整个过程,内容可以自由发挥,但要注意交际技巧和语言禁忌以及服饰和行为举止。

　　一般地,宴会应体现以下基本内容:

（1）根据情景内容,模拟演示桌次和座次的安排;

（2）根据情景演示宴会厅门口迎接客人、引导客人入场就座的过程;

（3）演示李董事长、张总经理分别致辞、敬酒的场面;

（4）演示席间谈话交流的情景;

（5）演示秘书小刘不小心打翻酒水,正确处理的过程;

（6）演示送客的过程。

　　如果有条件,可以用数码摄像机记录整个过程,然后投影回放,学生自我评议,找出不合规范之处。

实训总结:

（1）授课教师总结点评学生存在的个性问题和共性问题。

（2）全班评选出"最佳表现组"。

　　（资料来源:严军.商务礼仪与职业形象[M].北京:对外经济贸易大学出版社,2009.）

一、宴会的种类

　　根据不同的交际目的、邀请对象以及经费开支,交际场合常见的宴会形式有以下几种。

1. 工作宴会

工作宴会又称工作餐，是一种多边进餐的非正式宴请形式。按照用餐时间，可分为早、中、晚餐，工作餐不重交际形式而强调方便务实，不需事先发请柬，只邀与某项特定工作有一定关系的领导、技术人员和其他有关人员，一般不请配偶，但排席位，其座位的安排按参加者职务的高低为序。其形式与安排，以干净、幽雅、便于交谈为宜。

2. 自助餐

自助餐又称冷餐会、冷餐招待会，是一种方便灵活的宴请形式。其基本特点以冷食为主，站着吃。参加冷餐会，吃是次要的，与人沟通才是主要任务。

3. 酒会

酒会又称鸡尾酒会。以招待酒水为主，略备小吃。酒会不一定都备鸡尾酒，但酒水和饮料的品种应多一些，一般不用烈性酒。食物多为各色面包、三明治、小泥肠、炸春卷等，以牙签取食。酒水和小吃由招待员用盘端送，也可置于小桌上由客人自取。酒会不设座椅，宾主皆可随意走动，自由交往。这种形式比较灵活，便于广泛接触交谈。举行的时间亦较灵活，中午、下午、晚上均可，持续时间两小时左右。在请柬规定的时间内，宾客到达和退席的时间也不受限制，可以晚来早退。酒会多用于大型活动，因此，可以利用这个机会进行社会交际和商务交际。

4. 家宴

家宴即一般在家中设便宴招待客人，以示亲切、友好。它在社交和商务活动中发挥着敬客和促进人际交往的重要作用，西方人喜欢采取这种形式。

家宴按举行的时间不同，可分为早宴、午宴和晚宴；在宴请形式上又可分为家庭聚会、自助宴会、家庭冷餐会和在饭店请客等几种。

家庭聚会是我国目前采用最多的一种请客形式。这种家宴规模较小，形式简单，气氛亲切友好，一般由女主人操办，适合宴请经常往来的至亲好友。

自助宴会的特点是灵活自由，宾主可以一起动手准备，大家合作各显其能，边准备边聊天，这种形式比较随便、自然、亲切。

家庭冷餐会以买来的现成食品为主，赴宴的客人可以站着吃，也可以坐着吃，还可以自由走动挑选交谈对象。这种形式比较受青年人的欢迎。在饭店请客或请厨师在家中做菜宴客，是较为正式的家宴形式，适用于宴请某些久别的亲友和比较尊贵的客人，或者规模较大的婚宴、寿宴等。

二、商务宴会的组织

宴会对宾客而言是一种礼遇，必须按规定、按有关礼节礼仪要求组织。

1. 确定宴会的目的与形式

宴会的目的一般很明确，如节庆日聚会、工作交流、贵宾来访等。根据目的决定邀请什么人、邀请多少人，并列出客人名单。宴请主宾身份应该对等，多边活动还要考虑政治因素、政治关系等。宴请形式很大程度上取决于当地的习惯做法。

2. 确定宴请时间和地点

宴会的时间和地点，应当根据宴请的目的和主宾的情况而定。一般来说，宴会时间不应与宾客工作、生活安排发生冲突，通常安排在晚上 6～8 点。同时还应注意宴请时间上要尽量避开对方的禁忌日。例如，欧美人忌讳"13"，日本人忌讳"4""9"，在宴请时应避开以上数字的时日。宴请的地点，应依照交通、宴请规格、主宾喜好等情况而定。

3. 邀请

当宴请对象、时间和地点确定后，应提前 1～2 周制作、分发请柬，以便被邀请的宾客有充分的时间对自己的行程进行安排。即使是便宴，也应提前用电话准确地通知。

4. 确定宴会规格

宴会规格对礼仪效果的影响是十分明显的。宴会规格一般应考虑宴会出席者的最高身份、人数、目的、主人情况等因素。规格过低，会显得失礼；规格过高，则无必要。确定规格后，应与饭店（酒店、宾馆）共同拟订菜单。在拟订菜单时，应考虑宾客的口味、禁忌、健康等因素。对于需要特别照顾的宾客，应尽早做妥善安排。

5. 席位安排

宴请往往采用圆桌布置菜肴、酒水。采用一张以上圆桌安排宴请时，排列圆桌的尊卑位次有两种情况：一种是由两桌组成的小型宴会，当两桌横排时，其桌次以右为尊，以左为卑。这里所讲的右与左，是由面对正门的位置来确定的。这种做法又叫"面门定位"，参见图 23-1。

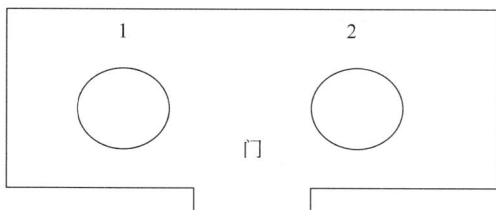

图 23-1 两桌横排的桌次排列方法

当两桌竖排时，其桌次则讲究以远为上，以近为下。这里所谓的远近，是以距正门的远近而言的，参见图 23-2。此法亦称"以远为上"。

另一种是三桌或三桌以上所组成的宴会。通常它又叫多桌宴会。在桌次的安排时除了要遵循"面门定位""以右为尊""以远为上"这三条规则外,还应兼顾其他各桌距离主桌,即第一桌的远近。通常距主桌越近,桌次越高;距离主桌越远,桌次越低,参见图 23-3 和图 23-4。

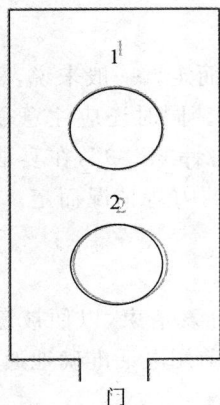

图 23-2　两桌竖排的桌次排列方法

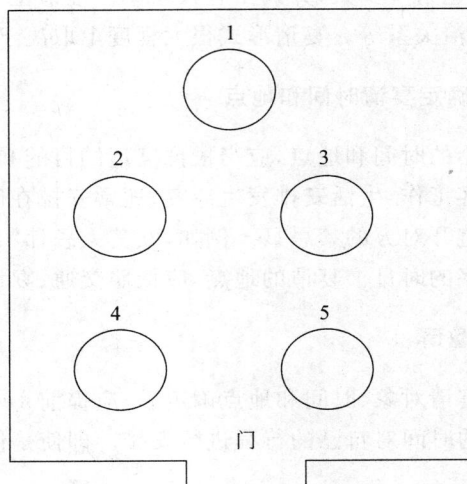

图 23-3　多桌桌次排列方法(1)

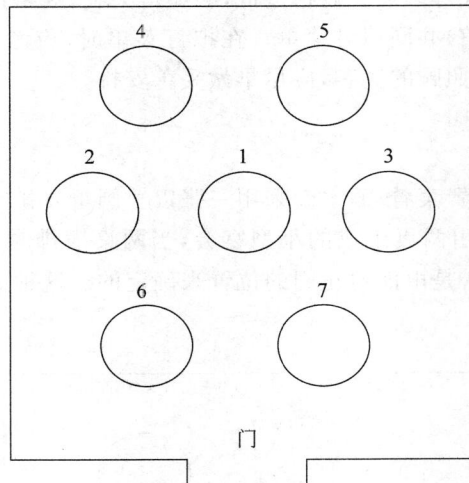

图 23-4　多桌桌次排列方法(2)

其次需引起注意的是席位安排。在进行宴请时,每张餐桌上的具体位次也有主次尊卑之别。排列位次的方法是主人大都应当面对正门而坐,并在主桌就座;举行多桌宴请时,各桌之上均应有一位主桌主人的代表就座,其位置一般与主人同向,有时也可面对主桌主人;各桌之上位次尊卑,应根据其距离该桌主人的远近而定,以近为上,以远为下;各桌之上距离该桌主相同的位次,讲究以右为尊,即以该桌主人面向为准,其右为尊,其左为卑。

另外,每张桌上所安排的用餐人数应限于10人之内,并宜为双数。

圆桌上位次的具体排列又可分为两种情况:一是每桌一个主位的排列方法,主宾在其右首就座,参见图23-5。

第二种情况是每桌两个主位的位次排列方法,其特点是主人夫妇就座于同一桌,以男主人为第一主人,以女主人为第二主人,主宾和主宾夫人分别在男女主人右侧就座,这样每桌就形成了两个谈话中心,参见图23-6。

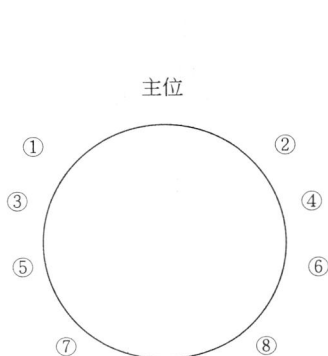

图 23-5　每桌一个主位的位次排列方法　　图 23-6　每桌两个主位的位次排列方法

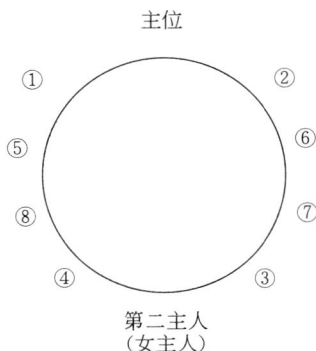

有时,倘若主宾身份高于主人,为了表示尊重,可安排其在主人位次上就座,而请主人坐在主宾的位次。

6. 餐具的准备

宴请餐具十分重要,考究的餐具是对客人的尊重。依据宴会人数和酒类、菜品的道数准备足够的餐具,是宴会的基本礼仪之一。餐桌上的一切物品都应十分卫生,桌布、餐巾都应浆洗洁白并熨平,玻璃杯、酒杯、筷子、刀叉、碗碟等餐具,在宴会之前都必须洗净擦亮。

7. 宴请程序

迎客时,主人一般在门口迎接。官方活动除男女主人外,还有少数其他主要官员陪同主人排列成行迎宾,通常称为迎宾线,其位置一般在宾客进门存衣以后进入休息厅之前。与宾客握手后,由工作人员引入休息厅或直接进入宴会厅。主人抵达后,由主人陪同进入休息厅与其他宾客见面。休息厅由相应身份的人员陪同宾客,服务员送饮料。

主人陪同主宾进入宴会厅,全体宾客入席,宴会开始。若宴会规模较大,则可请主桌以外的客人先就座,贵宾后入座。若有正式讲话,一般安排在热菜之后甜食之前由主人讲话,接着由主宾讲话,也可以一入席双方即讲话。冷餐会及酒会讲话时间则更灵活。吃完水果,主人和主宾起立,宴请即告结束。

外国人的日常宴请以女主人作为第一主人时,往往以她的行动为准。入席时,女主人先坐下,并由女主人招呼开始进餐。餐毕,女主人起立,邀请女宾与其一起离席。然后男宾起立,随后进入休息厅或留下吸烟。男女宾客在休息厅会齐,即上茶或咖啡。主宾告辞时,主人把主宾送至门口。主宾离去后,迎宾人员按顺序排列,与其他宾客握手告别。

三、赴宴的礼仪

宴会是社交应酬的一种重要场合,形式多种多样,参加宴会,无论是作为组织的代表,还是以个人的身份出席,都应该注意礼仪。出席宴会前,要做简单的梳洗打扮,女士要淡淡地修饰一下,显出秀丽高雅的气质。男士也要把头发和胡须整理和刮洗干净,穿上一套整洁大方、适合身份的衣服,容光焕发地赴宴。这既能体现一个人的道德素养与修养,也是对主人的一种尊敬。一般要做到以下几个方面。

1. 接到邀请及时回复

当我们接到邀请后,能否出席要尽早答复。不能出席的,要婉言谢绝并对对方表示遗憾和谢意;接受邀请后,不能随意改变,要按时出席。如果临时有事发生,不能前往赴约,要尽早给主人解释,并深表歉意。如果我们自己是主宾,又不能如约参加宴请活动,更应该郑重其事地道歉。

2. 适当地装扮自己

参加宴会活动前,根据宴会活动的规格和要求适当地修饰自己,以表示对主人及参加宴会者的尊重。正式的宴会,主人在请柬上会注明服装要求,赴宴前要特别注意,按要求着装。普通宴请,虽然没什么严格规定,但也不能过于随便,要与宴请活动相吻合。

3. 按时出席宴请活动

按时出席宴请活动是最基本的礼貌,赴宴迟到非常失礼,当然也不能去得太早,如果去得太早,也许主人还没做好充分的准备,同样不妥。社会地位高或者身份高者一定要按时到达,其他客人可提前2~3分钟到达,如不能赴宴或延迟到达时间,应及时通知主人,以免主人等候。若是主人的至亲挚友,可提前更多时间到达,帮助准备工作和接待客人。

4. 席上礼规

入席后,不要立即动手取食,而应待主人打招呼,由主人举杯示意开始时,客人才能开始;客人不能抢在主人前面。夹菜要文明,应等菜肴转到自己面前时,再动筷子,不要抢在邻座前面,一次夹菜也不宜过多。不要一边吃东西,一边和人聊天。嘴里的骨头和鱼刺不要吐在桌子上,可用餐巾掩口,用筷子取出来放在碟子里。掉在桌子上的菜,不要再吃。进餐过程中不要玩弄碗筷,或用筷子指向别人。不要用手去嘴里乱抠。用牙签剔牙时,应用手或餐巾掩住嘴。不要让餐具发出任何声响。

5．席间祝酒

祝酒也就是敬酒，是指在正式宴会上，由男主人向来宾提议，提出某个事由而饮酒。在饮酒时，通常要讲一些祝愿、祝福类的话甚至主人和主宾还要发表专门的祝酒词，祝酒词内容越短越好。敬酒可以随时在饮酒的过程中进行。要是致正式祝酒词，就应在特定的时间进行，并不能因此影响来宾的用餐。祝酒词适合在宾主入座后、用餐前开始。也可以在吃过主菜后、甜品上桌前进行。在饮酒特别是祝酒、敬酒时进行干杯，需要有人率先提议，可以是主人、主宾，也可以是在场的人。提议干杯时，应起身站立，右手端起酒杯，或者用右手拿起酒杯后，再以左手托扶杯底，面带微笑，目视其他人特别是自己的祝酒对象，同时说着祝福的话。在中餐里，干杯前，可以象征性地和对方碰一下酒杯；碰杯的时候，应该让自己的酒杯低于对方的酒杯，表示对对方的尊敬。当离对方比较远时，用酒杯杯底轻碰桌面，也可以表示和对方碰杯。

一般情况下，敬酒应以年龄大小、职位高低、宾主身份为先后顺序，一定要充分考虑好敬酒的顺序，分明主次。即使和不熟悉的人在一起喝酒，也要先打听一下身份或是留意别人对他的称号，避免出现尴尬或伤感情。但如果在场有更高身份或年长的人，也要先给尊长者敬酒，不然会使大家很难为情。如果因为生活习惯或健康等原因不适合饮酒，也可以委托亲友、部下、晚辈代喝或者以饮料、茶水代替。作为敬酒人，应充分体谅对方，在对方请人代酒或用饮料代替时，不要非让对方喝酒不可，也不应该好奇地"打破砂锅问到底"。在西餐里，祝酒干杯只用香槟酒，并且不能越过身边的人而和其他人祝酒干杯。

6．席间交流

席间要主动与同桌人员进行交流，不可一句话都不说，让人觉得我们是为吃而来。不要只是与个别人交谈，或只和自己熟悉的人交流；说话的声音不能太大或窃窃私语；也不能一边说话一边进食。在谈话的时候，话题要选择轻松、愉快的话题，而不要谈严肃、沉重，甚至难过、悲伤的话题，以免影响大家的情绪。

7．离席

天下没有不散的筵席，宴会总有结束的时候。用餐完毕告辞也要讲究礼仪，这不仅能加深别人对我们的好印象，还能提升好感程度。用餐完毕，等主人示意宴会结束时，客人才能离席。如果客人有事要提前离席，则应向主人及同席的客人致谢。客人向主人道谢、告别时，该说的事交代完后即可离开，不要说个不停，否则对方无法招呼别人。如果是很多人要一起离席，某些客套话尽可省略，不可以耽误别人太多的时间。

四、吃西餐的礼仪

西餐是西方国家的一种宴请形式。由于受民族习俗的影响，西餐的餐具、摆台、酒水菜点、用餐方式、礼仪等都与中餐有较大差别。目前由于我国对外交往活动的不断增多，西餐也已成为我国招待宴请活动的一种方式。因此,了解西餐的一般常识和礼仪是十分重要的。

西餐的餐具多种多样。常见的西餐餐具有叉、刀、匙、杯、盘等。

摆台是西餐宴请活动中的一项专门的技艺,也是必不可少的一个礼仪程序。它直接关系到用餐过程、民族习俗和礼仪规范等。西餐的摆台因国家的不同也有所不同,常见的有英美法国式和国际式西餐摆台。这里我们介绍一下国际式西餐摆台。

国际上常见的西餐摆台方法是:座位前正中是垫盘,垫盘上放餐巾(口布)。盘左放叉,盘右放刀、匙,刀尖向上、刀口朝盘,主食靠左,饮具靠右上方,参见图23-7。正餐的刀叉数目应与上菜的道数相等,并按上菜顺序由外至里排列,用餐时也从外向里依序取用。饮具的数目、类型应根据上酒的品种而定,通常的摆放顺序是从右起依次为葡萄酒杯、香槟酒杯、啤酒杯(水杯)。吃西餐时,应注意掌握以下几个方面的礼仪。

图 23-7   西餐餐具的摆放

1. 上菜顺序

西餐上菜的一般顺序是:①开胃前食;②汤;③鱼;④肉;⑤沙拉;⑥甜点;⑦水果;⑧咖啡或茶等。菜肴从左边上,饮料从右边上。

2. 餐巾使用

入座后先取下餐巾,打开,铺在双腿上。如果餐巾较大,可折叠一下,放在双腿上,切不可将餐巾别在衣领上或裙腰处。用餐时可用餐巾的一角擦嘴,但不可用餐巾擦脸或擦刀叉等。用餐过程中若想暂时离开座位,可将餐巾放在椅背上,表示还要回来;若将餐巾放在餐桌上表示已用餐完毕,服务员则不再为你上菜。

3. 刀叉使用

吃西餐时,通常用左手持叉、右手持刀,用叉按住食物,用刀子切割,然后用叉子叉起食物送入口中,切不可用刀送食物入口。如果只使用叉子,也可用右手使用叉子。使用刀叉时应避免发出碰撞声。用餐过程中,若想放下刀叉,应将刀叉呈"八"字形放在盘子上,刀刃朝向自己,表示还要继续吃,参见图23-8。用餐完毕,则应将叉子的背面向上,刀的刀刃一侧应向内与叉子并拢,平行放置于餐盘上。尽量将柄放入餐盘内,这样可以避免由于碰触而掉落,服务生也容易收拾,参见图23-9。

图 23-8　刀叉呈"八"字形　　　　　　图 23-9　用餐完毕

4. 用餐礼节

当全体客人面前都上了菜,主人示意后开始用餐,切不可自行用餐;喝汤时不要发出声响;面包要用手去取,不可用叉子去取,也不可用刀子去切,面包应用手掰着吃;吃沙拉时只能使用叉子;用餐过程中,若需用手取食物,要在西餐桌上事先备好的水盂里洗手(沾湿双手拇指、食指和中指),然后用餐巾擦干,切不可将水盂中的水当成饮用水喝掉;最好避免在用餐时剔牙,若非剔不可,必须用手挡住嘴;当招待员依次为客人上菜时,一定要招待员走到我们的左边时,才轮到我们取菜,如果在我们的右边,不可急着去取;吃水果不可整个咬着吃,应先切成小瓣,用叉取食;若不慎将餐具掉到地上,可由服务员更换;若将油水或汤菜溅到邻座身上,应表示歉意,并由服务员协助擦干。

五、冷餐会与鸡尾酒会礼仪

1. 冷餐会礼仪

冷餐宴是一种比较自由的宴请形式,一般不设座,食品集中放在餐厅中央或两侧桌上,由客人按顺序自动取食,不要抢先;取食后可找适当位置坐下慢慢进食,也可站立与人边交谈边进食;所取食物最好吃完;第一次取食不必太多,若需添食,可再次或多次去取。冷餐会可招待较多的客人,客人到场或退场比较自由。客人一面做好就餐的准备,一面可以和同席的人随意进行交谈,以创造一个和谐融洽的用餐气氛。不要旁若无人,兀然独坐;更不要眼睛碌碌地盯着餐桌上的冷盘等,或者下意识地摸弄餐具,显出一副迫不及待的样子。

当开始用餐时,特别要注意以下几点:一是主人举杯示意开始时,客人才能开始;二是客人不能抢在主人前面;三是要细嚼慢咽,这不仅有利于消化,也是餐桌上的礼仪要求,绝不能大块往嘴里塞,狼吞虎咽,这样会给人留下贪婪的印象;四是不要挑食,不要只盯着自己喜欢的菜吃,或者急忙把喜欢的菜堆在自己的盘子里;五是用餐的动作要文雅,夹菜时不要碰到邻座,不要把盘里的菜拨到桌上,不要把汤碰翻;六是不要发出不必要的声音,如喝汤时"咕噜咕噜",吃菜时嘴里"吧吧"作响,这都是粗俗的表现。用餐结束后,可以用餐巾、餐巾纸或服务员送来的小毛巾擦嘴,但不宜擦头颈或胸脯;餐后不要不加控制地打饱嗝或嗳气。

2. 鸡尾酒会礼仪

鸡尾酒会,也称酒会,是一种自由的社交活动,备有多种饮料和少量小食品,一般在下午或晚上举行,不设座,时间短,客人到场或退场自由。中途离开的客人,应向主人道别,但出席酒会不能太迟或到达不久即离去。

鸡尾酒会的形式活泼、简便,便于人们交谈,招待品以酒水为重,略备一些小食品。如点心、面包、香肠等,放在桌子、茶几上或者由服务生拿着托盘,把饮料和点心端给客人,客人可以随意走动。举办的时间一般是下午5点到晚上7点。近年来,国际上各种大型活动前后往往都要举办鸡尾酒会。

这种场合下,最好手里拿一张餐巾,以便随时擦手。用左手拿着杯子,好随时准备伸出右手和别人握手。吃完后不要忘了用纸巾擦嘴、擦手。用完了的纸巾丢到指定位置。

课后练习

一、实训题

1. 以寝室为单位,按照宴会的程序,组织一场中式宴会。
2. 如果你是一位宴请者,根据当地的风俗习惯,请列表说明在宴会的前前后后应注意哪些礼仪规范。
3. 如果有条件,请用DV在食堂拍摄同学们吃饭的情景,并与正确的餐饮礼仪进行对比及分析。

二、案例分析

自助餐风波

周小姐有一次代表公司出席一家外国商社的周年庆典活动。正式的庆典活动结束后,那家外国商社为全体来宾安排了丰盛的自助餐。尽管在此之前周小姐并未用过正式的自助餐,但是她在用餐开始之后发现其他用餐者的表现非常随意,便也就"照葫芦画瓢",像别人一样放松自己。

让周小姐开心的是,她在餐台上排队取菜时,竟然见到自己平时最爱吃的北极甜虾,于是,她毫不客气地替自己满满地盛了一大盘。当时她的主要想法是:这东西虽然好吃,可也不便再三再四地来取,否则旁人就会嘲笑自己没见过什么世面了。再说,它这么好吃,这会不多盛一些,保不准一会儿就没有了。

然而令周小姐脸红的是,她端着盛满了北极甜虾的盘子从餐台边上离去时,周围的人居然个个都用异样的眼神盯着她。事后一经打听,周小姐才知道,自己当时的行为是有违自助餐礼仪的。

（资料来源:严军.商务礼仪与职业形象[M].北京:对外经济贸易大学出版社,2009.）

思考与讨论:

（1）请问周小姐错在哪儿?

（2）本案例对你有何启示？

评价考核

评价考核内容见表 23-1。

表 23-1 商务公关主体考核表

内　　容		评　　价	
学 习 目 标	评 价 内 容	小组评价 （5、4、3、2、1）	教师评价 （5、4、3、2、1）
应知应会知识	宴会的种类		
	赴宴的礼仪		
	冷餐会礼仪		
	鸡尾酒会礼仪		
专业能力	成功组织宴会活动		
	讲究西餐礼仪		
通用能力	策划能力		
	解决问题能力		
	创新能力		
态度	强化公共关系意识、热爱公共关系工作		
努力方向：		建议：	

参考文献

1. 荣晓华.公共关系学[M].大连：东北财经大学出版社，2015.
2. 中国公关网编委会.最具公众影响力公共关系案例集[M].北京：企业管理出版社，2015.
3. 程果.社会化媒体传播机制和传播特点探析——以微信为例[J].新闻研究导刊，2015(4).
4. 赛来西·阿不杜拉.公关专题活动与经典案例[M].杭州：浙江大学出版社，2014.
5. 齐杏发.网络公关实务[M].上海：华东师范大学出版社，2014.
6. 秦勇，庞仙君.现代公共关系学[M].北京：清华大学出版社，北京交通大学出版社，2014.
7. 朱晓杰，蒋洁.公共关系项目式管理.北京：清华大学出版社，2014.
8. 徐汉文，张云河.商务礼仪[M].大连：东北财经大学出版社，2014.
9. 刘建芬.公共关系：理论、实务与案例[M].厦门大学出版社，2014.
10. 于建华.企业微信公共关系策略研究[J].河南工业大学学报(社会科学版)，2014(4).
11. 孙延敏.公共关系入门：理论与案例[M].上海：上海交通大学出版社，2013.
12. 方莉玫，熊畅.公共关系实务[M].北京：机械工业出版社，2013.
13. 何燕子，欧绍华.公共关系理论与实务[M].合肥：合肥工业大学出版社，2012.
14. 杨再春，林瑜彬.公共关系理论与实务[M].北京：机械工业出版社，2012.
15. 李鸿欣，冀鸿，冯春华.公共关系原理与实务[M].北京：北京大学出版社，中国农业大学出版社，2011.
16. 谢红霞.公共关系原理与实务[M].大连：东北财经大学出版社，2011.
17. 中国国际公共关系协会.最佳公共关系案例[M].北京：企业管理出版社，2010.
18. 张静.网络2.0时代的博客公关[J].今传媒，2009(3).
19. 中国国际公共关系协会.最佳公共关系案例[M].北京：中国市场出版社，2009.
20. 韩宝森.企业公共关系策划思维模式和方法[M].科技情报开发与经济，2009(6).
21. 朱权.公共关系基础与实务[M].北京：机械工业出版社，2008.
22. 杨俊.新型实用公共关系教程[M].北京：高等教育出版社，2008.
23. 赵莹.博客公关应用价值浅析[J].东南传播，2008(8).
24. 谢红霞.公共关系实训[M].大连：东北财经大学出版社，2008.
25. 李兴国.现代商务礼仪[M].哈尔滨：黑龙江科学技术出版社，1998.
26. 周黎民.公关策划[M].武汉：华中理工大学出版社，1997.
27. 单业才.企业危机管理与媒体应对[M].北京：清华大学出版社，2007.
28. 李柞，张东.公共关系学[M].北京：中国劳动社会保障出版社，2007.
29. 中国国际公共关系协会.最佳公共关系案例[M].北京：清华大学出版社，2007.
30. 陈秀泉.实用情景口才——口才与沟通训练[M].北京：科学出版社，2007.
31. 黄昌年.公共关系学教程[M].杭州：浙江大学出版社，2007.
32. 任焕琴.商务公共关系学[M].北京：清华大学出版社，2007.
33. 纪华强.公共关系的基本原理与实务[M].北京：高等教育出版社，2007.
34. 徐彦.浅析博客公关的立足之本[J].商场现代化，2007(23).
35. 赵亿，徐可.博客及在企业公关中的应用[J].理论界，2007(4).

36. 郑红,张振业. 企业博客公关传播模式与运作机理探析[J].现代商业,2007(27).

37. 杜创国. 公共关系实用教程[M]. 北京：清华大学出版社,2007.

38. 冯玉珠. 商务宴请攻略[M]. 北京：中国轻工业出版社,2006.

39. 杨海清. 现代商务礼仪[M]. 北京：科学出版社,2006.

40. 张岩松. 公关交际艺术[M]. 北京：中国社会科学出版社,2006.

41. 龙志鹤,等.现代公共关系学[M].北京：经济管理出版社,2006.

42. 李由.沃尔玛——启动博客公关大战[J].经营者,2006(9).

43. 谢金余.博客公关初探[J].东南传播,2006(9).

44. 王冬杰.博客行销公关之道[J].首席市场官,2006(6).

45. 居延安.公共关系学[M].上海：复旦大学出版社,2006 .

46. 沈杰,方四平.公共关系与礼仪[M].北京：清华大学出版社,2006.

47. 蒋楠.公共关系原理与实务[M].北京：中国人民大学出版社,2006.

48. 曾琳智.新编公关案例教程[M].上海：复旦大学出版社,2006.

49. 熊越强.公共关系实务[M].北京：清华大学出版社,2006.

50. 沈瑞山,张洪波.实用公共关系[M].大连：大连理工大学出版社,2005.

51. 王世胜.企业网络公共关系的实践与应用[J].河南机电高等专科学校,2005(3).

52. 黄寰,谢敏.对网络公共关系的几点思考[J].商业研究,2005(18).

53. 方兴东,王俊秀.博客：e时代的盗火者[M].北京：中国方正出版社,2003.

54. 叶茂康.公共关系写作教程[M].上海：复旦大学出版社,2003.

55. 李道平.公共关系学[M].北京：经济科学出版社,2003.

56. 张百章,何伟祥.公共关系原理与实务[M].大连：东北财经大学出版社,2002.

57. 李健荣,邱伟光.现代公共关系[M].上海：东方出版社,2002.

58. 胡永铨.商务公共关系学[M].北京：中国物资出版社,2002.

59. 王盘根.商务公关[M].北京：高等教育出版社,2002.

60. 张岩松.企业公共关系危机管理[M].北京：经济管理出版社,2000.

61. 李兴国.公共关系实用教程[M].北京：高等教育出版社,2000.

62. 郭文臣,等.公共关系原理与实务[M].大连：大连理工大学出版社,2000.

63. 陈靖.公共关系操作实务[M].北京：高等教育出版社,2000.

64. 时莉.公共关系经理手册[M].北京：企业管理出版社,2000.

后　记

　　我国经济社会的发展为应用技术型高校和高等职业院校的发展提供了难得的机遇。为了贯彻落实国务院《关于加快发展现代职业教育的决定》，我们策划了这套"高职高专实用商务创新型规划教材"系列丛书，旨在为高等职业院校商科各专业师生提供富有特色的系列教材。

　　该系列教材是大连职业技术学院教学改革和教材建设的最新成果，目前已出版和即将出版的教材主要有《商务礼仪实用教程》《商务口才实用教程》《商务沟通实用教程》《商务公关实用教程》《商务策划实用教程》《商务谈判实用教程》《商务写作实用教程》《商务文化实用教程》《商务营销实用教程》《电子商务实用教程》《推销实用教程》等 10 余种。该系列教材作为反映高等教育教学改革最新理念的新型实用教材，是贴近工作实际，反映高等职业教育特色，深受师生喜爱的优秀教材。该套教材在体系和框架上独树一帜，突出操作性和任务导向性。每项"任务"作为一个内容单元，一般由"任务目标""案例导入""知识储备""操作训练""阅读思考""案例分析""实训项目""课后练习"等构成。这种体例安排便于学生在做中学、在学中做，学做结合，使其实践操作能力和职业基本素质得到有效提升。

　　本系列教材可作为高职高专院校各专业学生相关课程的教材，还可作为各界人士提高商务能力的优秀读物及自我训练手册，也是各类商务组织进行员工培训的创新型实用教材。

　　希望这套"高职高专实用商务创新型规划教材"能够得到兄弟院校的欢迎和认可，不当之处敬请指正。

　　让我们共同携手开创我国高等职业教育的美好未来！

作　者

2016 年 5 月